E. T. A. Hoffmann

Der Sandmann

E. T. A. Hoffmann

DER SANDMANN

Schauererzählungen

Anaconda

Penguin Random House Verlagsgruppe FSC® N001967

Die Deutsche Nationalbibliothek verzeichnet diese Publikation in der Deutschen Nationalbibliografie; detaillierte bibliografische Daten sind im Internet unter http://dnb.d-nb.de abrufbar.

Umschlagmotiv: Motte mit menschlichen Augen,
Shutterstock / Bodor Tivadar
Umschlaggestaltung: Druckfrei. Dagmar Herrmann, Bad Honnef
Satz und Layout: Uhl + Massopust, Aalen
Druck und Bindung: CPI books GmbH, Leck
Printed in the EU
ISBN 978-3-7306-1428-0
www.anacondaverlag.de

INHALT

DER GOLDNE TOPF

Ein Märchen aus der neuen Zeit

Erste Vigilie

Die Unglücksfälle des Studenten Anselmus. – Des Konrektors Paulmann Sanitätsknaster und die goldgrünen Schlangen.

Am Himmelfahrtstage, nachmittags um drei Uhr, rannte ein junger Mensch in Dresden durchs Schwarze Tor und geradezu in einen Korb mit Äpfeln und Kuchen hinein, die ein altes hässliches Weib feilbot, sodass alles, was der Quetschung glücklich entgangen, hinausgeschleudert wurde, und die Straßenjungen sich lustig in die Beute teilten, die ihnen der hastige Herr zugeworfen. Auf das Zetergeschrei, das die Alte erhob, verließen die Gevatterinnen ihre Kuchen- und Branntweintische, umringten den jungen Menschen und schimpften mit pöbelhaftem Ungestüm auf ihn hinein, sodass er, vor Ärger und Scham verstummend, nur seinen kleinen, nicht eben besonders gefüllten Geldbeutel hinhielt, den die Alte begierig ergriff und schnell einsteckte. Nun öffnete sich der festgeschlossene Kreis, aber indem der junge Mensch hinausschoss, rief ihm die Alte nach: »Ja renne – renne nur zu, Satanskind – ins Kristall bald dein Fall – ins Kristall!« – Die gellende, krächzende Stimme des Weibes hatte etwas Entsetzliches, sodass die Spaziergänger verwundert stillstanden, und das Lachen, das sich erst verbreitet, mit einem Mal verstummte. – Der Student

Anselmus (niemand anders war der junge Mensch) fühlte sich, unerachtet er des Weibes sonderbare Worte durchaus nicht verstand, von einem unwillkürlichen Grausen ergriffen, und er beflügelte noch mehr seine Schritte, um sich den auf ihn gerichteten Blicken der neugierigen Menge zu entziehen. Wie er sich nun durch das Gewühl geputzter Menschen durcharbeitete, hörte er überall murmeln: »Der arme junge Mann – Ei! – über das verdammte Weib!« – Auf ganz sonderbare Weise hatten die geheimnisvollen Worte der Alten dem lächerlichen Abenteuer eine gewisse tragische Wendung gegeben, sodass man dem vorhin ganz Unbemerkten jetzt teilnehmend nachsah. Die Frauenzimmer verziehen dem wohlgebildeten Gesichte, dessen Ausdruck die Glut des innern Grimms noch erhöhte, sowie dem kräftigen Wuchse des Jünglings alles Ungeschick sowie den ganz aus dem Gebiete aller Mode liegenden Anzug. Sein hechtgrauer Frack war nämlich so zugeschnitten, als habe der Schneider, der ihn gearbeitet, die moderne Form nur von Hörensagen gekannt, und das schwarzatlasne wohlgeschonte Unterkleid gab dem Ganzen einen gewissen magistermäßigen Stil, dem sich nun wieder Gang und Stellung durchaus nicht fügen wollte. – Als der Student schon beinahe das Ende der Allee erreicht, die nach dem Linkischen Bade führt, wollte ihm beinahe der Atem ausgehen. Er war genötigt, langsamer zu wandeln; aber kaum wagte er den Blick in die Höhe zu richten, denn noch immer sah er die Äpfel und Kuchen um sich tanzen, und jeder freundliche Blick dieses oder jenes Mädchens war ihm nur der Reflex des schadenfrohen Gelächters am Schwarzen Tor. So war er bis an den Eingang des Linkischen Bades gekommen; eine Reihe festlich gekleideter Menschen nach der andern zog herein.

Musik von Blasinstrumenten ertönte von innen, und immer lauter und lauter wurde das Gewühl der lustigen Gäste. Die Tränen wären dem armen Studenten Anselmus beinahe in die Augen getreten, denn auch er hatte, da der Himmelfahrtstag immer ein besonderes Familienfest für ihn gewesen, an der Glückseligkeit des Linkischen Paradieses teilnehmen, ja er hatte es bis zu einer halben Portion Kaffee mit Rum und einer Bouteille Doppelbier treiben wollen und, um so recht schlampampen zu können, mehr Geld eingesteckt, als eigentlich erlaubt und tunlich war. Und nun hatte ihn der fatale Tritt in den Äpfelkorb um alles gebracht, was er bei sich getragen. An Kaffee, an Doppelbier, an Musik, an den Anblick der geputzten Mädchen – kurz! – an alle geträumten Genüsse war nicht zu denken; er schlich langsam vorbei und schlug endlich den Weg an der Elbe ein, der gerade ganz einsam war. Unter einem Holunderbaume, der aus der Mauer hervorgesprossen, fand er ein freundliches Rasenplätzchen; da setzte er sich hin und stopfte eine Pfeife von dem Sanitätsknaster, den ihm sein Freund, der Konrektor Paulmann, geschenkt. – Dicht vor ihm plätscherten und rauschten die goldgelben Wellen des schönen Elbstroms, hinter demselben streckte das herrliche Dresden kühn und stolz seine lichten Türme empor in den duftigen Himmelsgrund, der sich hinabsenkte auf die blumigen Wiesen und frisch grünenden Wälder, und aus tiefer Dämmerung gaben die zackichten Gebirge Kunde vom fernen Böhmerlande. Aber finster vor sich hinblickend, blies der Student Anselmus die Dampfwolken in die Luft, und sein Unmut wurde endlich laut, indem er sprach: »Wahr ist es doch, ich bin zu allem möglichen Kreuz und Elend geboren! – Dass ich niemals Bohnenkönig geworden, dass ich im Paar oder Unpaar immer falsch geraten, dass mein Butterbrot immer auf die fette Seite gefallen, von allem diesen Jammer will ich gar nicht reden; aber ist es nicht ein schreckliches Verhängnis, dass ich, als ich denn doch nun dem Satan zum Trotz Student geworden war, ein Kümmeltürke sein und bleiben musste? – Ziehe ich wohl je einen neuen Rock an, ohne gleich das erste Mal einen Talgfleck hineinzubringen oder mir an einem übel eingeschlagenen Nagel ein verwünschtes Loch hineinzureißen? Grüße ich wohl je einen Herrn Hofrat oder eine Dame, ohne den Hut weit von mir zu schleudern oder gar auf dem glatten Boden auszugleiten und schändlich umzustülpen? Hatte ich nicht schon in Halle jeden Markttag eine bestimmte Ausgabe von drei bis vier Groschen für zertretene Töpfe, weil mir der Teufel in den Kopf setzt, meinen Gang geradeaus zu nehmen wie die Laminge? Bin ich denn ein einziges Mal ins Kollegium oder wo man mich sonst hinbeschieden, zu rechter Zeit gekommen? Was half es, dass ich eine halbe Stunde vorher ausging und mich vor die Tür hinstellte, den Drücker in der Hand, denn sowie ich mit dem Glockenschlage aufdrücken wollte, goss mir der Satan ein Waschbecken über den Kopf oder ließ mich mit einem Heraustretenden zusammenrennen, dass ich in tausend Händel verwickelt wurde und darüber alles versäumte. – Ach! ach! wo seid ihr hin, ihr seligen Träume künftigen Glücks, wie ich stolz wähnte, ich könne es wohl hier noch bis zum geheimen Sekretär bringen! Aber hat mir mein Unstern nicht die besten Gönner verfeindet? – Ich weiß, dass der Geheime Rat, an den ich empfohlen bin, verschnittenes Haar nicht leiden mag; mit Mühe befestigt der Friseur einen kleinen Zopf an meinem Hinterhaupt, aber bei der ersten Verbeugung springt die unglückselige Schnur, und ein munterer

Mops, der mich umschnüffelt, apportiert im Jubel das Zöpfchen dem Geheimen Rate. Ich springe erschrocken nach und stürze über den Tisch, an dem er frühstückend gearbeitet hat, sodass Tassen, Teller, Tintenfass – Sandbüchse klirrend herabstürzen, und der Strom von Schokolade und Tinte sich über die eben geschriebene Relation ergießt. ›Herr, sind Sie des Teufels!‹, brüllt der erzürnte Geheime Rat und schiebt mich zur Tür hinaus. – Was hilft es, dass mir der Konrektor Paulmann Hoffnung zu einem Schreiberdienste gemacht hat, wird es denn mein Unstern zulassen, der mich überall verfolgt! – Nur noch heute! – Ich wollte den lieben Himmelfahrtstag recht in der Gemütlichkeit feiern, ich wollte ordentlich was daraufgehen lassen. Ich hätte ebenso gut wie jeder andere Gast in Linkes Bade stolz rufen können: ›Markör – eine Flasche Doppelbier – aber vom besten bitte ich!‹ – Ich hätte bis spät abends sitzen können und noch dazu ganz nahe bei dieser oder jener Gesellschaft herrlich geputzter schöner Mädchen. Ich weiß es schon, der Mut wäre mir gekommen, ich wäre ein ganz anderer Mensch geworden; ja, ich hätte es so weit gebracht, dass wenn diese oder jene gefragt: ›Wie spät mag es wohl jetzt sein?‹ oder: ›Was ist denn das, was sie spielen?‹, da wäre ich mit leichtem Anstande aufgesprungen, ohne mein Glas umzuwerfen oder über die Bank zu stolpern; mich in gebeugter Stellung anderthalb Schritte vorwärtsbewegend, hätte ich gesagt: ›Erlauben Sie, Mademoiselle, Ihnen zu dienen, es ist die Ouvertüre aus dem Donauweibchen‹ oder: ›Es wird gleich sechs Uhr schlagen.‹ – Hätte mir das ein Mensch in der Welt übel deuten können? – Nein!, sage ich, die Mädchen hätten sich so schalkhaft lächelnd angesehen, wie es wohl zu geschehen pflegt, wenn ich mich ermutige, zu zeigen, dass ich mich auch wohl auf den leichten Weltton verstehe und mit Damen umzugehen weiß. Aber da führt mich der Satan in den verwünschten Äpfelkorb, und nun muss ich in der Einsamkeit meinen Sanitätsknaster –« Hier wurde der Student Anselmus in seinem Selbstgespräche durch ein sonderbares Rieseln und Rascheln unterbrochen, das sich dicht neben ihm im Grase erhob, bald aber in die Zweige und Blätter des Holunderbaums hinaufglitt, der sich über seinem Haupte wölbte. Bald war es, als schüttle der Abendwind die Blätter, bald, als kos'ten Vögelein in den Zweigen, die kleinen Fittiche im mutwilligen Hin- und Herflattern rührend. – Da fing es an zu flüstern und zu lispeln, und es war, als ertönten die Blüten wie aufgehangene Kristallglöckchen. Anselmus horchte und horchte. Da wurde, er wusste selbst nicht wie, das Gelispel und Geflüster und Geklingel zu leisen halbverwehten Worten:

»Zwischendurch – zwischenein – zwischen Zweigen, zwischen schwellenden Blüten, schwingen, schlängeln, schlingen wir uns – Schwesterlein – Schwesterlein, schwinge dich im Schimmer – schnell, schnell herauf – herab – Abendsonne schießt Strahlen, zischelt der Abendwind – raschelt der Tau – Blüten singen – rühren wir Zünglein, singen wir mit Blüten und Zweigen – Sterne bald glänzen – müssen herab – zwischendurch, zwischenein schlängeln, schlingen, schwingen wir uns Schwesterlein.« –

So ging es fort in Sinne verwirrender Rede. Der Student Anselmus dachte: »Das ist denn doch nur der Abendwind, der heute mit ordentlich verständlichen Worten flüstert.« – Aber in dem Augenblick ertönte es über seinem Haupte wie ein Dreiklang heller Kristallglocken; er schaute hinauf und erblickte drei in grünem Gold erglänzende Schlänglein, die sich um die Zweige gewickelt hatten und die Köpfchen der Abendsonne entgegenstreckten. Da flüsterte und lispelte es von Neuem in jenen Worten, und die Schlänglein schlüpften und kos'ten auf und nieder durch die Blätter und Zweige, und wie sie sich so schnell rührten, da war es, als streue der Holunderbusch tausend funkelnde Smaragde durch seine dunklen Blätter. »Das ist die Abendsonne, die so in dem Holunderbusch spielt«, dachte der Student Anselmus, aber da ertönten die Glocken wieder, und Anselmus sah, wie eine Schlange ihr Köpfchen nach ihm herabstreckte. Durch alle Glieder fuhr es ihm wie ein elektrischer Schlag, er erbebte im Innersten – er starrte hinauf, und ein paar herrliche dunkelblaue Augen blickten ihn an mit unaussprechlicher Sehnsucht, sodass ein nie gekanntes Gefühl der höchsten Seligkeit und des tiefsten Schmerzes seine Brust zersprengen wollte. Und wie er voll heißen Verlangens immer in die holdseligen Augen schaute, da ertönten stärker in lieblichen Akkorden die Kristallglocken, und die funkelnden Smaragde fielen auf ihn herab und umspannen ihn, in tausend Flämmchen um ihn herflackernd und spielend mit schimmernden Goldfaden. Der Holunderbusch rührte sich und sprach: »Du lagst in meinem Schatten, mein Duft umfloss dich, aber du verstandest mich nicht. Der Duft ist meine Sprache, wenn ihn die Liebe entzündet.« Der Abendwind strich vorüber und sprach: »Ich umspielte deine Schläfe, aber du verstandest mich nicht, der Hauch ist meine Sprache, wenn ihn die Liebe entzündet.« Die Sonnenstrahlen brachen durch das Gewölk, und der Schein brannte wie in Worten: »Ich umgoss dich mit glühendem Gold, aber du verstandest mich nicht; Glut ist meine Sprache, wenn sie die Liebe entzündet.«

Und immer inniger und inniger versunken in den Blick des herrlichen Augenpaars, wurde heißer die Sehnsucht, glühender das Verlangen. Da regte und bewegte sich alles, wie zum frohen Leben erwacht. Blumen und Blüten dufteten um ihn her, und ihr Duft war wie herrlicher Gesang von tausend Flötenstimmen, und was sie gesungen, trugen im Widerhall die goldenen vorüberfliehenden Abendwolken in ferne Lande. Aber als der letzte Strahl der Sonne schnell hinter den Bergen verschwand, und nun die Dämmerung ihren Flor über die Gegend warf, da rief, wie aus weiter Ferne, eine raue tiefe Stimme:

»Hei, hei, was ist das für ein Gemunkel und Geflüster da drüben? – Hei, hei, wer sucht mir doch den Strahl hinter den Bergen! – genug gesonnt, genug gesungen – Hei, hei, durch Busch und Gras – durch Gras und Strom! – Hei, – hei – Heru-u-unter – Heru-u-unter!« –

So verschwand die Stimme wie im Murmeln eines fernen Donners, aber die Kristallglocken zerbrachen im schneidenden Misston. Alles war verstummt, und Anselmus sah, wie die drei Schlangen schimmernd und blinkend durch das Gras nach dem Strome schlüpften; rischelnd und raschelnd stürzten sie sich in die Elbe, und über den Wogen, wo sie verschwunden, knisterte ein grünes Feuer empor, das in schiefer Richtung nach der Stadt zu leuchtend verdampfte.

Zweite Vigilie

Wie der Student Anselmus für betrunken und wahnwitzig gehalten wurde. – Die Fahrt über die Elbe. – Die Bravour-Arie des Kapellmeisters Graun. – Conradis Magen-Likör und das bronzierte Äpfelweib.

»Der Herr ist wohl nicht recht bei Troste!«, sagte eine ehrbare Bürgersfrau, die vom Spaziergange mit der Familie heimkehrend, still stand und mit übereinandergeschlagenen Armen dem tollen Treiben des Studenten Anselmus zusah. *Der* hatte nämlich den Stamm des Holunderbaumes umfasst und rief unaufhörlich in die Zweige und Blätter hinein: »O nur noch einmal blinket und leuchtet, ihr lieblichen goldnen Schlänglein, nur noch einmal lasst eure Glockenstimmchen hören! Nur noch einmal blicket mich an, ihr holdseligen blauen Augen, nur noch einmal, ich muss ja sonst vergehen in Schmerz und heißer Sehnsucht!« Und dabei seufzte und ächzte er aus der tiefsten Brust recht kläglich und schüttelte vor Verlangen und Ungeduld den Holunderbaum, der aber statt aller Antwort nur ganz dumpf und unvernehmlich mit den Blättern rauschte und so den Schmerz des Studenten Anselmus ordentlich zu verhöhnen schien. – »Der Herr ist wohl nicht recht bei Troste«, sagte die Bürgersfrau, und dem Anselmus war es so, als würde er aus einem tiefen Traum gerüttelt oder gar mit eiskaltem Wasser begossen, um ja recht jähling zu erwachen. Nun sah er erst wieder deutlich, wo er war, und besann sich, wie ein sonderbarer Spuk ihn geneckt und gar dazu getrieben habe, ganz allein für sich selbst in laute Worte auszubrechen. Bestürzt blickte er die Bürgersfrau an und griff endlich nach dem Hute, der zur Erde gefallen, um davonzueilen. Der Familienvater war unterdessen auch herangekommen und hatte, nachdem er das Kleine, das er auf dem Arm getragen, ins Gras gesetzt, auf seinen Stock sich stützend, mit Verwunderung dem Studenten zugehört und zugeschaut. Er hob jetzt Pfeife und Tabaksbeutel auf, die der Student fallen lassen, und sprach, beides ihm hinreichend: »Lamentier' der Herr nicht so schrecklich in der Finsternis, und vexier' Er nicht die Leute, wenn Ihm sonst nichts fehlt, als dass Er zu viel ins Gläschen geguckt – geh Er fein ordentlich zu Hause und leg' Er sich aufs Ohr!« Der Student Anselmus schämte sich sehr, er stieß ein weinerliches Ach! aus. »Nun nun«, fuhr der Bürgersmann fort, »lass es der Herr nur gut sein, so was geschieht den Besten, und am lieben Himmelfahrtstage kann man wohl in der Freude seines Herzens ein Schlückchen über den Durst tun. Das passiert auch wohl einem Mann Gottes – der Herr ist ja doch wohl ein Kandidat. – Aber wenn es der Herr erlaubt, stopf' ich mir ein Pfeifchen von seinem Tabak, meiner ist mir da droben ausgegangen.« Dies sagte der Bürger, als der Student Anselmus schon Pfeife und Beutel einstecken wollte, und nun reinigte der Bürger langsam und bedächtig seine Pfeife und fing ebenso langsam an zu stopfen. Mehrere Bürgermädchen waren dazugetreten, die sprachen heimlich mit der Frau und kickerten miteinander, indem sie den Anselmus ansahen. *Dem* war es, als stände er auf lauter spitzigen Dornen und glühenden Nadeln. Sowie er nur Pfeife und Tabaksbeutel erhalten, rannte er spornstreichs davon. Alles, was er Wunderbares gesehen, war ihm rein aus dem Gedächtnis geschwunden, und er besann sich nur, dass er unter dem Holunderbaum allerlei tolles Zeug ganz laut geschwatzt, was ihm denn umso entsetzlicher war, als er von jeher einen innerlichen Abscheu gegen alle Selbstredner gehegt. »Der Satan schwatzt aus ihnen«, sagte sein Rektor, und daran glaubte er auch in der Tat. Für einen am Himmelfahrtstage betrunkenen Candidatus theologiae gehalten zu werden, der Gedanke war ihm unerträglich. Schon wollte er in die Pappelallee bei dem Koselschen Garten einbiegen, als eine Stimme hinter ihm herrief: »Herr Anselmus! Herr Anselmus! wo rennen Sie denn um tausend Himmels willen hin in solcher Hast!« Der Student blieb wie in den Boden gewurzelt stehen, denn er war überzeugt, dass nun gleich ein neues Unglück auf ihn einbrechen werde. Die Stimme ließ sich wieder hören: »Herr Anselmus, so kommen Sie doch zurück, wir warten hier am Wasser!« – Nun vernahm der Student erst, dass es sein Freund, der Konrektor Paulmann, war, der ihn rief; er ging zurück an die Elbe und fand den Konrektor mit seinen beiden Töchtern sowie den Registrator Heerbrand, wie sie eben im Begriff waren, in eine Gondel zu steigen. Der Konrektor Paulmann lud den Studenten ein, mit ihm über die Elbe zu fahren und dann in seiner, auf der Pirnaer Vorstadt gelegenen Wohnung abends über bei ihm zu bleiben. Der Student Anselmus nahm das recht gern an, weil er denn doch so dem bösen Verhängnis, das heute über ihn walte, zu entrinnen glaubte. Als sie nun über den Strom fuhren, begab es sich, dass auf dem jenseitigen Ufer bei dem Antonschen Garten ein Feuerwerk abgebrannt wurde. Prasselnd und zischend fuhren die Raketen in die Höhe, und die leuchtenden Sterne zersprangen in den Lüften, tausend knisternde Strahlen und Flammen um sich sprühend. Der Student Anselmus saß in sich gekehrt bei dem rudernden Schiffer, als er nun aber im Wasser den Widerschein der in der Luft herumsprühenden und knisternden Funken und Flammen erblickte, da war es ihm, als zögen die goldnen Schlänglein durch die Flut. Alles, was er unter dem Holunderbaum Seltsames geschaut, trat wieder lebendig in Sinn und Gedanken, und aufs Neue ergriff ihn die unaussprechliche Sehnsucht, das glühende Verlangen, welches dort seine Brust in krampfhaft schmerzvollem Entzücken erschüttert. »Ach, seid ihr es denn wieder, ihr goldenen Schlänglein, singt nur, singt! In eurem Gesange erscheinen mir ja wieder die holden lieblichen dunkelblauen Augen – ach, seid ihr denn unter den Fluten!« – So rief der Student Anselmus und machte dabei eine heftige Bewegung, als wolle er sich gleich aus der Gondel in die Flut stürzen. »Ist der Herr des Teufels?«, rief der Schiffer und erwischte ihn beim Rockschoß. Die Mädchen, welche bei ihm gesessen, schrien im Schreck auf und flüchteten auf die andere Seite der Gondel; der Registrator sagte dem Konrektor Paulmann etwas ins Ohr, worauf dieser mehreres antwortete, wovon der Student Anselmus aber nur die Worte verstand: »Dergleichen Anfälle – noch nicht bemerkt?« – Gleich nachher stand auch der Konrektor Paulmann auf und setzte sich mit einer gewissen ernsten gravitätischen Amtsmiene zu dem Studenten Anselmus, seine Hand nehmend und sprechend: »Wie ist Ihnen, Herr Anselmus?« Dem Studenten Anselmus vergingen beinahe die Sinne, denn in seinem Innern erhob sich ein toller Zwiespalt, den er vergebens beschwichtigen wollte. Er sah nun wohl deutlich, dass das, was er für das Leuchten der goldenen Schlänglein gehalten, nur der Widerschein des Feuerwerks bei Antons Garten war; aber ein nie gekanntes Gefühl, er wusste selbst nicht, ob Wonne, ob Schmerz, zog krampfhaft seine Brust zusammen, und wenn der Schiffer nun so mit dem Ruder ins Wasser hineinschlug, dass es, wie im Zorn sich emporkräuselnd, plätscherte und rauschte, da vernahm er in dem Getöse ein heimliches Lispeln und Flüstern: »Anselmus! Anselmus! Siehst du nicht, wie wir stets vor dir herziehen? – Schwesterlein blickt dich wohl wieder an – glaube – glaube – glaube an uns.« – Und es war ihm, als säh' er im Widerschein drei grünglühende Streife. Aber als er dann recht wehmütig ins Wasser hineinblickte, ob nun nicht die holdseligen Augen aus der Flut herausschauen würden, da gewahrte er wohl, dass der Schein nur von den erleuchteten Fenstern der nahen Häuser herrührte. Schweigend saß er da und im Innern mit sich kämpfend; aber der Konrektor Paulmann sprach noch heftiger: »Wie ist Ihnen, Herr Anselmus?« Ganz kleinmütig antwortete der Student: »Ach, lieber Herr Konrektor, wenn Sie wüssten, was ich eben unter einem Holunderbaum bei der Linkeschen Gartenmauer ganz wachend mit offnen Augen für ganz besondere Dinge geträumt habe, ach, Sie würden es mir gar nicht verdenken, dass ich so gleichsam abwesend« – »Ei, ei, Herr Anselmus«, fiel der Konrektor Paulmann ein, »ich habe Sie immer für einen soliden jungen Mann gehalten, aber träumen – mit hellen offenen Augen träumen und dann mit einem Mal ins Wasser springen wollen, das – verzeihen Sie mir, können nur Wahnwitzige oder Narren!« – Der Student Anselmus wurde ganz betrübt über seines Freundes harte Rede, da sagte Paulmanns älteste Tochter Veronika, ein recht hübsches blühendes Mädchen von sechzehn Jahren: »Aber, lieber Vater, es muss dem Herrn Anselmus doch was Besonderes begegnet sein, und er glaubt vielleicht nur, dass er gewacht habe, unerachtet er unter dem Holunderbaum wirklich geschlafen und ihm allerlei närrisches Zeug vorgekommen, was ihm noch in Gedanken liegt.« »Und, teuerste Mademoiselle, werter Konrektor«, nahm der Registrator Heerbrand das Wort, »sollte man denn nicht auch wachend in einen gewissen träumerischen Zustand versinken können? So ist mir in der Tat selbst einmal nachmittags beim Kaffee in einem solchen Hinbrüten, dem eigentlichen Moment körperlicher und geistiger Verdauung, die Lage eines verlornen Aktenstücks wie durch Inspiration eingefallen, und nur noch gestern tanzte auf gleiche Weise eine herrliche große lateinische Frakturschrift vor meinen hellen offenen Augen umher.« – »Ach, geehrtester Registrator«, erwiderte der Konrektor Paulmann, »Sie haben immer so einen Hang zu den Poeticis gehabt, und da verfällt man leicht in das Phantastische und Romanhafte.« Aber dem Studenten Anselmus tat es wohl, dass man sich seiner in der höchst betrübten Lage, für betrunken oder wahnwitzig gehalten zu werden, annahm, und unerachtet es ziemlich finster geworden, glaubte er doch zum ersten Male zu bemerken, wie Veronika recht schöne dunkelblaue Augen habe, ohne dass ihm jedoch jenes wunderbare Augenpaar, das er in dem Holunderbaum geschaut, in Gedanken kam. Überhaupt war dem Studenten Anselmus mit einem Mal nun wieder das Abenteuer unter dem Holunderbaum ganz verschwunden, er fühlte sich so leicht und froh, ja er trieb es wie im lustigen Übermute so weit, dass er bei dem Heraussteigen aus der Gondel seiner Schutzrednerin Veronika die hilfreiche Hand bot und ohne Weiteres, als sie ihren Arm in den seinigen hing, sie mit so vieler Geschicklichkeit und so vielem Glück zu Hause führte, dass er nur ein einziges Mal ausglitt, und da es gerade der einzige schmutzige Fleck auf dem ganzen Wege war, Veronikas weißes Kleid nur ganz wenig bespritzte. Dem Konrektor Paulmann entging die glückliche Änderung des Studenten

Anselmus nicht, er gewann ihn wieder lieb und bat ihn der harten Worte wegen, die er vorhin gegen ihn fallen lassen, um Verzeihung. »Ja!«, fügte er hinzu, »man hat wohl Beispiele, dass oft gewisse Phantasmata dem Menschen vorkommen und ihn ordentlich ängstigen und quälen können, das ist aber körperliche Krankheit, und es helfen Blutigel, die man, salva venia, dem Hintern appliziert, wie ein berühmter, bereits verstorbener Gelehrter bewiesen.« Der Student Anselmus wusste nun in der Tat selbst nicht, ob er betrunken, wahnwitzig oder krank gewesen, auf jeden Fall schienen ihm aber die Blutigel ganz unnütz, da die etwanigen Phantasmata gänzlich verschwunden und er sich immer heiterer fühlte, je mehr es ihm gelang, sich in allerlei Artigkeiten um die hübsche Veronika zu bemühen. Es wurde wie gewöhnlich nach der frugalen Mahlzeit Musik gemacht; der Student Anselmus musste sich ans Klavier setzen, und Veronika ließ ihre helle, klare Stimme hören. – »Werte Mademoiselle«, sagte der Registrator Heerbrand, »Sie haben eine Stimme wie eine Kristallglocke!« »Das nun wohl nicht!«, fuhr es dem Studenten Anselmus heraus, er wusste selbst nicht wie, und alle sahen ihn verwundert und betroffen an. »Kristallglocken tönen in Holunderbäumen wunderbar! wunderbar!«, fuhr der Student Anselmus halbleise murmelnd fort. Da legte Veronika ihre Hand auf seine Schulter und sagte: »Was sprechen Sie denn da, Herr Anselmus?« Gleich wurde der Student wieder ganz munter und fing an zu spielen. Der Konrektor Paulmann sah ihn finster an, aber der Registrator Heerbrand legte ein Notenblatt auf den Pult und sang zum Entzücken eine Bravour-Arie vom Kapellmeister Graun. Der Student Anselmus akkompagnierte noch manches, und ein fugiertes Duett, das er mit Veronika vortrug und das der Konrektor Paulmann selbst komponiert, setzte alles in die fröhlichste Stimmung. Es war ziemlich spät worden, und der Registrator Heerbrand griff nach Hut und Stock, da trat der Konrektor Paulmann geheimnisvoll zu ihm hin und sprach: »Ei, wollen Sie nicht, geehrter Registrator, dem guten Herrn Anselmus selbst – nun! wovon wir vorhin sprachen« – »Mit tausend Freuden«, erwiderte der Registrator Heerbrand und begann, nachdem sie sich im Kreise gesetzt, ohne Weiteres in folgender Art: »Es ist hier am Orte ein alter wunderlicher, merkwürdiger Mann, man sagt, er treibe allerlei geheime Wissenschaften, da es nun aber dergleichen eigentlich nicht gibt, so halte ich ihn eher für einen forschenden Antiquar, auch wohl nebenher für einen experimentierenden Chemiker. Ich meine niemand andern als unsern geheimen Archivarius Lindhorst. Er lebt, wie Sie wissen, einsam in seinem entlegenen alten Hause, und wenn ihn der Dienst nicht beschäftigt, findet man ihn in seiner Bibliothek oder in seinem chemischen Laboratorio, wo er aber niemanden hineinlässt. Er besitzt außer vielen seltenen Büchern eine Anzahl zum Teil arabischer, koptischer und gar in sonderbaren Zeichen, die keiner bekannten Sprache angehören, geschriebener Manuskripte. Diese will er auf geschickte Weise kopieren lassen, und es bedarf dazu eines Mannes, der sich darauf versteht, mit der Feder zu zeichnen, um mit der höchsten Genauigkeit und Treue alle Zeichen auf Pergament, und zwar mit Tusche, übertragen zu können. Er lässt in einem besondern Zimmer seines Hauses unter seiner Aufsicht arbeiten, bezahlt außer dem freien Tisch während der Arbeit jeden Tag einen Speziestaler und verspricht noch ein ansehnliches Geschenk, wenn die Abschriften glücklich beendet. Die Zeit der Arbeit ist täglich von zwölf bis sechs Uhr. Von drei bis vier Uhr wird geruht und gegessen. Da er schon mit ein paar jungen Leuten vergeblich den Versuch gemacht hat, jene Manuskripte kopieren zu lassen, so hat er sich endlich an mich gewendet, ihm einen geschickten Zeichner zuzuweisen: da habe ich an Sie gedacht, lieber Herr Anselmus, denn ich weiß, dass Sie sowohl sehr sauber schreiben, als auch mit der Feder zierlich und rein zeichnen. Wollen Sie daher in dieser schlechten Zeit und bis zu Ihrer etwanigen Anstellung den Speziestaler täglich verdienen und das Geschenk obendrein, so bemühen Sie sich morgen Punkt zwölf Uhr zu dem Herrn Archivarius, dessen Wohnung Ihnen bekannt sein wird. – Aber hüten Sie sich vor jedem Tinteflecken; fällt er auf die Abschrift, so müssen Sie ohne Gnade von vorn anfangen, fällt er auf das Original, so ist der Herr Archivarius imstande, Sie zum Fenster hinauszuwerfen, denn es ist ein zorniger Mann.« – Der Student Anselmus war voll inniger Freude über den Antrag des Registrators Heerbrand; denn nicht allein, dass er sauber schrieb und mit der Feder zeichnete, so war es auch seine wahre Passion, mit mühsamem kalligraphischen Aufwande abzuschreiben; er dankte daher seinen Gönnern in den verbindlichsten Ausdrücken und versprach die morgende Mittagsstunde nicht zu versäumen. In der Nacht sah der Student Anselmus nichts als blanke Speziestaler und hörte ihren lieblichen Klang. – Wer mag das dem Armen verargen, der um so manche Hoffnung durch ein launisches Missgeschick betrogen, jeden Heller zu Rate halten und manchem Genuss, den jugendliche Lebenslust foderte, entsagen musste. Schon am frühen Morgen suchte er seine Bleistifte, seine Rabenfedern, seine chinesische Tusche zusammen; denn besser, dachte er, kann der Archivarius keine Materialien erfinden. Vor allen Dingen musterte und ordnete er seine kalligraphischen Meisterstücke und seine Zeichnungen, um sie dem Archivarius, zum Beweis seiner Fähigkeit, das Verlangte zu erfüllen, aufzuweisen. Alles ging glücklich vonstatten, ein besonderer Glücksstern schien über ihn zu walten, die Halsbinde saß gleich beim ersten Umknüpfen wie sie sollte, keine Naht platzte, keine Masche zerriss in den schwarzseidenen Strümpfen, der Hut fiel nicht noch einmal in den Staub, als er schon sauber abgebürstet. – Kurz! – Punkt halb zwölf Uhr stand der Student Anselmus in seinem hechtgrauen Frack und seinen schwarzatlasnen Unterkleidern, eine Rolle Schönschriften und Federzeichnungen in der Tasche, schon auf der Schlossgasse in Conradis Laden und trank – eins – zwei Gläschen des besten Magenlikörs, denn hier, dachte er, indem er auf die annoch leere Tasche schlug, werden bald Speziestaler erklingen. Unerachtet des weiten Weges bis in die einsame Straße, in der sich das uralte Haus des Archivarius Lindhorst befand, war der Student Anselmus doch vor zwölf Uhr an der Haustür. Da stand er nun und schaute den großen schönen bronzenen Türklopfer an; aber als er nun auf den letzten die Luft mit mächtigem Klange durchbebenden Schlag der Turmuhr an der Kreuzkirche den Türklopfer ergreifen wollte, da verzog sich das metallene Gesicht im ekelhaften Spiel blauglühender Lichtblicke zum grinsenden Lächeln. Ach! es war ja das Äpfelweib vom Schwarzen Tor! Die spitzigen Zähne klapperten in dem schlaffen Maule zusammen, und in dem Klappern schnarrte es: »Du Narre – Narre – Narre – warte, warte! warum warst hinausgerannt! Narre!« – Entsetzt taumelte der Student Anselmus zurück, er wollte den Türpfosten ergreifen, aber seine Hand erfasste die Klingelschnur und zog sie an, da läutete es stärker und stärker in gellenden Misstönen, und durch das ganze öde Haus rief und spottete der Widerhall: »Bald dein Fall ins Kristall!« – Den Studenten Anselmus ergriff ein Grausen, das im krampfhaften Fieberfrost durch alle Glieder bebte. Die Klingelschnur senkte sich hinab und wurde zur weißen durchsichtigen Riesenschlange, die umwand und drückte ihn, fester und fester ihr Gewinde schnürend, zusammen, dass die mürben zermalmten Glieder knackend zerbröckelten und sein Blut aus den Adern spritzte, eindringend in den durchsichtigen Leib der Schlange und ihn rot färbend. – »Töte mich, töte mich!«, wollte er schreien in der entsetzlichen Angst, aber sein Geschrei war nur ein dumpfes Röcheln. – Die Schlange erhob ihr Haupt und legte die lange spitzige Zunge von glühendem Erz auf die Brust des Anselmus, da zerriss ein schneidender Schmerz jähling die Pulsader des Lebens, und es vergingen ihm die Gedanken. – Als er wieder zu sich selbst kam, lag er auf seinem dürftigen Bettlein, vor ihm stand aber der Konrektor Paulmann und sprach: »Was treiben Sie denn um des Himmels willen für tolles Zeug, lieber Herr Anselmus!«

Dritte Vigilie

Nachrichten von der Familie des Archivarius Lindhorst. – Veronikas blaue Augen. – Der Registrator Heerbrand.

»Der Geist schaute auf das Wasser, da bewegte es sich und brauste in schäumenden Wogen und stürzte sich donnernd in die Abgründe, die ihren schwarzen Rachen aufsperrten, es gierig zu verschlingen. Wie triumphierende Sieger hoben die

Granitfelsen ihre zackicht gekrönten Häupter empor, das Tal schützend, bis es die Sonne in ihren mütterlichen Schoß nahm und, es umfassend, mit ihren Strahlen wie mit glühenden Armen pflegte und wärmte. Da erwachten tausend Keime, die unter dem öden Sande geschlummert, aus dem tiefen Schlafe und streckten ihre grüne Blättlein und Halme zum Angesicht der Mutter hinauf, und wie lächelnde Kinder in grüner Wiege ruhten in den Blüten und Knospen Blümlein, bis auch sie, von der Mutter geweckt, erwachten und sich schmückten mit den Lichtern, die die Mutter ihnen zur Freude auf tausendfache Weise bunt gefärbt. Aber in der Mitte des Tals war ein schwarzer Hügel, der hob sich auf und nieder wie die Brust des Menschen, wenn glühende Sehnsucht sie schwellt. – Aus den Abgründen rollten die Dünste empor, und sich zusammenballend in gewaltige Massen, strebten sie das Angesicht der Mutter feindlich zu verhüllen; die rief aber den Sturm herbei, der fuhr zerstäubend unter sie, und als der reine Strahl wieder den schwarzen Hügel berührte, da brach im Übermaß des Entzückens eine herrliche Feuerlilie hervor, die schönen Blätter wie holdselige Lippen öffnend, der Mutter süße Küsse zu empfangen. – Nun schritt ein glänzendes Leuchten in das Tal; es war der Jüngling Phosphorus, den sah die Feuerlilie und flehte, von heißer sehnsüchtiger Liebe befangen: ›Sei doch mein ewiglich, du schöner Jüngling! denn ich liebe dich und muss vergehen, wenn du mich verlässest.‹ Da sprach der Jüngling Phosphorus: ›Ich will dein sein, du schöne Blume, aber dann wirst du wie ein entartet Kind Vater und Mutter verlassen, du wirst deine Gespielen nicht mehr kennen, du wirst größer und mächtiger sein wollen als alles, was sich jetzt als deinesgleichen mit dir freut. Die Sehnsucht, die jetzt dein ganzes Wesen wohltätig erwärmt, wird in hundert Strahlen zerspaltet, dich quälen und martern, denn der Sinn wird die Sinne gebären, und die höchste Wonne, die der Funke entzündet, den ich in dich hineinwerfe, ist der hoffnungslose Schmerz, in dem du untergehst, um aufs Neue fremdartig emporzukeimen. – Dieser Funke ist der Gedanke!‹ – ›Ach!‹, klagte die Lilie, ›kann ich denn nicht in der Glut, wie sie jetzt in mir brennt, dein sein? Kann ich dich denn mehr lieben als jetzt, und kann ich dich denn schauen wie jetzt, wenn du mich vernichtest?‹ Da küsste sie der Jüngling Phosphorus, und wie vom Lichte durchstrahlt, loderte sie auf in Flammen, aus denen ein fremdes Wesen hervorbrach, das, schnell dem Tale entfliehend, im unendlichen Raume herumschwärmte, sich nicht kümmernd um die Gespielen der Jugend und um den geliebten Jüngling. *Der* klagte um die verlorne Geliebte, denn auch ihn brachte ja nur die unendliche Liebe zu der schönen Lilie in das einsame Tal, und die Granitfelsen neigten ihre Häupter teilnehmend vor dem Jammer des Jünglings. Aber einer öffnete seinen Schoß, und es kam ein schwarzer geflügelter Drache rauschend herausgeflattert und sprach: ›Meine Brüder, die Metalle, schlafen da drinnen, aber ich bin stets munter und wach und will dir helfen.‹ Sich auf- und niederschwingend erhaschte endlich der Drache das Wesen, das der Lilie entsprossen, trug es auf den Hügel und umschloss es mit seinem Fittich; da war es wieder die Lilie, aber der bleibende Gedanke zerriss ihr Innerstes, und die Liebe zu dem Jüngling Phosphorus war ein schneidender Jammer, vor dem, von giftigen Dünsten angehaucht, die Blümlein, die sonst sich ihres Blicks gefreut, verwelkten und starben. Der Jüngling Phosphorus legte eine glänzende Rüstung an, die in tausendfarbigen Strahlen spielte, und kämpfte mit dem Drachen, der mit seinem schwarzen Fittich an den Panzer schlug, dass er hell erklang; und von dem mächtigen Klange lebten die Blümlein wieder auf und umflatterten wie bunte Vögel den Drachen, dessen Kräfte schwanden und der besiegt sich in der Tiefe der Erde verbarg. Die Lilie war befreit, der Jüngling Phosphorus umschlang sie voll glühenden Verlangens himmlischer Liebe, und im hochjubelnden Hymnus huldigten ihr die Blumen, die Vögel, ja selbst die hohen Granitfelsen als Königin des Tals.« – »Erlauben Sie, das ist orientalischer Schwulst, werter Herr Archivarius!«, sagte der Registrator Heerbrand, »und wir baten denn doch, Sie sollten, wie Sie sonst wohl zu tun pflegen, uns etwas aus Ihrem höchst merkwürdigen Leben, etwa von Ihren Reiseabenteuern, und zwar etwas Wahrhaftiges, erzählen.« »Nun was denn«, erwiderte der Archivarius Lindhorst, »das, was ich soeben erzählt, ist das Wahrhaftigste, was ich euch auftischen kann, ihr Leute, und gehört in gewisser Art auch zu meinem Leben. Denn ich stamme eben aus jenem Tale her, und die Feuerlilie, die zuletzt als Königin herrschte, ist meine Ur-ur-ur-ur-Großmutter, weshalb ich denn auch eigentlich ein Prinz bin.« – Alle brachen in ein schallendes Gelächter aus. – »Ja, lacht nur recht herzlich«, fuhr der Archivarius Lindhorst fort, »euch mag wohl das, was ich freilich nur in ganz dürftigen Zügen erzählt habe, unsinnig und toll vorkommen, aber es ist dessen unerachtet nichts weniger als ungereimt oder auch nur allegorisch gemeint, sondern buchstäblich wahr. Hätte ich aber gewusst, dass euch die herrliche Liebesgeschichte, der auch ich meine Entstehung zu verdanken habe, so wenig gefallen würde, so hätte ich lieber manches Neue mitgeteilt, das mir mein Bruder beim gestrigen Besuch mitbrachte.« »Ei, wie das? Haben Sie denn einen Bruder, Herr Archivarius? – wo ist er denn – wo lebt er denn? Auch in königlichen Diensten, oder vielleicht ein privatisierender Gelehrter?« – so fragte man von allen Seiten. – »Nein!«, erwiderte der Archivarius, ganz kalt und gelassen eine Prise nehmend, »er hat sich auf die schlechte Seite gelegt und ist unter die Drachen gegangen.« – »Wie beliebten Sie doch zu sagen, wertester Archivarius«, nahm der Registrator Heerbrand das Wort, »unter die Drachen?« »Unter die Drachen?«, hallte es von allen Seiten wie ein Echo nach. – »Ja, unter die Drachen«, fuhr der Archivarius Lindhorst fort; »eigentlich war es Desperation. Sie wissen, meine Herren, dass mein Vater vor ganz kurzer Zeit starb, es sind nur höchstens dreihundertundfünfundachtzig Jahre her, weshalb ich auch noch Trauer trage, der hatte mir, dem Liebling, einen prächtigen Onyx vermacht, den durchaus mein Bruder haben wollte. Wir zankten uns bei der Leiche des Vaters darüber auf eine ungebührliche Weise, bis der Selige, der die Geduld verlor, aufsprang und den bösen Bruder die Treppe hinunterwarf. Das wurmte meinen Bruder, und er ging stehenden Fußes unter die Drachen. Jetzt hält er sich in einem Zypressenwalde dicht bei Tunis auf, dort hat er einen berühmten mystischen Karfunkel zu bewachen, dem ein Teufelskerl von Nekromant, der ein Sommerlogis in Lappland bezogen, nachstellt, weshalb er denn nur auf ein Viertelstündchen, wenn gerade der Nekromant im Garten seine Salamanderbeete besorgt, abkommen kann, um mir in der Geschwindigkeit zu erzählen, was es gutes Neues an den Quellen des Nils gibt.« – Zum zweiten Male brachen die Anwesenden in ein schallendes Gelächter aus, aber dem Studenten Anselmus wurde ganz unheimlich zumute, und er konnte dem Archivarius Lindhorst kaum in die starren ernsten Augen sehen, ohne innerlich auf eine ihm selbst unbegreifliche Weise zu erbeben. Zumal hatte die raue, aber sonderbar metallartig tönende Stimme des Archivarius Lindhorst für ihn etwas geheimnisvoll Eindringendes, dass er Mark und Bein erzittern fühlte. Der eigentliche Zweck, weshalb ihn der Registrator Heerbrand mit in das Kaffeehaus genommen hatte, schien heute nicht erreichbar zu sein. Nach jenem Vorfall vor dem Hause des Archivarius Lindhorst war nämlich der Student Anselmus nicht dahin zu vermögen gewesen, den Besuch zum zweiten Male zu wagen; denn nach seiner innersten Überzeugung hatte nur der Zufall ihn, wo nicht vom Tode, doch von der Gefahr, wahnwitzig zu werden, befreit. Der Konrektor Paulmann war eben durch die Straße gegangen, als er ganz von Sinnen vor der Haustür lag und ein altes Weib, die ihren Kuchen- und Äpfelkorb beiseitegesetzt, um ihn beschäftigt war. Der Konrektor Paulmann hatte sogleich eine Portechaise herbeigerufen und ihn so nach Hause transportiert. »Man mag von mir denken, was man will«, sagte der Student Anselmus, »man mag mich für einen Narren halten oder nicht – genug! – an dem Türklopfer grinste mir das vermaledeite Gesicht der Hexe vom Schwarzen Tor entgegen; was nachher geschah, davon will ich lieber gar nicht reden, aber wäre ich aus meiner Ohnmacht erwacht und hätte das verwünschte Äpfelweib vor mir gesehen (denn niemand anders war doch das alte um mich beschäftigte Weib), mich hätte augenblicklich der Schlag gerührt, oder ich wäre wahnsinnig geworden.« Alles Zureden, alle vernünftige Vorstellungen des Konrektors Paulmann und des Registrators Heerbrand fruchteten gar nichts, und selbst die blauäugige Veronika vermochte nicht, ihn aus einem gewissen tiefsinnigen Zustande zu reißen, in den er versunken. Man hielt ihn nun in der Tat für seelenkrank und sann auf Mittel, ihn zu zerstreuen, worauf der Registrator Heerbrand meinte, dass nichts dazu dienlicher sein könne als die Beschäftigung bei dem Archivarius Lindhorst, nämlich das Nachmalen der Manuskripte. Es kam nur darauf an, den Studenten Anselmus auf gute Art dem Archivarius Lindhorst bekannt zu machen, und da der Registrator Heerbrand wusste, dass dieser beinahe jeden Abend ein gewisses bekanntes Kaffeehaus besuchte, so lud er den Studenten Anselmus ein, jeden Abend so lange auf seine, des Registrators, Kosten in jenem Kaffeehause ein Glas Bier zu trinken und eine Pfeife zu rauchen, bis er auf diese oder jene Art dem Archivarius bekannt und mit ihm über das Geschäft des Abschreibens der Manuskripte einig worden, welches der Student Anselmus dankbarlichst annahm. »Sie verdienen Gottes Lohn, werter Registrator, wenn Sie den jungen Menschen zur Raison bringen«, sagte der Konrektor Paulmann. »Gottes Lohn!«, wiederholte Veronika, indem sie die Augen fromm zum Himmel erhub und lebhaft daran dachte, wie der Student Anselmus schon jetzt ein recht artiger junger Mann sei, auch ohne Raison! – Als der Archivarius Lindhorst eben mit Hut und Stock zur Tür hinausschreiten wollte, da ergriff der Registrator Heerbrand den Studenten Anselmus rasch bei der Hand, und mit ihm dem Archivarius den Weg vertretend, sprach er: »Geschätztester Herr geheimer Archivarius, hier ist der Student Anselmus, der, ungemein geschickt im Schönschreiben und Zeichnen, Ihre seltenen Manuskripte kopieren will.« »Das ist mir ganz ungemein lieb«, erwiderte der Archivarius Lindhorst rasch, warf den dreieckigen soldatischen Hut auf den Kopf und eilte, den Registrator Heerbrand und den Studenten

Anselmus beiseite schiebend, mit vielem Geräusch die Treppe hinab, sodass beide ganz verblüfft dastanden und die Stubentür anguckten, die er dicht vor ihnen zugeschlagen, dass die Angeln klirrten. »Das ist ja ein ganz wunderlicher alter Mann«, sagte der Registrator Heerbrand. – »Wunderlicher alter Mann«, stotterte der Student Anselmus nach, fühlend, wie ein Eisstrom ihm durch alle Adern fröstelte, dass er beinahe zur starren Bildsäule worden. Aber alle Gäste lachten und sagten: »Der Archivarius war heute einmal wieder in seiner besonderen Laune, morgen ist er gewiss sanftmütig und spricht kein Wort, sondern sieht in die Dampfwirbel seiner Pfeife oder liest Zeitungen, man muss sich daran gar nicht kehren.« – »Das ist auch wahr«, dachte der Student Anselmus, »wer wird sich an so etwas kehren! Hat der Archivarius nicht gesagt, es sei ihm ganz ungemein lieb, dass ich seine Manuskripte kopieren wolle? – und warum vertrat ihm auch der Registrator Heerbrand den Weg, als er gerade nach Hause gehen wollte? – Nein, nein, es ist ein lieber Mann im Grunde genommen, der Herr geheime Archivarius Lindhorst, und liberal erstaunlich – nur kurios in absonderlichen Redensarten – allein was schadet das mir? – Morgen gehe ich hin Punkt zwölf Uhr, und setzten sich hundert bronzierte Äpfelweiber dagegen.«

Vierte Vigilie

Melancholie des Studenten Anselmus. – Der smaragdene Spiegel. – Wie der Archivarius Lindhorst als Stoßgeier davonflog und der Student Anselmus niemandem begegnete.

Wohl darf ich geradezu dich selbst, günstiger Leser, fragen, ob du in deinem Leben nicht Stunden, ja Tage und Wochen hattest, in denen dir all dein gewöhnliches Tun und Treiben ein recht quälendes Missbehagen erregte und in denen dir alles, was dir sonst recht wichtig und wert in Sinn und Gedanken zu tragen vorkam, nun läppisch und nichtswürdig erschien? Du wusstest dann selbst nicht, was du tun und wohin du dich wenden solltest; ein dunkles Gefühl, es müsse irgendwo und zu irgendeiner Zeit ein hoher, den Kreis alles irdischen Genusses überschreitender Wunsch erfüllt werden, den der Geist, wie ein strenggehaltenes furchtsames Kind, gar nicht auszusprechen wage, erhob deine Brust, und in dieser Sehnsucht nach dem unbekannten Etwas, das dich überall, wo du gingst und standest, wie ein duftiger Traum mit durchsichtigen, vor dem schärferen Blick zerfließenden Gestalten umschwebte, verstummtest du für alles, was dich hier umgab. Du schlichst mit trübem Blick umher wie ein hoffnungslos Liebender, und alles, was du die Menschen auf allerlei Weise im bunten Gewühl durcheinander treiben sahst, erregte dir keinen Schmerz und keine Freude, als gehörtest du nicht mehr dieser Welt an. Ist dir, günstiger Leser, jemals so zumute gewesen, so kennst du selbst aus eigner Erfahrung den Zustand, in dem sich der Student Anselmus befand. Überhaupt wünschte ich, es wäre mir schon jetzt gelungen, dir, geneigter Leser, den Studenten

Anselmus recht lebhaft vor Augen zu bringen. Denn in der Tat, ich habe in den Nachtwachen, die ich dazu verwende, seine höchst sonderbare Geschichte aufzuschreiben, noch so viel Wunderliches, das wie eine spukhafte Erscheinung das alltägliche Leben ganz gewöhnlicher Menschen ins Blaue hinausrückte, zu erzählen, dass mir bange ist, du werdest am Ende weder an den Studenten Anselmus noch an den Archivarius Lindhorst glauben, ja wohl gar einige ungerechte Zweifel gegen den Konrektor Paulmann und den Registrator Heerbrand hegen, unerachtet wenigstens die letztgenannten achtbaren Männer noch jetzt in Dresden umherwandeln. Versuche es, geneigter Leser, in dem feenhaften Reiche voll herrlicher Wunder, die die höchste Wonne sowie das tiefste Entsetzen in gewaltigen Schlägen hervorrufen, ja, wo die ernste Göttin ihren Schleier lüftet, dass wir ihr Antlitz zu schauen wähnen – aber ein Lächeln schimmert oft aus dem ernsten Blick, und das ist der neckhafte Scherz, der in allerlei verwirrendem Zauber mit uns spielt, so wie die Mutter oft mit ihren liebsten Kindern tändelt – ja! in diesem Reiche, das uns der Geist so oft, wenigstens im Traume aufschließt, versuche es, geneigter Leser, die bekannten Gestalten, wie sie täglich, wie man zu sagen pflegt im gemeinen Leben, um dich herwandeln, wiederzuerkennen. Du wirst dann glauben, dass dir jenes herrliche Reich viel näher liege, als du sonst wohl meintest, welches ich nun eben recht herzlich wünsche und dir in der seltsamen Geschichte des Studenten Anselmus anzudeuten strebe. – Also, wie gesagt, der Student Anselmus geriet seit jenem Abende, als er den Archivarius Lindhorst gesehen, in ein träumerisches Hinbrüten, das ihn für jede äußere Berührung des gewöhnlichen Lebens unempfindlich machte. Er fühlte, wie ein unbekanntes Etwas in seinem Innersten sich regte und ihm jenen wonnevollen Schmerz verursachte, der eben die Sehnsucht ist, welche dem Menschen ein anderes höheres Sein verheißt. Am liebsten war es ihm, wenn er allein durch Wiesen und Wälder schweifen und, wie losgelöst von allem, was ihn an sein dürftiges Leben fesselte, nur im Anschauen der mannigfachen Bilder, die aus seinem Innern stiegen, sich gleichsam selbst wiederfinden konnte. So kam es denn, dass er einst, von einem weiten Spaziergange heimkehrend, bei jenem merkwürdigen Holunderbusch vorüberschritt, unter dem er damals, wie von Feerei befangen, so viel Seltsames sah; er fühlte sich wunderbarlich von dem grünen heimatlichen Rasenfleck angezogen, aber kaum hatte er sich daselbst niedergelassen, als alles, was er damals wie in einer himmlischen Verzückung geschaut, und das wie von einer fremden Gewalt aus seiner Seele verdrängt worden, ihm wieder in den lebhaftesten Farben vorschwebte, als sähe er es zum zweiten Mal. Ja, noch deutlicher als damals war es ihm, dass die holdseligen blauen Augen der goldgrünen Schlange angehörten, die in der Mitte des Holunderbaums sich emporwand, und dass in den Windungen des schlanken Leibes all die herrlichen Kristall-Glockentöne hervorblitzen mussten, die ihn mit Wonne und Entzücken erfüllten. So wie damals am Himmelfahrtstage umfasste er den Holunderbaum und rief in die Zweige und Blätter hinein: »Ach, nur noch einmal schlängle und schlinge und winde dich, du holdes grünes Schlänglein, in den Zweigen, dass ich dich schauen mag. – Nur noch einmal blicke mich an mit deinen holdseligen Augen! Ach, ich liebe dich ja und muss in Trauer und Schmerz vergehen, wenn du nicht wiederkehrst!« Alles blieb jedoch stumm und still, und wie damals rauschte der Holunderbaum nur ganz unvernehmlich mit seinen Zweigen und Blättern. Aber dem Studenten Anselmus war es, als wisse er nun, was sich in seinem Innern so rege und bewege, ja was seine Brust so im Schmerz einer unendlichen Sehnsucht zerreiße. »Ist es denn etwas anderes«, sprach er, »als dass ich dich so ganz mit voller Seele bis zum Tode liebe, du herrliches goldenes Schlänglein, ja dass ich ohne dich nicht zu leben vermag und vergehen muss in hoffnungsloser Not, wenn ich dich nicht wiedersehe, dich nicht habe wie die Geliebte meines Herzens – aber ich weiß es, du wirst mein, und dann alles, was herrliche Träume aus einer andern, höhern Welt mir verheißen, erfüllt sein.« – Nun ging der Student Anselmus jeden Abend, wenn die Sonne nur noch in die Spitzen der Bäume ihr funkelndes Gold streute, unter den Holunderbaum und rief aus tiefer Brust mit ganz kläglichen Tönen in die Blätter und Zweige hinein nach der holden Geliebten, dem goldgrünen Schlänglein. Als er dieses wieder einmal nach gewöhnlicher Weise trieb, stand plötzlich ein langer hagerer Mann, in einen weiten lichtgrauen Überrock gehüllt, vor ihm und rief, indem er ihn mit seinen großen feurigen Augen anblitzte: »Hei hei – was klagt und winselt denn da? – Hei, hei, das ist ja Herr Anselmus, der meine Manuskripte kopieren will.« Der Student Anselmus erschrak nicht wenig vor der gewaltigen Stimme, denn es war ja dieselbe, die damals am Himmelfahrtstage gerufen: »Hei hei! was ist das für ein Gemunkel und Geflüster etc.« Er konnte vor Staunen und Schreck kein Wort herausbringen. – »Nun, was ist Ihnen denn, Herr Anselmus«, fuhr der Archivarius Lindhorst fort (niemand anders war der Mann im weißgrauen Überrock), »was wollen Sie von dem Holunderbaum, und warum sind Sie denn nicht zu mir gekommen, um Ihre Arbeit anzufangen?« – Wirklich hatte der Student Anselmus es noch nicht über sich vermocht, den Archivarius Lindhorst wieder in seinem Hause aufzusuchen, unerachtet er sich jeden Abend ganz dazu ermutigt, in diesem Augenblick aber, als er seine schönen Träume, und noch dazu durch dieselbe feindselige Stimme, die schon damals ihm die Geliebte geraubt, zerrissen sah, erfasste ihn eine Art Verzweiflung, und er brach ungestüm los: »Sie mögen mich nun für wahnsinnig halten oder nicht, Herr Archivarius! das gilt mir ganz gleich, aber hier auf diesem Baume erblickte ich am Himmelfahrtstage die goldgrüne Schlange – ach! die ewig Geliebte meiner Seele, und sie sprach zu mir in herrlichen Kristalltönen, aber Sie – Sie! Herr Archivarius, schrien und riefen so erschrecklich übers Wasser her.« – »Wie das, mein Gönner!«, unterbrach ihn der Archivarius Lindhorst, indem er ganz sonderbar lächelnd eine Prise nahm. – Der Student Anselmus fühlte, wie seine Brust sich erleichterte, als es ihm nur gelungen, von jenem wunderbaren Abenteuer anzufangen, und es war ihm, als sei es schon ganz recht, dass er den Archivarius geradezu beschuldigt, er sei es gewesen, der so aus der Ferne gedonnert. Er nahm sich zusammen, sprechend: »Nun, so will ich denn alles erzählen, was mir an dem Himmelfahrtsabende Verhängnisvolles begegnet, und dann mögen Sie reden und tun und überhaupt denken über mich, was Sie wollen.« – Er erzählte nun wirklich die ganze wunderliche Begebenheit von dem unglücklichen Tritt in den Äpfelkorb an bis zum Entfliehen der drei goldgrünen Schlangen übers Wasser, und wie ihn nun die Menschen für betrunken oder wahnsinnig gehalten: »Das alles«, schloss der Student Anselmus, »habe ich wirklich gesehen, und tief in der Brust ertönen noch im hellen Nachklang die lieblichen Stimmen, die zu mir sprachen; es war keineswegen ein Traum, und soll ich nicht vor Liebe und Sehnsucht sterben, so muss ich an die goldgrünen Schlangen glauben, unerachtet ich an Ihrem Lächeln, werter Herr Archivarius, wahrnehme, dass Sie eben diese Schlangen nur für ein Erzeugnis meiner erhitzten, überspannten Einbildungskraft halten.«

»Mitnichten«, erwiderte der Archivarius in der größten Ruhe und Gelassenheit, »die goldgrünen Schlangen, die Sie, Herr Anselmus, in dem Holunderbusch gesehen, waren nun eben meine drei Töchter, und dass Sie sich in die blauen Augen der jüngsten, Serpentina genannt, gar sehr verliebt, das ist nun wohl klar. Ich wusste es übrigens schon am Himmelfahrtstage, und da mir zu Hause, am Arbeitstisch sitzend, des Gemunkels und Geklingels zu viel wurde, rief ich den losen Dirnen zu, dass es Zeit sei nach Hause zu eilen, denn die Sonne ging schon unter, und sie hatten sich genug mit Singen und Strahlentrinken erlustigt.« – Dem Studenten Anselmus war es, als würde ihm nur etwas mit deutlichen Worten gesagt, was er längst geahnet, und ob er gleich zu bemerken glaubte, dass sich Holunderbusch, Mauer und Rasenboden und alle Gegenstände rings umher leise zu drehen anfingen, so raffte er sich doch zusammen und wollte etwas reden, aber der Archivarius ließ ihn nicht zu Worte kommen, sondern zog schnell den Handschuh von der linken Hand herunter, und indem er den in wunderbaren Funken und Flammen blitzenden Stein eines Ringes dem Studenten vor die Augen hielt, sprach er: »Schauen Sie her, werter Herr Anselmus, Sie können darüber, was Sie erblicken, eine Freude haben.« Der Student Anselmus schaute hin, und, o Wunder! der Stein warf wie aus einem brennenden Fokus Strahlen ringsumher, und die Strahlen verspannen sich zum hellen leuchtenden Kristallspiegel, in dem in mancherlei Windungen, bald einander fliehend, bald sich ineinander schlingend, die drei goldgrünen Schlänglein tanzten und hüpften. Und wenn die schlanken, in tausend Funken blitzenden Leiber sich berührten, da erklangen herrliche Akkorde wie Kristallglocken, und die mittelste streckte wie voll Sehnsucht und Verlangen das Köpfchen zum Spiegel heraus, und die dunkelblauen Augen sprachen: »Kennst du mich denn – glaubst du denn an mich, Anselmus? – nur in dem Glauben ist die Liebe – kannst du denn lieben?« – »O Serpentina, Serpentina!«, schrie der Student Anselmus in wahnsinnigem Entzücken, aber der Archivarius Lindhorst hauchte schnell auf den Spiegel, da fuhren in elektrischem Geknister die Strahlen in den Fokus zurück, und an der Hand blitzte nur wieder ein kleiner Smaragd, über den der Archivarius den Handschuh zog. »Haben Sie die goldnen Schlänglein gesehen, Herr Anselmus?«, fragte der Archivarius Lindhorst. »Ach Gott, ja!«, erwiderte der Student, »und die holde liebliche Serpentina.« »Still«, fuhr der Archivarius Lindhorst fort, »genug für heute, übrigens können Sie ja, wenn Sie sich entschließen wollen, bei mir zu arbeiten, meine Töchter oft genug sehen, oder vielmehr, ich will Ihnen dies wahrhaftige Vergnügen verschaffen, wenn Sie sich bei der Arbeit recht brav halten, das heißt: mit der größten Genauigkeit und Reinheit jedes Zeichen kopieren. Aber Sie kommen ja gar nicht zu mir, unerachtet mir der Registrator Heerbrand versicherte, Sie würden sich nächstens einfinden, und ich deshalb mehrere Tage vergebens gewartet.« – Sowie der Archivarius Lindhorst den Namen Heerbrand nannte, war es dem Studenten Anselmus erst wieder, als stehe er wirklich mit beiden Füßen auf der Erde und er wäre wirklich der Student Anselmus und der vor ihm stehende Mann der Archivarius Lindhorst. Der gleichgültige Ton, in dem dieser sprach, hatte im grellen Kontrast mit den wunderbaren Erscheinungen, die er wie ein wahrhafter Rekromant hervorrief, etwas Grauenhaftes, das durch den stechenden Blick der funkelnden Augen, die aus den knöchernen Höhlen des magern, runzlichten Gesichts wie aus einem Gehäuse hervorstrahlten, noch erhöht wurde, und den Studenten ergriff mit Macht dasselbe unheimliche Gefühl, welches sich seiner schon auf dem Kaffeehause bemeisterte, als der Archivarius so viel Abenteuerliches erzählte. Nur mit Mühe fasste er sich, und als der Archivarius nochmals fragte: »Nun, warum sind Sie denn nicht zu mir gekommen?«, da erhielt er es über sich, alles zu erzählen, was ihm an der Haustür begegnet. »Lieber Herr Anselmus«, sagte der Archivarius, als der Student seine Erzählung geendet, »lieber Herr Anselmus, ich kenne wohl das Äpfelweib, von der Sie zu sprechen belieben: es ist eine fatale Kreatur, die mir allerhand Possen spielt, und dass sie sich hat bronzieren lassen, um als Türklopfer die mir angenehmen Besuche zu verscheuchen, das ist in der Tat sehr arg und nicht zu leiden. Wollten Sie doch, werter Herr Anselmus, wenn Sie morgen um zwölf Uhr zu mir kommen und wieder etwas von dem Angrinsen und Anschnarren vermerken, ihr gefälligst was weniges von diesem Liquor auf die Nase tröpfeln, dann wird sich sogleich alles geben. Und nun Adieu! lieber Herr Anselmus, ich gehe etwas rasch, deshalb will ich Ihnen nicht zumuten, mit mir nach der Stadt zurückzukehren. – Adieu! auf Wiedersehen, morgen um zwölf Uhr.« – Der Archivarius hatte dem Studenten Anselmus ein kleines Fläschchen mit einem goldgelben Liquor gegeben, und nun schritt er rasch von dannen, so, dass er in der tiefen Dämmerung, die unterdessen eingebrochen, mehr in das Tal hinabzuschweben als zu gehen schien. Schon war er in der Nähe des Koselschen Gartens, da setzte sich der Wind in den weiten Überrock und trieb die Schöße auseinander, dass sie wie ein Paar große Flügel in den Lüften flatterten und es dem Studenten Anselmus, der verwunderungsvoll dem Archivarius nachsah, vorkam, als breite ein großer Vogel die Fittiche aus zum raschen Fluge. – Wie der Student nun so in die Dämmerung hineinstarrte, da erhob sich mit krächzendem Geschrei ein weißgrauer Geier hoch in die Lüfte, und er merkte nun wohl, dass das weiße Geflatter, was er noch immer für den davonschreitenden Archivarius gehalten, schon eben der Geier gewesen sein müsse, unerachtet er nicht begreifen konnte, wo denn der Archivarius mit einem Mal hingeschwunden. »Er kann aber auch selbst in Person davongeflogen sein, der Herr Archivarius Lindhorst«, sprach der Student Anselmus zu sich selbst, »denn ich sehe und fühle nun wohl, dass alle die fremden Gestalten aus einer fernen wundervollen Welt, die ich sonst nur in ganz besondern merkwürdigen Träumen schaute, jetzt in mein waches reges Leben geschritten sind und ihr Spiel mit mir treiben. – Dem sei aber, wie ihm wolle! Du lebst und glühst in meiner Brust, holde, liebliche Serpentina, nur du kannst die unendliche Sehnsucht stillen, die mein Innerstes zerreißt. Ach, wann werde ich in dein holdseliges Auge blicken – liebe, liebe Serpentina!« – – So rief der Student Anselmus ganz laut. – »Das ist ein schnöder, unchristlicher Name«, murmelte eine Bassstimme neben ihm, die einem heimkehrenden Spaziergänger gehörte. Der Student Anselmus, zu rechter Zeit erinnert, wo er war, eilte raschen Schrittes von dannen, indem er bei sich selbst dachte: »Wäre es nicht ein rechtes Unglück, wenn mir jetzt der Konrektor Paulmann oder der Registrator Heerbrand begegnete?« – Aber er begegnete keinem von beiden.

Fünfte Vigilie

Die Frau Hofrätin Anselmus. – Cicero de officiis. – Meerkatzen und anderes Gesindel. – Die alte Liese. – Das Aequinoctium.

»Mit dem Anselmus ist nun einmal in der Welt nichts anzufangen«, sagte der Konrektor Paulmann; »alle meine guten Lehren, alle meine Ermahnungen sind fruchtlos, er will sich ja zu gar nichts applizieren, unerachtet er die besten Schulstudia besitzt, die denn doch die Grundlage von allem sind.« Aber der Registrator Heerbrand erwiderte, schlau und geheimnisvoll lächelnd: »Lassen Sie dem Anselmus doch nur Raum und Zeit, wertester Konrektor! das ist ein kurioses Subjekt, aber es steckt viel in ihm, und wenn ich sage: viel, so heißt das: ein geheimer Sekretär oder wohl gar ein Hofrat.« – »Hof« – fing der Konrektor im größten Erstaunen an, das Wort blieb ihm stecken. – »Still, still«, fuhr der Registrator Heerbrand fort, »ich weiß, was ich weiß! – Schon seit zwei Tagen sitzt er bei dem Archivarius Lindhorst und kopiert, und der Archivarius sagte gestern Abend auf dem Kaffeehause zu mir: ›Sie haben mir einen wackern Mann empfohlen, Verehrter! – aus dem wird was‹, und nun bedenken Sie des Archivarii Konnexionen – still – still – sprechen wir uns übers Jahr!« – Mit diesen Worten ging der Registrator im fortwährenden schlauen Lächeln zur Tür hinaus und ließ den vor Erstaunen und Neugierde verstummten Konrektor im Stuhle festgebannt sitzen. Aber auf Veronika hatte das Gespräch einen ganz eignen Eindruck gemacht. »Habe ich's denn nicht schon immer gewusst«, dachte sie, »dass der Herr Anselmus ein recht gescheiter, liebenswürdiger junger Mann ist, aus dem noch was Großes wird? Wenn ich nur wüsste, ob er mir wirklich gut ist? – Aber hat er mir nicht jenen Abend, als wir über die Elbe fuhren, zweimal die Hand gedrückt? hat er mich nicht im Duett angesehen mit solchen ganz sonderbaren Blicken, die bis ins Herz drangen? Ja, ja! er ist mir wirklich gut – und ich« – Veronika überließ sich ganz, wie junge Mädchen wohl pflegen, den süßen Träumen von einer heitern Zukunft. Sie war Frau Hofrätin, bewohnte ein schönes Logis in der Schlossgasse oder auf dem Neumarkt oder auf der Moritzstraße – der moderne Hut, der neue türkische Shawl stand ihr vortrefflich – sie frühstückte im eleganten Negligé im Erker, der Köchin die nötigen Befehle für den Tag erteilend. »Aber dass Sie mir die Schüssel nicht verdirbt, es ist des Herrn Hofrats Leibessen!« – Vorübergehende Elegants schielen herauf, sie hört deutlich: »Es ist doch eine göttliche Frau, die Hofrätin, wie ihr das Spitzenhäubchen so allerliebst steht!« – Die geheime Rätin Ypsilon schickt den Bedienten und lässt fragen, ob es der Frau Hofrätin gefällig wäre, heute ins Linkische Bad zu fahren. »Viel Empfehlungen, es täte mir unendlich leid, ich sei schon engagiert zum Tee bei der Präsidentin Tz.« – Da kommt der Hofrat Anselmus, der schon früh in Geschäften ausgegangen, zurück; er ist nach der letzten Mode gekleidet; »wahrhaftig schon zehn«, ruft er, indem er die goldene Uhr repetieren lässt und der jungen Frau einen Kuss gibt. »Wie geht's, liebes Weibchen, weißt du auch, was ich für dich habe?«, fährt er schäkernd fort und zieht ein Paar herrliche, nach der neuesten Art gefasste Ohrringe aus der Westentasche, die er ihr statt der sonst getragenen gewöhnlichen einhängt. »Ach, die schönen, niedlichen Ohrringe«, ruft Veronika ganz laut und springt, die Arbeit wegwerfend, vom Stuhl auf, um in dem Spiegel die Ohrringe wirklich zu beschauen. »Nun, was soll denn das sein«, sagte der Konrektor Paulmann, der, eben in Cicero de Officiis vertieft, beinahe das Buch fallen lassen, »man hat ja Anfälle wie der Anselmus.« Aber da trat der Student Anselmus, der wider seine Gewohnheit sich mehrere Tage nicht sehen lassen, ins Zimmer, zu Veronikas Schreck und Erstaunen, denn in der Tat war er in seinem ganzen Wesen verändert. Mit einer gewissen Bestimmtheit, die ihm sonst gar nicht eigen, sprach er von ganz andern Tendenzen seines Lebens, die ihm klar worden, von den herrlichen Aussichten, die sich ihm geöffnet, die mancher aber gar nicht zu schauen vermöchte. Der Konrektor Paulmann wurde, der geheimnisvollen Rede des Registrators Heerbrand gedenkend, noch mehr betroffen und konnte kaum eine Silbe hervorbringen, als der Student Anselmus, nachdem er einige Worte von dringender Arbeit bei dem Archivarius Lindhorst fallen lassen und der Veronika mit eleganter Gewandtheit die Hand geküsst, schon die Treppe hinunter, auf und von dannen war. »Das war ja schon der Hofrat«, murmelte Veronika in sich hinein, »und er hat mir die Hand geküsst, ohne dabei auszugleiten oder mir auf den Fuß zu treten, wie sonst! – er hat mir einen recht zärtlichen Blick zugeworfen – er ist mir wohl in der Tat gut.« – Veronika überließ sich aufs Neue jener Träumerei, indessen war es, als träte immer eine feindselige Gestalt unter die lieblichen Erscheinungen, wie sie aus dem künftigen häuslichen Leben als Frau Hofrätin hervorgingen, und die Gestalt lachte recht höhnisch und sprach: »Das ist ja alles recht dummes, ordinäres Zeug und noch dazu erlogen, denn der Anselmus wird nimmermehr Hofrat und dein Mann; er liebt dich ja nicht, unerachtet du blaue Augen hast und einen schlanken Wuchs und eine feine Hand.« – Da goss sich ein Eisstrom durch Veronikas Innres, und ein tiefes Entsetzen vernichtete die Behaglichkeit, mit der sie sich nur noch erst im Spitzenhäubchen und den eleganten Ohrringen gesehen. – Die Tränen wären ihr beinahe aus den Augen gestürzt, und sie sprach laut: »Ach, es ist ja wahr, er liebt mich nicht, und ich werde nimmermehr Frau Hofrätin!« »Romanenstreiche, Romanenstreiche«, schrie der Konrektor Paulmann, nahm Hut und Stock und eilte zornig von dannen! – »Das fehlte noch«, seufzte Veronika und ärgerte sich recht über die zwölfjährige Schwester, welche, teilnehmungslos an ihrem Rahmen sitzend, fortgestickt hatte. Unterdessen war es beinahe drei Uhr geworden und nun gerade Zeit, das Zimmer aufzuräumen und den Kaffeetisch zu ordnen; denn die Mademoiselles Osters hatten sich bei der Freundin ansagen lassen. Aber hinter jedem Schränkchen, das Veronika wegrückte, hinter den Notenbüchern, die sie vom Klavier, hinter jeder Tasse, hinter der Kaffeekanne, die sie aus dem Schrank nahm, sprang jene Gestalt wie ein Alräunchen hervor und lachte höhnisch und schlug mit den kleinen Spinnenfingern Schnippchen und schrie: »Er wird doch nicht dein Mann, er wird doch nicht dein Mann!« Und dann, wenn sie alles stehn und liegen ließ und in die Mitte des Zimmers flüchtete, sah es mit langer Nase riesengroß hinter dem Ofen hervor und knurrte und schnurrte: »Er wird doch nicht dein Mann!« »Hörst du denn nichts, siehst du denn nichts, Schwester?«, rief Veronika, die vor Furcht und Zittern gar nichts mehr anrühren mochte. Fränzchen stand ganz ernsthaft und ruhig von ihrem Stickrahmen auf und sagte: »Was ist dir denn heute, Schwester? Du wirfst ja alles durcheinander, dass es klippert und klappert, ich muss dir nur helfen.« Aber da traten schon die muntern Mädchen in vollem Lachen herein, und in dem Augenblick wurde nun auch Veronika gewahr, dass sie den Ofenaufsatz für eine Gestalt und das Knarren der übel verschlossenen Ofentür für die feindseligen Worte gehalten hatte. Von einem inneren Entsetzen gewaltsam ergriffen, konnte sie sich aber nicht so schnell erholen, dass die Freundinnen nicht ihre ungewöhnliche Spannung, die selbst ihre Blässe, ihr verstörtes Gesicht verriet, hätten bemerken sollen. Als sie, schnell abbrechend von all dem Lustigen, das sie eben erzählen wollten, in die Freundin drangen, was ihr denn um des Himmels willen widerfahren, musste Veronika eingestehen, wie sie sich ganz besondern Gedanken hingegeben und plötzlich am hellen Tage von einer sonderbaren Gespensterfurcht, die ihr sonst gar nicht eigen, übermannt worden. Nun erzählte sie so lebhaft, wie aus allen Winkeln des Zimmers ein kleines graues Männchen sie geneckt und gehöhnt habe, dass die Mad. Osters sich schüchtern nach allen Seiten umsahen und ihnen bald gar unheimlich und grausig zumute wurde. Da trat Fränzchen mit dem dampfenden Kaffee herein, und alle drei, sich schnell besinnend, lachten über ihre eigne Albernheit. Angelika, so hieß die älteste Oster, war mit einem Offizier versprochen, der bei der Armee stand, und von dem die Nachrichten so lange ausgeblieben, dass man an seinem Tode oder wenigstens an seiner schweren Verwundung kaum zweifeln konnte. Dies hatte Angelika in die tiefste Betrübnis gestürzt, aber heute war sie fröhlich bis zur Ausgelassenheit, worüber Veronika sich nicht wenig wunderte und es ihr unverhohlen äußerte. »Liebes Mädchen«, sagte Angelika, »glaubst du denn nicht, dass ich meinen Viktor immerdar im Herzen, in Sinn und Gedanken trage? aber eben deshalb bin ich so heiter! – ach Gott – so glücklich, so selig in meinem ganzen Gemüte! denn mein Viktor ist wohl, und ich sehe ihn in weniger Zeit als Rittmeister, geschmückt mit den Ehrenzeichen, die ihm seine unbegrenzte Tapferkeit erwarben, wieder. Eine starke, aber durchaus nicht gefährliche Verwundung des rechten Arms, und zwar durch den Säbelhieb eines feindlichen Husaren, verhindert ihn zu schreiben, und der schnelle Wechsel seines Aufenthalts, da er durchaus sein Regiment nicht verlassen will, macht es auch noch immer unmöglich, mir Nachricht zu geben, aber heute Abend erhält er die bestimmte Weisung, sich erst ganz heilen zu lassen. Er reiset morgen ab, um herzukommen, und indem er in den Wagen steigen will, erfährt er seine Ernennung zum Rittmeister.« – »Aber, liebe Angelika«, fiel Veronika ein, »das weißt du jetzt schon alles?« – »Lache mich nicht aus, liebe Freundin«, fuhr Angelika fort, »aber du wirst es nicht, denn könnte nicht dir zur Strafe gleich das kleine graue Männchen dort hinter dem Spiegel hervorgucken? – Genug, ich kann mich von dem Glauben an gewisse geheimnisvolle Dinge nicht losmachen, weil sie oft genug ganz sichtbarlich und handgreiflich, möcht' ich sagen, in mein Leben getreten. Vorzüglich kommt es mir denn nun gar nicht einmal so wunderbar und unglaublich vor, als manchen andern, dass es Leute geben kann, denen eine gewisse Sehergabe eigen, die sie durch ihnen bekannte untrügliche Mittel in Bewegung zu setzen wissen. Es ist hier am Orte eine alte Frau, die diese Gabe ganz besonders besitzt. Nicht so wie andere ihres Gelichters prophezeit sie aus Karten, gegossenem Blei oder aus dem Kaffeesatze, sondern nach gewissen Vorbereitungen, an denen die fragende Person teilnimmt, erscheint in einem hellpolierten Metallspiegel ein wunderliches Gemisch von allerlei Figuren und Gestalten, welche die Alte deutet und aus ihnen die Antwort auf die Frage schöpft. Ich war gestern Abend bei ihr und erhielt jene Nachrichten von meinem Viktor, an deren Wahrheit ich nicht einen Augenblick zweifle.« – Angelikas Erzählung warf einen Funken in Veronikas Gemüt, der schnell den Gedanken entzündete, die Alte über den Anselmus und über ihre Hoffnungen zu befragen. Sie erfuhr, dass die Alte Frau Rauerin hieße, in einer entlegenen Straße vor dem Seetor wohne, durchaus nur Dienstags, Mittwochs und Freitags von sieben Uhr abends, dann aber die ganze Nacht hindurch bis zum Sonnenaufgang zu treffen sei und es gern sähe, wenn man allein komme. – Es war eben Mittwoch, und Veronika beschloss, unter dem Vorwande, die Osters nach Hause zu begleiten, die Alte aufzusuchen, welches sie denn auch in der Tat ausführte. Kaum hatte sie nämlich von den Freundinnen, die in der Neustadt wohnten, vor der Elbbrücke Abschied genommen, als sie geflügelten Schrittes vor das Seetor eilte und sich in der beschriebenen abgelegenen engen Straße befand, an deren Ende sie das kleine rote Häuschen erblickte, in welchem die Frau Rauerin wohnen sollte. Sie konnte sich eines gewissen unheimlichen Gefühls, ja eines innern Erbebens nicht erwehren, als sie vor der Haustür stand. Endlich raffte sie sich, des innern Widerstrebens unerachtet, zusammen und zog an der Klingel, worauf sich die Tür öffnete und sie durch den finstern Gang nach der Treppe tappte, die zum obern Stock führte, wie es Angelika beschrieben. »Wohnt hier nicht die Frau Rauerin?«, rief sie in den öden Hausflur hinein, als sich niemand zeigte; da erscholl statt der Antwort ein langes klares Miau, und ein großer schwarzer Kater schritt mit hochgekrümmtem Rücken, den Schweif in Wellenringeln hin und her drehend, gravitätisch vor ihr her bis an die Stubentür, die auf ein zweites Miau geöffnet wurde. »Ach, sieh da, Töchterchen, bist schon hier? komm herein – herein!« So rief die heraustretende Gestalt, deren Anblick Veronika an den Boden festbannte. Ein langes, hagres, in schwarze Lumpen gehülltes Weib! – indem sie sprach, wackelte das hervorragende spitze Kinn, verzog sich das zahnlose Maul, von der knöchernen Habichtsnase beschattet, zum grinsenden Lächeln, und leuchtende Katzenaugen flackerten Funken werfend durch die große Brille. Aus dem bunten, um den Kopf gewickelten Tuche starrten schwarze borstige Haare hervor, aber zum Grässlichen erhoben das ekle Antlitz zwei große Brandflecke, die sich von der linken Backe über die Nase wegzogen. – Veronikas Atem stockte, und der Schrei, der der gepressten Brust Luft machen sollte, wurde zum tiefen Seufzer, als der Hexe Knochenhand sie ergriff und in das Zimmer hineinzog. Drinnen regte und bewegte sich alles, es war ein Sinne verwirrendes Quieken und Miauen und Gekrächze und Gepiepe durcheinander. Die Alte schlug mit der Faust auf den Tisch und schrie: »Still da, ihr Gesindel!« Und die Meerkatzen kletterten winselnd auf das hohe Himmelbett, und die Meerschweinchen liefen unter den Ofen, und der Rabe flatterte auf den runden Spiegel; nur der schwarze Kater, als gingen ihn die Scheltworte nichts an, blieb ruhig auf dem großen Polsterstuhle sitzen, auf den er gleich nach dem Eintritt gesprungen. – Sowie es still wurde, ermutigte sich Veronika; es war ihr nicht so unheimlich als draußen auf dem Flur, ja selbst das Weib schien ihr nicht mehr so scheußlich. Jetzt erst blickte sie im Zimmer umher! – Allerhand hässliche ausgestopfte Tiere hingen von der Decke herab, unbekanntes seltsames Geräte lag durcheinander auf dem Boden, und in dem Kamin brannte ein blaues sparsames Feuer, das nur dann und wann in gelben Funken emporknisterte; aber dann rauschte es von oben herab, und ekelhafte Fledermäuse wie mit verzerrten lachenden Menschengesichtern schwangen sich hin und her, und zuweilen leckte die Flamme herauf an der rußigen Mauer, und dann erklangen schneidende, heulende Jammertöne, dass Veronika von Angst und Grausen ergriffen wurde. »Mit Verlaub, Mamsellchen«, sagte die Alte schmunzelnd, erfasste einen großen Wedel und besprengte, nachdem sie ihn in einen kupfernen Kessel getaucht, den Kamin. Da erlosch das Feuer, und wie von dickem Rauch erfüllt, wurde es stockfinster in der Stube; aber bald trat die Alte, die in ein Kämmerchen gegangen, mit einem angezündeten Lichte wieder herein, und Veronika erblickte nichts mehr von den Tieren, von den Gerätschaften, es war eine gewöhnliche, ärmlich ausstaffierte Stube. Die Alte trat ihr näher und sagte mit schnarrender Stimme: »Ich weiß wohl, was du bei mir willst, mein Töchterchen; was gilt es, du möchtest erfahren, ob du den Anselmus heiraten wirst, wenn er Hofrat worden.« – Veronika erstarrte vor Staunen und Schrecken, aber die Alte fuhr fort: »Du hast mir ja schon alles gesagt zu Hause beim Papa, als die Kaffeekanne vor dir stand, *ich* war ja die Kaffeekanne, hast du mich denn nicht gekannt? Töchterchen, höre! Lass ab, lass ab von dem Anselmus, das ist ein garstiger Mensch, der hat meinen Söhnlein ins Gesicht getreten, meinen lieben

Söhnlein, den Äpfelchen mit den roten Backen, die, wenn sie die Leute gekauft haben, ihnen wieder aus den Taschen in meinen Korb zurückrollen. Er hält's mit dem Alten, er hat mir vorgestern den verdammten Auripigment ins Gesicht gegossen, dass ich beinahe darüber erblindet. Du kannst noch die Brandflecken sehen, Töchterchen! Lass ab von ihm, lass ab! – Er liebt dich nicht, denn er liebt die goldgrüne Schlange, er wird niemals Hofrat werden, weil er sich bei den Salamandern anstellen lassen, und er will die grüne Schlange heiraten, lass ab von ihm, lass ab!« – Veronika, die eigentlich ein festes, standhaftes Gemüt hatte und mädchenhaften Schreck bald zu überwinden wusste, trat einen Schritt zurück und sprach mit ernsthaftem gefassten Ton: »Alte! ich habe von Eurer Gabe, in die Zukunft zu blicken, gehört und wollte darum, vielleicht zu neugierig und voreilig, von Euch wissen, ob wohl Anselmus, den ich liebe und hochschätze, jemals mein werden würde. Wollt Ihr mich daher, statt meinen Wunsch zu erfüllen, mit Eurem tollen, unsinnigen Geschwätze necken, so tut Ihr unrecht, denn ich habe nur gewollt, was Ihr andern, wie ich weiß, gewährtet. Da Ihr, wie es scheint, meine innigsten Gedanken wisset, so wäre es Euch vielleicht ein leichtes gewesen, mir manches zu enthüllen, was mich jetzt quält und ängstigt, aber nach Euern albernen Verleumdungen des guten Anselmus mag ich von Euch weiter nichts erfahren. Gute Nacht!« – Veronika wollte davoneilen, da fiel die Alte weinend und jammernd auf die Knie nieder und rief, das Mädchen am Kleide festhaltend: »Veronikchen, kennst du denn die alte Liese nicht mehr, die dich so oft auf den Armen getragen und gepflegt und gehätschelt?« Veronika traute kaum ihren Augen; denn sie erkannte ihre, freilich nur durch hohes Alter und vorzüglich durch die Brandflecke entstellte ehemalige Wärterin, die vor mehreren Jahren aus des Konrektor Paulmanns Hause verschwand. Die Alte sah auch nun ganz anders aus, sie hatte statt des hässlichen buntgefleckten Tuchs eine ehrbare Haube und statt der schwarzen Lumpen eine großblumichte Jacke an, wie sie sonst wohl gekleidet gegangen. Sie stand vom Boden auf und fuhr, Veronika in ihre Arme nehmend, fort: »Es mag dir alles, was ich dir gesagt, wohl recht toll vorkommen, aber es ist leider dem so. Der Anselmus hat mir viel zuleide getan, doch wider seinen Willen; er ist dem Archivarius Lindhorst in die Hände gefallen, und der will ihn mit seiner Tochter verheiraten. Der Archivarius ist mein größter Feind, und ich könnte dir allerlei Dinge von ihm sagen, die würdest du aber nicht verstehen oder dich doch sehr entsetzen. Er ist der weise Mann, aber ich bin die weise Frau – es mag darum sein! – Ich merke nun wohl, dass du den Anselmus recht lieb hast, und ich will dir mit allen Kräften beistehen, dass du recht glücklich werden und fein ins Ehebette kommen sollst, wie du es wünschest.« »Aber sage Sie mir um des Himmels willen, Liese!« – fiel Veronika ein – »Still, Kind – still!«, unterbrach sie die Alte, »ich weiß, was du sagen willst, ich bin das worden, was ich bin, weil ich es werden musste, ich konnte nicht anders. Nun also! – ich kenne das Mittel, das den Anselmus von der törichten Liebe zur grünen Schlange heilt und ihn als den liebenswürdigsten Hofrat in deine Arme führt; aber du musst helfen.« – »Sage es nur geradeheraus, Liese! ich will ja alles tun, denn ich liebe den Anselmus sehr!«, lispelte Veronika kaum hörbar. – »Ich kenne dich«, fuhr die Alte fort, »als ein beherztes Kind, vergebens habe ich dich mit dem Wauwau zum Schlaf treiben wollen, denn gerade alsdann öffnetest du die Augen, um den

Wauwau zu sehen; du gingst ohne Licht in die hinterste Stube und erschrecktest oft in des Vaters Pudermantel des Nachbars Kinder. Nun also! – ist's dir Ernst, durch meine Kunst den Archivarius Lindhorst und die grüne Schlange zu überwinden, ist's dir Ernst, den Anselmus als Hofrat deinen Mann zu nennen, so schleiche dich in der künftigen Tag- und Nachtgleiche nachts um elf Uhr aus des Vaters Hause und komme zu mir; ich werde dann mit dir auf den Kreuzweg gehen, der unfern das Feld durchschneidet, wir bereiten das Nötige, und alles Wunderliche, was du vielleicht erblicken wirst, soll dich nicht anfechten. Und nun Töchterchen, gute Nacht, der Papa wartet schon mit der Suppe.« – Veronika eilte von dannen, fest stand bei ihr der Entschluss, die Nacht des Äquinoktiums nicht zu versäumen, »denn«, dachte sie, »die Liese hat recht, der Anselmus ist verstrickt in wunderliche Bande, aber ich erlöse ihn daraus und nenne ihn mein immerdar und ewiglich, mein ist und bleibt er, der Hofrat Anselmus«.

Sechste Vigilie

Der Garten des Archivarius Lindhorst nebst einigen Spottvögeln. – Der goldne Topf. – Die englische Kursivschrift. – Schnöde Hahnenfüße. – Der Geisterfürst.

»Es kann aber auch sein«, sprach der Student Anselmus zu sich selbst, »dass der superfeine starke Magenlikör, den ich bei dem Monsieur Conradi etwas begierig genossen, alle die tollen Phantasmata geschaffen, die mich vor der Haustür des Archivarius Lindhorst ängsteten. Deshalb bleibe ich heute ganz nüchtern und will nun wohl allem weitern Ungemach, das mir begegnen könnte, Trotz bieten.« – So wie damals, als er sich zum ersten Besuch bei dem Archivarius Lindhorst rüstete, steckte er seine Federzeichnungen und kalligraphischen Kunstwerke, seine Tuschstangen, seine wohlgespitzten Rabenfedern ein, und schon wollte er zur Tür hinausschreiten, als ihm das Fläschchen mit dem gelben Liquor in die Augen fiel, das er von dem Archivarius Lindhorst erhalten. Da gingen ihm wieder all die seltsamen Abenteuer, welche er erlebt, mit glühenden Farben durch den Sinn, und ein namenloses Gefühl von Wonne und Schmerz durchschnitt seine Brust. Unwillkürlich rief er mit recht kläglicher Stimme aus: »Ach, gehe ich denn nicht zum Archivarius, nur um dich zu sehen, du holde, liebliche Serpentina?« – Es war ihm in dem Augenblick so, als könne Serpentinas Liebe der Preis einer mühevollen gefährlichen Arbeit sein, die er unternehmen müsste, und diese Arbeit sei keine andere als das Kopieren der Lindhorstischen Manuskripte. – Dass ihm schon bei dem Eintritt ins Haus oder vielmehr noch vor demselben allerlei Wunderliches begegnen könne, wie neulich, davon war er überzeugt. Er dachte nicht mehr an Conradis Magenwasser, sondern steckte schnell den Liquor in die Westentasche, um ganz nach des Archivarius Vorschrift zu verfahren, wenn das bronzierte Äpfelweib sich unterstehen sollte, ihn anzugrinsen. – Erhob sich denn nicht auch wirklich gleich die spitze Nase, funkelten nicht die Katzenaugen aus dem Türdrücker, als er ihn auf den Schlag zwölf Uhr ergreifen wollte? – Da spritzte er, ohne sich weiter zu bedenken, den Liquor in das fatale Gesicht hinein, und es glättete und plättete sich augenblicklich aus zum glänzenden kugelrunden Türklopfer. – Die Tür ging auf, die Glocken läuteten gar lieblich durch das ganze Haus: klingling – Jüngling – flink – flink – spring – spring – klingling. – Er stieg getrost die schöne breite Treppe hinauf und weidete sich an dem Duft des seltenen Räucherwerks, der durch das Haus floss. Ungewiss blieb er auf dem Flur stehen, denn er wusste nicht, an welche der vielen schönen Türen er wohl pochen sollte; da trat der Archivarius Lindhorst in einem weiten damastnen Schlafrock heraus und rief: »Nun, es freut mich, Herr Anselmus, dass Sie endlich Wort halten, kommen Sie mir nur nach, denn ich muss Sie ja doch wohl gleich ins Laboratorium führen.« Damit schritt er schnell den langen Flur hinauf und öffnete eine kleine Seitentür, die in einen Korridor führte. Anselmus schritt getrost hinter dem Archivarius her; sie kamen aus dem Korridor in einen Saal oder vielmehr in ein herrliches Gewächshaus, denn von beiden Seiten bis an die Decke hinauf standen allerlei seltene wunderbare Blumen, ja große Bäume mit sonderbar gestalteten Blättern und Blüten. Ein magisches blendendes Licht verbreitete sich überall, ohne dass man bemerken konnte, wo es herkam, da durchaus kein Fenster zu sehen war. Sowie der Student Anselmus in die Büsche und Blumen hineinblickte, schienen lange Gänge sich in weiter Ferne auszudehnen. – Im tiefen Dunkel dicker Zypressenstauden schimmerten Marmorbecken, aus denen sich wunderliche Figuren erhoben, Kristallenstrahlen hervorspritzend, die plätschernd niederfielen in leuchtende Lilienkelche; seltsame Stimmen rauschten und säuselten durch den Wald der wunderbaren Gewächse, und herrliche Düfte strömten auf und nieder. Der Archivarius war verschwunden, und Anselmus erblickte nur einen riesenhaften Busch glühender Feuerlilien vor sich. Von dem Anblick, von den süßen Düften des Feengartens berauscht, blieb Anselmus festgezaubert stehen. Da fing es überall an zu kickern und zu lachen, und feine Stimmchen neckten und höhnten: »Herr Studiosus, Herr Studiosus! wo kommen Sie denn her? warum haben Sie sich denn so schön geputzt, Herr Anselmus? – Wollen Sie eins mit uns plappern, wie die Großmutter das Ei mit dem Steiß zerdrückte, und der Junker einen Klecks auf die Sonntagsweste bekam? Können Sie die neue Arie schon auswendig, die Sie vom Papa Starmatz gelernt, Herr Anselmus? – Sie sehen recht possierlich aus in der gläsernen Perücke und den postpapiernen Stülpstiefeln!« – So rief und kickerte und neckte es aus allen Winkeln hervor – ja dicht neben dem Studenten, der nun erst wahrnahm, wie allerlei bunte Vögel ihn umflatterten und ihn so in vollem Gelächter aushöhnten. – In dem Augenblick schritt der Feuerlilienbusch auf ihn zu, und er sah, dass es der Archivarius Lindhorst war, dessen blumichter, in Gelb und Rot glänzender Schlafrock ihn nur getäuscht hatte. »Verzeihen Sie, werter Herr Anselmus«, sagte der Archivarius, »dass ich Sie stehen ließ, aber vorübergehend sah ich nur nach meinem schönen Kaktus, der diese Nacht seine Blüten aufschließen wird – aber wie gefällt Ihnen denn mein kleiner Hausgarten?« »Ach Gott, über alle Maßen schön ist es hier, geschätztester Herr Archivarius«, erwiderte der Student, »aber die bunten Vögel mokieren sich über meine Wenigkeit gar sehr!« – »Was ist denn das für ein Gewäsche?«, rief der Archivarius zornig in die Büsche hinein. Da flatterte ein großer grauer Papagei hervor, und, sich neben dem Archivarius auf einen Myrtenast setzend und ihn ungemein ernsthaft und gravitätisch durch eine Brille, die auf dem krummen Schnabel saß, anblickend, schnarrte er: »Nehmen Sie es nicht übel, Herr Archivarius, meine mutwilligen

Buben sind einmal wieder recht ausgelassen, aber der Herr Studiosus sind selbst daran schuld, denn –« »Still da, still da!«, unterbrach der Archivarius den Alten, »ich kenne die Schelme, aber Er sollte sie besser in Zucht halten, mein Freund! – gehen wir weiter, Herr Anselmus!« – Noch durch manches fremdartig aufgeputzte Gemach schritt der Archivarius, so, dass der Student ihm kaum folgen und einen Blick auf all die glänzenden, sonderbar geformten Mobilien und andere unbekannte Sachen werfen konnte, womit alles überfüllt war. Endlich traten sie in ein großes Gemach, in dem der Archivarius, den Blick in die Höhe gerichtet, stehen blieb, und Anselmus Zeit gewann, sich an dem herrlichen Anblick, den der einfache Schmuck dieses Saals gewährte, zu weiden. Aus den azurblauen Wänden traten die goldbronzenen Stämme hoher Palmbäume hervor, welche ihre kolossalen, wie funkelnde Smaragden glänzenden Blätter oben zur Decke wölbten; in der Mitte des Zimmers ruhte auf drei aus dunkler Bronze gegossenen ägyptischen Löwen eine Porphyrplatte, auf welcher ein einfacher goldener Topf stand, von dem, als er ihn erblickte, Anselmus nun gar nicht mehr die Augen wegwenden konnte. Es war, als spielten in tausend schimmernden Reflexen allerlei Gestalten auf dem strahlend polierten Golde – manchmal sah er sich selbst mit sehnsüchtig ausgebreiteten Armen – ach! neben dem Holunderbusch – Serpentina schlängelte sich auf und nieder, ihn anblickend mit den holdseligen Augen. Anselmus war außer sich vor wahnsinnigem Entzücken. »Serpentina – Serpentina!«, schrie er laut auf, da wandte sich der Archivarius Lindhorst schnell um und sprach: »Was meinen Sie, werter Herr Anselmus? – Ich glaube, Sie belieben meine Tochter zu rufen, die ist aber ganz auf der andern Seite meines

Hauses in ihrem Zimmer und hat soeben Klavierstunde, kommen Sie nur weiter.« Anselmus folgte beinahe besinnungslos dem davonschreitenden Archivarius, er sah und hörte nichts mehr, bis ihn der Archivarius heftig bei der Hand ergriff und sprach: »Nun sind wir an Ort und Stelle!« Anselmus erwachte wie aus einem Traum und bemerkte nun, dass er sich in einem hohen, rings mit Bücherschränken umstellten Zimmer befand, welches sich in keiner Art von gewöhnlichen Bibliothek- und Studierzimmern unterschied. In der Mitte stand ein großer Arbeitstisch und ein gepolsterter Lehnstuhl vor demselben. »Dieses«, sagte der Archivarius Lindhorst, »ist vorderhand Ihr Arbeitszimmer, ob Sie künftig auch in dem andern blauen Bibliotheksaal, in dem Sie so plötzlich meiner Tochter Namen riefen, arbeiten werden, weiß ich noch nicht; – aber nun wünschte ich mich erst von Ihrer Fähigkeit, die Ihnen zugedachte Arbeit wirklich meinem Wunsch und Bedürfnis gemäß auszuführen, zu überzeugen.« Der Student Anselmus ermutigte sich nun ganz und gar und zog nicht ohne innere Selbstzufriedenheit und in der Überzeugung, den Archivarius durch sein ungewöhnliches Talent höchlich zu erfreuen, seine Zeichnungen und Schreibereien aus der Tasche. Der Archivarius hatte kaum das erste Blatt, eine Handschrift in der elegantesten englischen Schreibmanier, erblickt, als er recht sonderbar lächelte und mit dem Kopfe schüttelte. Das wiederholte er bei jedem folgenden Blatte, sodass dem Studenten Anselmus das Blut in den Kopf stieg und er, als das Lächeln zuletzt recht höhnisch und verächtlich wurde, in vollem Unmute losbrach: »Der Herr Archivarius scheinen mit meinen geringen Talenten nicht ganz zufrieden?« – »Lieber Herr Anselmus«, sagte der Archivarius Lindhorst, »Sie haben für die Kunst des

Schönschreibens wirklich treffliche Anlagen, aber vorderhand, sehe ich wohl, muss ich mehr auf Ihren Fleiß, auf Ihren guten Willen rechnen als auf Ihre Fertigkeit. Es mag auch wohl an den schlechten Materialien liegen, die Sie verwandt.« – Der Student Anselmus sprach viel von seiner sonst anerkannten Kunstfertigkeit, von chinesischer Tusche und ganz auserlesenen Rabenfedern. Da reichte ihm der Archivarius Lindhorst das englische Blatt hin und sprach: »Urteilen Sie selbst!« – Anselmus wurde wie vom Blitz getroffen, als ihm seine Handschrift so höchst miserabel vorkam. Da war keine Ründe in den Zügen, kein Druck richtig, kein Verhältnis der großen und kleinen Buchstaben, ja! schülermäßige schnöde Hahnenfüße verdarben oft die sonst ziemlich geratene Zeile. »Und dann«, fuhr der Archivarius Lindhorst fort, »ist Ihre Tusche auch nicht haltbar.« Er tunkte den Finger in ein mit Wasser gefülltes Glas, und indem er nur leicht auf die Buchstaben tupfte, war alles spurlos verschwunden. Dem Studenten Anselmus war es, als schnüre ein Ungetüm ihm die Kehle zusammen – er konnte kein Wort herausbringen. So stand er da, das unglückliche Blatt in der Hand, aber der Archivarius Lindhorst lachte laut auf und sagte: »Lassen Sie sich das nicht anfechten, wertester Herr Anselmus; was Sie bisher nicht vollbringen konnten, wird hier bei mir vielleicht besser sich fügen; ohnedies finden Sie ein besseres Material, als Ihnen sonst wohl zu Gebote stand! – Fangen Sie nur getrost an!« – Der Archivarius Lindhorst holte erst eine flüssige schwarze Masse, die einen ganz eigentümlichen Geruch verbreitete, sonderbar gefärbte, scharf zugespitzte Federn und ein Blatt von besonderer Weiße und Glätte, dann aber ein arabisches Manuskript aus einem verschlossenen Schranke herbei, und sowie Anselmus sich zur Arbeit gesetzt, verließ er das Zimmer. Der Student Anselmus hatte schon öfters arabische Schrift kopiert, die erste Aufgabe schien ihm daher nicht so schwer zu lösen. »Wie die Hahnenfüße in meine schöne englische Kursivschrift gekommen, mag Gott und der Archivarius Lindhorst wissen«, sprach er, »aber dass sie nicht von *meiner* Hand sind, darauf will ich sterben.« – Mit jedem Worte, das nun wohlgelungen auf dem Pergamente stand, wuchs sein Mut und mit ihm seine Geschicklichkeit. In der Tat schrieb es sich mit den Federn auch ganz herrlich, und die geheimnisvolle Tinte floss rabenschwarz und gefügig auf das blendend weiße Pergament. Als er nun so emsig und mit angestrengter Aufmerksamkeit arbeitete, wurde es ihm immer heimlicher in dem einsamen Zimmer, und er hatte sich schon ganz in das Geschäft, welches er glücklich zu vollenden hoffte, geschickt, als auf den Schlag drei Uhr ihn der Archivarius in das Nebenzimmer zu dem wohlbereiteten Mittagsmahl rief. Bei Tische war der Archivarius Lindhorst bei ganz besonderer heiterer Laune; er erkundigte sich nach des Studenten Anselmus Freunden, dem Konrektor Paulmann und dem Registrator Heerbrand, und wusste vorzüglich von dem letztern recht viel Ergötzliches zu erzählen. Der gute alte Rheinwein schmeckte dem Anselmus gar sehr und machte ihn gesprächiger, als er wohl sonst zu sein pflegte. Auf den Schlag vier Uhr stand er auf, um an seine Arbeit zu gehen, und diese Pünktlichkeit schien dem Archivarius Lindhorst wohl zu gefallen. War ihm schon vor dem Essen das Kopieren der arabischen Zeichen geglückt, so ging die Arbeit jetzt noch viel besser vonstatten, ja er konnte selbst die Schnelle und Leichtigkeit nicht begreifen, womit er die krausen Züge der fremden Schrift nachzumalen vermochte. – Aber es war, als flüstre aus dem innersten Gemüte eine Stimme in vernehmlichen Worten: »Ach! könntest du denn das vollbringen, wenn du *sie* nicht in Sinn und Gedanken trügest, wenn du nicht an *sie*, an ihre Liebe glaubtest?« – Da wehte es wie in leisen, leisen, lispelnden Kristallklängen durch das Zimmer: »Ich bin dir nahe – nahe – nahe! – ich helfe dir – sei mutig – sei standhaft, lieber Anselmus! – ich mühe mich mit dir, damit du mein werdest!« Und sowie er voll innern Entzückens die Töne vernahm, wurden ihm immer verständlicher die unbekannten Zeichen – er durfte kaum mehr hineinblicken in das Original – ja es war, als stünden schon wie in blasser Schrift die Zeichen auf dem Pergament, und er dürfe sie nur mit geübter Hand schwarz überziehen. So arbeitete er fort, von lieblichen tröstenden Klängen wie vom süßen zarten Hauch umflossen, bis die Glocke sechs Uhr schlug und der Archivarius Lindhorst in das Zimmer trat. Er ging sonderbar lächelnd an den Tisch, Anselmus stand schweigend auf, der Archivarius sah ihn noch immer so wie in höhnendem Spott lächelnd an, kaum hatte er aber in die Abschrift geblickt, als das Lächeln in dem tiefen feierlichen Ernst unterging, zu dem sich alle Muskeln des Gesichts verzogen. – Bald schien er nicht mehr derselbe. Die Augen, welche sonst funkelndes Feuer strahlten, blickten jetzt mit unbeschreiblicher Milde den Anselmus an, eine sanfte Röte färbte die bleichen Wangen, und statt der Ironie, die sonst den Mund zusammenpresste, schienen die weichgeformten anmutigen Lippen sich zu öffnen zur weisheitsvollen, ins Gemüt dringenden Rede. – Die ganze Gestalt war höher, würdevoller; der weite Schlafrock legte sich wie ein Königsmantel in breiten Falten um Brust und Schultern, und durch die weißen Löckchen, welche an der hohen offenen Stirn lagen, schlang sich ein schmaler goldner Reif. »Junger Mensch«, fing der Archivarius an im feierlichen Ton, »junger Mensch, ich habe, noch ehe du es ahnetest, all die geheimen Beziehungen erkannt, die dich an mein Liebstes, Heiligstes fesseln! – Serpentina liebt dich, und ein seltsames Geschick, dessen verhängnisvollen Faden feindliche Mächte spannen, ist erfüllt, wenn sie dein wird, und wenn du als notwendige Mitgift den goldnen Topf erhältst, der ihr Eigentum ist. Aber nur dem Kampfe entsprießt dein Glück im höheren Leben. Feindliche Prinzipe fallen dich an, und nur die innere Kraft, mit der du den Anfechtungen widerstehst, kann dich retten von Schmach und Verderben. Indem du hier arbeitest, überstehst du deine Lehrzeit; Glauben und Erkenntnis führen dich zum nahen Ziele, wenn du festhältst an dem, was du beginnen musstest. Trage sie recht getreulich im Gemüte, *sie*, die dich liebt, und du wirst die herrlichen Wunder des goldnen Topfs schauen und glücklich sein immerdar. – Gehab' dich wohl! der Archivarius Lindhorst erwartet dich morgen um zwölf Uhr in deinem Kabinett! – Gehab' dich wohl!« – Der Archivarius schob den Studenten Anselmus sanft zur Tür hinaus, die er dann verschloss, und er befand sich in dem Zimmer, in welchem er gespeiset, dessen einzige Tür auf den Flur führte. Ganz betäubt von den wunderbaren Erscheinungen, blieb er vor der Haustür stehen, da wurde über ihm ein Fenster geöffnet, er schaute hinauf, es war der Archivarius Lindhorst; ganz der Alte im weißgrauen Rocke, wie er ihn sonst gesehen. – Er rief ihm zu: »Ei, werter Herr Anselmus, worüber sinnen Sie denn so, was gilt's, das Arabische geht Ihnen nicht aus dem Kopf? Grüßen Sie doch den Herrn Konrektor Paulmann, wenn Sie etwa zu ihm gehen, und kommen Sie morgen Punkt zwölf Uhr wieder. Das

Honorar für heute steckt bereits in Ihrer rechten Westentasche.« – Der Student Anselmus fand wirklich den blanken Speziestaler in der bezeichneten Tasche, aber er freute sich gar nicht darüber. – »Was aus dem allen werden wird, weiß ich nicht«, sprach er zu sich selbst – »umfängt mich aber auch nur ein toller Wahn und Spuk, so lebt und webt doch in meinem Innern die liebliche Serpentina, und ich will, ehe ich von ihr lasse, lieber untergehen ganz und gar, denn ich weiß doch, dass der Gedanke in mir ewig ist, und kein feindliches Prinzip kann ihn vernichten; aber ist der Gedanke denn was anders, als Serpentinas Liebe?«

Siebente Vigilie

Wie der Konrektor Paulmann die Pfeife ausklopfte und zu Bette ging. – Rembrandt und Höllenbreughel. – Der Zauberspiegel und des Doktors Eckstein Rezept gegen eine unbekannte Krankheit.

Endlich klopfte der Konrektor Paulmann die Pfeife aus, sprechend: »Nun ist es doch wohl Zeit, sich zur Ruhe zu begeben.« »Jawohl«, erwiderte die durch des Vaters längeres Aufbleiben beängstete Veronika, denn es schlug längst zehn Uhr. Kaum war nun der Konrektor in sein Studier- und Schlafzimmer gegangen, kaum hatten Fränzchens schwerere Atemzüge kundgetan, dass sie wirklich fest eingeschlafen, als Veronika, die sich zum Schein auch ins Bett gelegt, leise, leise wieder aufstand, sich anzog, den Mantel umwarf und zum Hause hinausschlüpfte. – Seit dem Augenblick, als Veronika die alte Liese verlassen, stand ihr unaufhörlich der Anselmus vor Augen, und sie wusste selbst nicht, welch eine fremde Stimme im Innern ihr immer und ewig wiederholte, dass sein Widerstreben von einer ihr feindlichen Person herrühre, die ihn in Banden halte, welche Veronika durch geheimnisvolle Mittel der magischen Kunst zerreißen könne. Ihr Vertrauen auf die alte Liese wuchs mit jedem Tage, und selbst der Eindruck des Unheimlichen, Grausigen stumpfte sich ab, sodass alles Wunderliche, Seltsame ihres Verhältnisses mit der Alten ihr nur im Schimmer des Ungewöhnlichen, Romanhaften erschien, wovon sie eben recht angezogen wurde. Deshalb stand auch der Vorsatz bei ihr fest, selbst mit Gefahr, vermisst zu werden und in tausend Unannehmlichkeiten zu geraten, das Abenteuer der Tag- und Nachtgleiche zu bestehen. Endlich war nun die verhängnisvolle Nacht des Äquinoktiums, in der ihr die alte Liese Hilfe und Trost verheißen, eingetreten, und Veronika, mit dem Gedanken der nächtlichen Wanderung längst vertraut geworden, fühlte sich ganz ermutigt. Pfeilschnell flog sie durch die einsamen Straßen, des Sturms nicht achtend, der durch die Lüfte brauste und ihr die dicken Regentropfen ins Gesicht warf. – Mit dumpfem dröhnendem Klange schlug die Glocke des Kreuzturms elf Uhr, als Veronika ganz durchnässt vor dem Hause der Alten stand. »Ei Liebchen, Liebchen, schon da! – nun warte, warte!« – rief es von oben herab – und gleich darauf stand auch die Alte, mit einem Korbe beladen und von ihrem Kater begleitet, vor der Tür. »So wollen wir denn gehen und tun und treiben, was ziemlich ist und gedeiht in der Nacht, die dem Werke günstig«, dies sprechend, ergriff die Alte mit kalter Hand die zitternde Veronika, welcher sie den schweren Korb zu tragen gab, während sie selbst einen Kessel, Dreifuß und

Spaten auspackte. Als sie ins Freie kamen, regnete es nicht mehr, aber der Sturm war stärker geworden; tausendstimmig heulte es in den Lüften. Ein entsetzlicher herzzerschneidender Jammer tönte herab aus den schwarzen Wolken, die sich in schneller Flucht zusammenballten und alles einhüllten in dicke Finsternis. Aber die Alte schritt rasch fort, mit gellender Stimme rufend: »Leuchte – leuchte mein Junge!« Da schlängelten und kreuzten sich blaue Blitze vor ihnen her, und Veronika wurde inne, dass der Kater, knisternde Funken sprühend und leuchtend, vor ihnen herumsprang, und dessen ängstliches grausiges Zetergeschrei sie vernahm, wenn der Sturm nur einen Augenblick schwieg. – Ihr wollte der Atem vergehen, es war, als griffen eiskalte Krallen in ihr Inneres, aber gewaltsam raffte sie sich zusammen, und sich fester an die Alte klammernd, sprach sie: »Nun muss alles vollbracht werden, und es mag geschehen, was da will!« »Recht so, mein Töchterchen!«, erwiderte die Alte, »bleibe fein standhaft, und ich schenke dir was Schönes und den Anselmus obendrein!« Endlich stand die Alte still und sprach: »Nun sind wir an Ort und Stelle!« Sie grub ein Loch in die Erde, schüttete Kohlen hinein und stellte den Dreifuß darüber, auf den sie den Kessel setzte. Alles dieses begleitete sie mit seltsamen Gebärden, während der Kater sie umkreiste. Aus seinem Schweif sprühten Funken, die einen Feuerreif bildeten. Bald fingen die Kohlen an zu glühen, und endlich schlugen blaue Flammen unter dem Dreifuß hervor. Veronika musste Mantel und Schleier ablegen und sich bei der Alten niederkauern, die ihre Hände ergriff und fest drückte, mit den funkelnden Augen das Mädchen anstarrend. Nun fingen die sonderbaren Massen – waren es Blumen – Metalle – Kräuter – Tiere, man konnte es nicht unterscheiden – die die

Alte aus dem Korbe genommen und in den Kessel geworfen, an zu sieden und zu brausen. Die Alte ließ Veronika los, sie ergriff einen eisernen Löffel, mit dem sie in die glühende Masse hineinfuhr und darin rührte, während Veronika auf ihr Geheiß festen Blickes in den Kessel hineinschauen und ihre Gedanken auf den Anselmus richten musste. Nun warf die Alte aufs Neue blinkende Metalle und auch eine Haarlocke, die sich Veronika vom Kopfwirbel geschnitten, sowie einen kleinen Ring, den sie lange getragen, in den Kessel, indem sie unverständliche, durch die Nacht grausig gellende Töne ausstieß und der Kater im unaufhörlichen Rennen winselte und ächzte. – – Ich wollte, dass du, günstiger Leser, am dreiundzwanzigsten September auf der Reise nach Dresden begriffen gewesen wärest; vergebens suchte man, als der späte Abend hereinbrach, dich auf der letzten Station aufzuhalten; der freundliche Wirt stellte dir vor, es stürme und regne doch gar zu sehr, und überhaupt sei es auch nicht geheuer in der Äquinoktialnacht so ins Dunkle hineinzufahren, aber du achtetest dessen nicht, indem du ganz richtig annahmst: ich zahle dem Postillion einen ganzen Taler Trinkgeld und bin spätestens um ein Uhr in Dresden, wo mich im goldnen Engel oder im Helm oder in der Stadt Naumburg ein gut zugerichtetes Abendessen und ein weiches Bett erwartet. Wie du nun so in der Finsternis daherfährst, siehst du plötzlich in der Ferne ein ganz seltsames flackerndes Leuchten. Näher gekommen, erblickst du einen Feuerreif, in dessen Mitte bei einem Kessel, aus dem dicker Qualm und blitzende rote Strahlen und Funken emporschießen, zwei Gestalten sitzen. Gerade durch das Feuer geht der Weg, aber die Pferde prusten und stampfen und bäumen sich – der Postillion flucht und betet – und peitscht auf die Pferde hinein – sie gehen nicht von der Stelle. – Unwillkürlich springst du aus dem Wagen und rennst einige Schritte vorwärts. Nun siehst du deutlich das schlanke holde Mädchen, die im weißen dünnen Nachtgewande bei dem Kessel kniet. Der Sturm hat die Flechten aufgelöst, und das lange kastanienbraune Haar flattert frei in den Lüften. Ganz im blendenden Feuer der unter dem Dreifuß emporflackernden Flammen steht das engelschöne Gesicht, aber in dem Entsetzen, das seinen Eisstrom darüber goss, ist es erstarrt zur Totenbleiche, und in dem stieren Blick, in den hinaufgezogenen Augenbrauen, in dem Munde, der sich vergebens dem Schrei der Todesangst öffnet, welcher sich nicht entwinden kann der von namenloser Folter gepressten Brust, siehst du ihr Grausen, ihr Entsetzen; die kleinen Händchen hält sie krampfhaft zusammengefaltet in die Höhe, als riefe sie betend die Schutzengel herbei, sie zu schirmen vor den Ungetümen der Hölle, die, dem mächtigen Zauber gehorchend, nun gleich erscheinen werden! – So kniet sie da, unbeweglich wie ein Marmorbild. Ihr gegenüber sitzt auf dem Boden niedergekauert ein langes, hageres, kupfergelbes Weib mit spitzer Habichtsnase und funkelnden Katzenaugen; aus dem schwarzen Mantel, den sie umgeworfen, starren die nackten knöchernen Arme hervor, und, rührend in dem Höllensud, lacht und ruft sie mit krächzender Stimme durch den brausenden tosenden Sturm. – Ich glaube wohl, dass dir, günstiger Leser, kenntest du auch sonst keine Furcht und Scheu, sich doch bei dem Anblick dieses Rembrandtschen oder Höllenbreughelschen Gemäldes, das nun ins Leben getreten, vor Grausen die Haare auf dem Kopfe gesträubt hätten. Aber dein Blick konnte nicht loskommen von dem im höllischen Treiben befangenen Mädchen, und der elektrische Schlag, der durch alle deine Fibern und Nerven zitterte, entzündete mit der Schnelligkeit des Blitzes in dir den mutigen Gedanken, Trotz zu bieten den geheimnisvollen Mächten des Feuerkreises; in ihm ging dein Grausen unter, ja der Gedanke selbst keimte auf in diesem Grausen und Entsetzen als dessen Erzeugnis. Es war dir, als seist du selbst der Schutzengel einer, zu denen das zum Tode geängstigte Mädchen flehte, ja als müsstest du nur gleich dein Taschenpistol hervorziehen und die Alte ohne Weiteres totschießen! Aber, indem du das lebhaft dachtest, schriest du laut auf: »Heda!«, oder: »Was gibt es dorten«, oder: »Was treibt ihr da!« – Der Postillion stieß schmetternd in sein Horn, die Alte kugelte um in ihren Sud hinein, und alles war mit einem Mal verschwunden in dickem Qualm. – Ob du das Mädchen, das du nun mit recht innigem Verlangen in der Finsternis suchtest, gefunden hättest, mag ich nicht behaupten, aber den Spuk des alten Weibes hattest du zerstört und den Bann des magischen Kreises, in den sich Veronika leichtsinnig begeben, gelöset. – Weder du, günstiger Leser, noch sonst jemand fuhr oder ging aber am dreiundzwanzigsten September in der stürmischen, den Hexenkünsten günstigen Nacht des Weges, und Veronika musste ausharren am Kessel in tödlicher Angst, bis das Werk der Vollendung nahe. – Sie vernahm wohl, wie es um sie her heulte und brauste, wie allerlei widrige Stimmen durcheinander blökten und schnatterten, aber sie schlug die Augen nicht auf, denn sie fühlte, wie der Anblick des Grässlichen, des Entsetzlichen, von dem sie umgeben, sie in unheilbaren zerstörenden Wahnsinn stürzen könne. Die Alte hatte aufgehört im Kessel zu rühren, immer schwächer und schwächer wurde der Qualm, und zuletzt brannte nur eine leichte Spiritusflamme im Boden des Kessels. Da rief die Alte: »Veronika, mein Kind! mein Liebchen! schau' hinein in den Grund! – was siehst du denn – was siehst du denn?« – Aber Veronika vermochte nicht zu antworten, unerachtet es ihr schien, als drehten sich allerlei verworrene Figuren im Kessel durcheinander; immer deutlicher und deutlicher gingen Gestalten hervor, und mit einem Mal trat, sie freundlich anblickend und die Hand ihr reichend, der Student Anselmus aus der Tiefe des Kessels. Da rief sie laut: »Ach, der Anselmus! – der Anselmus!« – Rasch öffnete die Alte den am Kessel befindlichen Hahn, und glühendes Metall strömte zischend und prasselnd in eine kleine Form, die sie danebengestellt. Nun sprang das Weib auf und kreischte mit wilder, grässlicher Gebärde sich herumschwingend: »Vollendet ist das Werk – Dank dir, mein Junge! – hast Wache gehalten – Hui – Hui – er kommt! – beiß ihn tot – beiß ihn tot!« Aber da brauste es mächtig durch die Lüfte, es war, als rausche ein ungeheurer Adler herab, mit den Fittichen um sich schlagend, und es rief mit entsetzlicher Stimme: »Hei, hei! – ihr Gesindel! nun ist's aus – nun ist's aus – fort zu Haus!« Die Alte stürzte heulend nieder, aber der Veronika vergingen Sinn' und Gedanken. – Als sie wieder zu sich selbst kam, war es heller Tag geworden, sie lag in ihrem Bette, und Fränzchen stand mit einer Tasse dampfenden Tees vor ihr, sprechend: »Aber sage mir nur, Schwester, was dir ist, da stehe ich nun schon eine Stunde oder länger vor dir, und du liegst wie in der Fieberhitze besinnungslos da und stöhnst und ächzest, dass uns angst und bange wird. Der Vater ist deinetwegen heute nicht in die Klasse gegangen und wird gleich mit dem Herrn Doktor hereinkommen.« – Veronika nahm schweigend den Tee; indem sie ihn hinunterschlürfte, traten ihr die grässlichen Bilder der Nacht lebhaft vor Augen. »So war denn wohl alles nur ein ängstlicher Traum, der mich gequält hat? – Aber ich bin doch gestern Abend wirklich zur Alten gegangen, es war ja der dreiundzwanzigste September? – Doch bin ich wohl schon gestern recht krank geworden und habe mir das alles nur eingebildet, und nichts hat mich krank gemacht als das ewige Denken an den Anselmus und an die wunderliche alte Frau, die sich für die Liese ausgab und mich wohl nur damit geneckt hat.« – Fränzchen, die hinausgegangen, trat wieder herein mit Veronikas ganz durchnässtem Mantel in der Hand. »Sieh nur, Schwester«, sagte sie, »wie es deinem Mantel ergangen ist; da hat der Sturm in der Nacht das Fenster aufgerissen und den Stuhl, auf dem der Mantel lag, umgeworfen; da hat es nun wohl hineingeregnet, denn der Mantel ist ganz nass.« – Das fiel der Veronika schwer aufs Herz, denn sie merkte nun wohl, dass nicht ein Traum sie gequält, sondern dass sie wirklich bei der Alten gewesen. Da ergriff sie Angst und Grausen, und ein Fieberfrost zitterte durch alle Glieder. Im krampfhaften Erbeben zog sie die Bettdecke fest über sich; aber da fühlte sie, dass etwas Hartes ihre Brust drückte, und als sie mit der Hand danach fasste, schien es ein Medaillon zu sein; sie zog es hervor, als Fränzchen mit dem Mantel fortgegangen, und es war ein kleiner runder, hell polierter Metallspiegel. »Das ist ein Geschenk der Alten«, rief sie lebhaft, und es war, als schössen feurige Strahlen aus dem Spiegel, die in ihr Innerstes drangen und es wohltuend erwärmten. Der Fieberfrost war vorüber, und es durchströmte sie ein unbeschreibliches Gefühl von Behaglichkeit und Wohlsein. – An den Anselmus musste sie denken, und als sie immer fester und fester den Gedanken auf ihn richtete, da lächelte er ihr freundlich aus dem Spiegel entgegen wie ein lebhaftes

Miniaturporträt. Aber bald war es ihr, als sähe sie nicht mehr das Bild – nein! – sondern den Studenten Anselmus selbst leibhaftig. Er saß in einem hohen, seltsam ausstaffierten Zimmer und schrieb emsig. Veronika wollte zu ihm hintreten, ihn auf die Schulter klopfen und sprechen: »Herr Anselmus, schauen Sie doch um sich, ich bin ja da!« Aber das ging durchaus nicht an, denn es war, als umgäbe ihn ein leuchtender Feuerstrom, und wenn Veronika recht genau hinsah, waren es doch nur große Bücher mit vergoldetem Schnitt. Aber endlich gelang es der Veronika, den Anselmus ins Auge zu fassen; da war es, als müsse er im Anschauen sich erst auf sie besinnen, doch endlich lächelte er und sprach: »Ach! – sind Sie es, liebe Mademoiselle Paulmann! Aber warum belieben Sie sich denn zuweilen als ein Schlänglein zu gebärden?« Veronika musste über diese seltsamen Worte laut auflachen; darüber erwachte sie wie aus einem tiefen Traume, und sie verbarg schnell den kleinen Spiegel, als die Tür aufging und der Konrektor Paulmann mit dem Doktor Eckstein ins Zimmer kam. Der Doktor Eckstein ging sogleich ans Bett, fasste, lange in tiefem Nachdenken versunken, Veronikas Puls und sagte dann: »Ei! – Ei!« Hierauf schrieb er ein Rezept, fasste noch einmal den Puls, sagte wiederum: »Ei! Ei!« und verließ die Patientin. Aus diesen Äußerungen des Doktors Eckstein konnte aber der Konrektor Paulmann nicht recht deutlich entnehmen, was der Veronika denn wohl eigentlich fehlen möge.

Achte Vigilie

Die Bibliothek der Palmbäume. – Schicksale eines unglücklichen Salamanders. – Wie die schwarze Feder eine Runkelrübe liebkosete und der Registrator Heerbrand sich sehr betrank.

Der Student Anselmus hatte nun schon mehrere Tage bei dem Archivarius Lindhorst gearbeitet; diese Arbeitsstunden waren für ihn die glücklichsten seines Lebens, denn immer von lieblichen Klängen, von Serpentinas tröstenden Worten umflossen, ja oft von einem vorübergleitenden Hauche leise berührt, durchströmte ihn eine nie gefühlte Behaglichkeit, die oft bis zur höchsten Wonne stieg. Jede Not, jede kleinliche Sorge seiner dürftigen Existenz war ihm aus Sinn und Gedanken entschwunden, und in dem neuen Leben, das ihm wie im hellen Sonnenglanze aufgegangen, begriff er alle Wunder einer höheren Welt, die ihn sonst mit Staunen, ja mit Grausen erfüllt hatten. Mit dem Abschreiben ging es sehr schnell, indem es ihn immer mehr dünkte, er schreibe nur längst gekannte Züge auf das Pergament hin und dürfe kaum nach dem Original sehen, um alles mit der größten Genauigkeit nachzumalen. – Außer der Tischzeit ließ sich der Archivarius Lindhorst nur dann und wann sehen, aber jedes Mal erschien er genau in dem Augenblick, wenn Anselmus eben die letzten Zeichen einer Handschrift vollendet hatte, und gab ihm dann eine andere, verließ ihn aber gleich wieder schweigend, nachdem er nur mit einem schwarzen Stäbchen die Tinte umgerührt und die gebrauchten Federn mit neuen, schärfer gespitzten vertauscht hatte. Eines Tages, als Anselmus mit dem Glockenschlag Zwölf bereits die Treppe hinaufgestiegen, fand er die

Tür, durch die er gewöhnlich hineingegangen, verschlossen, und der Archivarius Lindhorst erschien in seinem wunderlichen, wie mit glänzenden Blumen bestreuten Schlafrock von der andern Seite. Er rief laut: »Heute kommen Sie nur hier herein, werter Anselmus, denn wir müssen in das Zimmer, wo Bhogovotgitas Meister unsrer warten.« Er schritt durch den Korridor und führte Anselmus durch dieselben Gemächer und Säle wie das erste Mal. – Der Student Anselmus erstaunte aufs Neue über die wunderbare Herrlichkeit des Gartens, aber er sah nun deutlich, dass manche seltsame Blüten, die an den dunkeln Büschen hingen, eigentlich in glänzenden Farben prunkende Insekten waren, die mit den Flüglein auf und nieder schlugen und, durcheinander tanzend und wirbelnd, sich mit ihren Saugrüsseln zu liebkosen schienen. Dagegen waren wieder die rosenfarbnen und himmelblauen Vögel duftende Blumen, und der Geruch, den sie verbreiteten, stieg aus ihren Kelchen empor in leisen lieblichen Tönen, die sich mit dem Geplätscher der fernen Brunnen, mit dem Säuseln der hohen Stauden und Bäume zu geheimnisvollen Akkorden einer tiefklagenden Sehnsucht vermischten. Die Spottvögel, die ihn das erste Mal so geneckt und gehöhnt, flatterten ihm wieder um den Kopf und schrien mit ihren feinen Stimmchen unaufhörlich: »Herr Studiosus, Herr Studiosus, eilen Sie nicht so – gucken Sie nicht so in die Wolken – Sie könnten auf die Nase fallen. – He, he! Herr Studiosus – nehmen Sie den Pudermantel um – Gevatter Schuhu soll Ihnen den Toupet frisieren.« – So ging es fort in allerlei dummem Geschwätz, bis Anselmus den Garten verlassen. Der Archivarius Lindhorst trat endlich in das azurblaue Zimmer; der Porphyr mit dem goldnen Topf war verschwunden, statt dessen stand ein mit violettem Samt behangener Tisch, auf dem die dem Anselmus bekannten Schreibmaterialien befindlich, in der Mitte des Zimmers, und ein ebenso beschlagener Lehnstuhl stand vor demselben. »Lieber Herr Anselmus«, sagte der Archivarius Lindhorst, »Sie haben nun schon manches Manuskript schnell und richtig zu meiner großen Zufriedenheit kopiert; Sie haben sich mein Zutrauen erworben; das Wichtigste bleibt aber noch zu tun übrig, und das ist das Abschreiben oder vielmehr Nachmalen gewisser in besonderen Zeichen geschriebener Werke, die ich hier in diesem Zimmer aufbewahre und die nur an Ort und Stelle kopiert werden können. – Sie werden daher künftig hier arbeiten, aber ich muss Ihnen die größte Vorsicht und Aufmerksamkeit empfehlen: ein falscher Strich oder, was der Himmel verhüten möge, ein Tintenfleck, auf das Original gespritzt, stürzt Sie ins Unglück.« – Anselmus bemerkte, dass aus den goldnen Stämmen der Palmbäume kleine smaragdgrüne Blätter herausragten; eins dieser Blätter erfasste der Archivarius, und Anselmus wurde gewahr, dass das Blatt eigentlich in einer Pergamentrolle bestand, die der Archivarius aufwickelte und vor ihm auf den Tisch breitete. Anselmus wunderte sich nicht wenig über die seltsam verschlungenen Zeichen, und bei dem Anblick der vielen Pünktchen, Striche und Züge und Schnörkel, die bald Pflanzen, bald Moose, bald Tiergestalten darzustellen schienen, wollte ihm beinahe der Mut sinken, alles so genau nachmalen zu können. Er geriet darüber in tiefe Gedanken. »Mut gefasst, junger Mensch!«, rief der Archivarius, »hast du bewährten Glauben und wahre Liebe, so hilft dir Serpentina!« Seine Stimme tönte wie klingendes Metall, und als Anselmus in jähem Schreck aufblickte, stand der Archivarius Lindhorst in der königlichen Gestalt vor ihm, wie er ihm bei dem ersten Besuch im Bibliothekzimmer erschienen. Es war dem Anselmus, als müsse er, von Ehrfurcht durchdrungen, auf die Knie sinken, aber da stieg der Archivarius Lindhorst an dem Stamm eines Palmbaums in die Höhe und verschwand in den smaragdenen Blättern. – Der Student Anselmus begriff, dass der Geisterfürst mit ihm gesprochen und nun in sein Studierzimmer hinaufgestiegen, um vielleicht mit den Strahlen, die einige Planeten als Gesandte zu ihm geschickt, Rücksprache zu halten, was nun mit ihm und der holden Serpentina geschehen solle. – »Auch kann es sein«, dachte er ferner, »dass ihn Neues von den Quellen des Nils erwartet, oder dass ein Magus aus Lappland ihn besucht – mir geziemt es nun, emsig an die Arbeit zu gehen.« – Und damit fing er an die fremden Zeichen der Pergamentrolle zu studieren. – Die wunderbare Musik des Gartens tönte zu ihm herüber und umgab ihn mit süßen lieblichen Düften, auch hörte er wohl die Spottvögel kickern, doch verstand er ihre Worte nicht, was ihm auch recht lieb war. Zuweilen war es auch, als rauschten die smaragdenen Blätter der Palmbäume, und als strahlten dann die holden Kristallklänge, welche Anselmus an jenem verhängnisvollen Himmelfahrtstage unter dem Holunderbusch hörte, durch das Zimmer. Der Student Anselmus, wunderbar gestärkt durch dies Tönen und Leuchten, richtete immer fester und fester Sinn und Gedanken auf die Überschrift der Pergamentrolle, und bald fühlte er wie aus dem Innersten heraus, dass die Zeichen nichts anders bedeuten könnten als die Worte: Von der Vermählung des Salamanders mit der grünen Schlange. – Da ertönte ein starker Dreiklang heller Kristallglocken. – »Anselmus, lieber Anselmus«, wehte es ihm zu aus den Blättern, und o Wunder! an dem Stamm des Palmbaums schlängelte sich die grüne Schlange herab. – »Serpentina! holde Serpentina!«, rief Anselmus wie im Wahnsinn des höchsten Entzückens, denn sowie er schärfer hinblickte, da war es ja ein liebliches herrliches Mädchen, die mit den dunkelblauen Augen, wie sie in seinem Innern lebten, voll unaussprechlicher Sehnsucht ihn anschauend, ihm entgegenschwebte. Die Blätter schienen sich herabzulassen und auszudehnen, überall sprossten Stacheln aus den Stämmen, aber Serpentina wand und schlängelte sich geschickt durch, indem sie ihr flatterndes, wie in schillernden Farben glänzendes Gewand nach sich zog, sodass es, sich dem schlanken Körper anschmiegend, nirgends hängen blieb an den hervorragenden Spitzen und Stacheln der Palmbäume. Sie setzte sich neben dem Anselmus auf denselben Stuhl, ihn mit dem Arm umschlingend und an sich drückend, sodass er den Hauch, der von ihren Lippen strömte, die elektrische Wärme ihres Körpers fühlte. »Lieber Anselmus«, fing Serpentina an, »nun bist du bald ganz mein, durch deinen Glauben, durch deine Liebe erringst du mich, und ich bringe dir den goldnen Topf, der uns beide beglückt immerdar.« – »O du holde, liebe Serpentina«, sagte Anselmus, »wenn ich nur dich habe, was kümmert mich sonst alles Übrige; wenn du nur mein bist, so will ich gern untergehen in all dem Wunderbaren und Seltsamen, was mich befängt seit dem Augenblick, als ich dich sah.« »Ich weiß wohl«, fuhr Serpentina fort, »dass das Unbekannte und Wunderbare, womit mein Vater oft nur zum Spiel seiner Laune dich umfangen, Grausen und Entsetzen in dir erregt hat, aber jetzt soll es, wie ich hoffe, nicht wieder geschehen, denn ich bin in diesem Augenblick nur da, um dir, mein lieber Anselmus, alles und jedes aus tiefem Gemüte, aus tiefer Seele haarklein zu erzählen, was dir zu wissen nötig, um meinen Vater ganz zu kennen und überhaupt recht deutlich einzusehen, was es mit ihm und mit mir für eine Bewandtnis hat.« – Dem Anselmus war es, als sei er von der holden, lieblichen Gestalt so ganz und gar umschlungen und umwunden, dass er sich nur mit ihr regen und bewegen könne, und als sei es nur der Schlag ihres Pulses, der durch seine Fibern und Nerven zittere; er horchte auf jedes ihrer Worte, das bis in sein Innerstes hinein erklang und wie ein leuchtender Strahl die Wonne des Himmels in ihm entzündete. Er hatte den Arm um ihren schlanker als schlanken Leib gelegt, aber der schillernde, glänzende Stoff ihres Gewandes war so glatt, so schlüpfrig, dass es ihm schien, als könne sie, sich ihm schnell entwindend, unaufhaltsam entschlüpfen, und er erbebte bei dem Gedanken. »Ach, verlass mich nicht, holde Serpentina«, rief er unwillkürlich aus, »nur du bist mein Leben!« – »Nicht eher heute«, sagte Serpentina, »als bis ich alles erzählt habe, was du in deiner Liebe zu mir begreifen kannst. – Wisse also, Geliebter, dass mein Vater aus dem wunderbaren Geschlecht der Salamander abstammt, und dass ich mein Dasein seiner Liebe zur grünen Schlange verdanke. In uralter Zeit herrschte in dem Wunderlande Atlantis der mächtige Geisterfürst Phosphorus, dem die Elementargeister dienten. Einst ging der Salamander, den er vor allen liebte (es war mein Vater), in dem prächtigen Garten, den des Phosphorus Mutter mit ihren schönsten Gaben auf das Herrlichste geschmückt hatte, umher und hörte, wie eine hohe Lilie in leisen Tönen sang: ›Drücke fest die Äuglein zu, bis mein Geliebter, der Morgenwind, dich weckt.‹ Er trat hinzu; von seinem glühenden Hauch berührt, erschloss die Lilie ihre Blätter, und er erblickte der Lilie Tochter, die grüne Schlange, welche in dem Kelch schlummerte. Da wurde der Salamander von heißer Liebe zu der schönen Schlange ergriffen, und er raubte sie der Lilie, deren Düfte in namenloser Klage vergebens im ganzen Garten nach der geliebten Tochter riefen. Denn der Salamander hatte sie in das Schloss des Phosphorus getragen und bat ihn: ›Vermähle mich mit der Geliebten, denn sie soll mein Eigen sein immerdar.‹ ›Törichter, was verlangst du!‹, sprach der Geisterfürst, ›wisse, dass einst die Lilie meine Geliebte war und mit mir herrschte, aber der Funke, den ich in sie warf, drohte sie zu vernichten, und nur der Sieg über den schwarzen Drachen, den jetzt die Erdgeister in Ketten gebunden halten, erhielt die Lilie, dass ihre Blätter stark genug blieben, den Funken in sich zu schließen und zu bewahren. Aber wenn du die grüne Schlange umarmst, wird deine Glut den Körper verzehren und ein neues Wesen, schnell emporkeimend, sich dir entschwingen.‹ Der Salamander achtete der Warnung des Geisterfürsten nicht; voll glühenden Verlangens schloss er die grüne Schlange in seine Arme, sie zerfiel in Asche, und ein geflügeltes Wesen, aus der Asche geboren, rauschte fort durch die Lüfte. Da ergriff den Salamander der Wahnsinn der Verzweiflung, und er rannte, Feuer und Flammen sprühend, durch den Garten und verheerte ihn in wilder Wut, dass die schönsten Blumen und Blüten verbrannt niedersanken und ihr Jammer die Luft erfüllte. Der hocherzürnte Geisterfürst erfasste im Grimm den Salamander und sprach: ›Ausgeraset hat dein Feuer – erloschen sind deine Flammen, erblindet deine Strahlen – sinke hinab zu den Erdgeistern, die mögen dich necken und höhnen und gefangen halten, bis der Feuerstoff sich wieder entzündet und mit dir als einem neuen Wesen aus der Erde emporstrahlt.‹ Der arme Salamander sank erloschen hinab, aber da trat der alte mürrische Erdgeist, der des Phosphorus Gärtner war, hinzu und sprach: ›Herr! wer sollte mehr über den Salamander klagen als ich! – Habe ich nicht all die schönen Blumen, die er verbrannt, mit meinen schönsten Metallen geputzt, habe ich nicht ihre Keime wacker gehegt und gepflegt und an ihnen manche schöne Farbe verschwendet? – und doch nehme ich mich des armen Salamanders an, den nur die Liebe, von der du selbst schon oft, o Herr, befangen, zur Verzweiflung getrieben, in der er den Garten verwüstet. – Erlasse ihm die zu harte Strafe!‹ – ›Sein Feuer ist für jetzt erloschen‹, sprach der Geisterfürst, ›in der unglücklichen Zeit, wenn die Sprache der Natur dem entarteten Geschlecht der Menschen nicht mehr verständlich sein, wenn die Elementargeister, in ihre Regionen gebannt, nur aus weiter Ferne in dumpfen Anklängen zu dem Menschen sprechen werden, wenn dem harmonischen Kreise entrückt, nur ein unendliches Sehnen ihm die dunkle Kunde von dem wundervollen Reiche geben wird, das er sonst bewohnen durfte, als noch Glaube und Liebe in seinem Gemüte wohnten – in dieser unglücklichen Zeit entzündet sich der Feuerstoff des Salamanders aufs Neue, doch nur zum Menschen keimt er empor und muss, ganz eingehend in das dürftige Leben, dessen Bedrängnisse ertragen. Aber nicht allein die Erinnerung an seinen Urzustand soll ihm bleiben, sondern er lebt auch wieder auf in der heiligen Harmonie mit der ganzen Natur, er versteht ihre Wunder, und die Macht der verbrüderten Geister steht ihm zu Gebote. In einem Lilienbusch findet er dann die grüne Schlange wieder, und die Frucht seiner Vermählung mit ihr sind drei Töchter, die den Menschen in der Gestalt der Mutter erscheinen. Zur Frühlingszeit sollen sie sich in den dunklen

Holunderbusch hängen und ihre lieblichen Kristallstimmen ertönen lassen. Findet sich dann in der dürftigen armseligen Zeit der innern Verstocktheit ein Jüngling, der ihren Gesang vernimmt, ja, blickt ihn eine der Schlänglein mit ihren holdseligen Augen an, entzündet der Blick in ihm die Ahnung des fernen wundervollen Landes, zu dem er sich mutig emporschwingen kann, wenn er die Bürde des Gemeinen abgeworfen, keimt mit der Liebe zur Schlange in ihm der Glaube an die Wunder der Natur, ja an seine eigne Existenz in diesen Wundern glutvoll und lebendig auf, so wird die Schlange sein. Aber nicht eher, bis drei Jünglinge dieser Art erfunden und mit den drei Töchtern vermählt werden, darf der Salamander seine lästige Bürde abwerfen und zu seinen Brüdern gehen.‹ ›Erlaube Herr‹, sagte der Erdgeist, ›dass ich diesen drei Töchtern ein Geschenk mache, das ihr Leben mit dem gefundenen Gemahl verherrlicht. Jede erhält von mir einen Topf vom schönsten Metall, das ich besitze, den poliere ich mit Strahlen, die ich dem Diamant entnommen; in seinem Glanze soll sich unser wundervolles Reich, wie es jetzt im Einklang mit der ganzen Natur besteht, in blendendem herrlichen Widerschein abspiegeln, aus seinem Innern aber in dem Augenblick der Vermählung eine Feuerlilie entsprießen, deren ewige Blüte den bewährt befundenen Jüngling süß duftend umfängt. Bald wird er dann ihre Sprache, die Wunder unseres Reichs verstehen und selbst mit der Geliebten in Atlantis wohnen.‹ – Du weißt nun wohl, lieber Anselmus, dass mein Vater eben der Salamander ist, von dem ich dir erzählt. Er musste, seiner höheren Natur unerachtet, sich den kleinlichsten Bedrängnissen des gemeinen Lebens unterwerfen, und daher kommt wohl oft die schadenfrohe Laune, mit der er manche neckt. Er hat mir oft gesagt, dass für die innere Geistesbeschaffenheit, wie sie der Geisterfürst Phosphorus damals als Bedingnis der Vermählung mit mir und meinen Schwestern aufgestellt, man jetzt einen Ausdruck habe, der aber nur zu oft unschicklicherweise gemissbraucht werde; man nenne das nämlich ein kindliches poetisches Gemüt. – Oft finde man dieses Gemüt bei Jünglingen, die der hohen Einfachheit ihrer Sitten wegen, und weil es ihnen ganz an der sogenannten Weltbildung fehle, von dem Pöbel verspottet würden. Ach, lieber Anselmus! – Du verstandest ja unter dem Holunderbusch meinen Gesang – meinen Blick – du liebst die grüne Schlange, du glaubst an mich und willst mein sein immerdar! – Die schöne Lilie wird emporblühen aus dem goldnen Topf, und wir werden vereint glücklich und selig in Atlantis wohnen! – Aber nicht verhehlen kann ich dir, dass im grässlichen Kampf mit den Salamandern und Erdgeistern sich der schwarze Drache loswand und durch die Lüfte davonbrauste. Phosphorus hält ihn zwar wieder in Banden, aber aus den schwarzen Federn, die im Kampfe auf die Erde stäubten, keimten feindliche Geister empor, die überall den Salamandern und Erdgeistern widerstreben. Jenes Weib, das dir so feindlich ist, lieber Anselmus, und die, wie mein Vater recht gut weiß, nach dem Besitz des goldnen Topfes strebt, hat ihr Dasein der Liebe einer solchen aus dem Fittich des Drachen herabgestäubten Feder zu einer Runkelrübe zu verdanken. Sie erkennt ihren Ursprung und ihre Gewalt, denn in dem Stöhnen, in den Zuckungen des gefangenen Drachen werden ihr die Geheimnisse mancher wundervollen Konstellation offenbar, und sie bietet alle Mittel auf, von außen hinein ins Innere zu wirken, wogegen sie mein Vater mit den Blitzen, die aus dem Innern des

Salamanders hervorschießen, bekämpft. Alle die feindlichen Prinzipe, die in schädlichen Kräutern und giftigen Tieren wohnen, sammelt sie und erregt, sie mischend in günstiger Konstellation, manchen bösen Spuk, der des Menschen Sinne mit Grauen und Entsetzen befängt und ihn der Macht jener Dämonen, die der Drache, im Kampfe unterliegend, erzeugte, unterwirft. Nimm dich vor der Alten in acht, lieber Anselmus, sie ist dir feind, weil dein kindlich frommes Gemüt schon manchen ihrer bösen Zauber vernichtet. – Halte treu – treu – an mir, bald bist du am Ziel!« – »O meine – meine Serpentina!« – rief der Student Anselmus, »wie sollte ich denn nur von dir lassen können, wie sollte ich dich nicht lieben ewiglich!« – Ein Kuss brannte auf seinem Munde, er erwachte wie aus einem tiefen Traume, Serpentina war verschwunden, es schlug sechs Uhr, da fiel es ihm schwer aufs Herz, dass er nicht das Mindeste kopiert habe; er blickte voll Besorgnis, was der Archivarius wohl sagen werde, auf das Blatt, und o Wunder! die Kopie des geheimnisvollen Manuskripts war glücklich beendigt, und er glaubte, schärfer die Züge betrachtend, Serpentinas Erzählung von ihrem Vater, dem Liebling des Geisterfürsten Phosphorus im Wunderlande Atlantis, abgeschrieben zu haben. Jetzt trat der Archivarius Lindhorst in seinem weißgrauen Überrock, den Hut auf dem Kopfe, den Stock in der Hand, herein; er sah in das von dem Anselmus beschriebene Pergament, nahm eine große Prise und sagte lächelnd: »Das dacht' ich wohl! – Nun! hier ist der Speziestaler, Herr Anselmus, jetzt wollen wir noch nach dem Linkeschen Bade gehen – nur mir nach!« – Der Archivarius schritt rasch durch den Garten, in dem ein solcher Lärm von Singen, Pfeifen, Sprechen durcheinander war, dass der Student Anselmus ganz betäubt wurde und dem Himmel dankte, als er sich auf der Straße befand. Kaum waren sie einige Schritte gegangen, als sie dem Registrator Heerbrand begegneten, der freundlich sich anschloss. Vor dem Tore stopften sie die mitgenommenen Pfeifen; der Registrator Heerbrand beklagte, kein Feuerzeug bei sich zu tragen, da rief der Archivarius Lindhorst ganz unwillig: »Was Feuerzeug! – hier ist Feuer, so viel Sie wollen!« Und damit schnippte er mit den Fingern, aus denen große Funken strömten, die die Pfeifen schnell anzündeten. »Sehen Sie das chemische Kunststückchen«, sagte der Registrator Heerbrand, aber der Student Anselmus dachte nicht ohne inneres Erbeben an den Salamander. – Im Linkeschen Bade trank der Registrator Heerbrand so viel starkes Doppelbier, dass er, sonst ein gutmütiger stiller Mann, anfing, in einem quäkenden Tenor Burschenlieder zu singen, jeden hitzig fragte, ob er sein Freund sei oder nicht, und endlich von dem Studenten Anselmus zu Hause gebracht werden musste, als der Archivarius Lindhorst schon längst auf und davon war.

Neunte Vigilie

Wie der Student Anselmus zu einiger Vernunft gelangte. – Die Punschgesellschaft. – Wie der Student Anselmus den Konrektor Paulmann für einen Schuhu hielt, und dieser sich darob sehr erzürnte. – Der Tintenklecks und seine Folgen.

Alles das Seltsame und Wundervolle, welches dem Studenten Anselmus täglich begegnet war, hatte ihn ganz dem gewöhnlichen Leben entrückt. Er sah keinen seiner Freunde mehr und harrte jeden Morgen mit Ungeduld auf die zwölfte Stunde, die ihm sein Paradies aufschloss. Und doch, indem sein ganzes Gemüt der holden Serpentina und den Wundern des Feenreichs bei dem Archivarius Lindhorst zugewandt war, musste er zuweilen unwillkürlich an Veronika denken, ja manchmal schien es ihm, als träte sie zu ihm hin und gestehe errötend, wie herzlich sie ihn liebe und wie sie danach trachte, ihn den Phantomen, von denen er nur geneckt und verhöhnt werde, zu entreißen. Zuweilen war es, als risse eine fremde plötzlich auf ihn einbrechende Macht ihn unwiderstehlich hin zur vergessenen Veronika, und er müsse ihr folgen, wohin sie nur wolle, als sei er festgekettet an das Mädchen. Gerade in der Nacht darauf, als er Serpentina zum ersten Mal in der Gestalt einer wunderbar holdseligen Jungfrau geschaut, als ihm das wunderbare Geheimnis der Vermählung des Salamanders mit der grünen Schlange offenbar worden, trat ihm Veronika lebhafter vor Augen als jemals. – Ja! – erst als er erwachte, wurde er deutlich gewahr, dass er nur geträumt habe, da er überzeugt gewesen, Veronika sei wirklich bei ihm und klage mit dem Ausdruck eines tiefen Schmerzes, der sein Innerstes durchdrang, dass er ihre innige Liebe den phantastischen Erscheinungen, die nur seine innere Zerrüttung hervorrufe, aufopfern und noch darüber in Unglück und Verderben geraten werde. Veronika war liebenswürdiger, als er sie je gesehen; er konnte sie kaum aus den Gedanken bringen, und dieser Zustand verursachte ihm eine Qual, der er bei einem Morgenspaziergang zu entrinnen hoffte. Eine geheime magische Gewalt zog ihn vor das Pirnaer Tor, und eben wollte er in eine Nebenstraße einbiegen, als der Konrektor Paulmann, hinter ihm herkommend, laut rief: »Ei, ei! – wertester Herr Anselmus! – Amice! –

Amice! wo um des Himmels willen stecken Sie denn, Sie lassen sich ja gar nicht mehr sehen – wissen Sie wohl, dass sich Veronika recht sehnt, wieder einmal eins mit Ihnen zu singen? – Nun kommen Sie nur, Sie wollten ja doch zu mir!« Der Student Anselmus ging notgedrungen mit dem Konrektor. Als sie in das Haus traten, kam ihnen Veronika sehr sauber und sorgfältig gekleidet entgegen, sodass der Konrektor Paulmann voll Erstaunen fragte: »Nun, warum so geputzt, hat man denn Besuch erwartet? – aber hier bringe ich den Herrn Anselmus!« – Als der Student Anselmus sittig und artig der Veronika die Hand küsste, fühlte er einen leisen Druck, der wie ein Glutstrom durch alle Fibern und Nerven zuckte. Veronika war die Heiterkeit, die Anmut selbst, und als Paulmann nach seinem Studierzimmer gegangen, wusste sie durch allerhand Neckerei und Schalkheit den Anselmus so hinaufzuschrauben, dass er alle Blödigkeit vergaß und sich zuletzt mit dem ausgelassenen Mädchen im Zimmer herumjagte. Da kam ihm aber wieder einmal der Dämon des Ungeschicks über den Hals, er stieß an den Tisch, und Veronikas niedliches Nähkästchen fiel herab. Anselmus hob es auf, der Deckel war aufgesprungen, und es blinkte ihm ein kleiner runder Metallspiegel entgegen, in den er mit ganz eigner Lust hineinschaute. Veronika schlich sich leise hinter ihn, legte die Hand auf seinen Arm und schaute, sich fest an ihn schmiegend, ihm über die Schulter auch in den Spiegel. Da war es dem Anselmus, als beginne ein Kampf in seinem Innern – Gedanken – Bilder – blitzten hervor und vergingen wieder – der Archivarius Lindhorst – Serpentina – die grüne Schlange – endlich wurde es ruhiger, und alles Verworrene fügte und gestaltete sich zum deutlichen Bewusstsein. Ihm wurde es nun klar, dass er nur beständig an Veronika gedacht, ja dass die Gestalt, welche ihm gestern in dem blauen Zimmer erschienen, auch eben Veronika gewesen, und dass die phantastische Sage von der Vermählung des Salamanders mit der grünen Schlange ja nur von ihm geschrieben, keineswegs ihm aber erzählt worden sei. Er wunderte sich selbst über seine Träumereien und schrieb sie lediglich seinem durch die Liebe zu Veronika exaltierten Seelenzustande sowie der Arbeit bei dem Archivarius Lindhorst zu, in dessen Zimmern es noch überdem so sonderbar betäubend dufte. Er musste herzlich über die tolle Einbildung lachen, in eine kleine Schlange verliebt zu sein und einen wohlbestallten geheimen Archivarius für einen Salamander zu halten. »Ja, ja! – es ist Veronika!«, rief er laut, aber indem er den Kopf umwandte, schaute er gerade in Veronikas blaue Augen hinein, in denen Liebe und Sehnsucht strahlten. Ein dumpfes Ach! entfloh ihren Lippen, die in dem Augenblick auf den seinigen brannten. »O ich Glücklicher«, seufzte der entzückte Student, »was ich gestern nur träumte, wird mir heute wirklich und in der Tat zuteil.« »Und willst du mich denn wirklich heiraten, wenn du Hofrat worden?«, fragte Veronika. »Allerdings!«, antwortete der Student Anselmus; indem knarrte die Tür, und der Konrektor Paulmann trat mit den Worten herein: »Nun, wertester Herr Anselmus, lasse ich Sie heute nicht fort, Sie nehmen vorlieb bei mir mit einer Suppe, und nachher bereitet uns Veronika einen köstlichen Kaffee, den wir mit dem Registrator Heerbrand, welcher herzukommen versprochen, genießen.« »Ach, bester Herr Konrektor«, erwiderte der Student Anselmus, »wissen Sie denn nicht, dass ich zum Archivarius Lindhorst muss, des Abschreibens wegen?« »Schauen Sie, Amice!«, sagte der Konrektor Paulmann, indem er ihm die Taschenuhr hinhielt, welche auf halb eins wies. Der Student Anselmus sah nun wohl ein, dass es viel zu spät sei, zu dem Archivarius Lindhorst zu wandern, und fügte sich den Wünschen des Konrektors umso lieber, als er nun die Veronika den ganzen Tag über schauen und wohl manchen verstohlnen Blick, manchen zärtlichen Händedruck zu erhalten, ja wohl gar einen Kuss zu erobern hoffte. So hoch verstiegen sich jetzt die Wünsche des Studenten Anselmus, und es wurde ihm immer behaglicher zumute, je mehr er sich überzeugte, dass er bald von all den phantastischen Einbildungen befreit sein werde, die ihn wirklich ganz und gar zum wahnwitzigen Narren hätten machen können. Der Registrator Heerbrand fand sich wirklich nach Tische ein, und als der Kaffee genossen und die Dämmerung bereits eingebrochen, gab er schmunzelnd und fröhlich die Hände reibend zu verstehen, er trage etwas mit sich, was durch Veronikas schöne Hände gemischt und in gehörige Form gebracht, gleichsam foliiert und rubriziert, ihnen allen an dem kühlen Oktober-Abende erfreulich sein werde. »So rücken Sie denn nur heraus mit dem geheimnisvollen Wesen, das Sie bei sich tragen, geschätztester Registrator«, rief der Konrektor Paulmann; aber der Registrator Heerbrand griff in die tiefe Tasche seines Matins und brachte in drei Reprisen eine Flasche Arrak, Zitronen und Zucker zum Vorschein. Kaum war eine halbe Stunde vergangen, so dampfte ein köstlicher Punsch auf Paulmanns Tische. Veronika kredenzte das Getränk, und es gab allerlei gemütliche muntre Gespräche unter den Freunden. Aber sowie dem Studenten Anselmus der Geist des Getränks zu Kopfe stieg, kamen auch alle Bilder des Wunderbaren, Seltsamen, was er in kurzer Zeit erlebt, wieder zurück. – Er sah den Archivarius Lindhorst in seinem damastnen Schlafrock, der wie Phosphor erglänzte – er sah das azurblaue Zimmer, die goldnen Palmbäume, ja, es wurde ihm wieder so zumute, als müsse er doch an die Serpentina glauben – es brauste, es gärte in seinem Innern. Veronika reichte ihm ein Glas Punsch, und indem er es fasste, berührte er leise ihre Hand. – »Serpentina! Veronika!« – seufzte er in sich hinein. Er versank in tiefe Träume, aber der Registrator Heerbrand rief ganz laut: »Ein wunderlicher alter Mann, aus dem niemand klug wird, bleibt er doch, der Archivarius Lindhorst. – Nun er soll leben! Stoßen Sie an, Herr Anselmus!« – Da fuhr der Student Anselmus auf aus seinen Träumen und sagte, indem er mit dem Registrator Heerbrand anstieß: »Das kommt daher, verehrungswürdiger Herr Registrator, weil der Herr Archivarius Lindhorst eigentlich ein Salamander ist, der den Garten des Geisterfürsten Phosphorus im Zorn verwüstete, weil ihm die grüne Schlange davongeflogen.« »Wie – was?«, fragte der Konrektor Paulmann. »Ja«, fuhr der Student Anselmus fort, »deshalb muss er nun königlicher Archivarius sein und hier in Dresden mit seinen drei Töchtern wirtschaften, die aber weiter nichts sind als kleine goldgrüne Schlänglein, die sich in Holunderbüschen sonnen, verführerisch singen und die jungen Leute verlocken wie die Sirenen.« – »Herr Anselmus – Herr Anselmus«, rief der Konrektor Paulmann, »rappelt's Ihnen im Kopfe? – was um des Himmels willen schwatzen Sie für ungewaschenes Zeug?« »Er hat recht«, fiel der Registrator Heerbrand ein, »der Kerl, der Archivarius, ist ein verfluchter Salamander, der mit den Fingern feurige Schnippchen schlägt, die einem Löcher in den Überrock brennen wie glühender Schwamm. – Ja, ja, du hast recht, Brüderchen Anselmus, und wer es nicht glaubt, ist mein Feind!« Und damit schlug der

Registrator Heerbrand mit der Faust auf den Tisch, dass die Gläser klirrten. »Registrator! – sind Sie rasend?«, schrie der erboste Konrektor. – »Herr Studiosus – Herr Studiosus, was richten Sie denn nun wieder an?« – »Ach!« – sagte der Student, »Sie sind auch weiter nichts als ein Vogel – ein Schuhu, der die Toupets frisiert, Herr Konrektor!« »Was? – ich ein Vogel – ein Schuhu – ein Friseur?« – schrie der Konrektor voller Zorn – »Herr, Sie sind toll – toll!« – »Aber die Alte kommt ihm über den Hals«, rief der Registrator Heerbrand. »Ja, die Alte ist mächtig«, fiel der Student Anselmus ein, »unerachtet sie nur von niederer Herkunft, denn ihr Papa ist nichts als ein lumpichter Flederwisch und ihre Mama eine schnöde Runkelrübe, aber ihre meiste Kraft verdankt sie allerlei feindlichen Kreaturen – giftigen Canaillen, von denen sie umgeben.« »Das ist eine abscheuliche Verleumdung«, rief Veronika mit zornglühenden Augen, »die alte Liese ist eine weise Frau und der schwarze Kater keine feindliche Kreatur, sondern ein gebildeter junger Mann von feinen Sitten und ihr Cousin germain.« »Kann *der* Salamander fressen, ohne sich den Bart zu versengen und elendiglich daraufzugehen?«, sagte der Registrator Heerbrand. »Nein, nein!«, schrie der Student Anselmus, »nun und nimmermehr wird er das können; und die grüne Schlange liebt mich, denn ich bin ein kindliches Gemüt und habe Serpentinas Augen geschaut.« »Die wird der Kater auskratzen«, rief Veronika. »Salamander – Salamander bezwingt sie alle – alle«, brüllte der Konrektor Paulmann in höchster Wut; – »aber bin ich in einem Tollhause? bin ich selbst toll? – was schwatze ich denn für wahnwitziges Zeug? – ja ich bin auch toll – auch toll!« – Damit sprang der Konrektor Paulmann auf, riss sich die Perücke vom Kopfe und schleuderte sie gegen die

Stubendecke, dass die gequetschten Locken ächzten und, im gänzlichen Verderben aufgelöst, den Puder weit umherstäubten. Da ergriffen der Student Anselmus und der Registrator Heerbrand die Punschterrine, die Gläser und warfen sie jubelnd und jauchzend an die Stubendecke, dass die Scherben klirrend und klingend umhersprangen. »Vivat Salamander – pereat – pereat die Alte – zerbrecht den Metallspiegel, hackt dem Kater die Augen aus! – Vöglein – Vöglein aus den Lüften – Eheu – Eheu – Evoe – Salamander!« – So schrien und brüllten die drei wie Besessene durcheinander. Laut weinend sprang Fränzchen davon, aber Veronika lag winselnd vor Jammer und Schmerz auf dem Sofa. Da ging die Tür auf, alles war plötzlich still, und es trat ein kleiner Mann in einem grauen Mäntelchen herein. Sein Gesicht hatte etwas seltsam Gravitätisches, und vorzüglich zeichnete sich die krummgebogene Nase, auf der eine große Brille saß, vor allen jemals gesehenen aus. Auch trug er solch eine besondere Perücke, dass sie eher eine Federmütze zu sein schien. »Ei, schönen guten Abend«, schnarrte das possierliche Männlein, »hier finde ich ja wohl den Studiosum Herrn Anselmus? Gehorsamste Empfehlung vom Herrn Archivarius Lindhorst, und er habe heute vergebens auf den Herrn Anselmus gewartet, aber morgen lasse er schönstens bitten, ja nicht die gewohnte Stunde zu versäumen.« Damit schritt er wieder zur Tür hinaus, und alle sahen nun wohl, dass das gravitätische Männlein eigentlich ein grauer Papagei war. Der Konrektor Paulmann und der Registrator Heerbrand schlugen eine Lache auf, die durch das Zimmer dröhnte, und dazwischen winselte und ächzte Veronika wie von namenlosem Jammer zerrissen, aber den Studenten Anselmus durchzuckte der Wahnsinn des innern Entsetzens, und er rannte bewusstlos zur Tür hinaus durch die Straßen. Mechanisch fand er seine Wohnung, sein Stübchen. Bald darauf trat Veronika friedlich und freundlich zu ihm und fragte, warum er sie denn im Rausch so geängstigt habe, und er möge sich nur vor neuen Einbildungen hüten, wenn er bei dem Archivarius Lindhorst arbeite. »Gute Nacht, gute Nacht, mein lieber Freund«, lispelte leise Veronika und hauchte einen Kuss auf seine Lippen. Er wollte sie mit seinen Armen umfangen, aber die Traumgestalt war verschwunden, und er erwachte heiter und gestärkt. Nun musste er selbst recht herzlich über die Wirkungen des Punsches lachen, aber indem er an Veronika dachte, fühlte er sich recht von einem behaglichen Gefühl durchdrungen. »Ihr allein«, sprach er zu sich selbst, »habe ich es zu verdanken, dass ich von meinen albernen Grillen zurückgekommen bin. – Wahrhaftig, mir ging es nicht besser als jenem, welcher glaubte, er sei von Glas, oder dem, der die Stube nicht verließ, aus Furcht, von den Hühnern gefressen zu werden, weil er sich einbildete ein Gerstenkorn zu sein. Aber sowie ich Hofrat worden, heirate ich ohne Weiteres die Mademoiselle Paulmann und bin glücklich.« – Als er nun mittags durch den Garten des Archivarius Lindhorst ging, konnte er sich nicht genug wundern, wie ihm das alles sonst so seltsam und wundervoll habe vorkommen können. Er sah nichts als gewöhnliche Scherbenpflanzen, allerlei Geranien, Myrtenstöcke u. dergl. Statt der glänzenden bunten Vögel, die ihn sonst geneckt, flatterten nur einige Sperlinge hin und her, die ein unverständliches unangenehmes Geschrei erhoben, als sie den Anselmus gewahr wurden. Das blaue Zimmer kam ihm auch ganz anders vor, und er begriff nicht, wie ihm das grelle Blau und die unnatürlichen goldnen Stämme der Palmbäume mit den unförmlichen blinkenden Blättern nur einen Augenblick hatten gefallen können. – Der Archivarius sah ihn mit einem ganz eignen ironischen Lächeln an und fragte: »Nun, wie hat Ihnen gestern der Punsch geschmeckt, werter Anselmus?« »Ach, gewiss hat Ihnen der Papagei«, erwiderte der Student Anselmus ganz beschämt, aber er stockte, denn er dachte nun wieder daran, dass auch die Erscheinung des Papageis wohl nur Blendwerk der befangenen Sinne gewesen. »Ei, ich war ja selbst in der Gesellschaft«, fiel der Archivarius Lindhorst ein, »haben Sie mich denn nicht gesehen? Aber bei dem tollen Unwesen, das ihr triebt, wäre ich beinahe hart beschädigt worden; denn ich saß eben in dem Augenblick noch in der Terrine, als der Registrator danach griff, um sie gegen die Decke zu schleudern, und musste mich schnell in des Konrektors Pfeifenkopf retirieren. Nun adieu, Herr Anselmus! – sein Sie fleißig, auch für den gestrigen versäumten Tag zahle ich den Speziestaler, da Sie bisher so wacker gearbeitet.« »Wie kann der Archivarius nur solch tolles Zeug faseln«, sagte der Student Anselmus zu sich selbst und setzte sich an den Tisch, um die Kopie des Manuskripts zu beginnen, das der Archivarius wie gewöhnlich vor ihm ausgebreitet. Aber er sah auf der Pergamentrolle so viele sonderbare krause Züge und Schnörkel durcheinander, die, ohne dem Auge einen einzigen Ruhepunkt zu geben, den Blick verwirrten, dass es ihm beinahe unmöglich schien, das alles genau nachzumalen. Ja, bei dem Überblick des Ganzen schien das Pergament nur ein bunt geaderter Marmor oder ein mit Moosen durchsprenkelter Stein. – Er wollte dessen unerachtet das Mögliche versuchen und tunkte getrost die Feder ein, aber die Tinte wollte durchaus nicht fließen, er spritzte die Feder ungeduldig aus, und – o

Himmel! ein großer Klecks fiel auf das ausgebreitete Original. Zischend und brausend fuhr ein blauer Blitz aus dem Fleck und schlängelte sich krachend durch das Zimmer bis zur Decke hinauf. Da quoll ein dicker Dampf aus den Wänden, die Blätter fingen an zu rauschen, wie vom Sturme geschüttelt, und aus ihnen schossen blinkende Basilisken im flackernden Feuer herab, den Dampf entzündend, dass die Flammenmassen prasselnd sich um den Anselmus wälzten. Die goldnen Stämme der Palmbäume wurden zu Riesenschlangen, die ihre grässlichen Häupter in schneidendem Metallklange zusammenstießen und mit den geschuppten Leibern den Anselmus umwanden. »Wahnsinniger! erleide nun die Strafe dafür, was du im frechen Frevel tatest!« – So rief die fürchterliche Stimme des gekrönten Salamanders, der über den Schlangen wie ein blendender Strahl in den Flammen erschien, und nun sprühten ihre aufgesperrten Rachen Feuer-Katarakte auf den Anselmus, und es war, als verdichteten sich die Feuerströme um seinen Körper und würden zur festen eiskalten Masse. Aber indem des Anselmus Glieder, enger und enger sich zusammenziehend, erstarrten, vergingen ihm die Gedanken. Als er wieder zu sich selbst kam, konnte er sich nicht regen und bewegen, er war wie von einem glänzenden Schein umgeben, an dem er sich, wollte er nur die Hand erheben oder sonst sich rühren, stieß. – Ach! er saß in einer wohlverstopften Kristallflasche auf einem Repositorium im Bibliothekzimmer des Archivarius Lindhorst.

Zehnte Vigilie

Die Leiden des Studenten Anselmus in der gläsernen Flasche. – Glückliches Leben der Kreuzschüler und Praktikanten. – Die Schlacht im Bibliothek-Zimmer des Archivarius Lindhorst. – Sieg des Salamanders und Befreiung des Studenten Anselmus.

Mit Recht darf ich zweifeln, dass du, günstiger Leser, jemals in einer gläsernen Flasche verschlossen gewesen sein solltest, es sei denn, dass ein lebendiger neckhafter Traum dich einmal mit solchem feeischen Unwesen befangen hätte. War das der Fall, so wirst du das Elend des armen Studenten Anselmus recht lebhaft fühlen; hast du aber auch dergleichen nie geträumt, so schließt dich deine rege Fantasie mir und dem Anselmus zu Gefallen wohl auf einige Augenblicke in das Kristall ein. – Du bist von blendendem Glanze dicht umflossen, alle Gegenstände rings umher erscheinen dir von strahlenden Regenbogenfarben erleuchtet und umgeben – alles zittert und wankt und dröhnt im Schimmer – du schwimmst regungs- und bewegungslos wie in einem festgefrorenen Äther, der dich einpresst, sodass der Geist vergebens dem toten Körper gebietet. Immer gewichtiger und gewichtiger drückt die zentnerschwere Last deine Brust – immer mehr und mehr zehrt jeder Atemzug die Lüftchen weg, die im engen Raum noch auf- und niederwallten – deine Pulsadern schwellen auf, und von grässlicher Angst durchschnitten, zuckt jeder Nerv im Todeskampfe blutend. – Habe Mitleid, günstiger Leser, mit dem Studenten Anselmus, den diese namenlose Marter in seinem gläsernen Gefängnisse ergriff; aber er fühlte wohl, dass der Tod ihn nicht erlösen könne, denn erwachte er nicht aus der tiefen Ohnmacht, in die er im Übermaß seiner Qual versunken, als die Morgensonne in das Zimmer hell und freundlich hineinschien, und fing seine Marter nicht von Neuem an? – Er konnte kein Glied regen, aber seine Gedanken schlugen an das Glas, ihn im misstönenden Klange betäubend, und er vernahm statt der Worte, die der Geist sonst aus dem Innern gesprochen, nur das dumpfe Brausen des Wahnsinns. – Da schrie er auf in Verzweiflung: »O Serpentina – Serpentina, rette mich von dieser Höllenqual!« Und es war, als umwehten ihn leise Seufzer, die legten sich um die Flasche wie grüne durchsichtige Holunderblätter, das Tönen hörte auf, der blendende verwirrende Schein war verschwunden, und er atmete freier. »Bin ich denn nicht an meinem Elende lediglich selbst schuld, ach! habe ich nicht gegen dich selbst, holde, geliebte Serpentina, gefrevelt? – habe ich nicht schnöde Zweifel gegen dich gehegt? habe ich nicht den Glauben verloren und mit ihm alles, alles, was mich hoch beglücken sollte? – Ach, du wirst nun wohl nimmer mein werden, für mich ist der goldne Topf verloren, ich darf seine Wunder nimmermehr schauen. Ach, nur ein einziges Mal möcht' ich dich sehen, deine holde süße Stimme hören, liebliche Serpentina!« – So klagte der Student Anselmus, von tiefem schneidendem Schmerz ergriffen, da sagte jemand dicht neben ihm: »Ich weiß gar nicht, was Sie wollen, Herr Studiosus, warum lamentieren Sie so über alle Maßen?« – Der Student Anselmus wurde gewahr, dass neben ihm auf demselben Repositorium noch fünf Flaschen standen, in welchen er drei Kreuzschüler und zwei Praktikanten erblickte. – »Ach, meine Herren und Gefährten im Unglück«, rief er aus, »wie ist es Ihnen denn möglich, so gelassen, ja so vergnügt zu sein, wie ich es an Ihren heitern Mienen bemerke? – Sie sitzen ja doch ebenso gut eingesperrt in gläsernen Flaschen als ich und können sich nicht regen und bewegen, ja nicht einmal was Vernünftiges denken, ohne dass ein Mordlärm entsteht mit Klingen und Schallen, und ohne dass es Ihnen im Kopfe ganz schrecklich saust und braust. Aber Sie glauben gewiss nicht an den Salamander und an die grüne Schlange.« »Sie faseln wohl, mein Herr Studiosus«, erwiderte ein Kreuzschüler, »nie haben wir uns besser befunden als jetzt, denn die Speziestaler, welche wir von dem tollen Archivarius erhalten für allerlei konfuse Abschriften, tun uns wohl; wir dürfen jetzt keine italienische Chöre mehr auswendig lernen, wir gehen jetzt alle Tage zu Josephs oder sonst in andere Kneipen, lassen uns das Doppelbier wohlschmecken, sehen auch wohl einem hübschen Mädchen in die Augen, singen wie wirkliche Studenten: ›gaudeamus igitur‹ und sind seelenvergnügt.« – »Die Herren haben ganz recht«, fiel ein Praktikant ein, »auch ich bin mit Speziestalern reichlich versehen, wie hier mein teurer Kollege nebenan, und spaziere fleißig auf den Weinberg, statt bei der leidigen Aktenschreiberei zwischen vier Wänden zu sitzen.« »Aber meine besten, wertesten Herren!«, sagte der Student Anselmus, »spüren Sie es denn nicht, dass Sie alle samt und sonders in gläsernen Flaschen sitzen und sich nicht regen und bewegen, viel weniger umherspazieren können?« – Da schlugen die Kreuzschüler und die Praktikanten eine helle Lache auf und schrien: »Der Studiosus ist toll, er bildet sich ein, in einer gläsernen Flasche zu sitzen, und steht auf der Elbbrücke und sieht gerade hinein ins Wasser. Gehen wir nur weiter!« »Ach«, seufzte der Student, »die schauten niemals die holde Serpentina, sie wissen nicht, was Freiheit und Leben in Glauben und Liebe ist, deshalb spüren sie nicht den Druck des Gefängnisses, in das sie der Salamander bannte ihrer Torheit, ihres gemeinen Sinnes wegen, aber ich Unglücklicher werde vergehen in Schmach und Elend, wenn sie, die ich so unaussprechlich liebe, mich nicht rettet.« – Da wehte und säuselte Serpentinas Stimme durch das Zimmer: »Anselmus! – glaube, liebe, hoffe!« – Und jeder Laut strahlte in das Gefängnis des Anselmus hinein, und das Kristall musste seiner Gewalt weichen und sich ausdehnen, dass die Brust des Gefangenen sich regen und erheben konnte! – Immer mehr verringerte sich die Qual seines Zustandes, und er merkte wohl, dass ihn Serpentina noch liebe, und dass nur sie es sei, die ihm den Aufenthalt in dem Kristall erträglich mache. Er bekümmerte sich nicht mehr um seine leichtsinnigen Unglücksgefährten, sondern richtete Sinn und Gedanken nur auf die holde Serpentina. – Aber plötzlich entstand von der andern Seite her ein dumpfes widriges Gemurmel. Er konnte bald deutlich bemerken, dass dies Gemurmel von einer alten Kaffeekanne mit halbzerbrochenem Deckel herrührte, die ihm gegenüber auf einem kleinen Schrank hingestellt war. Sowie er schärfer hinschaute, entwickelten sich immer mehr die garstigen Züge eines alten verschrumpften Weibergesichts, und bald stand das Äpfelweib vom Schwarzen Tor vor dem Repositorium. Die grinsete und lachte ihn an und rief mit gellender Stimme: »Ei, ei, Kindchen! – musst du nun ausharren? – Ins Kristall nun dein Fall! – hab' ich dir's nicht längst vorausgesagt?« »Höhne und spotte nur, du verdammtes Hexenweib«, sagte der Student Anselmus, »du bist schuld an allem, aber der Salamander wird dich treffen, du schnöde Runkelrübe!« – »Ho, ho!«, erwiderte die Alte, »nur nicht so stolz! Du hast meinen Söhnlein ins Gesicht getreten, du hast mir die Nase verbrannt, aber doch bin ich dir gut, du Schelm, weil du sonst ein artiger Mensch warst, und mein Töchterchen ist dir auch gut. Aus dem Kristall kommst du aber nun einmal nicht, wenn ich dir nicht helfe; hinauflangen zu dir kann ich nicht, aber meine Frau Gevatterin, die Ratte, welche gleich über dir auf dem Boden wohnt, die soll das Brett entzweinagen, auf dem du stehst, dann purzelst du hinunter, und ich fange dich auf in der Schürze, damit du dir die Nase nicht zerschlägst, sondern fein dein glattes Gesichtlein erhältst, und ich trage dich flugs zur Mamsell Veronika, die musst du heiraten, wenn du Hofrat worden.« »Lass ab von mir, Satans-Geburt«, schrie der Student Anselmus voller Grimm, »nur deine höllischen Künste haben mich zu dem Frevel gereizt, den ich nun abbüßen muss. – Aber geduldig ertrage ich alles, denn nur hier kann ich sein, wo die holde Serpentina mich mit Liebe und Trost umfängt! – Hör' es, Alte, und verzweifle! Trotz biete ich deiner Macht, ich liebe ewiglich nur Serpentina – ich will nie Hofrat werden – nie die Veronika schauen, die mich durch dich zum Bösen verlockt! – Kann die grüne Schlange nicht mein werden, so will ich untergehen in Sehnsucht und Schmerz! – Hebe dich weg – hebe dich weg – du schnöder Wechselbalg!« – Da lachte die Alte auf, dass es im Zimmer gellte, und rief: »So sitze denn und verderbe, aber nun ist's Zeit, ans Werk zu gehen, denn mein Geschäft hier ist noch von anderer Art.« – Sie warf den schwarzen Mantel ab und stand da in ekelhafter Nacktheit, dann fuhr sie in Kreisen umher, und große Folianten stürzten herab, aus denen riss sie Pergamentblätter, und diese im künstlichen Gefüge schnell zusammenheftend und auf den Leib ziehend, war sie bald wie in einen seltsamen bunten Schuppenharnisch gekleidet. Feuersprühend sprang der schwarze Kater aus dem

Tintenfasse, das auf dem Schreibtische stand, und heulte der Alten entgegen, die laut aufjubelte und mit ihm durch die Tür verschwand. Anselmus merkte, dass sie nach dem blauen Zimmer gegangen, und bald hörte er es in der Ferne zischen und brausen, die Vögel im Garten schrien, der Papagei schnarrte: »Rette – rette – Raub – Raub!« – In dem Augenblick kam die Alte ins Zimmer zurückgesprungen, den goldnen Topf auf dem Arm tragend und mit grässlicher Gebärde wild durch die Lüfte schreiend: »Glück auf! – Glück auf! – Söhnlein – töte die grüne Schlange! auf, Söhnlein, auf!« – Es war dem Anselmus, als höre er ein tiefes Stöhnen, als höre er Serpentinas Stimme. Da ergriff ihn Entsetzen und Verzweiflung. – Er raffte alle seine Kraft zusammen, er stieß mit Gewalt, als sollten Nerven und Adern zerspringen, gegen das Kristall – ein schneidender Klang fuhr durch das Zimmer, und der Archivarius stand in der Tür in seinem glänzenden damastnen Schlafrock: »Hei, hei! Gesindel, toller Spuk – Hexenwerk – hieher – heisa!« So schrie er. Da richteten sich die schwarzen Haare der Alten wie Borsten empor, ihre glutroten Augen erglänzten von höllischem Feuer, und die spitzigen Zähne des weiten Rachens zusammenbeißend, zischte sie: »Frisch – frisch 'raus – zisch' aus, zisch' aus«, und lachte und meckerte höhnend und spottend und drückte den goldnen Topf fest an sich und warf daraus Fäuste voll glänzender Erde auf den Archivarius, aber sowie die Erde den Schlafrock berührte, wurden Blumen daraus, die herabfielen. Da flackerten und flammten die Lilien des Schlafrocks empor, und der Archivarius schleuderte die in knisterndem Feuer brennenden Lilien auf die Hexe, die vor Schmerz heulte; aber indem sie in die Höhe sprang und den pergamentnen Harnisch schüttelte, verlöschten die Lilien und zerfielen in Asche. »Frisch darauf, mein Junge!«, kreischte die Alte, da fuhr der Kater auf in die Luft und brauste fort nach der Tür über den Archivarius, aber der graue Papagei flatterte ihm entgegen und fasste ihn mit dem krummen Schnabel im Genick, dass rotes feuriges Blut ihm aus dem Halse stürzte, und Serpentinas Stimme rief: »Gerettet! – gerettet!« – Die Alte sprang voller Wut und Verzweiflung auf den Archivarius los, sie warf den Topf hinter sich und wollte, die langen Finger der dürren Fäuste emporspreizend, den Archivarius umkrallen, aber dieser riss schnell den Schlafrock herunter und schleuderte ihn der Alten entgegen. Da zischten und sprühten und brausten blaue knisternde Flammen aus den Pergamentblättern, und die Alte wälzte sich im heulenden Jammer und trachtete immer mehr aus dem Topfe zu greifen, immer mehr Pergamentblätter aus den Büchern zu erhaschen, um die lodernden Flammen zu ersticken, und wenn es ihr gelang, Erde oder Pergamentblätter auf sich zu stürzen, verlöschte das Feuer. Aber nun fuhren wie aus dem Innern des Archivarius flackernde zischende Strahlen auf die Alte. »Hei, hei! drauf und dran – Sieg dem Salamander!«, dröhnte die Stimme des Archivarius durch das Zimmer, und hundert Blitze schlängelten sich in feurigen Kreisen um die kreischende Alte. Sausend und brausend fuhren in wütendem Kampfe Kater und Papagei umher, aber endlich schlug der Papagei mit den starken Fittichen den Kater zu Boden, und mit den Krallen ihn durchspießend und festhaltend, dass er in der Todesnot grässlich heulte und ächzte, hackte er ihm mit dem scharfen Schnabel die glühenden Augen aus, dass der brennende Gischt herausspritzte. – Dicker Qualm strömte da empor, wo die Alte, zur Erde niedergestürzt, unter dem Schlafrock gelegen, ihr Geheul, ihr entsetzliches schneidendes Jammergeschrei verhallte in weiter Ferne. Der Rauch, der sich mit durchdringendem Gestank verbreitet, verdampfte, der Archivarius hob den Schlafrock auf, und unter demselben lag eine garstige Runkelrübe. »Verehrter Herr Archivarius, hier bringe ich den überwundenen Feind«, sprach der Papagei, indem er dem Archivarius Lindhorst ein schwarzes Haar im Schnabel darreichte. »Sehr gut, mein Lieber«, antwortete der Archivarius, »hier liegt auch meine überwundene Feindin, besorgen Sie gütigst nunmehr das Übrige; noch heute erhalten Sie als ein kleines Douceur sechs Kokusnüsse und eine neue Brille, da, wie ich sehe, der Kater Ihnen die Gläser schändlich zerbrochen.« »Lebenslang der Ihrige, verehrungswürdiger Freund und Gönner!«, versetzte der Papagei sehr vergnügt, nahm die Runkelrübe in den Schnabel und flatterte damit zum Fenster hinaus, das ihm der Archivarius Lindhorst geöffnet. Dieser ergriff den goldnen Topf und rief stark: »Serpentina, Serpentina!« – Aber wie nun der Student Anselmus, hoch erfreut über den Untergang des schnöden Weibes, das ihn ins Verderben gestürzt, den Archivarius anblickte, da war es wieder die hohe majestätische Gestalt des Geisterfürsten, die mit unbeschreiblicher Anmut und Würde zu ihm hinaufschaute. – »Anselmus«, sprach der Geisterfürst, »nicht du, sondern nur ein feindliches Prinzip, das zerstörend in dein Inneres zu dringen und dich mit dir selbst zu entzweien trachtete, war schuld an deinem Unglauben. – Du hast deine Treue bewährt, sei frei und glücklich.« Ein Blitz zuckte durch das Innere des Anselmus, der herrliche Dreiklang der Kristallglocken ertönte stärker und mächtiger, als er ihn je vernommen – seine Fibern und Nerven erbebten – aber immer mehr anschwellend, dröhnte der

Akkord durch das Zimmer, das Glas, welches den Anselmus umschlossen, zersprang, und er stürzte in die Arme der holden, lieblichen Serpentina.

Elfte Vigilie

Des Konrektors Paulmann Unwille über die in seiner Familie ausgebrochene Tollheit. – Wie der Registrator Heerbrand Hofrat worden und im stärksten Froste in Schuhen und seidenen Strümpfen einherging. – Veronikas Geständnisse. – Verlobung bei der dampfenden Suppenschüssel.

»Aber sagen Sie mir nur, wertester Registrator, wie uns gestern der vermaledeite Punsch so in den Kopf steigen und zu allerlei Allotriis treiben konnte?« – Dies sprach der Konrektor Paulmann, indem er am andern Morgen in das Zimmer trat, das noch voll zerbrochener Scherben lag, und in dessen Mitte die unglückliche Perücke, in ihre ursprüngliche Bestandteile aufgelöset, im Punsche umherschwamm. Als der Student Anselmus zur Tür hinausgerannt war, kreuzten und wackelten der Konrektor Paulmann und der Registrator Heerbrand durch das Zimmer, schreiend wie Besessene und mit den Köpfen aneinander rennend, bis Fränzchen den schwindlichten Papa mit vieler Mühe ins Bett brachte und der Registrator in höchster Ermattung aufs Sofa sank, welches Veronika, ins Schlafzimmer flüchtend, verlassen. Der Registrator Heerbrand hatte sein blaues Schnupftuch um den Kopf gewickelt, sah ganz blass und melancholisch aus und stöhnte: »Ach, werter

Konrektor, nicht der Punsch, den Mamsell Veronika köstlich bereitet, nein! – sondern lediglich der verdammte Student ist an all dem Unwesen schuld. Merken Sie denn nicht, dass er schon längst mente captus ist? Aber wissen Sie denn nicht auch, dass der Wahnsinn ansteckt? – Ein Narr macht viele; verzeihen Sie, das ist ein altes Sprichwort; vorzüglich, wenn man ein Gläschen getrunken, da gerät man leicht in die Tollheit und manövriert unwillkürlich nach und bricht aus in die Exerzitia, die der verrückte Flügelmann vormacht. Glauben Sie denn, Konrektor, dass mir noch ganz schwindlig ist, wenn ich an den grauen Papagei denke?« – »Ach was«, fiel der Konrektor ein, »Possen! – es war ja der alte kleine Famulus des Archivarii, der einen grauen Mantel umgenommen und den Studenten Anselmus suchte.« »Es kann sein«, versetzte der Registrator Heerbrand, »aber ich muss gestehen, dass mir ganz miserabel zumute ist; die ganze Nacht über hat es so wunderlich georgelt und gepfiffen.« – »Das war ich«, erwiderte der Konrektor; »denn ich schnarche stark.« – »Nun, mag das sein«, fuhr der Registrator fort – »aber Konrektor, Konrektor! – nicht ohne Ursache hatte ich gestern dafür gesorgt, uns einige Fröhlichkeit zu bereiten – aber der Anselmus hat mir alles verdorben. – Sie wissen nicht – O Konrektor, Konrektor!« – Der Registrator Heerbrand sprang auf, riss das Tuch vom Kopfe, umarmte den Konrektor, drückte ihm feurig die Hand, rief noch einmal ganz herzbrechend: »O Konrektor, Konrektor!« und rannte, Hut und Stock ergreifend, schnell von dannen. »Der Anselmus soll mir nicht mehr über die Schwelle«, sprach der Konrektor Paulmann zu sich selbst, »denn ich sehe nun wohl, dass er mit seinem verstockten innern Wahnsinn die besten Leute um ihr bisschen Vernunft bringt; der Registrator ist nun auch geliefert – *ich* habe mich bisher noch gehalten, aber der Teufel, der gestern im Rausch stark anklopfte, könnte doch wohl am Ende einbrechen und sein Spiel treiben. – Also apage Satanas! – fort mit dem Anselmus!« – Veronika war ganz tiefsinnig geworden, sie sprach kein Wort, lächelte nur zuweilen ganz seltsam und war am liebsten allein. »Die hat der Anselmus auch auf der Seele«, sagte der Konrektor voller Bosheit, »aber es ist gut, dass er sich gar nicht sehen lässt, ich weiß, dass er sich vor mir fürchtet – der Anselmus, deshalb kommt er gar nicht her.« Das letzte sprach der Konrektor Paulmann ganz laut, da stürzten der Veronika, die eben gegenwärtig, die Tränen aus den Augen, und sie seufzte: »Ach, kann denn der Anselmus herkommen? der ist ja schon längst in die gläserne Flasche eingesperrt.« – »Wie – Was?« – rief der Konrektor Paulmann. »Ach Gott – ach Gott, auch sie faselt schon wie der Registrator, es wird bald zum Ausbruch kommen. – Ach du verdammter, abscheulicher Anselmus!« – Er rannte gleich fort zum Doktor Eckstein, der lächelte und sagte wieder: »Ei, ei!« – Er verschrieb aber nichts, sondern setzte dem wenigen, was er geäußert, noch weggehend hinzu: »Nervenzufälle! – wird sich geben von selbst – in die Luft führen – spazieren fahren – sich zerstreuen – Theater – ›Sonntagskind‹ – ›Schwestern von Prag‹ – wird sich geben!« – »So beredt war der Doktor selten«, dachte der Konrektor Paulmann, »ordentlich geschwätzig.« – Mehrere Tage und Wochen und Monate waren vergangen, der Anselmus war verschwunden, aber auch der Registrator Heerbrand ließ sich nicht sehen, bis am vierten Februar, da trat er in einem neuen modernen Kleide vom besten Tuch, in Schuhen und seidenen Strümpfen, des starken Frostes unerachtet, einen großen

Strauß lebendiger Blumen in der Hand, mittags Punkt zwölf Uhr in das Zimmer des Konrektors Paulmann, der nicht wenig über seinen geputzten Freund erstaunte. Feierlich schritt der Registrator Heerbrand auf den Konrektor Paulmann los, umarmte ihn mit feinem Anstande und sprach dann: »Heute an dem Namenstage Ihrer lieben verehrten Mamsell Tochter Veronika will ich denn nun alles gerade heraussagen, was mir längst auf dem Herzen gelegen! Damals, an dem unglücklichen Abend, als ich die Ingredienzen zu dem verderblichen Punsch in der Tasche meines Matins herbeitrug, hatte ich es im Sinn, eine freudige Nachricht Ihnen mitzuteilen und den glückseligen Tag in Fröhlichkeit zu feiern, schon damals hatte ich es erfahren, dass ich Hofrat worden, über welche Standeserhöhung ich jetzt das Patent cum nomine et sigillo principis erhalten und in der Tasche trage.« – »Ach, ach! Herr Registr – Herr Hofrat Heerbrand, wollte ich sagen«, stammelte der Konrektor. – »Aber Sie, verehrter Konrektor«, fuhr der nunmehrige Hofrat Heerbrand fort, »Sie können erst mein Glück vollenden. Schon längst habe ich die Mamsell Veronika im Stillen geliebt und kann mich manches freundlichen Blickes rühmen, den sie mir zugeworfen und der mir deutlich gezeigt, dass sie mir wohl nicht abhold sein dürfte. Kurz, verehrter Konrektor! – ich, der Hofrat Heerbrand, bitte um die Hand Ihrer liebenswürdigen Demoiselle Tochter Veronika, die ich, haben Sie nichts dagegen, in kurzer Zeit heimzuführen gedenke.« – Der Konrektor Paulmann schlug voller Verwunderung die Hände zusammen und rief: »Ei – Ei – Ei – Herr Registr – Herr Hofrat, wollte ich sagen, wer hätte das gedacht! – Nun, wenn Veronika Sie in der Tat liebt, ich meinesteils habe nichts dagegen; vielleicht ist auch ihre jetzige

Schwermut nur eine versteckte Verliebtheit in Sie, verehrter Hofrat! man kennt ja die Possen.« – In dem Augenblick trat die Veronika herein, blass und verstört, wie sie jetzt gewöhnlich war. Da schritt der Hofrat Heerbrand auf sie zu, erwähnte in wohlgesetzter Rede ihres Namenstages und überreichte ihr den duftenden Blumenstrauß nebst einem kleinen Päckchen, aus dem ihr, als sie es öffnete, ein Paar glänzende Ohrgehänge entgegenstrahlten. Eine schnelle fliegende Röte färbte ihre Wangen, die Augen blitzten lebhafter, und sie rief: »Ei, mein Gott! das sind ja dieselben Ohrgehänge, die ich schon vor mehreren Wochen trug und mich daran ergötzte!« – »Wie ist denn das möglich«, fiel der Hofrat Heerbrand etwas bestürzt und empfindlich ein, »da ich dieses Geschmeide erst seit einer Stunde in der Schlossgasse für schmähliches Geld erkauft?« – Aber die Veronika hörte nicht darauf, sondern stand schon vor dem Spiegel, um die Wirkung des Geschmeides, das sie bereits in die kleinen Öhrchen gehängt, zu erforschen. Der Konrektor Paulmann eröffnete ihr mit gravitätischer Miene und mit ernstem Ton die Standeserhöhung Freund Heerbrands und seinen Antrag. Veronika schaute den Hofrat mit durchdringendem Blick an und sprach: »Das wusste ich längst, dass Sie mich heiraten wollen. – Nun es sei! – ich verspreche Ihnen Herz und Hand, aber ich muss Ihnen nur gleich – Ihnen beiden nämlich, dem Vater und dem Bräutigam, manches entdecken, was mir recht schwer in Sinn und Gedanken liegt – jetzt gleich, und sollte darüber die Suppe kalt werden, die, wie ich sehe, Fränzchen soeben auf den Tisch setzt.« Ohne des Konrektors und des Hofrats Antwort abzuwarten, unerachtet ihnen sichtlich die Worte auf den Lippen schwebten, fuhr Veronika fort: »Sie können es mir glauben, bester Vater, dass ich den Anselmus

recht von Herzen liebte, und als der Registrator Heerbrand, der nunmehr selbst Hofrat worden, versicherte, der Anselmus könne es wohl zu so etwas bringen, beschloss ich, *er* und kein anderer solle mein Mann werden. Da schien es aber, als wenn fremde feindliche Wesen ihn mir entreißen wollten, und ich nahm meine Zuflucht zu der alten Liese, die ehemals meine Wärterin war und jetzt eine weise Frau, eine große Zauberin ist. *Die* versprach mir zu helfen und den Anselmus mir ganz in die Hände zu liefern. Wir gingen mitternachts in der Tag- und Nachtgleiche auf den Kreuzweg, sie beschwor die höllischen Geister, und mit Hilfe des schwarzen Katers brachten wir einen kleinen Metallspiegel zustande, in den ich, meine Gedanken auf den Anselmus richtend, nur blicken durfte, um ihn ganz in Sinn und Gedanken zu beherrschen. – Aber ich bereue jetzt herzlich, das alles getan zu haben, ich schwöre allen Satanskünsten ab. Der Salamander hat über die Alte gesiegt, ich hörte ihr Jammergeschrei, aber es war keine Hilfe möglich; sowie sie als Runkelrübe vom Papagei verzehrt worden, zerbrach mit schneidendem Klange mein Metallspiegel.«
Veronika holte die beiden Stücke des zerbrochenen Spiegels und eine Locke aus dem Nähkästchen, und beides dem Hofrat Heerbrand hinreichend, fuhr sie fort: »Hier nehmen Sie, geliebter Hofrat, die Stücke des Spiegels, werfen Sie sie heute Nacht um zwölf Uhr von der Elbbrücke, und zwar von da, wo das Kreuz steht, hinab in den Strom, der dort nicht zugefroren, die Locke aber bewahren Sie auf treuer Brust. Ich schwöre nochmals allen Satanskünsten ab und gönne dem Anselmus herzlich sein Glück, da er nunmehr mit der grünen Schlange verbunden, die viel schöner und reicher ist als ich. Ich will Sie, geliebter Hofrat, als eine rechtschaffene Frau lieben und ver-

ehren!« – »Ach Gott! – ach Gott«, rief der Konrektor Paulmann voller Schmerz, »sie ist wahnsinnig, sie ist wahnsinnig – sie kann nimmermehr Frau Hofrätin werden – sie ist wahnsinnig!« – »Mitnichten«, fiel der Hofrat Heerbrand ein, »ich weiß wohl, dass Mamsell Veronika einige Neigung für den vertrackten Anselmus gehegt, und es mag sein, dass sie vielleicht in einer gewissen Überspannung sich an die weise Frau gewendet, die, wie ich merke, wohl niemand anders sein kann als die Kartenlegerin und Kaffeegießerin vor dem Seetor – kurz, die alte Rauerin. Nun ist auch nicht zu leugnen, dass es wirklich wohl geheime Künste gibt, die auf den Menschen nur gar zu sehr ihren feindlichen Einfluss äußern, man lieset schon davon in den Alten, was aber Mamsell Veronika von dem Sieg des Salamanders und von der Verbindung des Anselmus mit der grünen Schlange gesprochen, ist wohl nur eine poetische Allegorie – gleichsam ein Gedicht, worin sie den gänzlichen Abschied von dem Studenten besungen.« »Halten Sie das, wofür Sie wollen, bester Hofrat!«, fiel Veronika ein, »vielleicht für einen recht albernen Traum.« – »Keinesweges tue ich das«, versetzte der Hofrat Heerbrand, »denn ich weiß ja wohl, dass der Anselmus auch von geheimen Mächten befangen, die ihn zu allen möglichen tollen Streichen necken und treiben.« Länger konnte der Konrektor Paulmann nicht an sich halten, er brach los: »Halt, um Gottes willen, halt! haben wir uns denn etwa wieder übernommen im verdammten Punsch, oder wirkt des Anselmi Wahnsinn auf uns? Herr Hofrat, was sprechen Sie denn auch wieder für Zeug? – Ich will indessen glauben, dass es die Liebe ist, die Euch in dem Gehirn spukt, das gibt sich aber bald in der Ehe, sonst wäre mir bange, dass auch *Sie* in einigen Wahnsinn verfallen, verehrungswürdiger Hofrat, und würde dann Sorge tragen wegen der Deszendenz, die das Malum der Eltern vererben könnte. – Nun, ich gebe meinen väterlichen Segen zu der fröhlichen Verbindung und erlaube, dass ihr euch als Braut und Bräutigam küsset.« Dies geschah sofort, und es war, noch ehe die aufgetragene Suppe kalt worden, die förmliche Verlobung geschlossen. Wenige Wochen nachher saß die Frau Hofrätin Heerbrand wirklich, wie sie sich schon früher im Geiste erblickt, in dem Erker eines schönen Hauses auf dem Neumarkt und schaute lächelnd auf die Elegants hinab, die vorübergehend und hinauflorgnettierend sprachen: »Es ist doch eine göttliche Frau, die Hofrätin Heerbrand!« –

Zwölfte Vigilie

Nachricht von dem Rittergut, das der Anselmus als des Archivarius Lindhorst Schwiegersohn bezogen, und wie er dort mit der Serpentina lebt. – Beschluss.

Wie fühlte ich recht in der Tiefe des Gemüts die hohe Seligkeit des Studenten Anselmus, der, mit der holden Serpentina innigst verbunden, nun nach dem geheimnisvollen wunderbaren Reiche gezogen war, das er für die Heimat erkannte, nach der sich seine von seltsamen Ahnungen erfüllte Brust schon so lange gesehnt. Aber vergebens blieb alles Streben, dir, günstiger Leser, all die Herrlichkeiten, von denen der Anselmus umgeben, auch nur einigermaßen in Worten anzudeuten. Mit Widerwillen gewahrte ich die Mattigkeit jedes Ausdrucks. Ich fühlte mich befangen in den Armseligkeiten des kleinlichen

Alltagslebens, ich erkrankte in quälendem Missbehagen, ich schlich umher wie ein Träumender, kurz, ich geriet in jenen Zustand des Studenten Anselmus, den ich dir, günstiger Leser, in der vierten Vigilie beschrieben. Ich härmte mich recht ab, wenn ich die elf Vigilien, die ich glücklich zustande gebracht, durchlief und nun dachte, dass es mir wohl niemals vergönnt sein werde, die zwölfte als Schlussstein hinzuzufügen, denn so oft ich mich zur Nachtzeit hinsetzte, um das Werk zu vollenden, war es, als hielten mir recht tückische Geister (es mochten wohl Verwandte – vielleicht Cousins germains der getöteten Hexe sein) ein glänzend poliertes Metall vor, in dem ich mein Ich erblickte, blass, übernächtig und melancholisch wie der Registrator Heerbrand nach dem Punsch-Rausch. – Da warf ich denn die Feder hin und eilte ins Bett, um wenigstens von dem glücklichen Anselmus und der holden Serpentina zu träumen. So hatte das schon mehrere Tage und Nächte gedauert, als ich endlich ganz unerwartet von dem Archivarius Lindhorst ein Billett erhielt, worin er mir folgendes schrieb:

Ew. Wohlgeboren haben, wie mir bekannt worden, die seltsamen Schicksale meines guten Schwiegersohnes, des vormaligen Studenten, jetzigen Dichters Anselmus, in elf Vigilien beschrieben und quälen sich jetzt sehr ab, in der zwölften und letzten Vigilie einiges von seinem glücklichen Leben in Atlantis zu sagen, wohin er mit meiner Tochter auf das hübsche Rittergut, welches ich dort besitze, gezogen. Unerachtet ich nun nicht eben gern sehe, dass Sie mein eigentliches Wesen der Lesewelt kund getan, da es mich vielleicht in meinem Dienst als Geh. Archivarius tausend Unannehmlichkeiten aussetzen, ja wohl gar im Kollegio die zu ventilierende Frage veranlassen wird, inwiefern wohl ein Salamander sich rechtlich und mit verbindenden Folgen als Staatsdiener eidlich verpflichten könne, und inwiefern ihm überhaupt solide Geschäfte anzuvertrauen, da nach Gabalis und Swedenborg den Elementargeistern durchaus nicht zu trauen – unerachtet nun meine besten Freunde meine Umarmung scheuen werden, aus Furcht, ich könnte in plötzlichem Übermut was weniges blitzen und ihnen Frisur und Sonntagsfrack verderben – unerachtet alles dessen, sage ich, will ich Ew. Wohlgeboren doch in der Vollendung des Werks behilflich sein, da darin viel Gutes von mir und von meiner lieben verheirateten Tochter (ich wollte, ich wäre die beiden übrigen auch schon los) enthalten. Wollen Sie daher die zwölfte Vigilie schreiben, so steigen Sie Ihre verdammten fünf Treppen hinunter, verlassen Sie Ihr Stübchen und kommen Sie zu mir. Im blauen Palmbaumzimmer, das Ihnen schon bekannt, finden Sie die gehörigen Schreibmaterialien, und Sie können dann mit wenigen Worten den Lesern kundtun, was Sie geschaut, das wird Ihnen besser sein, als eine weitläufige Beschreibung eines Lebens, das Sie ja doch nur von Hörensagen kennen.

Mit Achtung Ew. Wohlgeboren ergebenster
der Salamander Lindhorst
p. t. Königl. heh. Archivarius.

Dies freilich etwas raue, aber doch freundschaftliche Billett des Archivarius Lindhorst war mir höchst angenehm. Zwar schien es gewiss, dass der wunderliche Alte von der seltsamen Art, wie mir die Schicksale seines Schwiegersohns bekannt worden, die ich, zum Geheimnis verpflichtet, dir selbst, günstiger Leser, verschweigen musste, wohl unterrichtet sei, aber er hatte das nicht so übel vermerkt, als ich wohl befürchten konnte. Er bot ja selbst hilfreiche Hand, mein Werk zu vollenden, und daraus konnte ich mit Recht schließen, wie er im Grunde genommen damit einverstanden sei, dass seine wunderliche Existenz in der Geisterwelt durch den Druck bekannt werde. »Es kann sein«, dachte ich, »dass er selbst die Hoffnung daraus schöpft, desto eher seine beiden noch übrigen Töchter an den Mann zu bringen, denn vielleicht fällt doch ein Funke in dieses oder jenes Jünglings Brust, der die Sehnsucht nach der grünen Schlange entzündet, welche er dann in dem Holunderbusch am Himmelfahrtstage sucht und findet. Aus dem Unglück, das den Anselmus betroffen, als er in die gläserne Flasche gebannt wurde, wird er die Warnung entnehmen, sich vor jedem Zweifel, vor jedem Unglauben recht ernstlich zu hüten.« Punkt elf Uhr löschte ich meine Studierlampe aus und schlich zum Archivarius Lindhorst, der mich schon auf dem Flur erwartete. »Sind Sie da – Hochverehrter! – nun das ist mir lieb, dass Sie meine guten Absichten nicht verkennen – kommen Sie nur!« – Und damit führte er mich durch den von blendendem Glanze erfüllten Garten in das azurblaue Zimmer, in welchem ich den violetten Schreibtisch erblickte, an welchem der Anselmus gearbeitet. – Der Archivarius Lindhorst verschwand, erschien aber gleich wieder mit einem schönen goldnen Pokal in der Hand, aus dem eine blaue Flamme hoch emporknisterte. »Hier«, sprach er, »bringe ich Ihnen das Lieblingsgetränk Ihres Freundes, des Kapellmeisters Johannes Kreisler. – Es ist angezündeter Arrak, in den ich einigen Zucker geworfen. Nippen Sie was weniges davon, ich will gleich meinen Schlafrock abwerfen und zu meiner Lust und um, während Sie sitzen und schauen und schreiben,

Ihrer werten Gesellschaft zu genießen, in dem Pokale auf- und niedersteigen.« – »Wie es Ihnen gefällig ist, verehrter Herr Archivarius«, versetzte ich, »aber wenn ich nun von dem Getränk genießen will, werden Sie nicht –« »Tragen Sie keine Sorge, mein Bester«, rief der Archivarius, warf den Schlafrock schnell ab, stieg zu meinem nicht geringen Erstaunen in den Pokal und verschwand in den Flammen. – Ohne Scheu kostete ich, die Flamme leise weghauchend, von dem Getränk, es war köstlich!

Rühren sich nicht in sanftem Säuseln und Rauschen die smaragdenen Blätter der Palmbäume, wie vom Hauch des Morgenwindes geliebkost? – Erwacht aus dem Schlafe, heben und regen sie sich und flüstern geheimnisvoll von den Wundern, die wie aus weiter Ferne holdselige Harfentöne verkünden! – Das Azur löst sich von den Wänden und wallt wie duftiger Nebel auf und nieder, aber blendende Strahlen schießen durch den Duft, der sich wie in jauchzender kindischer Lust wirbelt und dreht und aufsteigt bis zur unermesslichen Höhe, die sich über den Palmbäumen wölbt. – Aber immer blendender häuft sich Strahl auf Strahl, bis in hellem Sonnenglanze sich der unabsehbare Hain aufschließt, in dem ich den Anselmus erblicke. – Glühende Hyazinthen und Tulipanen und Rosen erheben ihre schönen Häupter, und ihre Düfte rufen in gar lieblichen Lauten dem Glücklichen zu: »Wandle, wandle unter uns, Geliebter, der du uns verstehst – unser Duft ist die Sehnsucht der Liebe – wir lieben dich und sind dein immerdar! – Die goldnen Strahlen brennen in glühenden Tönen: wir sind Feuer, von der Liebe entzündet. – Der Duft ist die Sehnsucht, aber Feuer das Verlangen, und wohnen wir nicht in deiner Brust? wir sind ja dein eigen!« Es rischeln und rauschen die dunklen Büsche – die hohen Bäume: »Komme zu uns! – Glücklicher – Geliebter! – Feuer ist das Verlangen, aber Hoffnung unser kühler Schatten! wir umsäuseln liebend dein Haupt, denn du verstehst uns, weil die Liebe in deiner Brust wohnet«. Die Quellen und Bäche plätschern und sprudeln: »Geliebter, wandle nicht so schnell vorüber, schaue in unser Kristall – dein Bild wohnt in uns, das wir liebend bewahren, denn du hast uns verstanden!« – Im Jubelchor zwitschern und singen bunte Vögelein: »Höre uns, höre uns, wir sind die Freude, die Wonne, das Entzücken der Liebe!« – Aber sehnsuchtsvoll schaut Anselmus nach dem herrlichen Tempel, der sich in weiter Ferne erhebt. Die künstlichen Säulen scheinen Bäume und die Kapitäler und Gesimse Akanthusblätter, die in wundervollen Gewinden und Figuren herrliche Verzierungen bilden. Anselmus schreitet dem Tempel zu, er betrachtet mit innerer Wonne den bunten Marmor, die wunderbar bemoosten Stufen. »Ach nein«, ruft er wie im Übermaß des Entzückens, »sie ist nicht mehr fern!« Da tritt in hoher Schönheit und Anmut Serpentina aus dem Innern des Tempels, sie trägt den goldnen Topf, aus dem eine herrliche Lilie entsprossen. Die namenlose Wonne der unendlichen Sehnsucht glüht in den holdseligen Augen, so blickt sie den Anselmus an, sprechend: »Ach, Geliebter! die Lilie hat ihren Kelch erschlossen – das Höchste ist erfüllt, gibt es denn eine Seligkeit, die der unsrigen gleicht?« Anselmus umschlingt sie mit der Inbrunst des glühendsten Verlangens – die Lilie brennt in flammenden Strahlen über seinem Haupte. Und lauter regen sich die Bäume und die Büsche, und heller und freudiger jauchzen die Quellen – die Vögel – allerlei bunte Insekten tanzen in den Luftwirbeln – ein frohes, freudiges, jubelndes Getümmel in der Luft – in den Wässern – auf der Erde feiert das Fest der Liebe! – Da zucken Blitze überall leuchtend durch die Büsche – Diamanten blicken wie funkelnde Augen aus der Erde! – hohe Springbäche strahlen aus den Quellen – seltsame Düfte wehen mit rauschendem Flügelschlag daher – es sind die Elementargeister, die der Lilie huldigen und des Anselmus Glück verkünden. – Da erhebt Anselmus das Haupt wie vom Strahlenglanz der Verklärung umflossen. – Sind es Blicke? – sind es Worte? – ist es Gesang? – Vernehmlich klingt es: »Serpentina! – der Glaube an dich, die Liebe hat mir das Innerste der Natur erschlossen! – Du brachtest mir die Lilie, die aus dem Golde, aus der Urkraft der Erde, noch ehe Phosphorus den Gedanken entzündete, entspross – sie ist die Erkenntnis des heiligen Einklangs aller Wesen, und in dieser Erkenntnis lebe ich in höchster Seligkeit immerdar. – Ja, ich Hochbeglückter habe das Höchste erkannt – ich muss dich lieben ewiglich, o Serpentina! – nimmer verbleichen die goldnen Strahlen der Lilie, denn wie Glaube und Liebe ist ewig die Erkenntnis.«

Die Vision, in der ich nun den Anselmus leibhaftig auf seinem Rittergute in Atlantis gesehen, verdankte ich wohl den Künsten des Salamanders, und herrlich war es, dass ich sie, als alles wie im Nebel verloschen, auf dem Papier, das auf dem violetten Tische lag, recht sauber und augenscheinlich von mir selbst aufgeschrieben fand. – Aber nun fühlte ich mich von jähem Schmerz durchbohrt und zerrissen. »Ach, glücklicher Anselmus, der du die Bürde des alltäglichen Lebens abgeworfen, der du in der Liebe zu der holden Serpentina die Schwingen rüstig rührtest und nun lebst in Wonne und Freude auf deinem Rittergut in Atlantis! – Aber ich Armer! – bald – ja in wenigen Minuten bin ich selbst aus diesem schönen Saal, der noch lange kein Rittergut in Atlantis ist, versetzt in mein Dachstübchen, und die Armseligkeiten des bedürftigen Lebens befangen meinen Sinn, und mein Blick ist von tausend Unheil wie von dickem Nebel umhüllt, dass ich wohl niemals die Lilie schauen werde.« – Da klopfte mir der Archivarius Lindhorst leise auf die Achsel und sprach: »Still, still, Verehrter! Klagen Sie nicht so! – Waren Sie nicht soeben selbst in Atlantis, und haben Sie denn nicht auch dort wenigstens einen artigen Meierhof als poetisches Besitztum Ihres innern Sinns? – Ist denn überhaupt des Anselmus Seligkeit etwas anderes als das Leben in der Poesie, der sich der heilige Einklang aller Wesen als tiefstes Geheimnis der Natur offenbaret?«

Ende des Märchens

DIE AUTOMATE

Der redende Türke machte allgemeines Aufsehen, ja er brachte die ganze Stadt in Bewegung, denn Jung und Alt, Vornehm und Gering strömte vom Morgen bis in die Nacht hinzu, um die Orakelsprüche zu vernehmen, die von den starren Lippen der wunderlichen lebendigtoten Figur den Neugierigen zugeflüstert wurden. Wirklich war auch die ganze Einrichtung des Automats von der Art, dass jeder das Kunstwerk von allen ähnlichen Tändeleien, wie sie wohl öfters auf Messen und Jahrmärkten gezeigt werden, gar sehr unterscheiden und sich davon angezogen fühlen musste. In der Mitte eines nicht eben großen, nur mit dem notwendigsten Gerät versehenen Zimmers saß die lebensgroße, wohlgestaltete Figur in reicher geschmackvoller türkischer Kleidung auf einem niedrigen, wie ein Dreifuß geformten Sessel, den der Künstler auf Verlangen wegrückte, um jede Vermutung der Verbindung mit dem Fußboden zu widerlegen, die linke Hand zwanglos auf das Knie, die rechte dagegen auf einen kleinen freistehenden Tisch gelegt. Die ganze Figur war, wie gesagt, in richtigen Verhältnissen wohlgestaltet, allein vorzüglich war der Kopf gelungen; eine wahrhaft orientalisch geistreiche Physiognomie gab dem Ganzen ein Leben, wie man es selten bei Wachsbildern, wenn sie selbst den charaktervollen Gesichtern geistreicher Menschen nachgeformt sind, findet. Ein leichtes Geländer umschloss das Kunstwerk und wehrte den Anwesenden das nahe

Hinzutreten, denn nur *der*, welcher sich von der Struktur des Ganzen, soweit es der Künstler sehen lassen konnte, ohne sein Geheimnis zu verraten, überzeugen wollte, oder der eben Fragende durfte in das Innere und dicht an die Figur treten. Hatte man, wie es gewöhnlich war, dem Türken die Frage ins rechte Ohr geflüstert, so drehte er erst die Augen, dann aber den ganzen Kopf nach dem Fragenden hin, und man glaubte an dem Hauch zu fühlen, der aus dem Munde strömte, dass die leise Antwort wirklich aus dem Innern der Figur kam. Jedes Mal, wenn einige Antworten gegeben worden, setzte der Künstler einen Schlüssel in die linke Seite der Figur ein und zog mit vielem Geräusch ein Uhrwerk auf. Hier öffnete er auch auf Verlangen eine Klappe, und man erblickte im Innern der Figur ein künstliches Getriebe von vielen Rädern, die nun wohl auf das Sprechen des Automaten durchaus keinen Einfluss hatten, indessen doch augenscheinlich so viel Platz einnahmen, dass sich in dem übrigen Teil der Figur unmöglich ein Mensch, war er auch kleiner als der berühmte Zwerg Augusts, der aus der Pastete kroch, verbergen konnte. Nächst der Bewegung des Kopfs, die jedes Mal vor der Antwort geschah, pflegte der Türke auch zuweilen den rechten Arm zu erheben und entweder mit dem Finger zu drohen oder mit der ganzen Hand gleichsam die Frage abzuweisen. Geschah dieses, so konnte nur das wiederholte Andringen des Fragers eine mehrenteils zweideutige oder verdrießliche Antwort bewirken, und eben auf diese Bewegungen des Kopfs und Armes mochte sich wohl jenes Räderwerk beziehen, unerachtet auch hier die Rückwirkung eines denkenden Wesens unerlässlich schien. Man erschöpfte sich in Vermutungen über das Medium der wunderbaren Mitteilung, man untersuchte Wände, Nebenzimmer,

Gerät, alles vergebens. Die Figur, der Künstler waren von den Argusaugen der geschicktesten Mechaniker umgeben, aber je mehr er sich auf diese Art bewacht merkte, desto unbefangener war sein Betragen. Er sprach und scherzte in den entlegensten Ecken des Zimmers mit den Zuschauern und ließ seine Figur wie ein ganz für sich bestehendes Wesen, das irgendeiner Verbindung mit ihm nicht bedürfe, ihre Bewegungen machen und Antworten erteilen; ja, er konnte sich eines gewissen ironischen Lächelns nicht enthalten, wenn der Dreifuß und der Tisch auf allen Seiten herumgedreht und durchgeklopft, ja in die herabgenommene und weiter ans Licht gebrachte Figur mit Brillen und Vergrößerungsgläsern hineingeschaut wurde, und dann die Mechaniker versicherten, der Teufel möge aus dem wunderlichen Räderbau klug werden. Alles blieb vergebens, und die Hypothese, dass der Hauch, der aus dem Munde der Figur ströme, leicht durch verborgene Ventile hervorgebracht werden könne, und der Künstler selbst als ein trefflicher Bauchredner die Antworten erteile, wurde gleich dadurch vernichtet, dass der Künstler in demselben Augenblick, als der Türke eben eine Antwort erteilte, mit einem der Zuschauer laut und vernehmlich sprach. Unerachtet der geschmackvollen Einrichtung und des höchst Rätselhaften, Wunderbaren, was in dem ganzen Kunstwerke lag, hätte das Interesse des Publikums daran doch wohl bald nachgelassen, wäre es dem Künstler nicht möglich gewesen, auf eine andere Weise die Zuschauer immer aufs Neue an sich zu ziehen. Dieses lag nun in den Antworten selbst, welche der Türke erteilte, und die jedes Mal mit tiefem Blick in die Individualität des Fragenden bald trocken, bald ziemlich grob spaßhaft und dann wieder voll Geist und Scharfsinn und wunderbarerweise bis zum

Schmerzhaften treffend waren. Oft überraschte ein mystischer Blick in die Zukunft, der aber nur von dem Standpunkt möglich war, wie ihn sich der Fragende selbst tief im Gemüt gestellt hatte. Hierzu kam, dass der Türke oft, deutsch gefragt, doch in einer fremden Sprache antwortete, die aber eben dem Fragenden ganz geläufig war, und man fand alsdann, dass es kaum möglich war, die Antwort so rund, so in wenigen Worten viel umfassend anders zu geben, als eben in der gewählten Sprache. Kurz, jeden Tag wusste man von neuen geistreichen, treffenden Antworten des weisen Türken zu erzählen, und ob die geheimnisvolle Verbindung des lebenden menschlichen Wesens mit der Figur oder nicht vielmehr eben dies Eingehen in die Individualität der Fragenden und überhaupt der seltene Geist der Antworten wunderbarer sei, das wurde in der Abendgesellschaft eifrigst besprochen, in welcher sich gerade die beiden akademischen Freunde Ludwig und Ferdinand befanden. Beide mussten zu ihrer Schande eingestehen, den Türken noch nicht besucht zu haben, ungeachtet es gewissermaßen zum guten Ton gehörte, hinzugehen und die mirakulösen Antworten, die man auf verfängliche Fragen erhalten, überall aufzutischen. »Mir sind«, sagte Ludwig, »alle solche Figuren, die dem Menschen nicht sowohl nachgebildet sind, als das Menschliche nachäffen, diese wahren Standbilder eines lebendigen Todes oder eines toten Lebens, im höchsten Grade zuwider. Schon in früher Jugend lief ich weinend davon, als man mich in ein Wachsfigurenkabinett führte, und noch kann ich kein solches Kabinett betreten, ohne von einem unheimlichen grauenhaften Gefühl ergriffen zu werden. Mit Macbeths Worten möchte ich rufen: ›Was starrst du mich an mit Augen ohne Sehkraft?‹, wenn ich die stieren, toten, gläsernen Blicke all der Potentaten, berühmten Helden und Mörder und Spitzbuben auf mich gerichtet sehe, und ich bin überzeugt, dass die mehrsten Menschen dies unheimliche Gefühl, wenn auch nicht in dem hohen Grade, wie es in mir waltet, mit mir teilen, denn man wird finden, dass im Wachsfigurenkabinett auch die größte Menge Menschen nur ganz leise flüstert, man hört selten ein lautes Wort; aus Ehrfurcht gegen die hohen Häupter geschieht dies nicht, sondern es ist nur der Druck des Unheimlichen, Grauenhaften, der den Zuschauern jenes Pianissimo abnötigt. Vollends sind mir die durch die Mechanik nachgeahmten menschlichen Bewegungen toter Figuren sehr fatal, und ich bin überzeugt, dass euer wunderbarer geistreicher Türke mit seinem Augenverdrehen, Kopfwenden und Armerheben mich wie ein negromantisches Ungetüm vorzüglich in schlaflosen Nächten verfolgen würde. Ich mag deshalb nicht hingehen und will mir lieber alles Witzige und Scharfsinnige, was er diesem oder jenem gesagt, erzählen lassen.«

»Du weißt«, nahm Ferdinand das Wort, »dass alles, was du von dem tollen Nachäffen des Menschlichen, von den lebendigtoten Wachsfiguren gesagt hast, mir recht aus der Seele gesprochen ist. Allein bei den mechanischen Automaten kommt es wirklich sehr auf die Art und Weise an, wie der Künstler das Werk ergriffen hat. Einer der vollkommensten Automate, die ich je sah, ist der Enslersche Voltigeur, allein so wie seine kraftvollen Bewegungen wahrhaft imponierten, ebenso hatte sein plötzliches Sitzenbleiben auf dem Seil, sein freundliches Nicken mit dem Kopfe etwas höchst Skurriles. Gewiss hat niemanden jenes grauenhafte Gefühl ergriffen, das solche Figuren, vorzüglich bei sehr reizbaren Personen, nur zu leicht hervorbringen. Was nun unsern Türken betrifft, so hat es meines Bedünkens mit ihm eine andere Bewandtnis. Seine, nach der Beschreibung aller, die ihn sahen, höchst ansehnliche, ehrwürdige Figur ist etwas ganz Untergeordnetes, und sein Augenverdrehen und Kopfwenden gewiss nur da, um unsere Aufmerksamkeit ganz auf *ihn*, wo gerade der Schlüssel des Geheimnisses *nicht* zu finden ist, hinzulenken. Dass der Hauch aus dem Munde des Türken strömt, ist möglich oder vielleicht gewiss, da die Erfahrung es beweist; hieraus folgt aber noch nicht, dass jener Hauch wirklich von den gesprochenen Worten erregt wird. Es ist gar kein Zweifel, dass ein menschliches Wesen vermöge uns verborgener und unbekannter akustischer und optischer Vorrichtungen mit dem Fragenden in solcher Verbindung steht, dass es ihn sieht, ihn hört und ihm wieder Antworten zuflüstern kann. Dass noch niemand, selbst unter unsern geschickten Mechanikern, auch nur im mindesten auf die Spur gekommen, wie jene Verbindung wohl hergestellt sein kann, zeigt, dass des Künstlers Mittel sehr sinnreich erfunden sein müssen, und so verdient von dieser Seite sein Kunstwerk allerdings die größte Aufmerksamkeit. Was mir aber viel wunderbarer scheint und mich in der Tat recht anzieht, das ist die geistige Macht des unbekannten menschlichen Wesens, vermöge dessen es in die Tiefe des Gemüts des Fragenden zu dringen scheint – es herrscht oft eine Kraft des Scharfsinns und zugleich ein grausenhaftes Helldunkel in den Antworten, wodurch sie zu Orakelsprüchen im strengsten Sinn des Worts werden. Ich habe von mehrern Freunden in dieser Hinsicht Dinge gehört, die mich in das größte Erstaunen setzten, und ich kann nicht länger dem Drange widerstehen, den wundervollen Sehergeist des Unbekannten selbst auf die Probe zu stellen, weshalb ich mich entschlossen, morgen vormittags hinzugehen, und dich hiermit, lieber Ludwig, feierlichst eingeladen haben will, alle Scheu vor lebendigen Puppen abzulegen und mich zu begleiten.«

So sehr sich Ludwig sträubte, musste er doch, um nicht für einen Sonderling gehalten zu werden, nachgeben, als mehrere auf ihn einstürmten, ja sich nicht von der belustigenden Partie auszuschließen und im Verein mit ihnen morgen dem mirakulösen Türken recht auf den Zahn zu fühlen. Ludwig und Ferdinand gingen wirklich mit mehreren muntern Jünglingen, die sich deshalb verabredet, hin. Der Türke, dem man orientalische Grandezza gar nicht absprechen konnte und dessen Kopf, wie gesagt, so äußerst wohl gelungen war, kam Ludwig doch im Augenblick des Eintretens höchst possierlich vor, und als nun vollends der Künstler den Schlüssel in die Seite einsetzte und die Räder zu schnurren anfingen, wurde ihm das ganze Ding so abgeschmackt und verbraucht, dass er unwillkürlich ausrief: »Ach, meine Herren, hören Sie doch, wir haben höchstens Braten im Magen, aber die türkische Exzellenz da einen ganzen Bratenwender dazu!« Alle lachten, und der Künstler, dem der Scherz nicht zu gefallen schien, ließ sogleich vom weitern Aufziehen des Räderwerks ab. Sei es nun, dass die joviale Stimmung der Gesellschaft dem weisen Türken missfiel, oder dass er den Morgen gerade nicht bei Laune war, genug, alle Antworten, die zum Teil durch recht witzige, geistreiche Fragen veranlasst wurden, blieben nichtsbedeutend und schal, Ludwig hatte vorzüglich das Unglück, beinahe niemals von dem Orakel richtig verstanden zu werden und ganz schiefe Antworten zu erhalten; schon wollte man unbefriedigt das Automat und den sichtlich verstimmten Künstler verlassen, als Ferdinand sprach: »Nicht wahr, meine Herren,

Sie sind alle mit dem weisen Türken nicht sonderlich zufrieden, aber vielleicht lag es an uns selbst, an unsern Fragen, die dem Manne nicht gefielen – eben dass er jetzt den Kopf dreht und die Hand aufhebt« (die Figur tat dies wirklich) »scheint meine Vermutung als wahr zu bestätigen! – ich weiß nicht, wie mir jetzt es in den Sinn kommt, noch eine Frage zu tun, deren Beantwortung, ist sie treffend, die Ehre des Automats mit einem Male retten kann.« Ferdinand trat zu der Figur hin und flüsterte ihr einige Worte leise ins Ohr; der Türke erhob den Arm, er wollte nicht antworten, Ferdinand ließ nicht ab, da wandte der Türke den Kopf zu ihm hin. –

Ludwig bemerkte, dass Ferdinand plötzlich erblasste, nach einigen Sekunden aber aufs Neue fragte und gleich die Antwort erhielt. Mit erzwungenem Lächeln sagte Ferdinand zur Gesellschaft: »Meine Herren, ich kann versichern, dass wenigstens für mich der Türke seine Ehre gerettet hat; damit aber das Orakel ein recht geheimnisvolles Orakel bleibe, so erlassen Sie es mir wohl zu sagen, was ich gefragt und was er geantwortet.«

So sehr Ferdinand seine innere Bewegung verbergen wollte, so äußerte sie sich doch nur zu deutlich in dem Bemühen, froh und unbefangen zu scheinen, und hätte der Türke die wunderbarsten treffendsten Antworten erteilt, so würde die Gesellschaft nicht von dem sonderbaren, beinahe grauenhaften Gefühl ergriffen worden sein, das eben jetzt Ferdinands sichtliche Spannung hervorbrachte. Die vorige Heiterkeit war verschwunden, statt des sonst fortströmenden Gesprächs fielen nur einzelne abgebrochene Worte, und man trennte sich in gänzlicher Verstimmung.

Kaum war Ferdinand mit Ludwig allein, so fing er an:

»Freund! dir mag ich es nicht verhehlen, dass der Türke in mein Innerstes gegriffen, ja, dass er mein Innerstes verletzt hat, sodass ich den Schmerz wohl nicht verwinden werde, bis mir die Erfüllung des grässlichen Orakelspruchs den Tod bringt.«

Ludwig blickte den Freund voll Verwunderung und Erstaunen an, aber Ferdinand fuhr fort: »Ich sehe nun wohl, dass dem unsichtbaren Wesen, das sich uns durch den Türken auf eine geheimnisvolle Weise mitteilt, Kräfte zu Gebote stehen, die mit magischer Gewalt unsre geheimsten Gedanken beherrschen, und vielleicht erblickt die fremde Macht klar und deutlich den Keim des Zukünftigen, der in uns selbst im mystischen Zusammenhange mit der Außenwelt genährt wird, und weiß so alles, was in fernen Tagen auf uns einbrechen wird, so wie es Menschen gibt mit der unglücklichen Sehergabe, den Tod zur bestimmten Stunde vorauszusagen.«

»Du musst Merkwürdiges gefragt haben«, erwiderte Ludwig, »vielleicht legst du aber selbst in die zweideutige Antwort des Orakels das Bedeutende, und was das Spiel des launenhaften Zufalls in seltsamer Zusammenstellung gerade Eingreifendes, Treffendes hervorbrachte, schreibst du der mystischen Kraft des gewiss ganz unbefangenen Menschen zu, der sich durch den Türken vernehmen lässt.«

»Du widersprichst«, nahm Ferdinand das Wort, »in dem Augenblick dem, was wir sonst einstimmig zu behaupten pflegen, wenn von dem sogenannten Zufall die Rede ist. Damit du alles wissen, damit du es recht fühlen mögest, wie ich heute in meinem Innersten aufgeregt und erschüttert bin, muss ich dir etwas aus meinem frühern Leben vertrauen, wovon ich bis jetzt schwieg. Es sind schon mehrere Jahre her, als ich von den in Ostpreußen gelegenen Gütern meines Vaters nach B. zurückkehrte. In K. traf ich mit einigen jungen Kurländern zusammen, die ebenfalls nach B. wollten, wir reisten zusammen in drei mit Postpferden bespannten Wagen, und du kannst denken, dass bei uns, die wir in den Jahren des ersten, kräftigen Aufbrausens mit wohlgefülltem Beutel so in die Welt hineinreisen konnten, die Lebenslust beinahe bis zur wilden Ausgelassenheit übersprudelte. Die tollsten Einfälle wurden im Jubel ausgeführt, und ich erinnere mich noch, dass wir in M., wo wir gerade am Mittage ankamen, den Dormeusenvorrat der Posthalterin plünderten und ihrer Protestationen unerachtet, mit dem Raube gar zierlich geschmückt, Tabak rauchend, vor dem Hause, unter großem Zulauf des Volks, auf und ab spazierten, bis wir wieder unter dem lustigen Hörnerschall der Postillone abfuhren. In der herrlichsten jovialsten Gemütsstimmung kamen wir nach D., wo wir der schönen Gegenden wegen einige Tage verweilen wollten. Jeden Tag gab es lustige Partien; einst waren wir bis zum späten Abend auf dem Karlsberge und in der benachbarten Gegend herumgestreift, und als wir in den Gasthof zurückkehrten, erwartete uns schon der köstliche Punsch, den wir vorher bestellt und den wir uns, von der Seeluft durchhaucht, wacker schmecken ließen, sodass, ohne eigentlich berauscht zu sein, mir doch alle Pulse in den Adern hämmerten und schlugen, und das Blut wie ein Feuerstrom durch die Nerven glühte. Ich warf mich, als ich endlich in mein Zimmer zurückkehren durfte, auf das Bett, aber trotz der Ermüdung war mein Schlaf doch nur mehr ein träumerisches Hinbrüten, in dem ich alles vernahm, was um mich vorging. Es war mir, als würde in dem Nebenzimmer leise gesprochen, und endlich unterschied ich deutlich eine männliche Stimme, welche sagte: ›Nun so schlafe denn wohl und halte dich fertig zur bestimmten Stunde.‹ Eine Tür wurde geöffnet und wieder geschlossen, und nun trat eine tiefe Stille ein, die aber bald durch einige leise Akkorde eines Fortepianos unterbrochen wurde. Du weißt, Ludwig, welch ein Zauber in den Tönen der Musik liegt, wenn sie durch die stille Nacht hallen. So war es auch jetzt, als spräche in jenen Akkorden eine holde Geisterstimme zu mir; ich gab mich dem wohltätigen Eindruck ganz hin und glaubte, es würde nun wohl etwas Zusammenhängendes, irgendeine Fantasie oder sonst ein musikalisches Stück folgen, aber wie wurde mir, als die herrliche göttliche Stimme eines Weibes in einer herzergreifenden Melodie die Worte sang:

›Mio ben ricordati
s' avvien ch' io mora,
quanto quest' anima
fedel t'amò.
Lo se pur amano
le fredde ceneri
nel urna ancora
t'adorerò!‹

Wie soll ich es denn anfangen, dir das nie gekannte, nie geahnete Gefühl nur anzudeuten, welches die langen – bald anschwellenden – bald verhallenden Töne in mir aufregten. Wenn die ganz eigentümliche, nie gehörte Melodie – ach, es war ja die tiefe, wonnevolle Schwermut der inbrünstigsten Liebe selbst – wenn sie den Gesang in einfachen Melismen bald in die Höhe führte, dass die Töne wie helle Kristallglocken erklangen, bald in die Tiefe hinabsenkte, dass er in den dumpfen Seufzern einer hoffnungslosen Klage zu ersterben schien, dann fühlte ich, wie ein unnennbares Entzücken mein Innerstes durchbebte, wie der Schmerz der unendlichen Sehnsucht meine Brust krampfhaft zusammenzog, wie mein Atem stockte, wie mein Selbst unterging in namenloser, himmlischer Wollust. Ich wagte nicht, mich zu regen, meine ganze Seele, mein ganzes Gemüt war nur Ohr. Schon längst hatten die Töne geschwiegen, als ein Tränenstrom endlich die Überspannung brach, die mich zu vernichten drohte. Der Schlaf mochte mich doch zuletzt übermannt haben, denn als ich von dem gellenden Ton eines Posthorns geweckt auffuhr, schien die helle Morgensonne in mein Zimmer, und ich wurde gewahr, dass ich nur im Traume des höchsten Glücks, der höchsten Seligkeit, die für mich auf der Erde zu finden, teilhaftig worden. – Ein herrliches blühendes Mädchen war in mein Zimmer getreten; es war die Sängerin, und sie sprach zu mir mit gar lieblicher, holdseliger Stimme: ›So konntest du mich dann wiedererkennen, lieber, lieber Ferdinand! aber ich wusste ja wohl, dass ich nur singen durfte, um wieder ganz in dir zu leben; denn jeder Ton ruhte ja in deiner Brust und musste in meinem Blick erklingen.‹ – Welches unnennbare Entzücken durchströmte mich, als ich nun sah, dass es die Geliebte meiner Seele war, die ich schon von früher Kindheit an im Herzen getragen, die mir ein feindliches Geschick nur so lange entrissen und die ich Hochbeglückter nun wiedergefunden. Aber meine inbrünstige Liebe erklang eben in jener Melodie der tief klagenden Sehnsucht, und unsere Worte, unsere Blicke wurden zu herrlichen anschwellenden Tönen, die wie in einem Feuerstrom zusammenflossen. – Nun ich erwacht war, musste ich mir's eingestehen, dass durchaus keine Erinnerung aus früher Zeit sich an das holdselige Traumbild knüpfte – ich hatte das herrliche Mädchen zum ersten Male gesehen. Es wurde vor dem Hause laut und heftig gesprochen – mechanisch raffte ich mich auf und eilte ans Fenster; ein ältlicher, wohlgekleideter Mann zankte mit den Postknechten, die etwas an dem zierlichen Reisewagen zerbrochen. Endlich war alles hergestellt, und nun rief der Mann herauf: ›Jetzt ist alles in Ordnung, wir wollen fort.‹ Ich wurde gewahr, dass dicht neben mir ein Frauenzimmer zum Fenster herausgesehen, die nun schnell zurückfuhr, sodass ich, da sie einen ziemlich tiefen Reisehut aufgesetzt hatte, das Gesicht nicht erkennen konnte. Als sie aus der Haustüre trat, wandte sie sich um und sah zu mir herauf. – Ludwig! – es war die Sängerin! – es war das Traumbild – der Blick des himmlischen Auges fiel auf mich, und es war mir, als träfe der Strahl eines Kristalltons meine Brust wie ein glühender Dolchstich, dass ich den Schmerz physisch fühlte, dass alle meine Fibern und Nerven erbebten und ich vor unnennbarer Wonne erstarrte. – Schnell war sie im Wagen – der Postillon blies wie im jubelnden Hohn ein munteres Stückchen. Im Augenblick waren sie um die Straßenecke verschwunden. Wie ein Träumender blieb ich im Fenster, die Kurländer traten ins Zimmer, mich zu einer verabredeten Lustfahrt hinabzuholen – ich sprach kein Wort – man hielt mich für krank – wie hätte ich auch nur das Mindeste davon äußern können, was geschehen! Ich unterließ es, mich nach den Fremden, die neben mir gewohnt, im Hause zu erkundigen, denn es war, als entweihe jedes Wort andrer Lippen, das sich auf die Herrliche bezöge, das zarte Geheimnis meines Herzens. Getreulich wollte ich es fortan in mir tragen und nie mehr lassen von *der*, die nun die Ewiggeliebte meiner Seele worden, sollte ich sie auch nimmer wieder schauen. Du, mein Herzensfreund, erkennst wohl ganz den Zustand, in den ich mich versetzt fühlte; du tadelst mich daher nicht, dass ich alles und jedes vernachlässigte, mir auch nur eine Spur von der unbekannten Geliebten zu verschaffen. Die lustige Gesellschaft der Kurländer wurde mir in meiner Stimmung höchst zuwider, ehe sie sich's versahen, war ich in einer Nacht auf und davon und eilte nach B., meiner damaligen Bestimmung zu folgen. Du weißt, dass ich schon seit früher Zeit ziemlich gut zeichnete; in B. legte ich mich unter der Anleitung geschickter Meister auf das Miniaturmalen und brachte es in kurzer Zeit so weit, dass ich den einzigen mir vorgesteckten Zweck, nämlich das höchst ähnliche Bild der Unbekannten würdig zu malen, erfüllen konnte. Heimlich, bei verschlossenen Türen, malte ich das Bild. Kein menschliches Auge hat es jemals gesehen, denn ein anderes Bild gleicher Größe ließ ich fassen und setzte mit Mühe dann selbst das Bild der Geliebten ein, das ich seit der Zeit auf bloßer Brust trug.

Zum ersten Mal in meinem Leben habe ich heute von dem höchsten Moment meines Lebens gesprochen, und du, Ludwig, bist der Einzige, dem ich mein Geheimnis vertraut! – Aber auch heute ist eine fremde Macht feindselig in mein Inneres gedrungen! – Als ich zu dem Türken hintrat, fragte ich, der Geliebten meines Herzens denkend: ›Werde ich künftig noch einen Moment erleben, der dem gleicht, wo ich am glücklichsten war?‹ Der Türke wollte, wie du bemerkt haben wirst, durchaus nicht antworten; endlich, als ich nicht nachließ, sprach er: ›Die Augen schauen in deine Brust, aber das spiegelblanke Gold, das mir zugewendet, verwirrt meinen

Blick – wende das Bild um!‹ – Habe ich denn Worte für das Gefühl, das mich durchbebte? – Dir wird meine innre Bewegung nicht entgangen sein. Das Bild lag wirklich so auf meiner Brust, wie es der Türke angegeben; ich wandte es unbemerkt um und wiederholte meine Frage, da sprach die Figur im düstern Ton: ›Unglücklicher! in dem Augenblick, wenn du sie wieder siehst, hast du sie verloren!‹«

Eben wollte Ludwig es versuchen, den Freund, der in tiefes Nachdenken versunken war, mit tröstenden Worten aufzurichten, als sie durch mehrere Bekannte, die auf sie zuschritten, unterbrochen wurden.

Schon hatte sich das Gerücht von der neuen mysteriösen Antwort, die der weise Türke erteilte, in der Stadt verbreitet, und man erschöpfte sich in Vermutungen, was für eine unglückliche Prophezeiung wohl den vorurteilsfreien Ferdinand so aufgeregt haben könne; man bestürmte die Freunde mit Fragen, und Ludwig wurde genötigt, um seinen Freund aus dem Gedränge zu retten, ein abenteuerliches Geschichtchen aufzutischen, das desto mehr Eingang fand, je weiter es sich von der Wahrheit entfernte. Dieselbe Gesellschaft, in welcher Ferdinand angeregt wurde, den wunderbaren Türken zu besuchen, pflegte sich wöchentlich zu versammeln, und auch in der nächsten Zusammenkunft kam wieder der Türke umso mehr an die Reihe, als man sich immer noch bemühte, recht viel von Ferdinand selbst über ein Abenteuer zu hören, das ihn in die düstre Stimmung versetzt hatte, welche er vergebens zu verbergen suchte. Ludwig fühlte es nur zu lebhaft, wie sein Freund im Innersten erschüttert sein musste, als er das tief in der Brust treu bewahrte Geheimnis einer phantastischen Liebe von einer fremden grauenvollen Macht durchschaut sah, und auch er war ebenso gut wie Ferdinand fest überzeugt, dass dem das Geheimste durchdringenden Blick jener Macht auch wohl der mysteriöse Zusammenhang, vermöge dessen sich das Zukünftige dem Gegenwärtigen anreiht, offenbar sein könne. Ludwig musste an den Spruch des Orakels glauben, aber das feindselige schonungslose Verraten des bösen Verhängnisses, das dem Freunde drohte, brachte ihn gegen das versteckte Wesen, das sich durch den Türken vernehmen ließ, auf. Er bildete daher standhaft gegen die zahlreichen Bewunderer des Kunstwerks die Opposition und behauptete, als jemand bemerkte, in den natürlichen Bewegungen des Automats liege etwas ganz besonders Imposantes, wodurch der Eindruck der orakelmäßigen Antworten erhöht werde, gerade das Augenverdrehen und Kopfwenden des ehrbaren Türken habe für ihn was unbeschreiblich Possierliches gehabt, weshalb er auch durch ein Bonmot, das ihm entschlüpft, den Künstler und auch vielleicht das unsichtbar wirkende Wesen in üblen Humor versetzt, welchen letzteres auch durch eine Menge schaler, nichts bedeutender Antworten an den Tag gelegt. »Ich muss gestehen«, fuhr Ludwig fort, »dass die Figur gleich beim Eintreten mich lebhaft an einen überaus zierlichen künstlichen Nussknacker erinnerte, den mir einst, als ich noch ein kleiner Knabe war, ein Vetter zum Weihnachten verehrte. Der kleine Mann hatte ein überaus ernsthaft komisches Gesicht und verdrehte jedes Mal mittelst einer innern Vorrichtung die großen aus dem Kopfe herausstehenden Augen, wenn er eine harte Nuss knackte, was denn so etwas possierlich Lebendiges in die ganze Figur brachte, dass ich stundenlang damit spielen konnte, und der Zwerg mir unter den Händen zum wahren Alräunchen wurde. Alle noch so vollkommne Marionetten waren mir nachher steif und leblos gegen meinen herrlichen Nussknacker. Von den höchst wunderbaren Automaten im Danziger Arsenal war mir gar viel erzählt worden, und vorzüglich deshalb unterließ ich nicht hineinzugehen, als ich mich gerade vor einigen Jahren in Danzig befand. Bald nachdem ich in den Saal getreten, schritt ein altdeutscher Soldat keck auf mich los und feuerte seine Büchse ab, dass es durch die weiten Gewölbe recht derb knallte – noch mehrere Spielereien der Art, die ich in der Tat wieder vergessen, überraschten hin und wieder, aber endlich führte man mich in den Saal, in welchem der Gott des Krieges, der furchtbare Mavors, sich mit seiner ganzen Hofhaltung befand. – Mars selbst saß in ziemlich grotesker Kleidung auf einem mit Waffen aller Art geschmückten Thron, von Trabanten und Kriegern umgeben. Sobald wir vor den Thron getreten, fingen ein paar Trommelschläger an, auf ihren Trommeln zu wirbeln, und Pfeifer bliesen dazu ganz erschrecklich, dass man sich vor dem kakophonischen Getöse hätte die Ohren zuhalten mögen. Ich bemerkte, dass der Gott des Krieges eine durchaus schlechte, Seiner Majestät unwürdige Kapelle habe, und man gab mir recht. – Endlich hörte das Trommeln und Pfeifen auf – da fingen an die Trabanten die Köpfe zu drehen und mit den Hellebarden zu stampfen, bis der Gott des Krieges, nachdem er auch mehrmals die Augen verdreht, von seinem Sitz aufsprang und keck auf uns zuschreiten zu wollen schien. Bald aber warf er sich wieder in seinen Thron, und es wurde noch etwas getrommelt und gepfiffen, bis alles wieder in die alte hölzerne Ruhe zurückkehrte. Als ich denn nun alle diese Automate geschaut, sagte ich im Herausgehen zu mir selbst: ›Mein Nussknacker war mir doch lieber‹, und jetzt, meine Herren, nachdem ich den weisen Türken geschaut, sage ich abermals: ›Mein Nussknacker war mir doch lieber!‹« – Man lachte sehr, meinte aber einstimmig, dass Ludwigs Ansicht von der Sache mehr lustig sei als wahr, denn abgesehen von dem seltenen Geist, der doch mehrenteils in den Antworten des Automats liege, sei doch auch die durchaus nicht zu entdeckende Verbindung des verborgenen Wesens mit dem Türken, das nicht allein durch ihn rede, sondern auch seine von den Fragen motivierte Bewegungen veranlassen müsste, höchst wunderbar und in jedem Fall ein Meisterwerk der Mechanik und Akustik.

Dies musste nun wohl selbst Ludwig eingestehen, und man pries allgemein den fremden Künstler. Da stand ein ältlicher Mann, der in der Regel wenig sprach und sich auch dieses Mal noch gar nicht ins Gespräch gemischt hatte, vom Stuhl auf, wie er zu tun pflegte, wenn er auch endlich ein paar Worte, die aber jedes Mal ganz zur Sache gehörten, anbringen wollte, und fing nach seiner höflichen Weise an: »Wollen Sie gütigst erlauben – ich bitte gehorsamst, meine Herren! – Sie rühmen mit Recht das seltene Kunstwerk, das nun schon so lange uns anzuziehen weiß; mit Unrecht nennen Sie aber den ordinären Mann, der es zeigt, den Künstler, da er an allem dem, was in der Tat an dem Werk vortrefflich ist, gar keinen Anteil hat, selbiges vielmehr von einem in allen Künsten der Art gar tief erfahrnen Mann herrührt, der sich stets und schon seit vielen Jahren in unsern Mauern befindet und den wir alle kennen und höchlich verehren.« Man geriet in Erstaunen, man stürmte mit Fragen auf den Alten ein, der also fortfuhr: »Ich meine niemanden anders, als den Professor X. – Der Türke war schon zwei Tage hier, ohne dass jemand sonderlich Notiz von ihm genommen hätte, der Professor X. dagegen unterließ nicht, bald hinzugehen, da ihn alles, was nur Automat heißt, auf das Höchste interessiert. Kaum hatte er aber von dem Türken ein paar Antworten erhalten, als er den Künstler beiseite zog und ihm einige Worte ins Ohr sagte. Dieser erblasste und verschloss das Zimmer, als es von den wenigen Neugierigen, die sich eingefunden, verlassen war; die Anschlagzettel verschwanden von den Straßenecken, und man hörte nichts mehr von dem weisen Türken, bis nach vierzehn Tagen eine neue Ankündigung erschien, und man den Türken mit dem neuen schönen Haupte und die ganze Einrichtung, so wie sie jetzt als ein unauflösliches Rätsel besteht, wiederfand. Seit der Zeit sind auch die Antworten so geistreich und bedeutungsvoll. Dass aber dies alles das Werk des Professor X. ist, unterliegt gar keinem Zweifel, da der Künstler in der Zwischenzeit, als er sein Automat nicht zeigte, täglich bei ihm war und auch, wie man gewiss weiß, der Professor mehrere Tage hintereinander sich in dem Zimmer des Hotels befand, wo die Figur aufgestellt war und noch jetzt steht. Ihnen wird übrigens, meine Herren, doch bekannt sein, dass der Professor selbst sich in dem Besitz der herrlichsten, vorzüglich aber musikalischer Automate befindet, dass er seit langer Zeit mit dem Hofrat B., mit dem er ununterbrochen über allerlei mechanische und auch wohl magische Künste korrespondiert, darin wetteifert, und dass es nur an ihm liegt, die Welt in das höchste Erstaunen zu setzen? Aber er arbeitet und schafft im Verborgenen, wiewohl er jedem, der wahre Lust und wahres Belieben daran findet, seine seltenen Kunstwerke gar gern zeigt.«

Man wusste zwar, dass der Professor X., dessen Hauptwissenschaften Physik und Chemie waren, nächstdem sich auch gern mit mechanischen Kunstwerken beschäftigte, kein einziger von der Gesellschaft hatte aber seinen Einfluss auf den weisen Türken geahnet, und nur von Hörensagen kannte man das Kunstkabinett, von dem der Alte gesprochen. Ferdinand und Ludwig fühlten sich durch des Alten Bericht über den Professor X. und über sein Einwirken auf das fremde Automat gar seltsam angeregt.

»Ich kann dir's nicht verhehlen«, sagte Ferdinand, »mir dämmert eine Hoffnung auf, vielleicht die Spur des Geheimnisses zu finden, das mich jetzt so grauenvoll befängt, wenn ich dem Professor X. näher trete. Ja, es ist möglich, dass die Ahnung des wunderbaren Zusammenhanges, in dem der Türke oder vielmehr die versteckte Person, die ihn zum Organ ihrer Orakelsprüche braucht, mit meinem Ich steht, mich vielleicht tröstet und den Eindruck jener für mich schrecklichen Worte entkräftet. Ich bin entschlossen, unter dem Vorwande, seine Automate zu sehen, die nähere Bekanntschaft des mysteriösen Mannes zu machen, und da seine Kunstwerke, wie wir hörten, musikalisch sind, wird es für dich nicht ohne Interesse sein, mich zu begleiten.« –

»Als wenn«, erwiderte Ludwig, »es nicht für mich genug wäre, dass ich in *deiner* Angelegenheit dir beistehen soll mit Rat und Tat! – Dass mir aber eben heute, als der Alte von der Einwirkung des Professors X. auf die Maschine sprach, ganz besondere Ideen durch den Kopf gegangen sind, kann ich nicht leugnen, wiewohl es möglich ist, dass ich das auf entlegenem Wege suche, was vielleicht uns ganz nahe liegt. – Ist es nämlich, um eben die Auflösung des Rätsels ganz nahe zu suchen, nicht denkbar, dass die unsichtbare Person wusste, dass du ein Bild auf der Brust trägst, und konnte nicht eine glückliche Kombination sie gerade wenigstens das scheinbar

Richtige treffen lassen? Vielleicht rächte sie durch die unglückliche Weissagung sich an uns des Mutwillens wegen, in dem wir die Weisheit des Türken höhnten.«

»Keine menschliche Seele«, erwiderte Ferdinand, »hat, wie ich dir schon vorhin sagte, das Bildnis gesehen, niemanden habe ich jemals jenen auf mein ganzes Leben einwirkenden Vorfall erzählt – auf gewöhnliche Weise kann der Türke unmöglich von dem allen unterrichtet worden sein! – vielleicht nähert sich das, was du auf entlegenem Wege suchst, weit mehr der Wahrheit!«

»So meine ich denn nun«, sagte Ludwig, »dass unser Automat, so sehr ich heute auch das Gegenteil zu behaupten schien, wirklich zu den merkwürdigsten Erscheinungen gehört, die man jemals sah, und alles beweiset, dass dem, der als Dirigent über dem ganzen Kunstwerke schwebt, tiefere Kenntnisse zu Gebote stehen, als die wohl glauben, welche nur so etwas leichtsinnig begaffen und sich über das Wunderbare nur wundern. Die Figur ist nichts weiter als die Form der Mitteilung, aber es ist nicht zu leugnen, dass diese Form geschickt gewählt ist, da das ganze Ansehen und auch die Bewegungen des Automats dazu geeignet sind, die Aufmerksamkeit zugunsten des Geheimnisses zu fesseln und vorzüglich den Fragenden auf gewisse Weise nach dem Zweck des antwortenden Wesens zu spannen. In der Figur kann kein menschliches Wesen stecken, das ist so gut als erwiesen, dass wir daher die Antworten aus dem Munde des Türken zu empfangen glauben, beruht sicherlich auf einer akustischen Täuschung; wie dies bewerkstelligt ist, wie die Person, welche antwortet, in den Stand gesetzt wird, die Fragenden zu sehen, zu vernehmen und sich ihnen wieder verständlich zu machen, ist und bleibt mir freilich ein Rätsel; allein es setzt nur gute akustische und mechanische Kenntnisse und einen vorzüglichen Scharfsinn oder auch vielleicht, besser gesagt, eine konsequente Schlauheit des Künstlers voraus, der kein Mittel unbeachtet ließ, uns zu täuschen, und ich muss gestehen, dass mich die Auflösung *dieses* Geheimnisses weniger interessiert, als es von dem nur allein höchst merkwürdigen Umstande überwogen wird, dass der Türke oft die Seele des Fragenden zu durchschauen, ja, wie du schon, noch ehe es dir selbst bewiesen wurde, bemerktest, in die tiefste Tiefe des Gemüts zu dringen scheint. Wie, wenn es dem antwortenden Wesen möglich wäre, sich durch uns unbekannte Mittel einen psychischen Einfluss auf uns zu verschaffen, ja sich mit uns in einen solchen geistigen Rapport zu setzen, dass es unsere Gemütsstimmung, ja unser ganzes inneres Wesen in sich auffasst und so, wenn auch nicht das in uns ruhende Geheimnis deutlich ausspricht, doch wie in einer Ekstase, die eben der Rapport mit dem fremden geistigen Prinzip erzeugte, die Andeutungen alles dessen, was in unserer eigenen Brust ruht, wie es hell erleuchtet dem Auge des Geistes offenbar wird, hervorruft. Es ist die psychische Macht, die die Saiten in unserm Innern, welche sonst nur durcheinander rauschten, anschlägt, dass sie vibrieren und ertönen und wir den reinen Akkord deutlich vernehmen; so sind wir aber es selbst, die wir uns die Antworten erteilen, indem wir die innere Stimme, durch ein fremdes geistiges Prinzip geweckt, außer uns verständlicher vernehmen und verworrene Ahndungen, in Form und Weise des Gedankens festgebannt, nun zu deutlichen Sprüchen werden; so wie uns oft im Traum eine fremde Stimme über Dinge belehrt, die wir gar nicht wussten oder über die wir wenigstens in Zweifel waren, unerachtet die Stimme, welche uns fremdes Wissen zuzuführen scheint, doch nur aus unserm eignen Innern kommt und sich in verständlichen Worten ausspricht. – Dass der Türke, worunter ich natürlich jenes versteckte geistige Wesen verstehe, sehr selten nötig haben wird, sich mit dem Fragenden in jenen psychischen Rapport zu setzen, versteht sich wohl von selbst. Hundert Fragende werden ebenso oberflächlich abgefertigt, als es ihre Individualität verdient, und oft genügt ein witziger Einfall, dem der natürliche Scharfsinn oder die geistige Lebendigkeit des antwortenden Wesens die treffende Spitze gibt, wo von irgendeiner Tiefe, in der die Frage aufzufassen ist, nicht die Rede sein kann. Irgendeine exaltierte Gemütsstimmung des Fragenden wird den Türken augenblicklich auf ganz andere Weise ansprechen, und dann wendet er die Mittel an, die es ihm möglich machen, den psychischen Rapport hervorzubringen, der ihm die Macht gibt, aus dem tiefsten Innern des Fragenden selbst zu antworten. Die Weigerung des Türken, auf solche tief gestellte Fragen gleich zu antworten, ist vielleicht nur der Aufschub, den er sich gönnt, um für die Anwendung jener geheimnisvollen Mittel Momente zu gewinnen. Dies ist meine innige Herzensmeinung, und du siehst, dass mir das Kunstwerk nicht so verächtlich ist, als ich es euch heute glauben machen wollte – vielleicht nehme ich die Sache zu ernst! – Doch mochte ich dir nichts verhehlen, wiewohl ich einsehe, dass, wenn du in meine Idee eingehst, ich dir gerade nichts zur innern Beruhigung gesagt habe!«

»Du irrst, mein geliebter Freund«, erwiderte Ferdinand, »gerade, dass deine Ideen ganz mit dem übereinstimmen, was mir gleich dunkel vor der Seele lag, beruhigte mich auf eine wunderbare Weise; ich habe es mit mir selbst allein zu tun, mein liebes Geheimnis blieb unentweiht, denn mein Freund wird es treulich bewahren, wie ein anvertrautes Heiligtum. Doch muss ich jetzt noch eines ganz besondern Umstandes erwähnen, dessen ich bisher noch nicht gedachte. Als der Türke die verhängnisvollen Worte sprach, war es mir, als hörte ich die tiefklagende Melodie: ›Mio ben ricordati s' avvien ch' io mora‹ in einzeln abgebrochenen Lauten – und dann war es wieder, als schwebe nur *ein* langgehaltener Ton der göttlichen Stimme, die ich in jener Nacht hörte, an mir vorüber.«

»So mag ich es dir auch nicht verschweigen«, sagte Ludwig, »dass ich, als du gerade die leise Antwort erhieltest, zufällig die Hand auf das Geländer, welches das Kunstwerk umschließt, gelegt hatte; es dröhnte fühlbar in meiner Hand, und auch mir war es, als gleite ein musikalischer Ton, Gesang kann ich es nicht nennen, durchs Zimmer. Ich achtete nicht sonderlich darauf, weil, wie du weißt, immer meine ganze Fantasie von Musik erfüllt ist und ich deshalb schon auf die wunderlichste Weise getäuscht worden bin; nicht wenig erstaunte ich aber im Innern als ich den mysteriösen Zusammenhang jenes tiefklagenden Tons mit der verhängnisvollen Begebenheit in D., die deine Frage an den Türken veranlasste, erfuhr.«

Ferdinand hielt es nur für einen Beweis des psychischen Rapports mit seinem geliebten Freunde, dass auch *dieser* den Ton gehört hatte, und als sie noch tiefer eingingen in die Geheimnisse der psychischen Beziehungen verwandter geistiger Prinzipe, als immer lebendiger wunderbare Resultate sich erzeugten, da war es ihm endlich, als sei die schwere Last, die seit jenem Augenblick, als er die Antwort erhalten, seine Brust gedrückt, ihm wieder entnommen; er fühlte sich ermutigt, jedem Verhängnis keck entgegenzutreten. »Kann ich sie denn verlieren«, sagte er, »sie, die ewig in meinem Innern waltet und so eine intensive Existenz behauptet, die nur mit meinem Sein untergeht?«

Voller Hoffnung, über manche jener Vermutungen, die für beide die größte innere Wahrheit hatten, näheren Aufschluss zu erhalten, gingen sie zum Professor X. Sie fanden an ihm einen hochbejahrten, altfränkisch gekleideten Mann muntern Ansehens, dessen kleine graue Augen unangenehm stechend blickten, und um dessen Mund ein sarkastisches Lächeln schwebte, das eben nicht anzog.

Als sie den Wunsch äußerten, seine Automate zu sehen, sagte er: »Ei! sind Sie doch auch wohl Liebhaber von mechanischen Kunstwerken, vielleicht selbst Kunstdilettanten? Nun, Sie finden bei mir, was Sie in ganz Europa, ja in der ganzen bekannten Welt vergebens suchen.« Des Professors Stimme hatte etwas höchst Widriges, es war ein hoher kreischender, dissonierender Tenor, der gerade zu der marktschreierischen Art passte, womit er seine Kunstwerke ankündigte. Er holte mit vielem Geräusch die Schlüssel und öffnete den geschmackvoll, ja prächtig verzierten Saal, in welchem die Kunstwerke sich befanden. In der Mitte stand auf einer Erhöhung ein großer Flügel, neben demselben rechts eine lebensgroße männliche Figur mit einer Flöte in der Hand, links saß eine weibliche Figur vor einem klavierähnlichen Instrumente, hinter derselben zwei Knaben mit einer großen Trommel und einem Triangel. Im Hintergrunde erblickten die Freunde das ihnen schon bekannte Orchestrion und rings an den Wänden umher mehrere Spieluhren. Der Professor ging nur flüchtig an dem Orchestrion und den Spieluhren vorüber und berührte kaum merklich die Automate; dann setzte er sich aber an den

Flügel und fing pianissimo ein marschmäßiges Andante an; bei der Reprise setzte der Flötenbläser die Flöte an den Mund und spielte das Thema, nun paukte der Knabe richtig im Takte ganz leise auf der Trommel, indem der andere einen Triangel kaum hörbar berührte. Bald darauf fiel das Frauenzimmer mit vollgriffigen Akkorden ein, indem sie durch das Niederdrücken der Tasten einen harmonikaähnlichen Ton hervorbrachte! Aber nun wurde es immer reger und lebendiger im ganzen Saal, die Spieluhren fielen nacheinander mit der größten rhythmischen Genauigkeit ein, der Knabe schlug immer stärker seine Trommel, der Triangel gellte durch das Zimmer, und zuletzt trompetete und paukte das Orchestrion im Fortissimo dazu, dass alles zitterte und bebte, bis der Professor mit seinen Maschinen auf einen Schlag im Schlussakkord endete. Die Freunde zollten dem Professor den Beifall, den sein schlau und zufrieden lächelnder Blick zu begehren schien; er war im Begriff, noch mehr musikalische Produktionen der Art vorzubereiten, indem er sich den Automaten näherte, aber die Freunde, als hätten sie sich vorher dazu verabredet, schützten einstimmig ein dringendes Geschäft vor, das ihnen nicht erlaube länger zu verweilen und verließen den Mechaniker und seine Maschinen. »Nun, war das nicht alles überaus künstlich und schön?«, frug Ferdinand, aber Ludwig brach los wie im lange verhaltenen Zorn: »Ei, dass den verdammten Professor der – ei, wie sind wir doch so bitter getäuscht worden! wo sind die Aufschlüsse, nach denen wir trachteten, wie blieb es mit der lehrreichen Unterhaltung, in der uns der weise Professor erleuchten sollte, wie die Lehrlinge zu Sais?« »Dafür«, sagte Ferdinand, »haben wir aber in der Tat merkwürdige mechanische Kunstwerke gesehen; auch in musikalischer Hinsicht! Der

Flötenbläser ist offenbar die berühmte Vaucansonsche Maschine, und derselbe Mechanismus rücksichtlich der Fingerbewegung auch bei der weiblichen Figur angewendet, die auf ihrem Instrumente recht wohllautende Töne hervorbringt; die Verbindung der Maschinen ist wunderbar.« »Das alles ist es eben«, fiel Ludwig ein, »was mich ganz toll machte! ich bin von all der Maschinenmusik, wozu ich auch des Professors Spiel auf dem Flügel rechne, ordentlich durchgewalkt und durchgeknetet, dass ich es in allen Gliedern fühle und lange nicht verwinden werde.

Schon die Verbindung des Menschen mit toten, das Menschliche in Bildung und Bewegung nachäffenden Figuren zu gleichem Tun und Treiben hat für mich etwas Drückendes, Unheimliches, ja Entsetzliches. Ich kann mir es denken, dass es möglich sein müsste, Figuren vermöge eines im Innern verborgenen Getriebes gar künstlich und behände tanzen zu lassen, auch müssten diese mit Menschen gemeinschaftlich einen Tanz aufführen und sich in allerlei Touren wenden und drehen, sodass der lebendige Tänzer die tote hölzerne Tänzerin fasste und sich mit ihr schwenkte, würdest du den Anblick ohne inneres Grauen eine Minute lang ertragen? Aber vollends die Maschinenmusik ist für mich etwas Heilloses und Gräuliches, und eine gute Strumpfmaschine übertrifft nach meiner Meinung an wahrem Wert himmelweit die vollkommenste prächtigste Spieluhr.

Ist es denn nur allein der aus dem Munde strömende Hauch, der dem Blasinstrumente, sind es nur allein die gelenkigen geschmeidigen Finger, die dem Saiteninstrumente Töne entlocken, welche uns mit mächtigem Zauber ergreifen, ja in uns die unbekannten unaussprechlichen Gefühle erregen, welche, mit nichts Irdischem hienieden verwandt, die Ahndungen eines fernen Geisterreichs und unsers höhern Seins in demselben hervorrufen? Ist es nicht vielmehr das Gemüt, welches sich nur jener physischen Organe bedient, um das, was in seiner tiefsten Tiefe erklungen, in das rege Leben zu bringen, dass es andern vernehmbar ertönt und die gleichen Anklänge im Innern erweckt, welche dann im harmonischen Widerhall dem Geist das wundervolle Reich erschließen, aus dem jene Töne wie entzündende Strahlen hervordrangen? Durch Ventile, Springfedern, Hebel, Walzen und was noch alles zu dem mechanischen Apparat gehören mag, musikalisch wirken zu wollen, ist der unsinnige Versuch, die Mittel allein das vollbringen zu lassen, was sie, nur durch die innere Kraft des Gemüts belebt und von derselben in ihrer geringsten Bewegung geregelt, ausführen können. Der größte Vorwurf, den man dem Musiker macht, ist, dass er ohne Ausdruck spiele, da er dadurch eben dem eigentlichen Wesen der Musik schadet oder vielmehr in der Musik die Musik vernichtet, und doch wird der geist- und empfindungsloseste Spieler noch immer mehr leisten als die vollkommenste Maschine, da es nicht denkbar ist, dass nicht irgend einmal eine augenblickliche Anregung aus dem Innern auf sein Spiel wirken sollte, welches natürlicherweise bei der Maschine nie der Fall sein kann.

Das Streben der Mechaniker, immer mehr und mehr die menschlichen Organe zum Hervorbringen musikalischer Töne nachzuahmen oder durch mechanische Mittel zu ersetzen, ist mir der erklärte Krieg gegen das geistige Prinzip, dessen Macht nur noch glänzender siegt, je mehr scheinbare Kräfte ihm entgegengesetzt werden; eben darum ist mir gerade die nach mechanischen Begriffen vollkommenste Maschine der Art eben die verächtlichste, und eine einfache Drehorgel, die im Mechanischen nur das Mechanische bezweckt, immer noch lieber als der Vaucansonsche Flötenbläser und die Harmonikaspielerin.«

»Ich muss dir ganz beistimmen«, sagte Ferdinand, »denn du hast nur in Worten deutlich ausgesprochen, was ich längst und vorzüglich heute bei dem Professor im Innern lebhaft gefühlt. Ohne so ganz in der Musik zu leben und zu weben, wie du, und ohne daher für alle Missgriffe so gar empfindlich zu sein, ist mir doch das Tote, Starre der Maschinenmusik von jeher zuwider gewesen, und ich erinnre mich noch, dass schon als Kind in dem Hause meines Vaters mir eine große Harfenuhr, welche stündlich ihr Stückchen abspielte, ein recht quälendes Missbehagen erregte. Es ist schade, dass recht geschickte Mechaniker ihre Kunst dieser widrigen Spielerei und nicht vielmehr der Vervollkommnung der musikalischen Instrumente zuwenden.« »Das ist wahr«, erwiderte Ludwig, »vorzüglich rücksichtlich der Tasteninstrumente wäre noch manches zu tun, denn gerade diese öffnen dem geschickten Mechaniker ein weites Feld, und wirklich ist es zu bewundern, wie weit z. B. der Flügel in seiner Struktur, die auf Ton und Behandlungsart den entschiedensten Einfluss hat, vorgerückt ist.«

»Sollte es aber nicht die höhere musikalische Mechanik sein, welche die eigentümlichsten Laute der Natur belauscht, welche die in den heterogensten Körpern wohnende Töne erforscht und welche dann diese geheimnisvolle Musik in irgendein Organon festzubannen strebt, das sich dem Willen des Menschen fügt und in seiner Berührung erklingt. Alle Versuche, aus metallenen, gläsernen Zylindern, Glasfäden, Glas, ja Marmorstreifen Töne zu ziehen oder Saiten auf ganz andere als die gewöhnliche Weise vibrieren und ertönen zu lassen, scheinen mir daher im höchsten Grade beachtenswert, und dem weitern Vorschreiten dieses Bestrebens in die tiefen akustischen Geheimnisse, wie sie überall in der Natur verborgen, zu dringen, steht es nur im Wege, dass jeder mangelhafte Versuch gleich der Ostentation oder des Geldgewinns wegen, als eine neue, schon zur Vollkommenheit gediehene Erfindung angepriesen und vorgezeigt wird. Hierin liegt es, dass in kurzer Zeit so viele neue Instrumente, zum Teil unter seltsamen oder prunkenden Namen, entstanden und ebenso schnell wieder verschwunden und in Vergessenheit geraten sind.« »Deine höhere musikalische Mechanik«, sagte Ferdinand, »ist allerdings sehr interessant, wiewohl ich mir eigentlich nicht die Spitze oder das Ziel jener Bestrebungen denken kann.«

»Dies ist kein anderes«, erwiderte Ludwig, »als die Auffindung des vollkommensten Tons; ich halte aber den musikalischen Ton für desto vollkommner, je näher er den geheimnisvollen Lauten der Natur verwandt ist, die noch nicht ganz von der Erde gewichen.« »Mag es sein«, sagte Ferdinand, »dass ich nicht so wie du in diese Geheimnisse eingedrungen, aber ich gestehe, dass ich dich nicht ganz fasse.« »Lass mich es wenigstens andeuten«, fuhr Ludwig fort, »wie mir das alles so in Sinn und Gedanken liegt.

In jener Urzeit des menschlichen Geschlechts, als es, um mich ganz der Worte eines geistreichen Schriftstellers zu bedienen (Schubert in den ›Ansichten von der Nachtseite der Naturwissenschaft‹), in der ersten heiligen Harmonie mit der Natur lebte, erfüllt von dem göttlichen Instinkt der Weissagung und Dichtkunst, als der Geist des Menschen nicht die Natur, sondern diese den Geist des Menschen erfasste, und die

Mutter das wunderbare Wesen, das sie geboren, noch aus der Tiefe ihres Daseins nährte, da umfing sie den Menschen wie im Wehen einer ewigen Begeisterung mit heiliger Musik, und wundervolle Laute verkündeten die Geheimnisse ihres ewigen Treibens. Ein Nachhall aus der geheimnisvollen Tiefe dieser Urzeit ist die herrliche Sage von der Sphärenmusik, welche mich schon als Knabe, als ich in ›Scipios Traum‹ zum ersten Mal davon las, mit inbrünstiger Andacht erfüllte, sodass ich oft in stillen mondhellen Nächten lauschte, ob nicht im Säuseln des Windes jene wunderbaren Töne erklingen würden. Aber noch sind jene vernehmlichen Laute der Natur, wie ich schon vorhin sagte, nicht von der Erde gewichen, denn nichts anders ist jene Luftmusik oder Teufelsstimme auf Ceylon, deren eben jener Schriftsteller erwähnt und die eine so tiefe Wirkung auf das menschliche Gemüt äußert, dass selbst die ruhigsten Beobachter sich eines tiefen Entsetzens, eines zerschneidenden Mitleids mit jenen den menschlichen Jammer so entsetzlich nachahmenden Naturtönen nicht erwehren können. Ja, ich habe selbst in früherer Zeit eine ganz ähnliche Naturerscheinung, und zwar in der Nähe des Kurischen Haffs in Ostpreußen erlebt. Es war im tiefen Herbst, als ich mich einige Zeit auf einem dort gelegenen Landgute aufhielt und in stillen Nächten bei mäßigem Winde deutlich lang gehaltene Töne hörte, die bald gleich einer tiefen gedämpften Orgelpfeife, bald gleich einer vibrierenden dumpfen Glocke erklangen. Oft konnte ich genau das tiefe F mit der anschlagenden Quinte C unterscheiden, oft erklang sogar die kleine Terz Es, sodass der schneidende Septimenakkord in den Tönen der tiefsten Klage meine Brust mit einer das Innerste durchdringenden Wehmut, ja mit Entsetzen erfüllte.

In dem unvermerkten Entstehen, Anschwellen und Verschweben jener Naturlaute liegt etwas, das unser Gemüt unwiderstehlich ergreift, und das Instrument, dem dies zu Gebote steht, wird in eben dem Grade auf uns wirken müssen; mir scheint daher, dass die Harmonika rücksichtlich des Tons sich gewiss jener Vollkommenheit, die ihren Maßstab in der Wirkung auf unser Gemüt findet, am mehrsten nähert, und es ist eben schön, dass gerade dieses Instrument, welches jene Naturlaute so glücklich nachahmt und auf unser Inneres in den tiefsten Beziehungen so wunderbar wirkt, sich dem Leichtsinn und der schalen Ostentation durchaus nicht hingibt, sondern nur in der heiligen Einfachheit ihr eigentümliches Wesen behauptet. Recht viel in dieser Hinsicht wird auch gewiss das neuerfundene sogenannte Harmonichord leisten, welches statt der Glocken mittelst einer geheimen Mechanik, die durch den Druck der Tasten und den Umschwung einer Walze in Bewegung gesetzt wird, Saiten vibrieren und ertönen lässt. Der Spieler hat das Entstehen, Anschwellen, Verschweben des Tons beinahe noch mehr in der Gewalt, als bei der Harmonika, und nur den wie aus einer andern Welt herabgekommenen Ton dieses Instruments hat das Harmonichord noch nicht im mindesten erreicht.« »Ich habe dies Instrument gehört«, sagte Ferdinand, »und muss gestehen, dass sein Ton recht in mein Inneres gedrungen, wiewohl es, nach meiner Einsicht, von dem Künstler selbst nicht eben vorteilhaft behandelt wurde. Übrigens fasse ich dich ganz, wiewohl mir die enge Beziehung jener Naturlaute, von denen du sprichst, mit der Musik, die wir durch Instrumente hervorbringen, noch nicht deutlich einleuchtet.« »Kann denn«, erwiderte Ludwig, »die Musik, die in unserm Innern wohnt, eine andere sein als die, welche in der Natur wie ein tiefes, nur dem höhern Sinn erforschliches Geheimnis verborgen, und die durch das Organ der Instrumente nur wie im Zwange eines mächtigen Zaubers, dessen wir Herr worden, ertönt? Aber im rein psychischen Wirken des Geistes, im Traume ist der Bann gelöst, und wir hören selbst im Konzert bekannter Instrumente jene Naturlaute, wie sie wunderbar, in der Luft erzeugt, auf uns niederschweben, anschwellen und verhallen.« »Ich denke an die Äolsharfe«, unterbrach Ferdinand den Freund; »was hältst du von dieser sinnigen Erfindung?« »Die Versuche«, erwiderte Ludwig, »der Natur Töne zu entlocken, sind allerdings herrlich und höchst beachtenswert, nur scheint es mir, dass man ihr bis jetzt nur ein kleinliches Spielzeug darbot, das sie mehrenteils wie in gerechtem Unmute zerbrach. Viel größer in der Idee als alle die Äolsharfen, die nur als musikalische Ableiter der Zugluft zum kindischen Spielwerk geworden, ist die Wetterharfe, von der ich einmal gelesen. Dicke, in beträchtlicher Weite im Freien ausgespannte Drähte wurden von der Luft in Vibration gesetzt und ertönten in mächtigem Klange.

Überhaupt bleibt hier dem sinnigen, von höherem Geiste beseelten Physiker und Mechaniker noch ein weites Feld offen, und ich glaube, dass bei dem Schwunge, den die Naturwissenschaft erhalten, auch tieferes Forschen in das heilige Geheimnis der Natur eindringen und manches, was nur noch geahnet, in das rege Leben sichtlich und vernehmbar bringen wird.« –

Plötzlich wehte ein seltsamer Klang durch die Luft, der im stärkern Anschwellen dem Ton einer Harmonika ähnlich wurde. Die Freunde blieben, von innerm Schauer ergriffen, wie an den Boden festgebannt, stehen; da wurde der Ton zur tiefklagenden Melodie einer weiblichen Stimme. Ferdinand ergriff des Freundes Hand und drückte sie krampfhaft an seine Brust, aber leise und bebend sprach Ludwig: »Mio ben ricordati s' avvien ch' io mora.« Sie befanden sich außerhalb der Stadt vor dem Eingange eines mit hohen Hecken und Bäumen umschlossenen Gartens; dicht vor ihnen hatte unbemerkt ein kleines niedliches Mädchen, im Grase sitzend, gespielt, das sprang nun schnell auf und sprach: »Ach, wie schön singt Schwesterchen wieder, ich muss ihr nur eine Blume bringen, denn ich weiß schon, wenn sie die bunten Nelken sieht, dann singt sie noch schöner und länger.« Und damit hüpfte sie, einen großen Blumenstrauß in der Hand, in den Garten, dessen Türe offen stehen blieb, sodass die Freunde hineinschauen konnten. Aber welch ein Erstaunen, ja welch ein inneres Grausen durchdrang sie, als sie den Professor X. erblickten, der mitten im Garten unter einer hohen Esche stand. Statt des zurückschreckenden ironischen Lächelns, mit dem er die Freunde in seinem Hause empfing, ruhte ein tiefer melancholischer Ernst auf seinem Gesicht, und sein himmelwärts gerichteter Blick schien wie in seliger Verklärung das geahnete Jenseits zu schauen, was hinter den Wolken verborgen und von dem die wunderbaren Klänge Kunde gaben, welche wie ein Hauch des Windes durch die Luft bebten. Er schritt langsam und abgemessen den Mittelgang auf und nieder, aber in seiner Bewegung wurde alles um ihn her rege und lebendig, und überall flimmerten kristallne Klänge aus den dunklen Büschen und Bäumen empor und strömten, vereinigt im wundervollen Konzert, wie Feuerflammen durch die Luft, ins Innerste des Gemüts eindringend und es zur höchsten Wonne himmlischer Ahndungen entzündend. Die Dämmerung war eingebrochen, der Professor verschwand in den Hecken, und die Töne erstarben im Pianissimo. Endlich gingen die Freunde im tiefen Schweigen nach der Stadt zurück; aber als Ludwig sich nun von dem Freunde trennen wollte, da drückte ihn Ferdinand fest an sich und sprach: »Sei mir treu! – sei mir treu! – ach, ich fühle es ja, dass eine fremde Macht in mein Inneres gedrungen und alle die im Verborgenen liegenden Saiten ergriffen hat, die nun nach ihrer Willkür erklingen müssen, und sollte ich darüber zugrunde gehen! –

War denn nicht die gehässige Ironie, womit uns der Professor in seinem Hause empfing, nur der Ausdruck des feindlichen Prinzips, und hat er uns mit seinen Automaten nicht nur abfertigen wollen, um alle nähere Beziehung mit mir im extensiven Leben von der Hand zu weisen?« – »Du kannst wohl recht haben«, erwiderte Ludwig, »denn auch ich ahne es deutlich, dass auf irgendeine Weise, die uns nun freilich wenigstens jetzt ein unauflösliches Rätsel bleibt, der Professor in dein Leben oder besser gesagt, in das geheimnisvolle psychische Verhältnis, in dem du mit jenem unbekannten weiblichen Wesen stehst, eingreift. Vielleicht verstärkt er selbst wider seinen Willen, als feindliches Prinzip darin verflochten und dagegen ankämpfend, den Rapport, dessen Kraft eben im Kampfe wächst, und es wäre denkbar, dass ihm dein Nähertreten schon deshalb verhasst sein müsste, weil dein geistiges Prinzip dann wider seinen Willen, oder vielmehr einer konventionellen Absicht entgegen, alle die Anklänge jenes psychischen Rapports weckt und in neuen lebhafteren Schwung setzt.« – Die Freunde beschlossen nun, kein Mittel unversucht zu lassen, dem Professor X. näherzutreten und vielleicht endlich das Rätsel zu lösen, das so tief auf Ferdinands Leben wirkte; schon am folgenden Morgen sollte ein zweiter

Besuch bei dem Professor das Fernere einleiten, ein Brief, den Ferdinand unvermutet von seinem Vater erhielt, rief ihn aber nach B., er durfte sich nicht den mindesten Aufschub verstatten, und in wenigen Stunden eilte er schon mit Postpferden von dannen, indem er seinem Freunde versicherte, dass ihn nichts abhalten würde, spätestens in vierzehn Tagen wieder in J. zu sein. Merkwürdig war es Ludwig im höchsten Grade, dass er bald nach Ferdinands Abreise von demselben ältlichen Mann, der zuerst von des Professors X. Einwirkung auf den Türken gesprochen, nun erfuhr, wie des Professors mechanische Kunstwerke nur aus einer untergeordneten Liebhaberei hervorgegangen, und dass tiefes Forschen, tiefes Eindringen in alle Teile der Naturwissenschaft eigentlich der unausgesetzte Zweck alles seines Strebens sei. Vorzüglich rühmte der Mann die Erfindungen des Professors in der Musik, die er aber bis jetzt niemanden mitteile. Sein geheimnisvolles Laboratorium sei ein schöner Garten bei der Stadt, und oft hätten schon Vorübergehende seltsame Klänge und Melodien ertönen gehört, als sei der Garten von Feen und Geistern bewohnt.

Vierzehn Tage vergingen, aber Ferdinand kehrte nicht wieder, endlich nach zwei Monaten erhielt Ludwig einen Brief aus B. des Inhalts:

»Lies und erstaune, aber erfahre nur das, was Du vielleicht ahntest, nachdem Du dem Professor, wie ich hoffe, näher getreten. Im Dorfe P. werden Pferde gewechselt, ich stehe und schaue recht gedankenlos in die Gegend hinein.

Da fährt ein Wagen vorbei und hält vor der nahen offnen Kirche; ein einfach gekleidetes Frauenzimmer steigt aus, ihr folgt ein junger schöner Mann in russischer Jägeruniform, mit Orden geschmückt; zwei Männer steigen aus einem zweiten

Wagen. Der Posthalter sagt: ›Das ist das fremde Paar, das unser Herr Pastor heut traut.‹ Mechanisch gehe ich in die Kirche und trete ein, als der Geistliche gerade mit dem Segen die Zeremonie endigt. Ich schaue hin, die Braut ist die Sängerin, sie erblickt mich, sie erblasst, sie sinkt, der hinter ihr stehende Mann fängt sie auf in seine Arme, es ist der Professor X. – Was weiter vorgegangen, weiß ich nicht mehr, auch nicht, wie ich hieher gekommen, Du wirst es wohl vom Professor X. erfahren. Jetzt ist eine nie gefühlte Ruhe und Heiterkeit in meine Seele gekommen. Der verhängnisvolle Spruch des Türken war eine verdammte Lüge, erzeugt vom blinden Hintappen mit ungeschickten Fühlhörnern. Habe ich sie denn verloren? ist sie nicht im innern glühenden Leben ewig mein? Du wirst lange nicht von mir hören, denn ich gehe nach K., vielleicht auch in den tiefen Norden nach P.«

Ludwig ersah aus seines Freundes Worten nur zu deutlich seinen zerrütteten Seelenzustand, und umso rätselhafter wurde ihm das Ganze, als er erfuhr, dass der Professor X. durchaus die Stadt nicht verlassen habe. »Wie«, dachte er, »wenn es nur die Resultate des Konflikts wunderbarer psychischer Beziehungen, die vielleicht unter mehreren Personen stattfanden, wären, die in das Leben traten, und selbst äußere von ihnen unabhängige Begebenheiten so in ihren Kreis zogen, dass sie der getäuschte innere Sinn für eine aus ihm unbedingt hervorgehende Erscheinung hielt und daran glaubte? – Doch vielleicht tritt künftig die frohe Ahnung ins Leben, die ich in meinem Innern trage, und die meinen Freund trösten soll! Der verhängnisvolle Spruch des Türken ist erfüllt und vielleicht gerade durch diese Erfüllung der vernichtende Stoß abgewendet, der meinem Freunde drohte.«

IGNAZ DENNER

Vor alter, längst verflossner Zeit lebte in einem wilden einsamen Forst des Fuldaischen Gebiets ein wackrer Jägersmann, Andres mit Namen. Er war sonst Leibjäger des Herrn Grafen Aloys von Vach gewesen, den er auf weiten Reisen durch das schöne Welschland begleitet und einmal, als sie auf den unsichern Wegen in dem Königreich Neapel von Straßenräubern angefallen wurden, durch seine Klugheit und Tapferkeit aus großer Lebensgefahr gerettet hatte. In dem Wirtshause zu Neapel, wo sie eingekehrt waren, befand sich ein armes, bildschönes Mädchen, die von dem Hauswirt, der sie als eine Waise aufgenommen, gar hart behandelt und zu den niedrigsten Arbeiten in Hof und Küche gebraucht wurde. Andres suchte sie, so gut er sich ihr verständlich machen konnte, mit trostreichen Worten aufzurichten, und das Mädchen fasste solche Liebe zu ihm, dass sie sich nicht mehr von ihm trennen, sondern mitziehen wollte nach dem kalten Deutschland. Der Graf von Vach, gerührt von Andres' Bitten und Giorginas Tränen, erlaubte, dass sie sich zu dem geliebten Andres auf den Kutschenbock setzen und so die beschwerliche Reise machen durfte. Schon ehe sie über die Grenzen von Italien hinausgekommen, ließ sich Andres mit seiner Giorgina trauen, und als sie dann nun endlich zurückgekehrt waren auf die Güter des Grafen von Vach, glaubte dieser den treuen Diener recht zu belohnen, da er ihn zu seinem Revierjäger ernannte. Mit seiner Giorgina und einem alten Knecht zog er in den einsamen rauen Wald, den er schützen sollte wider die Freijäger und Holzdiebe. Statt des gehofften Wohlstandes, den ihm der Graf von Vach verheißen, führte er aber ein beschwerliches, mühseliges, dürftiges Leben und geriet bald in Kummer und Elend. Der kleine Lohn an barem Gelde, den er von dem Grafen erhielt, reichte kaum hin, sich und seine Giorgina zu kleiden; die geringen Gefälle, die ihm bei Holzverkäufen zukamen, waren selten und ungewiss, und den Garten, auf dessen Bebauung und Benutzung er angewiesen, verwüsteten oft die Wölfe und die wilden Schweine, er mochte mit seinem Knecht auf der Hut sein, wie er wollte, sodass bisweilen in einer Nacht die letzte Hoffnung des Lebensunterhalts vereitelt ward. Dabei war sein Leben stets bedroht von den Holzdieben und Freischützen. Jeder Lockung widerstand er als ein wackrer frommer Mann, der lieber darben als ungerechtes Gut an sich bringen wollte, und verwaltete sein Amt getreulich und tapfer; deshalb stellten sie ihm nach auf gefährliche Weise, und nur seine treuen Doggen schützten ihn vor nächtlichem Überfall des Raubgesindels. Giorgina, des Klimas und der Lebensweise in dem wilden Forst ganz ungewohnt, welkte zusehends hin. Ihre bräunliche Gesichtsfarbe verwandelte sich in fahles Gelb, ihre lebhaften blitzenden Augen wurden düster, und ihr voller, üppiger Wuchs magerte mit jedem Tage mehr ab. Oft erwachte sie in mondheller Nacht. Schüsse krachten in der Ferne durch den Wald, die Doggen heulten; leise erhob sich der Mann vom Lager und schlich, mit dem Knecht murmelnd, hinaus in den Forst. Dann betete sie inbrünstig zu Gott und zu den Heiligen, dass sie und ihr treuer Mann errettet werden möchten aus dieser schrecklichen Einöde und aus der steten Todesgefahr. Die

Geburt eines Knaben warf Giorgina endlich auf das Krankenlager, und immer schwächer und schwächer werdend, sah sie ihr Ende vor Augen. Dumpf in sich hinbrütend, schlich der unglückliche Andres umher; alles Glück war mit der Krankheit seines Weibes von ihm gewichen. Wie neckendes, gespenstisches Wesen guckte das Wild aus den Büschen; sowie er sein Gewehr abdrückte, war es verstoben in der Luft. Er konnte kein Tier mehr treffen, und nur sein Knecht, ein geübter Schütze, beschaffte das Wild, welches er dem Grafen von Vach zu liefern gehalten war. Einst saß er an Giorginas Bette, den starren Blick auf das geliebte Weib gerichtet, die, ermattet zum Tode, kaum mehr atmete. In dumpfem, lautlosem Schmerz hatte er ihre Hand gefasst und hörte nicht auf das Ächzen des Knaben, der nahrungslos verschmachten wollte. Der Knecht ging schon am frühen Morgen nach Fulda, um für das letzte Ersparnis einige Erquickung für die Kranke herbeizuschaffen. Kein menschliches tröstendes Wesen war weit und breit zu finden, nur der Sturm heulte in schneidenden Tönen des entsetzlichen Jammers durch die schwarzen Tannen, und die Doggen winselten, wie in trostloser Klage, um den unglücklichen Herrn. Da hörte Andres auf einmal es vor dem Hause daherschreiten wie menschliche Fußtritte. Er glaubte, es wäre der zurückkehrende Knecht, unerachtet er ihn nicht so früh erwarten konnte, aber die Hunde sprangen heraus und bellten heftig. Es musste ein Fremder sein. Andres ging selbst vor die Tür; da trat ihm ein langer, hagerer Mann entgegen, in grauem Mantel, die Reisemütze tief ins Gesicht gedrückt. »Ei«, sagte der Fremde, »wie bin ich doch hier im Walde so irregegangen! Der Sturm tobt von den Bergen herab, wir bekommen ein schrecklich Wetter. Möchtet Ihr nicht erlauben, lieber

Herr, dass ich in Euer Haus eintreten und mich von dem beschwerlichen Wege erholen und erquicken dürfte zur weitern Reise?« »Ach Herr«, erwiderte der betrübte Andres, »Ihr kommt in ein Haus der Not und des Elends, und außer dem Stuhl, auf dem Ihr ausruhen könnt, vermag ich kaum Euch irgendeine Erquickung anzubieten; meinem armen kranken Weibe mangelt es selbst daran, und mein Knecht, den ich nach Fulda geschickt, wird erst am späten Abend etwas zur Labung herbeibringen.« Unter diesen Worten waren sie in die Stube getreten. Der Fremde legte seine Reisemütze und seinen Mantel ab, unter dem er ein Felleisen und ein Kistchen trug. Er zog auch ein Stilett und ein paar Terzerole hervor, die er auf den Tisch legte. Andres war an Giorginas Bett getreten, sie lag in bewusstlosem Zustande. Der Fremde trat ebenfalls hinzu, schaute die Kranke lange mit scharfen, bedächtigen Blicken an und ergriff ihre Hand, den Puls sorglich erforschend. Als nun Andres voll Verzweiflung ausrief: »Ach Gott, nun stirbt sie wohl!«, da sagte der Fremde: »Mitnichten, lieber Freund! seid ganz ruhig. Euerm Weibe fehlt nichts als kräftige, gute Nahrung, und vorderhand wird ihr ein Mittel, das zugleich reizt und stärkt, die besten Dienste tun. Ich bin zwar kein Arzt, sondern vielmehr ein Kaufmann, allein doch in der Arzneiwissenschaft nicht unerfahren und besitze aus uralter Zeit her manches Arkanum, welches ich mit mir führe und auch wohl verkaufe.« Damit öffnete der Fremde sein Kistchen, holte eine Phiole heraus, tröpfelte von dem ganz dunkelroten Liquor etwas auf Zucker und gab es der Kranken. Dann holte er aus dem Felleisen eine kleine geschliffene Flasche köstlichen Rheinweins und flößte der Kranken ein paar Löffel voll ein. Den Knaben befahl er, nur dicht an der Mutter Brust gelehnt, ins Bette zu legen und beide der Ruhe zu überlassen. Dem Andres war es zumute, als sei ein Heiliger herabgestiegen in die Einöde, ihm Trost und Hilfe zu bringen. Anfangs hatte ihn der stechende, falsche Blick des Fremden abgeschreckt, jetzt wurde er durch die sorgliche Teilnahme, durch die augenscheinliche Hilfe, die er der armen Giorgina leistete, zu ihm hingezogen. Er erzählte dem Fremden unverhohlen, wie er eben durch die Gnade, die ihm sein Herr, der Graf von Vach, angedeihen lassen wollen, in Not und Elend geraten sei und wie er wohl Zeit seines Lebens nicht aus drückender Armut und Dürftigkeit kommen werde. Der Fremde tröstete ihn dagegen und meinte, wie oft ein unverhofftes Glück dem Hoffnungslosesten alle Güter des Lebens bringe, und dass man wohl etwas wagen müsse, das Glück selbst sich dienstbar zu machen. »Ach, lieber Herr!«, erwiderte Andres, »ich vertraue Gott und der Fürsprache der Heiligen, zu denen wir, ich und mein treues Weib, jeden Tag mit Inbrunst beten. Was soll ich denn tun, um mir Geld und Gut zu verschaffen? Ist es mir nach Gottes Weisheit nicht beschieden, so wäre es ja sündlich, darnach zu trachten; soll ich aber noch in dieser Welt zu Gütern gelangen, welches ich meines armen Weibes halber wünsche, die ihr schönes Vaterland verlassen, um mir in diese wilde Einöde zu folgen, so kommt es wohl, ohne dass ich Leib und Leben wage um schnödes, weltliches Gut.« Der Fremde lächelte bei diesen Reden des frommen Andres auf ganz seltsame Weise und war im Begriff, etwas zu erwidern, als Giorgina mit einem tiefen Seufzer aus dem Schlaf, in den sie versunken, erwachte. Sie fühlte sich wunderbarlich gestärkt; auch der Knabe lächelte hold und lieblich an ihrer Brust. Andres war außer sich vor Freude, er weinte, er betete, er jubelte durch das Haus. Der Knecht war indessen zurückgekommen und bereitete, so gut er es vermochte, von den mitgebrachten Lebensmitteln das Mahl, an dem nun der Fremde teilnehmen sollte. Der Fremde kochte selbst eine Kraftsuppe für Giorgina, und man sah, dass er allerlei Gewürz und andere Ingredienzien hineinwarf, die er bei sich getragen. Es war später Abend worden, der Fremde musste daher bei dem Andres übernachten, und er bat, dass man ihm in derselben Stube, wo Andres und Giorgina schliefen, ein Strohlager bereiten möge. Das geschah. Andres, den die Besorgnis um Giorgina nicht schlafen ließ, bemerkte, wie der Fremde beinahe bei jedem stärkeren Atemzuge Giorginas auffuhr, wie er stündlich aufstand, leise sich ihrem Bette näherte, ihren Puls erforschte und ihr Arznei eintröpfelte.

Als der Morgen angebrochen, war Giorgina wieder zusehends besser geworden. Andres dankte dem Fremden, den er seinen Schutzengel nannte, aus der Fülle seines Herzens. Auch Giorgina äußerte, wie ihn wohl auf ihr inbrünstiges Gebet Gott selbst gesendet habe zu ihrer Rettung. Dem Fremden schienen diese lebhaften Ausbrüche des Danks in gewisser Art beschwerlich zu fallen; er war sichtlich verlegen und äußerte einmal über das andere, wie er ja ein Unmensch sein müsse, wenn er nicht der Kranken mit seiner Kenntnis und den Arzneimitteln, die er bei sich führe, habe beistehen sollen. Übrigens sei nicht Andres, sondern er zum Dank verpflichtet, da man ihn, der Not unerachtet, die im Hause herrsche, so gastlich aufgenommen, und er wolle auch keinesweges diese Pflicht unerfüllt lassen. Er zog einen wohlgefüllten Beutel hervor und nahm einige Goldstücke heraus, die er dem Andres hinreichte. »Ei Herr«, sagte Andres, »wie und wofür sollte ich denn so vieles Geld von Euch annehmen? Euch in meinem Hause zu beherbergen, da Ihr Euch in dem wilden weitläuftigen Forst verirrt hattet, das war ja Christenpflicht, und dünkte Euch das irgendeines Dankes wert, so habt Ihr mich ja überreich, ja mehr, als ich es nur mit Worten sagen mag, dadurch belohnt, dass Ihr als ein weiser, kunsterfahrner Mann mein liebes Weib vom augenscheinlichen Tode rettetet. Ach, Herr! was Ihr an mir getan, werde ich Euch ewiglich nicht vergessen, und Gott möge es mir verleihen, dass ich die edle Tat Euch mit meinem Leben und Blut lohnen könne.« Bei diesen Worten des wackern Andres fuhr es wie ein rascher funkelnder Blitz aus den Augen des Fremden. »Ihr müsst, braver Mann«, sprach er, »durchaus das Geld annehmen. Ihr seid das schon Euerm Weibe schuldig, der Ihr damit bessere Nahrungsmittel und Pflege verschaffen könnt; denn dieser bedarf sie nunmehro, um nicht wieder in ihren vorigen Zustand zurückzufallen und Euerm Knaben Nahrung geben zu können.« »Ach Herr«, erwiderte Andres, »verzeiht es, aber eine innere Stimme sagt mir, dass ich Euer unverdientes Geld nicht nehmen darf. Diese innere Stimme, der ich, wie der höhern Eingebung meines Schutzheiligen, immer vertraut, hat mich bisher sicher durch das Leben geführt und mich beschützt vor allen Gefahren des Leibes und der Seele. Wollt Ihr großmütig handeln und an mir Armen ein Übriges tun, so lasst mir ein Fläschlein von Eurer wundervollen Arznei zurück, damit durch ihre Kraft mein Weib ganz genese.« Giorgina richtete sich im Bette auf, und der schmerzvolle wehmütige Blick, den sie auf Andres warf, schien ihn anzuflehen, diesmal nicht so strenge auf sein inneres Widerstreben zu achten, sondern die Gabe des mildtätigen Mannes anzunehmen. Der Fremde bemerkte das und sprach:

»Nun, wenn Ihr denn durchaus mein Geld nicht annehmen wollt, so schenke ich es Euerm lieben Weibe, die meinen guten Willen, Euch aus der bittern Not zu retten, nicht verschmähen wird.« Damit griff er noch einmal in den Beutel, und sich der Giorgina nähernd, gab er ihr wohl noch einmal so viel Geld, als er vorhin dem Andres angeboten hatte. Giorgina sah das schöne funkelnde Gold mit vor Freude leuchtenden Augen, sie konnte kein Wort des Danks herausbringen, die hellen Tränen schossen ihr die Wangen herab. Der Fremde wandte sich schnell von ihr weg und sprach zu Andres: »Seht, lieber Mann! Ihr könnet meine Gabe getrost annehmen, da ich nur etwas von großem Überfluss Euch mitteile. Gestehen will ich Euch, dass ich das nicht bin, was ich scheine. Nach meiner schlichten Kleidung, und da ich wie ein dürftiger wandernder Krämer zu Fuß reise, glaubt Ihr gewiss, dass ich arm bin und mich nur kümmerlich von kleinem Verdienst auf Messen und Jahrmärkten nähre; ich muss Euch jedoch sagen, dass ich durch glücklichen Handel mit den trefflichsten Kleinodien, den ich seit vielen Jahren treibe, ein sehr reicher Mann geworden und nur die einfache Lebensweise aus alter Gewohnheit beibehalten habe. In diesem kleinen Felleisen und dem Kistchen bewahre ich Juwelen und köstliche, zum Teil noch im grauen Altertum geschnittene Steine, welche viele, viele Tausende wert sind. Ich habe diesmal in Frankfurt sehr glückliche Geschäfte gemacht, sodass das wohl noch lange nicht der hundertste Teil des Gewinns sein mag, was ich Euerm lieben Weibe schenkte. Überdem gebe ich Euch das Geld keinesweges umsonst, sondern verlange von Euch dafür allerlei Gefälligkeiten. Ich wollte, wie gewöhnlich, von Frankfurt nach Kassel gehen und kam von Schlüchtern aus vom richtigen Wege ab.

Indessen habe ich gefunden, dass der Weg durch diesen Forst, den sonst die Reisenden scheuen, gerade für einen Fußgänger recht anmutig ist, weshalb ich denn künftig auf gleicher Reise immer diese Straße einschlagen und bei Euch einsprechen will. Ihr werdet daher mich jährlich zweimal bei Euch eintreffen sehen; nämlich zu Ostern, wenn ich von Frankfurt nach Kassel wandere, und im späten Herbst, wenn ich von der Leipziger Michaelismesse nach Frankfurt und von dort nach der Schweiz und wohl auch nach Welschland gehe. Dann sollt Ihr mich für gute Bezahlung – einen – zwei – auch wohl drei Tage bei Euch beherbergen, und das ist die erste Gefälligkeit, um die ich Euch ersuche.

Ferner bitte ich Euch, dieses kleine Kistchen, worin Waren sind, die ich in Kassel nicht brauche, und das mir beim Wandern hinderlich ist, zu behalten, bis ich künftigen Herbst wieder bei Euch einspreche. Nicht verhehlen will ich, dass die Waren viele Tausende wert sind, aber ich mag Euch deshalb doch kaum größere Sorglichkeit empfehlen, da ich nach der Treue und Frömmigkeit, die Ihr an den Tag legt, Euch zutraue, dass Ihr auch das Geringste, was ich Euch zurückließe, sorgfältig aufbewahren würdet; zumal werdet Ihr das bei Sachen von solch großem Werte, als die sind, welche in dem Kistchen verschlossen, sicherlich tun. Seht, das ist der zweite Dienst, den ich von Euch fordere. Das Dritte, was ich verlange, wird Euch wohl am schwersten fallen, unerachtet es mir jetzt am nötigsten tut. Ihr sollt Euer liebes Weib nur auf diesen Tag verlassen und mich aus dem Forst bis auf die Straße nach Hirschfeld geleiten, wo ich bei Bekannten einsprechen und dann meine Reise nach Kassel fortsetzen will. Denn außer dem, dass ich des Weges im Forst nicht recht kundig bin und mich daher zum zweiten Mal verirren könnte, ohne von einem so wackern Mann, wie Ihr es seid, aufgenommen zu werden, ist es auch in der Gegend nicht recht geheuer. Euch als einem Jägersmann aus der Gegend wird man nichts anhaben, aber ich als einsamer Wanderer könnte wohl gefährdet werden. Man sprach in Frankfurt davon, dass eine Räuberbande, die sonst die Gegend von Schaffhausen unsicher machte und sich bis nach Straßburg herauf ausdehnte, nunmehr sich ins Fuldaische geworfen haben soll, da die von Leipzig nach Frankfurt reisenden Kaufleute ihnen reicheren Gewinst versprachen, als sie dort finden konnten. Wie leicht wär' es möglich, dass sie mich schon von Frankfurt aus als reichen Juwelenhändler kennten. Hab' ich also ja durch die Rettung Eures Weibes Dank verdient, so könnt Ihr mich dadurch reichlich lohnen, dass Ihr aus diesem Forste mich auf Weg und Steg leitet.« Andres war mit Freuden bereit, alles zu erfüllen, was man von ihm verlangte, und machte sich gleich, wie es der Fremde wünschte, zur Wanderung fertig, indem er seine Jägeruniform anzog, seine Doppelbüchse und seinen tüchtigen Hirschfänger umschnallte und dem Knecht befahl, zwei von den Doggen anzukuppeln. Der Fremde hatte unterdessen das Kistchen geöffnet und die prächtigsten Geschmeide, Halsketten – Ohrringe – Spangen herausgenommen, die er auf Giorginas Bette ausbreitete, sodass sie ihre Verwunderung und Freude gar nicht bergen konnte. Als nun aber der Fremde sie aufforderte, doch eine der schönsten Halsketten umzuhängen, die reichen Spangen auf ihre wunderschön geformten Arme zu streifen, und ihr dann einen kleinen Taschenspiegel vorhielt, worin sie sich nach Herzenslust beschauen konnte, sodass sie in kindischer Lust aufjauchzte, da sagte Andres zu dem Fremden: »Ach lieber Herr, wie möget Ihr doch in meinem armen Weibe solche Lüsternheit erregen, dass sie sich mit Dingen putzt, die ihr nimmermehr zukommen und auch gar nicht anstehen. Nehmt mir es nicht übel, Herr! aber die einfache rote Korallenschnur, die meine Giorgina um den Hals gehängt hatte, als ich sie zum ersten Mal in Neapel sah, ist mir tausendmal lieber als das funkelnde blitzende Geschmeide, das mir recht eitel und trügerisch vorkommt.« »Ihr seid auch gar zu strenge«, erwiderte der Fremde höhnisch lächelnd, »dass Ihr Eurem Weibe nicht einmal in ihrer Krankheit die unschuldige Freude lassen wollt, sich mit meinen schönen Geschmeiden herauszuputzen, die keinesweges trügerisch, sondern wahrhaft echt sind. Wisst Ihr denn nicht, dass eben den Weibern solche Dinge rechte Freude verursachen? Und was Ihr da sagt, dass solcher Prunk Eurer Giorgina nicht zukomme, so muss ich das Gegenteil behaupten. Euer Weib ist hübsch genug, sich so herauszuputzen, und Ihr wisst ja nicht, ob sie nicht einmal auch noch reich genug sein wird, dergleichen Schmuck selbst zu besitzen und zu tragen.« Andres sprach mit sehr ernstem nachdrücklichem Ton: »Ich bitte Euch, Herr! führt nicht solche geheimnisvolle verfängliche Reden! Wollt Ihr denn mein armes Weib betören, dass sie, von eitlem Gelüst nach solchem weltlichen Prunk und Staat befangen, nur drückender unsere Armut fühle und um alle Lebensruhe, um alle Heiterkeit gebracht werde? Packt nur Eure schöne Sachen ein, lieber Herr! ich will sie Euch treulich bewahren, bis Ihr zurückkommt. Aber sagt mir nun, wenn, wie es der Himmel verhüten möge! Euch unterdessen ein Unglück zustoßen sollte, sodass Ihr nicht mehr zurückkehrtet in mein Haus, wohin soll ich dann das Kistchen abliefern, und wie lange soll ich auf Euch warten, ehe ich die Juwelen *dem* einhändige, den Ihr mir nennen werdet, so wie ich Euch jetzt um Euern Namen bitte?« »Ich heiße«, erwiderte der Fremde, »Ignaz Denner und bin, wie Ihr schon wisset, Kauf- und Handelsmann. Ich habe weder Weib noch Kinder, und meine Verwandte wohnen im Walliser Lande. *Die* kann ich aber keinesweges lieben und achten, da sie sich, als ich noch arm und bedürftig war, um mich gar nicht gekümmert haben. Sollte ich in drei Jahren mich nicht sehen lassen, so behaltet das Kistchen ruhig an Euch und, da ich wohl weiß, dass beide, Ihr und Giorgina, Euch sträuben werdet, das reiche Vermächtnis von mir anzunehmen, so schenke ich in jenem Fall das Kästchen mit Kleinodien Euerm Knaben, dem ich, wenn Ihr ihn firmeln lasst, den Namen Ignatius beizugeben bitte.« Andres wusste in der Tat nicht, was er aus der seltenen Freigebigkeit und Großmut des fremden Mannes, machen sollte. Er stand ganz verstummt vor ihm, indes Giorgina ihm für seinen guten Willen dankte und versicherte, zu Gott und den Heiligen fleißig beten zu wollen, dass sie ihn auf seinen weiten beschwerlichen Reisen beschützen und ihn stets glücklich in ihr Haus zurückführen möchten. Der Fremde lächelte, so wie es seine Art war, auf seltsame Weise und meinte, dass wohl das Gebet einer schönen Frau mehr Kraft haben möge als das seinige. Das Beten wolle er daher ihr überlassen und übrigens seinem kräftigen abgehärteten Körper und seinen guten Waffen vertrauen.

Dem frommen Andres missfiel diese Äußerung des Fremden höchlich; indessen verschwieg er das, was er darauf zu erwidern schon im Begriff stand, und trieb vielmehr den Fremden an, jetzt die Wanderung durch den Forst zu beginnen, da er sonst erst in später Nacht in sein Haus zurückkehren und seine Giorgina in Furcht und Angst setzen würde.

Der Fremde sagte beim Abschiede noch Giorginen, dass er ausdrücklich ihr erlaube, sich, wenn es ihr Vergnügen mache, mit seinen Geschmeiden zu schmücken, da es ihr ja ohnedies in diesem einsamen wilden Forst an jeder Belustigung mangle. Giorgina errötete vor innerm Vergnügen, da sie freilich die ihrer Nation eigne Lust an glänzendem Staat und vorzüglich an kostbaren Steinen nicht unterdrücken konnte. – Nun schritten Denner und Andres rasch vorwärts durch den finstern öden Wald. In dem dicksten Gebüsch schnupperten die Doggen umher und klafften, den Herrn mit klugen beredten Augen anschauend. »Hier ist es nicht geheuer«, sprach Andres, spannte den Hahn seiner Büchse und schritt mit den Hunden bedächtig vor dem fremden Kaufmann her. Oft war es ihm, als rausche es in den Bäumen, und bald erblickte er in der Ferne finstre Gestalten, die gleich wieder in dem Gebüsch verschwanden. Er wollte seine Doggen loskuppeln. »Tut das nicht, lieber Mann!«, rief Denner, »denn ich kann Euch versichern, dass wir nicht das Mindeste zu fürchten haben.« Kaum hatte er diese Worte gesprochen, als nur wenige Schritte von ihnen ein großer schwarzer Kerl mit struppigen Haaren und großem Knebelbart, eine Büchse in der Hand, aus dem Gebüsch heraustrat. Andres machte sich schussfertig. »Schießt nicht, schießt nicht!«, rief Denner; der schwarze Kerl nickte ihm freundlich zu und verlor sich in den Bäumen. Endlich waren sie aus dem Walde heraus, auf der lebhaften Landstraße. »Nun danke ich Euch herzlich für Euer Geleite«, sprach Denner; »kehrt nur jetzt in Eure Wohnung zurück; sollten Euch wieder solche Gestalten aufstoßen, wie wir sie gesehen, so zieht ruhig Eure Straße fort, ohne Euch darum zu kümmern. Tut, als wenn Ihr gar nichts bemerktet, behaltet Eure Doggen am Strick, Ihr werdet ohne alle Gefahr Eure Wohnung erreichen.« Andres wusste nicht, was er von dem allen und von dem wunderlichen Kaufmann denken sollte, der wie ein Geisterbeschwörer den Feind zu bannen und von sich abzuhalten schien. Er konnte nicht begreifen, warum er denn erst sich habe durch den Wald geleiten lassen. Getrost schritt Andres durch den Forst zurück, es stieß ihm durchaus nichts Verdächtiges auf, und er kam wohlbehalten in sein Haus, wo ihm seine Giorgina, die sich munter und kräftig aus dem Bette gemacht, voll Freude in die Arme fiel. –

Durch die Freigebigkeit des fremden Kaufmanns bekam die kleine Haushaltung des Andres eine ganz andere Gestalt. Kaum war nämlich Giorgina ganz genesen, als er mit ihr nach Fulda ging und außer den nötigsten Bedürfnissen noch manches Stück einkaufte, das ihrer häuslichen Einrichtung abging und wodurch diese das Ansehen eines gewissen Wohlstandes erhielt. Dazu kam, dass seit dem Besuch des Fremden die Freijäger und Holzdiebe aus der Gegend gebannt schienen, und Andres seinem Posten ruhig vorstehen konnte. Auch sein Jagdglück war wiedergekehrt, sodass er, wie sonst, beinahe niemals einen Fehlschuss tat. Der Fremde stellte sich zu Michaelis wieder ein und blieb drei Tage. Der hartnäckigen Weigerung der Wirtsleute unerachtet war er doch wieder so freigebig wie das erste Mal. Er versicherte, es sei nun einmal seine Absicht, sie in Wohlstand zu versetzen und so sich selbst das Absteigequartier im Walde freundlicher und angenehmer zu machen.

Nun konnte die bildhübsche Giorgina sich besser kleiden; sie gestand dem Andres, dass sie der Fremde mit einer zierlich gearbeiteten goldnen Nadel, wie sie die Mädchen und Weiber in mancher Gegend Italiens durch das in Zöpfen zusammengeflochtene aufgewirbelte Haar zu stecken pflegen, beschenkt habe. Andres zog ein finstres Gesicht, aber in dem Augenblick war Giorgina zur Tür herausgesprungen, und nicht lange dauerte es, so kehrte sie zurück, ganz so gekleidet und geschmückt, wie Andres sie in Neapel gesehen hatte. Die schöne goldne Nadel prangte in dem schwarzen Haar, in das sie mit malerischem Sinn bunte Blumen geflochten, und Andres musste sich nun selbst gestehen, dass der Fremde sein Geschenk recht sinnig gewählt hatte, um seine Giorgina wahrhaft zu erfreuen.

Andres äußerte dies unverhohlen, und Giorgina meinte, dass der Fremde wohl ihr Schutzengel sei, der sie aus der tiefsten Dürftigkeit zum Wohlstande erhebe, und dass sie gar nicht begreife, wie Andres so wortkarg, so verschlossen gegen den Fremden und überhaupt so traurig, so in sich gekehrt bleiben könne. »Ach, liebes Herzensweib!«, sprach Andres, »die innere Stimme, welche mir damals so laut sagte, dass ich durchaus nichts von dem Fremden annehmen dürfe, die schweigt bis jetzt keinesweges. Ich werde oft von innern Vorwürfen gemartert; es ist mir, als ob mit dem Gelde des Fremden unrechtes Gut in mein Haus gekommen sei, und deshalb kann mich nichts recht freuen, was dafür angeschafft wurde. Ich kann mich jetzt wohl öfter mit einer kräftigen Speise, mit einem Glase Wein erlaben; glaube mir aber, liebe Giorgina! war einmal ein guter Holzverkauf vorgefallen, und hatte mir der liebe Gott ein paar ehrlich verdiente Groschen mehr beschert, als gewöhnlich, dann schmeckte mir ein Glas geringen Weins viel besser als jetzt der gute Wein, den der Fremde uns mitbringt. Ich kann mich mit diesem sonderbaren Kaufmann durchaus nicht befreunden, ja es ist mir in seiner Gegenwart oft ganz unheimlich zumute. Hast du wohl bemerkt, liebe Giorgina, dass er niemanden fest anzuschauen vermag? Und dabei blitzt es zuweilen aus seinen tiefliegenden kleinen Augen so sonderbar heraus, und dann kann er bei unsern schlichten Reden oft so – bübisch möcht' ich sagen, lachen, dass es mich eiskalt überläuft. – Ach, möchten nur nicht meine innern Gedanken wahr werden, aber oft ist es mir, als liege allerlei schwarzes Unheil im Hintergrunde, das nun der Fremde mit einem Mal hervorrufen werde, nachdem er uns in seinen künstlichen Schlingen gefangen.«

Giorgina suchte ihrem Mann die schwarzen Vorstellungen auszureden, indem sie versicherte, wie sie oft in ihrem Vaterlande und vorzüglich bei ihren Pflegeeltern im Wirtshause Personen kennengelernt, deren Äußeres noch viel widriger gewesen sei, unerachtet es am Ende grundgute Menschen waren. Andres schien getröstet, im Innern beschloss er aber auf der Hut zu sein.

Der Fremde sprach bei Andres wieder ein, als sein Knabe, ein wunderschönes Kind, ganz der Mutter Ebenbild, gerade neun Monate alt geworden. Es war Giorginas Namenstag; sie hatte den Kleinen fremdartig und sonderbar herausgeputzt, sich selbst in ihre liebe neapolitanische Tracht geworfen und ein besseres Mahl, als gewöhnlich, bereitet, wozu der Fremde eine Flasche köstlichen Weins aus dem Felleisen hergab. Als sie nun fröhlich bei Tische saßen, und der kleine Knabe mit solch wunderbar verständigen Augen umherblickte, hub der Fremde an: »Euer Kind verspricht in der Tat mit seinem besondern Wesen schon jetzt recht viel und es ist schade, dass Ihr nicht imstande sein werdet, es gehörig zu erziehen. Ich hätte Euch wohl einen Vorschlag zu tun, Ihr werdet ihn aber verwerfen wollen, unerachtet Ihr bedenken möchtet, dass er nur Euer Glück, Euern Wohlstand bezweckt. Ihr wisst, dass ich reich und ohne Kinder bin, ich fühle eine ganz besondere Liebe und Zuneigung zu Euerm Knaben – Gebt mir ihn! – Ich bringe ihn nach Straßburg, wo er von einer Freundin von mir, einer alten ehrbaren Frau, auf das Beste erzogen werden und mir so wie Euch große Freude machen soll. Ihr werdet mit Euerm Kinde einer großen Last frei; doch müsst Ihr Euern Entschluss schnell fassen, da ich genötigt bin, noch heute Abend abzureisen. Auf meinen Armen trage ich das Kind bis in das nächste Dorf; dort nehme ich dann ein Fuhrwerk.« Bei diesen Worten des Fremden riss Giorgina das Kind, das er auf seinen Knien geschaukelt hatte, hastig fort und drückte es an ihren Busen, indem ihr die Tränen in die Augen traten. »Seht, lieber Herr!«, sprach Andres, »wie meine Frau Euch auf Euern Vorschlag antwortet, und ebenso bin auch ich gesinnt. Eure Absicht mag recht gut sein; aber wie möget Ihr doch uns das Liebste rauben wollen, das wir auf Erden besitzen? wie möget Ihr doch das eine Last nennen, was unser Leben aufheitern würde, wären wir auch noch in der tiefsten Dürftigkeit, aus der uns Eure Güte gerissen? Seht, lieber Herr! Ihr sagtet selbst, dass Ihr ohne Frau und ohne Kinder wäret; Euch ist daher wohl die Seligkeit fremd, die gleichsam aus der Glorie des offnen Himmelreichs herabströmt auf Mann und Weib bei der Geburt eines Kindes. Es ist ja die reinste Liebe und Himmelswonne selbst, von der die Eltern erfüllt werden, wenn sie ihr Kind schauen, das stumm und still an der Mutter Brust liegend, doch mit gar beredten Zungen von ihrer Liebe, von ihrem höchsten Lebensglück spricht. – Nein, lieber Herr! so groß auch die Wohltaten sind, die Ihr uns erzeigt habt, so wiegen sie doch lange nicht das auf, was uns unser Kind wert ist; denn wo gäbe es Schätze der Welt, die diesem Besitz gleichzustellen? Scheltet uns daher nicht undankbar, lieber Herr! dass wir Euch Euer Ansinnen so ganz und gar abschlagen. Wäret Ihr selbst Vater, so bedürfte es weiter gar keiner Entschuldigung für uns.« – »Nun, nun«, erwiderte der Fremde, indem er finster seitwärts blickte, »ich glaubte Euch wohlzutun, indem ich Euern Sohn reich und glücklich machte. Seid Ihr nicht damit zufrieden, so ist davon weiter nicht die Rede.« – Giorgina küsste und herzte den Knaben, als sei er aus großer Gefahr errettet und ihr wiedergegeben worden. Der Fremde strebte sichtlich wieder unbefangen und heiter zu scheinen; man merkte es indessen doch nur zu deutlich, wie sehr ihn die Weigerung seiner Wirtsleute, ihm den Knaben zu geben, verdrossen hatte. Statt, wie er gesagt, noch denselben Abend fortzureisen, blieb er wieder drei Tage, in welchen er jedoch nicht so wie sonst bei Giorgina verweilte, sondern mit Andres auf die Jagd zog und sich bei dieser Gelegenheit viel von dem Grafen Aloys von Vach erzählen ließ. Als in der Folge Ignaz Denner wieder bei seinem Freunde Andres einsprach, dachte er nicht mehr an seinen Plan, den Knaben mit sich zu nehmen. Er war nach seiner Art freundlich wie vorher und fuhr fort, Giorgina reichlich zu beschenken, die er noch überdem wiederholt aufforderte, so oft sie Lust habe, sich mit den Juwelen aus dem Kistchen, das er Andres in Verwahrung gegeben, zu schmücken, welches sie auch wohl dann und wann heimlich tat. Oft wollte Denner wie sonst mit dem Knaben spielen; dieser sträubte sich aber und weinte, durchaus mochte er nicht mehr zu dem Fremden gehen, als wisse er etwas von dem feindlichen Anschlag, ihn seinen Eltern zu entführen. – Zwei Jahre hindurch hatte der Fremde nun auf seinen Wanderungen den Andres besucht, und Zeit und Gewohnheit hatten die Scheu, das Misstrauen wider Denner endlich überwunden, sodass Andres seinen Wohlstand ruhig und heiter genoss. Im Herbst des dritten Jahres, als die Zeit, in der Denner gewöhnlich einzusprechen pflegte, schon vorüber war, pochte es in einer stürmischen Nacht hart an Andres' Tür, und mehrere raue Stimmen riefen seinen Namen. Erschrocken sprang er aus dem Bette; als er aber zum Fenster herausfrug, wer ihn in finstrer Nacht so störe, und wie er gleich seine Doggen loslassen werde, um solche ungebetene Gäste wegzuhetzen, da sagte einer, er möge nur aufmachen, ein Freund sei da, und Andres erkannte Denners Stimme. Als er nun mit dem Licht in der Hand die Haustür öffnete, trat ihm Denner allein entgegen. Andres äußerte, wie es ihm vorgekommen, als ob mehrere Stimmen seinen Namen gerufen hätten; Denner meinte dagegen, dass den Andres das Heulen des Windes getäuscht haben müsse. Als sie in die Stube traten, erstaunte Andres nicht wenig, als er den Denner näher betrachtete und seinen ganz veränderten Anzug gewahr wurde. Statt der grauen schlichten Kleidung und des Mantels trug er ein dunkelrotes Wams und einen breiten ledernen Gurt, in dem ein Stilett und vier Pistolen staken; außerdem war er noch mit einem Säbel bewaffnet, selbst das Gesicht schien verändert, indem auf der sonst glatten Stirn nun buschichte Augenbrauen lagen und ein starker schwarzer Bart sich über Lippe und Wangen zog. »Andres!«, sprach Denner, indem er ihn mit seinen funkelnden Augen anblitzte, »Andres! als ich vor beinahe drei Jahren dein Weib vom Tode errettet hatte, da wünschtest du, dass Gott es dir verleihen möge, mir die dir erzeigte Wohltat mit deinem Blut und Leben lohnen zu können. Dein Wunsch ist erfüllt; denn es ist nunmehr der Augenblick gekommen, in dem du mir deine Dankbarkeit, deine Treue beweisen kannst. Kleide dich an; nimm deine Büchse und komme mit mir, nur wenige Schritte von deiner Wohnung sollst du das übrige erfahren.« Andres wusste nicht, was er von Denners Zumutung halten sollte; der Worte, die er ihm vorhielt, indessen wohl eingedenk, versicherte er, wie er bereit sei, alles nur Mögliche für ihn zu unternehmen, sobald es nicht der Rechtschaffenheit, Tugend und Religion zuwiderlaufe. »Darüber kannst du ganz ruhig sein«, rief Denner, indem er ihm lächelnd auf die Schulter klopfte; und da er bemerkte, dass Giorgina aufgesprungen war und, vor Angst zitternd und bebend, ihren Mann umklammerte, nahm er sie bei den Armen und sprach, sie sanft zurückziehend: »Lasst Euern Mann nur immer mit mir ziehen, in wenigen Stunden ist er wieder gesund bei Euch und bringt Euch vielleicht was Schönes mit. Hab' ich es denn jemals böse mit euch gemeint? Habe ich selbst dann, wenn ihr mich verkanntet, nicht immer euch Gutes erzeigt? Wahrhaftig, ihr seid recht besondere misstrauische Leute.« Andres zauderte noch immer sich anzukleiden, da wandte Denner sich zu ihm und sprach mit zornigem Blick: »Ich hoffe, du wirst deine Zusage halten, denn es gilt nunmehr, das zu beweisen mit der Tat, was du gesprochen!« Schnell war nun Andres angekleidet, und indem er mit Denner zur Tür herausschritt, sprach er noch einmal: »Alles, lieber Herr, will ich für Euch tun, doch etwas Unrechtes werdet Ihr wohl von mir nicht fordern, da ich auch das Kleinste, was wider mein Gewissen liefe, nicht vollbringen würde.« Denner antwortete nichts, sondern schritt rasch vorwärts. Sie waren durch das Dickicht gedrungen bis auf einen ziemlich geräumigen Rasenplatz; da pfiff Denner dreimal, dass der Ton ringsumher aus den schaurigen Klüften widerhallte, und überall in den Büschen flackerten Windlichter auf, und es rauschte und klirrte in den dunklen Gängen, bis sich schwarze grässliche Gestalten gespenstisch hervordrängten und den Denner im Kreise umringten. Einer aus dem Kreise trat hervor und sprach, auf Andres hindeutend: »Das ist ja wohl unser neuer Geselle, nicht wahr, Hauptmann?« »Ja«, antwortete Denner, »ich hab' ihn aus dem Bette geholt, er soll sein Probestück machen, es kann nun gleich vorwärtsgehen.« Andres erwachte bei diesen Worten wie aus dumpfer Betäubung, kalter Schweiß stand ihm auf der Stirne; aber er ermannte sich und rief heftig: »Was, du schändlicher Betrüger, für einen Kaufmann gabst du dich aus und treibst ein höllisches verruchtes Gewerbe und bist ein verworfener Räuber? Nimmermehr will ich dein Geselle sein und teilnehmen an deinen Schandtaten, zu denen du mich wie der Satan selbst auf künstliche hämische Weise verlocken wolltest! Lass mich gleich fort, du freveliger Bösewicht, und räume mit deiner Rotte dies Gebiet, sonst verrate ich deine Schlupfwinkel der Obrigkeit, und du bekommst den Lohn für deine Schandtaten; denn nun weiß ich es wohl, dass du selbst der schwarze Ignaz bist, der mit seiner Bande an der Grenze gehauset und geraubt und gemordet hat. – Gleich lasse mich fort, ich will dich nie mehr schauen.« Denner lachte laut auf. »Was, du feiger Bube?«, sprach er, »du unterstehst dich, mir zu trotzen, dich meinem Willen, meinem Machtwort entziehen zu wollen? Bist du nicht längst schon unser Geselle? lebst du nicht schon seit beinahe drei Jahren von unserm Gelde? schmückt sich dein Weib nicht mit unserm Raube? Nun stehst du unter uns und willst nicht arbeiten dafür, was du genossen? Folgst du uns nun nicht, zeigst du dich nicht gleich als unsern rüstigen Kumpan, so lasse ich dich gebunden in unsere Höhle werfen, und meine Gesellen ziehen nach deiner Wohnung, zünden sie an und ermorden dein Weib und deinen Knaben. Doch ich werde wohl diese Maßregel, die nur eine Folge deiner Halsstarrigkeit sein würde, nicht ergreifen dürfen. Nun! – wähle! – es ist Zeit, wir müssen fort!« – Andres sah nun wohl ein, dass die mindeste Weigerung seiner geliebten Giorgina und dem Knaben das Leben kosten würde; den verräterischen bübischen Denner im Innern zur Hölle verfluchend, beschloss er daher, in seinen Willen sich scheinbar zu fügen, rein von Diebstahl und Mord zu bleiben und das tiefere Eindringen in die Schlupfwinkel der Bande nur dazu zu benutzen, bei der ersten günstigen Gelegenheit ihre Aufhebung und Einziehung zu bewirken. Nach diesem im Stillen gefassten Entschluss erklärte er dem Denner, wie trotz seines innern Widerstrebens doch die Dankbarkeit für Giorginas Rettung ihn verpflichte, etwas zu wagen, und er wolle daher die Expedition mitmachen, wobei er nur bitte, ihn als einen Neuling, soviel möglich, mit dem tätigen Anteil daran zu verschonen. Denner lobte seinen Entschluss, indem er hinzufügte, wie er keinesweges verlange, dass er förmlich zur Bande übertreten solle, vielmehr müsse er Revierjäger bleiben; denn so wäre er ihm und der Bande schon jetzt von großem Nutzen gewesen, was denn auch künftig der Fall sein würde.

Es war auf nichts Geringeres abgesehen, als die Wohnung eines reichen Pachters, die, von dem Dorfe abgelegen, unfern dem Walde stand, zu überfallen und auszuplündern. Man wusste, dass der Pachter außer dem vielen Gelde und den

Kostbarkeiten, die er besaß, eben jetzt für verkauftes Getreide eine sehr bedeutende Summe eingenommen hatte, die er bei sich bewahrte, und umso mehr versprachen sich die Räuber einen reichen Fang. Die Windlichter wurden ausgelöscht, und still zogen die Räuber durch die engen Schleichwege, bis sie dicht an dem Gebäude standen, welches einige von der Bande umringten. Andere dagegen stiegen über die Mauer und sprengten von innen das Hoftor; einige wurden auf Wache ausgestellt, und unter diesen befand sich Andres. Bald hörte er, wie die Räuber die Türen erbrachen und ins Haus stürmten, er vernahm ihr Fluchen, ihr Geschrei, das Geheul der Gemisshandelten. Es fiel ein Schuss; der Pachter, ein beherzter Mann, mochte sich zur Wehre setzen – dann wurde es stiller – aufgesprengte Schlösser klirrten, Räuber schleppten Kisten zum Hoftor heraus. Einer von des Pachters Leuten musste in der Finsternis entwischt und ins Dorf gerannt sein; denn auf einmal tönte die Sturmglocke durch die Nacht, und bald darauf strömten Haufen mit hellauflodernden Lichtern die Straße herauf nach der Pachterwohnung. Nun fiel Schuss auf Schuss, die Räuber sammelten sich im Hofe und streckten alles nieder, was sich der Mauer näherte. Sie hatten ihre Windfackeln angezündet. Andres, der auf einer Anhöhe stand, konnte alles übersehen. Mit Entsetzen erblickte er unter den Bauern Jäger in der Liverei seines Herrn, des Grafen von Vach! – Was sollte er tun? – Sich zu ihnen zu begeben, war unmöglich, nur die schnellste Flucht konnte ihn retten; aber wie festgezaubert stand er da, hinstarrend in den Pachterhof, wo das Gefecht immer mörderischer wurde; denn durch eine kleine Pforte an der andern Seite waren die Vachschen Jäger gedrungen und mit den Räubern handgemein geworden. Die Räuber mussten zurück, sie drängten sich fechtend durch das Tor nach der Gegend hin, wo Andres stand. Er sah Dennern, der unaufhörlich lud und schoss und niemals fehlte. Ein junger reichgekleideter Mann, von Vachschen Jägern umgeben, schien den Anführer zu machen; auf ihn legte Denner an, aber noch ehe er abdrückte, stürzte er, von einer Kugel getroffen, mit einem dumpfen Schrei nieder. Die Räuber flohen – schon stürzten die Vachschen Jäger herbei, da sprang, wie von unwiderstehlicher Macht getrieben, Andres herbei und rettete Dennern, den er, stark, wie er war, auf die Schultern warf und schnell forteilte. Ohne verfolgt zu werden, erreichte er glücklich den Wald. Nur einzelne Schüsse fielen hin und wieder, und bald wurde es ganz still, ein Zeichen, dass es den Räubern, die nicht verwundet auf dem Platze liegen geblieben, geglückt war, in den Wald zu entkommen und dass es den Jägern und Bauern nicht ratsam schien, in das Dickicht einzubrechen. »Setze mich nur nieder, Andres!«, sprach Denner, »ich bin in den Fuß verwundet und verdammt, dass ich umstürzte, denn, unerachtet mich die Wunde sehr schmerzt, glaub' ich doch nicht einmal, dass sie bedeutend ist.« Andres tat es, Denner holte eine kleine Phiole aus der Tasche, und als er sie öffnete, strahlte ein helles Licht heraus, bei dem Andres die Wunde genau untersuchen konnte: Denner hatte recht; nur ein starker Streifschuss hatte den rechten Fuß getroffen, der stark blutete. Andres verband die Wunde mit seinem Schnupftuch, Denner ließ seine Pfeife ertönen, aus der Ferne wurde geantwortet, und nun bat er den Andres, ihn sachte den schmalen Waldweg heraufzuführen, denn bald würden sie an Ort und Stelle sein. Wirklich dauerte es auch nicht lange, so sahen sie den Schein von Windlichtern durch das dunkle Gebüsch brechen und hatten jenen

Rasenplatz erreicht, von dem sie ausgegangen und wo sie die übriggebliebenen Räuber bereits versammelt fanden. Alle jauchzten vor Freude auf, als Denner unter sie trat, und rühmten den Andres, der, tief in sich gekehrt, kein Wort vorzubringen vermochte. Es fand sich, dass über die Hälfte der Bande tot oder hart verwundet auf dem Platze liegen geblieben war; indessen hatten einige von den Räubern, die dazu bestimmt waren, den Raub in Sicherheit zu bringen, mitten im Gefecht wirklich mehrere Kisten mit kostbarem Gerät sowie eine ansehnliche Summe Geld fortzuschaffen gewusst, sodass, unerachtet das Unternehmen schlimm ausgegangen, doch die Beute ansehnlich blieb. Als nun das Nötige besprochen, wandte sich Denner, den man unterdessen ordentlich verbunden hatte, und der kaum irgendeinen Schmerz mehr zu fühlen schien, zu Andres und sprach: »Ich habe dein Weib vom Tode errettet, du hast mich in dieser Nacht der Gefangenschaft entzogen und mich folglich auch von dem mir gewissen Tode befreit, wir sind quitt! du kannst in deine Wohnung zurückkehren. In den nächsten Tagen, vielleicht schon morgen, verlassen wir die Gegend; du magst daher ganz ruhig darüber sein, dass wir dir Ähnliches, so wie heute, zumuten werden. Du bist ja so ein gottesfürchtiger Narr und uns nicht brauchbar. Es ist indessen billig, dass du teil am heutigen Raube nehmest und überdem für meine Rettung belohnt werdest. Nimm daher diesen Beutel mit Gold und behalte mich in gutem Andenken; denn übers Jahr hoffe ich bei dir einzusprechen.«
»Gott der Herr soll mich behüten«, erwiderte Andres heftig, »dass ich auch nur einen Pfennig von Eurem schändlichen Raube nehmen sollte. Habt Ihr mich doch nur durch die abscheulichsten Drohungen gezwungen mitzugehen, welches ich

ewiglich bereuen werde. Wohl mag es Sünde gewesen sein, dass ich dich, du schändlicher Bösewicht! der gerechten Strafe entzogen habe; aber Gott im Himmel mag es mir nach seiner Langmut verzeihen. Es war, als flehe in dem Augenblick meine Giorgina um dein Leben, da du das ihrige errettet, und ich konnte nicht anders, als dass ich dich mit Gefahr meines Lebens und meiner Ehre, ja das Wohl und Weh meines Weibes und meines Kindes aufs Spiel setzend, der Gefahr entriss. Denn sprich, was wäre aus mir, wenn man mich verwundet, ja, was wäre aus meinem armen Weibe, meinem Knaben geworden, wenn man mich erschlagen unter deiner verruchten Mörderbande gefunden hätte? – Aber sei überzeugt, dass, wenn du die Gegend nicht verlässest, wenn nur ein einziger hier geschehener Raub oder Mord mir kund wird, ich augenblicklich nach Fulda gehe und der Obrigkeit deine Schlupfwinkel verrate.« – Die Räuber wollten über den Andres herfallen, um ihn für seine Reden zu züchtigen; Denner verbot es ihnen jedoch, indem er sagte: »Lasst doch den albernen Kerl schwatzen, was tut das uns? – Andres«, fuhr Denner fort, »du bist in meiner Gewalt, so wie dein Weib und dein Knabe. Du sowohl als diese sollen aber ungefährdet bleiben, wenn du mir versprichst, dich ruhig in deiner Wohnung zu halten und über deine Mitwissenschaft von dem Vorfall dieser Nacht gänzlich zu schweigen. Das letzte rate ich dir umso mehr, als meine Rache dich furchtbar treffen und überdem die Obrigkeit dir selbst wohl deine Hilfe bei der Tat, sowie dass du schon lange von meinem Reichtum genossest, nicht so hingehen lassen würde. Dagegen verspreche ich dir noch einmal, dass ich die Gegend gänzlich räumen will, und wenigstens von mir und meiner Bande hier kein Unternehmen mehr ausgeführt werden soll.« Nachdem Andres notgedrungen diese Bedingungen des Räuberhauptmanns eingegangen war und feierlich versprochen hatte zu schweigen, wurde er von zwei Räubern durch wildverwachsne Fußsteige auf den breiten Waldweg geführt, und es war längst heller Morgen worden, als er in sein Haus trat und die vor Sorge und Angst totenbleiche Giorgina umarmte. Er sagte ihr nur im Allgemeinen, dass sich ihm Denner als der verruchteste Bösewicht offenbart, und er daher alle Gemeinschaft mit ihm abgebrochen habe; nie solle er mehr seine Schwelle betreten. »Aber das Juwelenkästchen?«, unterbrach ihn Giorgina. Da fiel es dem Andres wie eine schwere Last aufs Herz. An die Kleinodien, die Denner bei ihm zurückgelassen, hatte er nicht gedacht, und unerklärlich schien es ihm, dass Dennern auch nicht ein Wort darüber entfallen war. Er ging mit sich zurate, was er wohl mit diesem Kästchen anfangen solle. Zwar dachte er daran, es nach Fulda zu bringen und der Obrigkeit zu übergeben; wie sollte er aber den Besitz desselben beschönigen, ohne sich wenigstens dringender Gefahr auszusetzen, das dem Denner einmal gegebene Wort zu brechen? – Er beschloss endlich, diesen Schatz getreulich zu bewahren, bis der Zufall ihm Gelegenheit darbieten würde, es Dennern wieder zuzustellen, oder besser noch, es, ohne sein Wort zu brechen, an die Obrigkeit zu bringen. –

Der Überfall der Pachterwohnung hatte nicht geringen Schreck in der ganzen Gegend verursacht; denn es war das kühnste Wagestück, das die Räuber seit Jahren unternommen und ein sichrer Beweis, dass die Bande, welche sich erst durch gemeine Diebereien, dann durch das Anhalten und Berauben einzelner Reisenden kundtat, bedeutend verstärkt haben musste. Nur dem Zufall, dass der Neffe des Grafen von Vach, von mehreren Leuten seines Oheims begleitet, eben in dem Dorfe, das unfern der Pachterwohnung lag, übernachtete und auf den ersten Lärm den Bauern, die gegen die Räuber auszogen, zu Hilfe eilte, hatte der Pachter die Rettung seines Lebens und des größten Teils seiner Barschaft zu verdanken. Drei von den Räubern, die auf dem Platz geblieben waren, lebten noch den andern Tag und gaben Hoffnung, von ihren Wunden zu genesen. Man hatte sie sorgfältig verbunden und in das Dorfgefängnis gesperrt; als man indessen am frühen Morgen des dritten Tages sie abführen wollte, fand man sie durch viele Stiche ermordet, ohne dass man hätte erraten können, wie das zugegangen. Jede Hoffnung der Gerichte, von den Gefangenen näheren Aufschluss über die Bande zu erhalten, war daher vereitelt. Andres schauderte im Innern, als er das alles erzählen hörte, als er vernahm, wie mehrere Bauern und Jäger des Grafen von Vach zum Teil getötet, zum Teil schwer verwundet worden. – Starke Patrouillen von Fuldaischen Reitern durchstreiften den Wald und sprachen öfters bei ihm ein; jeden Augenblick musste Andres befürchten, dass man Dennern selbst oder wenigstens einen von der Bande einbringen, und dieser ihn dann als Genossen jener kühnen Freveltat erkennen und angeben werde. Zum ersten Mal in seinem Leben fühlte er die folternde Qual des bösen Gewissens, und doch hatte ihn nur die Liebe zu seinem Weibe, zu dem Knaben gezwungen, dem freveligen Ansinnen Denners nachzugeben.

Alle Nachforschungen blieben fruchtlos, es war unmöglich, den Räubern auf die Spur zu kommen, und Andres überzeugte sich bald, dass Denner Wort gehalten und die Gegend mit seiner Bande verlassen hatte. Das Geld, welches er noch von Denners Geschenken übrigbehalten, sowie die goldene Nadel legte er zu den Kleinodien in das Kistchen; denn er wollte nicht noch mehr Sünde auf sich laden und von geraubtem Gelde sich gütlich tun. So kam es denn, dass Andres bald wieder in die vorige Dürftigkeit und Armut geriet; aber immer mehr erheiterte sich sein Inneres, je längere Zeit verstrich, ohne dass irgendetwas sein ruhiges Leben verstört hätte. Nach zwei Jahren gebar ihm sein Weib noch einen Knaben, ohne jedoch wie das erste Mal zu erkranken, wiewohl sie sich herzlich nach jener bessern Kost und Pflege sehnte, die ihr damals so wohlgetan. Andres saß einst in der Abenddämmerung traulich mit seinem Weibe zusammen, die den jüngstgebornen Knaben an der Brust hatte, während der ältere sich mit dem großen Hunde herumbalgte, der als Liebling seines Herrn wohl in der Stube sein durfte. Da kam der Knecht hinein und sagte, wie ein Mensch, der ihm ganz verdächtig vorkomme, schon seit beinahe einer Stunde um das Haus herumschleiche. Andres war im Begriff mit seiner Büchse hinauszugehen, als er vor dem Hause seinen Namen rufen hörte. Er öffnete das Fenster und erkannte auf den ersten Blick den verhassten Ignaz Denner, der sich wieder in den grauen Kaufmannshabit geworfen hatte und ein Felleisen unter dem Arme trug. »Andres«, rief Denner, »du musst mir diese Nacht Herberge geben in deinem Hause, morgen ziehe ich weiter.« – »Was? Du unverschämter verruchter Bösewicht?«, rief Andres in vollem Zorn, »du wagst es, dich wieder hier sehen zu lassen? Habe ich dir nicht treulich Wort gehalten, nur damit du dein Versprechen erfüllen und auf immer diese Gegend verlassen solltest? Du darfst nicht mehr meine Schwelle betreten – entferne dich schnell, oder ich schieße dich mörderischen Buben nieder! – Doch warte, ich will dir dein Gold, dein Geschmeide, womit du Satan mein Weib verblenden wolltest, hinabwerfen; dann magst du schnell forteilen. Ich lasse dir drei Tage Zeit, spüre ich aber dann nur auf irgendeine Weise deine und deiner Bande Gegenwart, so eile ich schnell nach Fulda und entdecke alles, was ich weiß, der Obrigkeit. Magst du nun deine Drohungen gegen mich und mein Weib erfüllen wollen, ich verlasse mich auf den Beistand Gottes und werde dich Bösewicht mit meinem guten Gewehr zu treffen wissen.« Nun holte Andres schnell das Kästchen herbei, um es hinabzuwerfen; als er aber ans Fenster trat, war Denner verschwunden, und unerachtet die Doggen die ganze Gegend rings ums Haus durchspüren mussten, war es doch nicht möglich ihn aufzufinden. Andres sah nun wohl ein, wie er, Denners Bosheit ausgesetzt, nun in großer Gefahr schwebe; er war daher allnächtlich auf seiner Hut, indessen blieb alles ruhig, und Andres überzeugte sich, dass Denner nur allein den Wald durchstrichen hatte. Um indessen seinen ängstlichen Zustand zu enden, ja, um sein Gewissen zu beruhigen, das ihn mit Vorwürfen quälte, beschloss er nun nicht länger zu schweigen, sondern dem Rat in Fulda sein ganzes unverschuldetes Verhältnis mit Denner zu berichten und zugleich das Kistchen mit den Kleinodien abzuliefern. Andres wusste wohl, dass er ohne Strafe nicht abkommen würde, jedoch verließ er sich auf sein reuiges Bekenntnis eines Fehltritts, zu dem ihn der verruchte Ignaz Denner wie der Satan selbst verlockt und gezwungen, sowie auf die Fürsprache seines Herrn, des Grafen von Vach, der dem treuen Diener ein günstiges Zeugnis nicht versagen konnte. Er hatte mit seinem Knechte mehrmals den Wald durchstreift, und nie war ihm etwas Verdächtiges aufgestoßen; für sein Weib war daher jetzt keine Gefahr vorhanden, und er wollte ungesäumt nach Fulda gehen, um seinen Vorsatz auszuführen. An dem Morgen, als er sich zur Reise bereit gemacht, kam ein Bote von dem Grafen von Vach, der ihn augenblicklich auf das Schloss seines Herrn mitgehen hieß. Statt nach Fulda wanderte er also fort mit dem Boten nach dem Schloss, nicht ohne Bangigkeit, was wohl dieser ganz ungewöhnliche Ruf seines Herrn zu bedeuten haben werde. Als er in dem Schloss angekommen, musste er gleich in das Zimmer des Grafen treten. »Freue dich, Andres«, rief dieser ihm entgegen, »dich hat ein ganz unerwartetes Glück getroffen. Erinnerst du dich wohl noch unsers alten mürrischen Hauswirts in Neapel, des Pflegevaters deiner Giorgina? Der ist gestorben; aber auf dem Sterbebette hatte ihn noch das Gewissen gerührt wegen der abscheulichen Behandlung des armen verwaisten Kindes, und deshalb hat er ihr zweitausend Dukaten vermacht, die bereits in Wechselbriefen in Frankfurt angekommen sind und die du bei meinem Bankier heben kannst. Willst du dich gleich nach Frankfurt aufmachen, so lasse ich dir auf der Stelle das nötige Zertifikat ausfertigen, damit dir das Geld ohne Anstand ausgezahlt werde.« Den Andres machte die Freude sprachlos, und der Graf von Vach ergötzte sich nicht wenig an dem Entzücken seines treuen Dieners. Andres beschloss, als er sich gefasst hatte, seinem Weibe eine unvermutete Freude zu bereiten; er nahm daher seines Herrn gnädiges Anerbieten an und machte sich, nachdem er die Urkunde zu seiner Legitimation erhalten, auf den Weg nach Frankfurt.

Seinem Weibe ließ er sagen, wie ihn der Graf mit wichtigen Aufträgen verschickt habe und er daher einige Tage ausbleiben werde. – Als er in Frankfurt angekommen, wies ihn der Bankier des Grafen, bei dem er sich meldete, an einen andern

Kaufmann, der mit der Auszahlung des Legats beauftragt sein sollte. Andres fand ihn endlich und erhielt die ansehnliche Summe wirklich ausgezahlt. Immer nur an Giorgina denkend, immer darnach trachtend, ihre Freude recht vollkommen zu machen, kaufte er für sie allerlei schöne Sachen und auch eine goldene Nadel, *der* ganz gleich, welche ihr Denner geschenkt hatte, und da er nun das schwere Felleisen nicht wohl als Fußgänger fortbringen konnte, verschaffte er sich ein Pferd. So trat er nun, nachdem er sechs Tage abwesend gewesen, wohlgemut seine Rückreise an. Bald hatte er den Forst und seine Wohnung erreicht. Er fand das Haus fest verschlossen. Laut rief er den Knecht, seine Giorgina, niemand antwortete; die Hunde winselten, im Hause eingesperrt. Da ahnete er großes Unglück und schlug heftig an die Tür und schrie laut: »Giorgina! – Giorgina!« – Nun rauschte es am Bodenfenster, Giorgina schaute heraus und rief: »Ach Gott! – Ach Gott! Andres, bist du es? – Gepriesen sei die Macht des Himmels, dass du nur wieder da bist.« Als Andres nun durch die geöffnete Tür eintrat, fiel ihm sein Weib totenbleich und laut heulend in die Arme. Regungslos stand er da; endlich fasste er sein Weib, die mit erschlafften Gliedern zu Boden sinken wollte, und trug sie in die Stube. Aber wie mit eisigen Krallen packte ihn das Entsetzen bei dem grässlichen Anblick. Die ganze Stube voller Blutflecke an dem Boden, an den Wänden, sein jüngster Knabe mit zerschnittener Brust tot auf seinem Bettchen. – »Wo ist Georg, wo ist Georg?«, schrie Andres endlich auf in wilder Verzweiflung, aber in dem Augenblick hörte er, wie der Knabe die Treppe herabtrippelte und nach dem Vater rief. – Zerbrochene Gläser, Flaschen, Teller lagen umher. Der große schwere Tisch, sonst an der Wand stehend, war in die Mitte des Zimmers gerückt, eine sonderbar geformte Kohlpfanne, mehrere Phiolen und eine Schüssel mit geronnenem Blut standen auf demselben. Andres nahm sein armes Knäblein aus dem Bette. Giorgina verstand ihn, sie holte Tücher herbei, in die sie den Leichnam wickelten und im Garten begruben. Andres schnitt ein kleines Kreuz aus Eichenholz und setzte es auf den Grabhügel. Kein Wort, kein Laut entfloh den Lippen der unglücklichen Eltern. In dumpfem düsterem Schweigen hatten sie die Arbeit vollendet und saßen nun vor dem Hause in der Abenddämmerung, den starren Blick in die Ferne gerichtet. Erst den andern Tag konnte Giorgina den Verlauf dessen, was sich in Andres' Abwesenheit zugetragen, erzählen. Am vierten Tage, nachdem Andres sein Haus verlassen, hatte der Knecht zur Mittagszeit wieder allerlei verdächtige Gestalten durch den Wald wanken gesehen und Giorgina deshalb des Mannes Rückkehr herzlich gewünscht. Mitten in der Nacht wurde sie durch lautes Toben und Schreien dicht vor dem Hause aus dem Schlafe geweckt, der Knecht stürzte herein und verkündete voller Schreck, dass das ganze Haus von Räubern umringt und an eine Gegenwehr gar nicht zu denken sei. Die Doggen wüteten, aber bald schien es, als würden sie beschwichtigt, und man rief laut: »Andres! – Andres!« – Der Knecht fasste sich ein Herz, öffnete ein Fenster und rief herab, dass der Revierjäger Andres nicht zu Hause sei. »Nun, es tut nichts«, antwortete eine Stimme von unten herauf, »öffne nur die Tür, denn wir müssen bei Euch einkehren, Andres wird bald nachfolgen.« Was blieb dem Knecht übrig, als die Tür zu öffnen; da strömte der helle Haufe der Räuber herein und begrüßte Giorgina als die Frau ihres Kameraden, dem der Hauptmann Freiheit und Leben zu danken habe. Sie verlangten, dass Giorgina ihnen ein tüchtiges Essen bereiten möge, weil sie nachts ein schweres Stück Arbeit vollbracht, das aber herrlich gelungen sei. Zitternd und bebend machte Giorgina in der Küche ein großes Feuer an und bereitete das Mahl, wozu sie Wildbret, Wein und allerlei andere Ingredienzien von einem der Räuber empfing, der der Küchen- und Kellermeister der Bande zu sein schien. Der Knecht musste den Tisch decken und das Geschirr herbeibringen. Er nahm den Augenblick wahr und schlich sich fort zu seiner Frau in die Küche. »Ach, wisst Ihr wohl«, fing er voller Entsetzen an, »was für eine Tat die Räuber in dieser Nacht verübt haben? Nach langer Abwesenheit und nach langer Vorbereitung haben sie vor etlichen Stunden das Schloss des Herrn Grafen von Vach überfallen und nach tapferer Gegenwehr mehrere seiner Leute und ihn selbst getötet, das Schloss aber angezündet.« Giorgina schrie unaufhörlich: »Ach, mein Mann, wenn mein Mann nur auf dem Schlosse gewesen wäre – ach, der arme Herr!« – Die Räuber tobten und sangen unterdessen in der Stube und ließen sich den Wein wohl schmecken, bis ihnen das Mahl aufgetragen wurde. Der Morgen fing schon an zu dämmern, als der verhasste Denner erschien; nun wurden die Kisten und Felleisen, die sie auf ihren Packpferden mitgebracht hatten, geöffnet. Giorgina hörte, wie sie vieles Geld zählten und wie die Silbergeschirre klirrten; es schien alles verzeichnet zu werden. Endlich, als es schon lichter Tag geworden, brachen die Räuber auf, nur Denner blieb zurück. Er nahm eine freundliche leutselige Miene an und sprach zu Giorgina: »Ihr seid wohl recht erschreckt worden, liebe Frau; denn Euer Mann scheint Euch nicht gesagt zu haben, dass er schon seit geraumer Zeit unser Kamerad geworden. Es tut mir in der Tat leid, dass er nicht zu Hause gekommen ist; er muss einen andern Weg eingeschlagen und uns verfehlt haben. Er war mit uns auf dem Schlosse des Bösewichts, des Grafen von Vach, der uns vor zwei Jahren auf alle nur mögliche Weise verfolgt hat und an dem in voriger Nacht wir Rache nahmen. – Er fiel, kämpfend, von Eures Mannes Hand. Beruhigt Euch nur, liebe Frau, und sagt dem Andres, dass er mich nun so bald nicht wieder sehen würde, da die Bande sich auf einige Zeit trennt. Heute Abend verlasse ich Euch. – Ihr habt lauter hübsche Kinder, liebe Frau! Das ist ja wieder ein herrlicher Knabe.« Mit diesen Worten nahm er den Kleinen von Giorginas Arm und wusste mit ihm so freundlich zu spielen, dass das Kind lachte und jauchzte und gern bei ihm blieb, bis er es wieder der Mutter zurückgab. Schon war es Abend geworden, als Denner zu Giorgina sagte: »Ihr merkt wohl, dass ich, unerachtet ich kein Weib und keine Kinder habe, welches mir manchmal recht nahegeht, doch gar zu gern mit kleinen Kindern spiele und tändle. Gebt mir doch Euern Kleinen auf die wenigen Augenblicke, die ich noch bei Euch zubringe. Nicht wahr, der Kleine ist jetzt gerade neun Wochen alt?« Giorgina bejahte das und gab, jedoch nicht ohne inneres Widerstreben, den kleinen Knaben Dennern hin, der sich mit ihm vor die Haustür setzte und Giorgina bat, ihm nun das Abendessen zu bereiten, weil er in einer Stunde fort müsste. Kaum war Giorgina in die Küche getreten, als sie sah, wie Denner mit dem Kinde auf dem Arm in die Stube ging. Bald darauf verbreitete sich ein seltsam riechender Dampf durch das Haus, der aus der Stube zu quillen schien. Giorgina wurde von unbeschreiblicher Angst ergriffen; sie lief schnell nach der Stube und fand die Tür von innen verriegelt. Es war ihr, als höre sie das Kind leise wimmern. »Rette, rette mein Kind aus den Klauen des Bösewichts!«, so schrie sie, eine grässliche Tat ahnend, dem Knecht entgegen, der eben in das Haus trat. Dieser ergriff schnell die Axt und sprengte die Tür. Dicker stinkender Dampf schlug ihnen entgegen. Mit einem Sprunge war Giorgina im Zimmer; der Knabe lag nackt über einer Schüssel, in die sein Blut tröpfelte. Sie sah nur noch, wie der Knecht mit der Axt ausholte, um den Denner zu treffen, wie dieser dem Schlage auswich, den Knecht unterlief und mit ihm rang. Es war ihr, als höre sie jetzt mehrere Stimmen dicht vor den Fenstern, bewusstlos sank sie zu Boden. Als sie wieder erwachte, war es finstre Nacht worden, aber ganz betäubt, vermochte sie nicht die erstarrten Glieder zu regen. Endlich wurde es Tag, und nun sah sie mit Entsetzen, wie das Blut im Zimmer schwamm. Stücke von Denners Kleidern lagen überall umher – ein ausgerissener Schopf von des Knechts Haaren – die Axt blutig daneben – der Knabe vom Tische herabgeschleudert mit zerschnittener Brust. Aufs Neue wurde Giorgina ohnmächtig, sie glaubte zu sterben, aber sie erwachte wie aus dem Todesschlummer, als es schon Mittag geworden. Sie raffte sich mühsam auf, sie rief laut den Georg, aber als niemand antwortete, glaubte sie, auch Georg sei ermordet. Die Verzweiflung gab ihr Kräfte, sie floh aus dem Zimmer in den Hof und schrie laut: »Georg! – Georg!« Da antwortete es mit matter kläglicher Stimme vom Bodenfenster herab: »Mutter, ach liebe Mutter, bist du denn da? Komm herauf zu mir! mich hungert sehr!« – Schnell sprang jetzt Giorgina hinauf und fand den Kleinen, der vor Angst bei dem Lärm im Hause in die Bodenkammer gekrochen war und nicht gewagt hatte herauszukommen. Mit Entzücken drückte Giorgina den Kleinen an die Brust. Sie verschloss das Haus und wartete nun von Stunde zu Stunde in der

Bodenkammer auf Andres, den sie auch verloren glaubte. Der Knabe hatte von oben herab gesehen, wie mehrere Männer ins Haus gingen und mit Dennern einen toten Menschen heraustrugen. – Endlich bemerkte auch Giorgina das Geld und die schönen Sachen, die Andres mitgebracht hatte. »Ach, so ist es doch wahr?«, schrie sie entsetzt auf, »so bist du doch« – Andres ließ sie nicht ausreden, sondern erzählte ausführlich, welches Glück sie betroffen, und wie er in Frankfurt gewesen sei, wo er sich ihre Erbschaft habe auszahlen lassen. – Der Neffe des ermordeten Grafen von Vach war nun Besitzer der Güter worden; bei diesem wollte sich Andres melden, getreulich alles Geschehene erzählen, Denners Schlupfwinkel entdecken und bitten, ihn seines Dienstes zu entlassen, der ihm so viel Not und Gefahr bringe. Giorgina durfte mit dem Knaben im Hause nicht zurückbleiben. Andres beschloss daher, seine besten, leicht fortzuschaffenden Sachen auf einen kleinen Leiterwagen zu packen, das Pferd vorzuspannen und so mit seinem Weibe und Kinde eine Gegend auf immer zu verlassen, die ihm nur die schrecklichsten Erinnerungen erregen und überdem niemals Ruhe und Sicherheit gewähren konnte. Der dritte Tag war zur Abreise bestimmt, und eben packten sie einen Kasten, als ein starkes Pferdegetrappel immer näher und näher kam. Andres erkannte den Vachschen Förster, der bei dem Schlosse wohnte; hinter ihm ritt ein Kommando Fuldaischer Dragoner. »Nun, da finden wir ja den Bösewicht gerade bei der Arbeit, seinen Raub in Sicherheit zu bringen«, rief der Kommissarius des Gerichts, der mitgekommen. Andres erstarrte vor Staunen und Schreck. Giorgina war halb ohnmächtig. Sie fielen über ihn her, banden ihn und sein Weib mit Stricken und warfen sie auf den Leiterwagen, der schon vor dem Hause stand. Giorgina jammerte laut um den Knaben und flehte um Gottes willen, dass man ihn ihr mitgeben möge. »Damit du deine Brut auch noch ins höllische Verderben bringen kannst?«, sprach der Kommissarius und riss den Knaben mit Gewalt aus Giorginas Armen. Schon sollte es fortgehen, da trat der alte Förster, ein rauer, aber biederer Mann, noch einmal an den Wagen und sagte: »Andres, Andres, wie hast du dich denn von dem Satan verlocken lassen, solche Freveltaten zu begehen? Immer warst du ja sonst so fromm und ehrlich!« »Ach lieber Herr!«, schrie Andres auf im höchsten Jammer, »so wahr Gott im Himmel lebt, so wie ich dereinst selig zu sterben hoffe, ich bin unschuldig. Ihr habt mich ja gekannt von früher Jugend her; wie sollte ich, der ich niemals Unrechtes getan, solch ein abscheulicher Bösewicht geworden sein? – denn ich weiß wohl, dass Ihr mich für einen verruchten Räuber und Teilnehmer an der Freveltat haltet, die auf dem Schlosse meines geliebten unglücklichen Herrn verübt worden ist. Aber ich bin unschuldig bei meinem Leben und meiner Seligkeit!« »Nun«, sagte der alte Förster, »wenn du unschuldig bist, so wird das an den Tag kommen, mag auch noch so viel wider dich sprechen. Deines Knaben und des Besitztums, was du zurücklässest, will ich mich getreulich annehmen, sodass, wenn deine und deines Weibes Unschuld erwiesen, du den Jungen frisch und munter und deine Sachen unversehrt wiederfinden sollst.« Das Geld nahm der Kommissarius des Gerichts in Beschlag. Unterwegs frug Andres Giorginen, wo sie denn das Kästchen verwahrt habe; sie gestand, wie es ihr jetzt leidtue, dass sie es dem Denner überliefert, da es jetzt der Obrigkeit hätte übergeben werden können. In Fulda trennte man den Andres von seinem Weibe und warf ihn in ein tiefes finstres Gefängnis. Nach einigen Tagen wurde er zum Verhör geführt. Man beschuldigte ihn der Teilnahme an dem im Vachschen Schlosse verübten Raubmorde und ermahnte ihn, die Wahrheit zu gestehen, da schon alles wider ihn so gut als ausgemittelt sei. Andres erzählte nun getreulich alles, was sich mit ihm zugetragen, von dem ersten Eintritt des abscheulichen Denners in sein Haus bis zu dem Augenblick seiner Verhaftung. Er klagte sich selbst voll Reue des einzigen Vergehens an, dass er, um Weib und Kind zu retten, bei der Plünderung des Pachters zugegen war und den Denner von der Gefangennehmung befreite, und beteuerte seine gänzliche Unschuld rücksichts des letzten von der Dennerschen Bande verübten Raubmordes, da er zu ebenderselben Zeit in Frankfurt gewesen sei. Jetzt öffneten sich die Türen des Gerichtssaals, und der abscheuliche Denner wurde hereingeführt. Als er den Andres erblickte, lachte er auf in teuflischem Hohn und sprach: »Nun, Kamerad, hast du dich auch erwischen lassen? Hat dir deines Weibes Gebet denn nicht herausgeholfen?« Die Richter forderten Dennern auf, sein Bekenntnis rücksichts des Andres zu wiederholen, und er sagte aus, dass eben der Vachsche Revierjäger Andres, der jetzt vor ihm stehe, schon seit fünf Jahren mit ihm verbunden und das Jägerhaus sein bester und sicherster Schlupfwinkel gewesen sei. Andres habe immer den ihm gebührenden Anteil vom Raube erhalten, wiewohl er nur zweimal tätig bei den Räubereien mitgewirkt. Einmal nämlich bei der Beraubung des Pachters, wo er ihn, den Denner, aus der dringendsten Gefahr errettet, und dann bei dem Unternehmen gegen den Grafen Aloys von Vach, der eben durch einen glücklichen Schuss des Andres getötet worden sei. – Andres geriet in Wut, als er diese schändliche Lüge hörte. »Was?«, schrie er, »du verruchter teuflischer Bösewicht, du wagst es, mich der Ermordung meines lieben armen Herrn anzuklagen, die du selbst verübt? – Ja! ich weiß es, nur du selbst bist solcher Tat fähig; aber deine Rache verfolgt mich, weil ich aller Gemeinschaft mit dir entsagt habe, weil ich drohte, dich als einen verruchten Räuber und Mörder niederzuschießen, sowie du meine Schwelle betreten würdest. Darum hast du mit deiner Bande mein Haus überfallen, als ich abwesend war; darum hast du mein armes unschuldiges Kind und meinen braven Knecht ermordet! – Aber du wirst der schrecklichen Strafe des gerechten Gottes nicht entgehen, sollte ich auch deiner Bosheit unterliegen.« Nun wiederholte Andres sein voriges Bekenntnis unter den heiligsten Beteurungen der Wahrheit; aber Denner lachte höhnisch und meinte, warum er denn aus allzu großer Furcht vor dem Tode noch erst das Gericht zu belügen sich unterfange, und dass es sich schlecht mit der Frömmigkeit, von der er so viel Aufhebens mache, vereinbare, dass er Gott und die Heiligen zur Bekräftigung seiner falschen Aussagen anrufe. – Die Richter wussten in der Tat nicht, was sie von dem Andres, dessen Miene und Sprache die Wahrheit seiner Aussage zu bestätigen schien, sowie von Denners kalter Festigkeit denken sollten. – Nun wurde Giorgina vorgeführt, die in namenlosem Jammer laut weinend auf den Mann zustürzte. Sie wusste nur Unzusammenhängendes zu erzählen, und unerachtet sie den Denner des entsetzlichen Mordes ihres Knaben anklagte, schien Denner doch keineswegs entrüstet, sondern behauptete, wie er schon früher getan, dass Giorgina nie etwas von den Unternehmungen ihres Mannes gewusst habe, sondern ganz unschuldig sei. Andres wurde in sein Gefängnis zurückgeführt. Einige Tage nachher sagte ihm der ziemlich gutmütige Gefangenwärter, dass sein Weib, da sowohl Denner, als die übrigen Räuber fortwährend ihre Unschuld behauptet, sonst auch nichts wider sie ausgemittelt worden, der Haft entlassen sei. Der junge Graf von Vach, ein edelmütiger Herr, der sogar an seiner, des Andres, Schuld zu zweifeln scheine, habe Kaution gestellt, und der alte Förster Giorginen in einem schönen Wagen abgeholt. Vergebens habe Giorgina gebeten, ihren Mann sehen zu dürfen; das sei ihr vom Gericht gänzlich abgeschlagen worden. Den armen Andres tröstete diese Nachricht nicht wenig, da mehr als sein Unglück ihm seines Weibes elender Zustand im Gefängnis zu Herzen ging. Sein Prozess verschlimmerte sich indessen von Tage zu Tage. Es war erwiesen, dass eben, wie Denner es angegeben, seit fünf Jahren Andres in einen gewissen Wohlstand geriet, dessen Quelle nur die Teilnahme an den Räubereien sein konnte. Ferner gestand Andres selbst seine Abwesenheit vom Hause während der auf dem Vachschen Schlosse verübten Tat, und seine Angabe wegen seiner Erbschaft und seines Aufenthalts in Frankfurt blieb verdächtig, weil er den Namen des Kaufmanns, von dem er das Geld ausgezahlt erhalten haben wollte, durchaus nicht anzugeben wusste. Der Bankier des Grafen von Vach, sowie der Hauswirt in Frankfurt, bei dem Andres eingekehrt war, versicherten einstimmig, wie sie sich des beschriebenen Revierjägers gar nicht erinnern könnten, der Gerichtshalter des Grafen von Vach, der das Zertifikat für den Andres ausgefertigt hatte, war gestorben, und niemand von den Vachschen Dienern wusste etwas von der Erbschaft, da der Graf nichts davon geäußert, Andres aber auch davon geschwiegen, weil er, aus Frankfurt zurückkehrend, sein Weib mit dem Gelde überraschen wollte. So blieb alles, was Andres vorbrachte, um nachzuweisen, dass er zur Zeit des Raubes in Frankfurt gewesen und das Geld ehrlich erworben sei, unausgemittelt. Denner blieb dagegen bei seiner frühern Behauptung, und ihm stimmten sämtliche Räuber, die eingefangen worden, in allem bei. Alles dieses hätte aber die Richter noch nicht so von der Schuld des unglücklichen Andres überzeugt, als die Aussage von zwei Vachschen Jägern, die bei dem Schein der Flammen ganz genau den Andres erkannt und gesehen haben wollten, wie von ihm der Graf niedergestreckt wurde. Nun war Andres in den Augen des Gerichts ein verstockter heuchlerischer Bösewicht, und gestützt auf das Resultat aller jener Aussagen und Beweise, wurde ihm die Tortur zuerkannt, um seinen starren Sinn zu beugen und ihn zum Geständnis zu bringen. Schon über ein Jahr schmachtete Andres im Kerker, der Gram hatte seine Kräfte aufgezehrt, und sein sonst robuster starker Körper war schwach und ohnmächtig geworden. Der schreckliche Tag, an dem die Pein ihm das Geständnis einer Tat, welche er niemals begangen, abdringen sollte, kam heran. Man führte ihn in die Folterkammer, wo die entsetzlichen, mit sinnreicher Grausamkeit erfundenen Instrumente lagen, und die Henkersknechte sich bereiteten, den Unglücklichen zu martern. Nochmals wurde Andres ermahnt, die Tat, deren er so dringend verdächtig, ja deren er durch das Zeugnis jener Jäger überführt worden, zu gestehen. Er beteuerte wiederum seine Unschuld und wiederholte alle Umstände seiner Bekanntschaft mit Dennern in denselben Worten, wie er es im ersten Verhör getan. Da ergriffen ihn die Knechte, banden ihn mit Stricken und marterten ihn, indem sie seine Glieder ausrenkten und Stacheln einbohrten in das gedehnte Fleisch. Andres vermochte nicht die Qual zu ertragen: vom Schmerz gewaltsam zerrissen, den Tod wünschend, gestand er alles, was man wollte, und wurde ohnmächtig in den Kerker zurückgeschleppt. Man stärkte ihn, wie es nach erlittener Tortur gewöhnlich, mit Wein, und er fiel in einen zwischen Wachen und Schlafen hinbrütenden Zustand. Da war es ihm, als lösten sich die Steine aus der Mauer, und als fielen sie krachend herab auf den Boden des Kerkers. Ein blutroter Schimmer drang durch, und in ihm trat eine Gestalt hinein, die, unerachtet sie Denners Züge hatte, ihm doch nicht Denner zu sein schien. Glühender funkelten die Augen, schwärzer starrte das struppige Haar auf der Stirn empor, und tiefer senkten sich die finstern Augenbrauen in die dicke Muskel herab, die über der krummgebogenen Habichtsnase lag. Auf grässlich seltsame Weise war das Gesicht verschrumpft und verzerrt, und die Kleidung fremd und abenteuerlich, wie er Dennern niemals gesehen. Ein feuerroter, mit Gold stark verbrämter weiter Mantel hing in bauschichten Falten der Gestalt über die Schultern, ein breiter niedergekrempter spanischer Hut mit herabhängender roter Feder saß schief auf dem Kopfe, ein langer Stoßdegen hing an der Seite, und unter dem linken Arm trug die Gestalt ein kleines Kistchen. So schritt der gespenstische Unhold auf Andres zu, in hohlem dumpfem Tone sprechend: »Nun, Kamerad, wie hat dir die Folter geschmeckt? Du hast das alles bloß deinem Eigensinn zu verdanken; hättest du dich als zur Bande gehörig bekannt, so wärst du nun schon gerettet. Versprichst du aber, dich mir und meiner Leitung ganz zu ergeben, und gewinnst du es über dich, von diesen Tropfen zu trinken, die aus deines Kindes Herzblut gekocht sind, so bist du augenblicklich aller Qual entledigt. Du fühlst dich gesund und kräftig, und für deine weitere Rettung will ich dann sorgen.« – Andres konnte vor Schreck, Angst und Ermattung nicht sprechen; er sah, wie seines Kindes Blut in der Phiole, die ihm die Gestalt hinhielt, in roten Flämmchen spielte; inbrünstig betete er zu Gott und den Heiligen, dass sie ihn retten möchten aus den Klauen des Satans, der ihn verfolge und um die ewige Seligkeit bringen wolle, die er zu erlangen hoffe, sollte er auch eines schimpflichen Todes sterben. Nun lachte die Gestalt, dass es im Kerker widergellte, und verschwand im dicken Dampf. Andres erwachte endlich aus dumpfer Betäubung, er vermochte sich aufzurichten vom Lager; aber wie ward ihm, als er sah, dass das Stroh, was unter seinem Haupte gelegen, sich stärker und stärker zu rühren begann und endlich weggeschoben wurde. Er gewahrte, dass ein Stein aus dem Fußboden von unten herausgedrängt worden, und hörte mehrmals seinen Namen leise rufen. Er erkannte Denners Stimme und sprach: »Was willst du von mir? Lass mich ruhen, ich habe mit dir nichts zu schaffen!« »Andres«, sprach Denner, »ich bin durch mehrere Gewölbe gedrungen, um dich zu retten; denn, wenn du auf den Richtplatz kommst, von dem ich errettet werde, bist du verloren. Bloß um deines Weibes willen, die mir mehr angehört, als du wohl denken magst, helfe ich dir. Du bist ein mutloser Feigling. Was hat dir nun dein erbärmliches Leugnen gefruchtet? Bloß, dass du vom Vachschen Schloss nicht zu rechter Zeit nach Hause zurückkehrtest und ich mich zu lange bei deinem Weibe aufhielt, ist schuld, dass man mich auffing. Da! – nimm die Feile und die Säge, befreie dich in künftiger Nacht von den Ketten und durchsäge das Schloss der Kerkertüre; schleiche durch den Gang! Die äußere Tür linker Hand wird offenstehen, und draußen wirst du einen von uns finden, der dich weitergeleitet. Halte dich gut!«

Andres nahm die Säge und die Feile, die ihm Denner hineinreichte, und hob dann den Stein wieder in die Öffnung. Er war entschlossen, *das* zu tun, wozu ihn die innere Stimme des Gewissens aufforderte. – Als es Tag geworden und der Gefangenwärter hineintrat, da sagte er, wie er sehnlich wünsche vor den Richter geführt zu werden, indem er Wichtiges zu entdecken habe. Noch an demselben Vormittage wurde sein Verlangen erfüllt, weil man nicht anders glaubte, als dass Andres neue, bisher noch unbekannt gebliebene Freveltaten der Bande gestehen werde. Andres überreichte den Richtern die von Dennern erhaltenen Instrumente und erzählte den Vorgang der Nacht. »Unerachtet ich gewiss und wahrhaftig unschuldig leide, so soll mich doch Gott behüten, dass ich darnach trachten sollte, meine Freiheit auf unerlaubte Weise zu erlangen; denn das würde mich ja dem verruchten Denner, der mich in Schande und Tod gestürzt hat, in die Hände liefern und ich dann erst durch mein sündliches freveliges Unternehmen die Strafe verdienen, die ich jetzt unschuldig leiden werde.« So beschloss Andres seinen Vortrag. Die Richter schienen erstaunt und von Mitleid für den Unglücklichen durchdrungen, wiewohl sie durch die mannigfachen Tatsachen, die wider ihn sprachen, zu sehr von seiner Schuld überzeugt waren, um sein jetziges Benehmen nicht auch für zweifelhaft zu halten. Die Aufrichtigkeit des Andres und vorzüglich der Umstand, dass nach jener Anzeige der von Denner beabsichtigten Flucht in der Stadt und zwar in der nächsten Umgebung des Gefängnisses wirklich noch einige von der Bande ertappt und aufgegriffen wurden, hatte jedoch den wohltätigen Einfluss auf ihn, dass er aus dem unterirdischen Kerker, in den er gesperrt gewesen, herausgenommen wurde und eine lichte Gefängnisstube neben der Wohnung des Gefangenwärters erhielt. Da brachte er seine Zeit mit Gedanken an sein treues Weib, an seinen Knaben und mit gottseligen Betrachtungen hin, und bald fühlte er sich ermutigt, das Leben auch auf schmerzliche Weise wie eine Bürde abzuwerfen. Nicht genug konnte sich der Gefangenwärter über den frommen Verbrecher wundern, und er musste notgedrungen beinahe an seine Unschuld glauben.

Endlich, nachdem beinahe noch ein Jahr verflossen, war der schwierige verwickelte Prozess wider Denner und seine Mitschuldigen geschlossen. Es hatte sich gefunden, dass die Bande bis an die Grenze von Italien ausgebreitet war und schon seit geraumer Zeit überall raubte und mordete. Denner sollte gehängt und dann sein Körper verbrannt werden. Auch dem unglücklichen Andres war der Strang zuerkannt; seiner Reue halber, und da er durch das Bekenntnis der ihm von Denner geratenen Flucht die Entdeckung des Anschlags der Bande, durchzubrechen, veranlasst hatte, durfte jedoch sein Körper herabgenommen und auf der Gerichtsstätte verscharrt werden.

Der Morgen, an dem Denner und Andres hingerichtet werden sollten, war angebrochen; da ging die Tür des Gefängnisses auf, und der junge Graf von Vach trat hinein zum Andres, der auf den Knien lag und still betete. »Andres«, sprach der Graf, »du musst sterben. Erleichtere dein Gewissen noch durch ein offnes Geständnis! Sage mir, hast du deinen Herrn getötet? Bist du wirklich der Mörder meines Oheims?« – Da stürzten dem Andres die Tränen aus den Augen, und er wiederholte nochmals alles, was er vor Gericht ausgesagt, ehe ihm die unleidliche Qual der Tortur eine Lüge auspresste. Er rief Gott und die Heiligen an, die Wahrheit seiner Aussage und seine gänzliche Unschuld an dem Tode des geliebten Herrn zu bekräftigen.

»So ist hier«, fuhr der Graf von Vach fort, »ein unerklärliches Geheimnis im Spiele. Ich selbst, Andres, war von deiner Unschuld überzeugt, unerachtet vieles wider dich sprach; denn ich wusste ja, dass du von Jugend auf der treuste Diener meines Oheims gewesen bist und ihn selbst einmal in Neapel mit Gefahr deines Lebens aus Räuberhänden errettet hast. Allein nur noch gestern haben mir die beiden alten Jäger meines Oheims, Franz und Nikolaus, geschworen, dass sie dich leibhaftig unter den Räubern gesehen und genau bemerkt hätten, wie du selbst meinen Oheim niederstrecktest.« Andres wurde von den peinlichsten, schrecklichsten Gefühlen durchbohrt; es war ihm, als wenn der Satan selbst seine Gestalt angenommen habe, um ihn zu verderben; denn auch Denner hatte ja sogar im Kerker davon gesprochen, dass er den Andres wirklich gesehen, und so schien selbst die falsche Beschuldigung vor Gericht auf innerer wahrer Überzeugung zu beruhen. Andres sagte dies alles unverhohlen, indem er hinzusetzte, dass er sich der Schickung des Himmels ergebe, nach welcher er den schmählichen Tod eines Verbrechers sterben solle, dass aber, sei es auch lange Zeit nachher, seine Unschuld gewiss an den Tag kommen werde. Der Graf von Vach schien tief erschüttert; er konnte kaum noch dem Andres sagen, dass nach seinem Wunsche der Tag der Hinrichtung seinem unglücklichen Weibe verschwiegen geblieben sei, und dass sie sich nebst dem Knaben bei dem alten Förster aufhalte. Die Rathausglocke erklang dumpf und schauerlich in abgemessenen Pulsen. Andres wurde angekleidet, und der Zug ging mit den gewöhnlichen Feierlichkeiten unter dem Zuströmen unzähligen Volks nach der Richtstätte. Andres betete laut und rührte durch sein frommes Betragen alle, die ihn sahen. Denner hatte die Miene des trotzigen verstockten Bösewichts. Er schaute munter und kräftig um sich und lachte oft den armen Andres tückisch und schadenfroh an. Andres sollte zuerst hingerichtet werden; er bestieg gefasst mit dem Henker die Leiter, da kreischte ein Weib auf und sank ohnmächtig einem alten Mann in die Arme. Andres blickte hin, es war Giorgina; laut erflehte er vom Himmel Fassung und Stärke. »Dort, dort sehe ich dich wieder, mein armes unglückliches Weib, ich sterbe unschuldig!«, rief er, indem er den Blick sehnsuchtsvoll zum Himmel erhob. Der Richter rief dem Henker zu, er möge sich fördern, denn es entstand ein Murren unter dem Volke, und es flogen Steine nach Dennern, der ebenfalls schon die Leiter bestiegen hatte und die Zuschauer verhöhnte ob ihres Mitleids mit dem frommen Andres. Der Henker legte dem Andres den Strick um den Hals, da scholl es aus der Ferne her: »Halt – halt – um Christus willen, halt! – Der Mann ist unschuldig! – ihr richtet einen Unschuldigen hin!« – »Halt – halt!«, schrien tausend Stimmen, und kaum vermochte die Wache zu steuern dem Volk, das hinzudrang und den Andres von der Leiter herabreißen wollte. Näher sprengte nun der Mann zu Pferde, der erst gerufen hatte, und Andres erkannte auf den ersten Blick in dem Fremden den Kaufmann, der ihm in Frankfurt Giorginas Erbschaft ausgezahlt hatte. Seine Brust wollte zerspringen vor Freude und Seligkeit, kaum konnte er sich aufrecht erhalten, als er von der Leiter herabgestiegen. Der Kaufmann sagte dem Richter, dass zu derselben Zeit, als der Raubmord im Vachschen Schlosse verübt worden, Andres in Frankfurt, also viele Meilen davon entfernt, gewesen sei, und dass er dies vor Gericht auf die unzweifelhafteste Weise durch Urkunden und Zeugen dartun wolle. Da rief der Richter: »Die Hinrichtung des Andres kann keinesweges geschehen; denn dieser höchstwichtige Umstand beweiset, wenn er ausgemittelt wird, die völlige Unschuld des Angeklagten. Man führe ihn sogleich nach dem Gefängnisse zurück.« Denner hatte alles von der Leiter herab ruhig angesehen; als aber der Richter diese Worte gesprochen, da rollten seine glühenden Augen, er knirschte mit den Zähnen, er heulte in wilder Verzweiflung, dass es grässlich wie der namenlose Jammer des wütenden Wahnsinns durch die Lüfte hallte: »Satan, Satan! du hast mich betrogen – weh mir! weh mir! es ist aus – aus – alles verloren!« Man brachte ihn von der Leiter herab, er fiel zu Boden und röchelte dumpf: »Ich will alles bekennen – ich will alles bekennen!« Auch *seine* Hinrichtung wurde verschoben und er ins Gefängnis zurückgeführt, wo ihm jedes Entspringen unmöglich gemacht worden. Der Hass seiner Wächter war die beste Schutzwehr gegen die Schlauheit seiner Verbündeten. – Wenige Augenblicke nachher, als Andres bei dem Gefangenwärter angekommen, lag Giorgina in seinen Armen. »Ach Andres, Andres«, rief sie, »nun habe ich dich ganz wieder, da ich weiß, dass du unschuldig bist; denn auch ich habe an deiner Redlichkeit, an deiner Frömmigkeit gezweifelt!« – Unerachtet man Giorginen den Tag der Hinrichtung verschwiegen, war sie doch, von unbeschreiblicher Angst, von seltsamer Ahnung getrieben, nach Fulda geeilt und gerade auf die Richtstätte gekommen, als ihr Mann die verhängnisvolle Leiter bestieg, die ihn zum Tode führen sollte. Der Kaufmann war die ganze lange Zeit der Untersuchung über auf Reisen in Frankreich und Italien gewesen und jetzt über Wien und Prag zurückgekehrt. Der Zufall oder vielmehr eine besondere Schickung des Himmels wollte, dass er gerade in dem entscheidendsten Augenblick auf dem Richtplatz ankam und den armen Andres von dem schmählichen Tode des Verbrechers rettete. Im Gasthofe erfuhr er die ganze Geschichte des Andres, und es fiel ihm gleich schwer aufs Herz, dass Andres wohl derselbe Revierjäger sein könne, der vor zwei Jahren eine Erbschaft, die seinem Weibe von Neapel aus zugefallen, erhob. Schnell eilte er fort und überzeugte sich, als er nur Andres sah, sogleich von der Wahrheit seiner Vermutung. Durch die eifrigen Bemühungen des wackern Kaufmanns und des jungen Grafen von Vach wurde Andres' Aufenthalt in Frankfurt bis auf die Stunde ausgemittelt, dadurch aber seine völlige Unschuld an dem Raubmorde dargetan. Denner selbst gestand nun die Richtigkeit der Angabe des Andres über das Verhältnis mit ihm und meinte nur, der Satan müsse ihn geblendet haben; denn in der Tat hätte er geglaubt, Andres fechte auf dem Vachschen Schloss an seiner Seite. Für die erzwungene Teilnahme an der Ausplünderung des Pachterhofes, sowie für die gesetzwidrige Rettung Denners hatte nach dem Ausspruch der Richter Andres genug gebüßt durch das lange harte Gefängnis und durch die ausgestandene Marter und Todesangst; er wurde daher durch Urteil und Recht von jeder weiteren Strafe freigesprochen und eilte mit seiner Giorgina auf das Vachsche Schloss, wo ihm der edle wohltätige Graf im Nebengebäude eine Wohnung einräumte, von ihm nur die geringen Jagddienste fordernd, die des Grafen persönliche Liebhaberei notwendig machte. Auch die Gerichtskosten bezahlte der Graf, sodass Andres und Giorgina in dem ungekränkten Besitz ihres Vermögens blieben.

Der Prozess wider den verruchten Ignaz Denner nahm jetzt

eine ganz andere Wendung. Die Begebenheit auf der Gerichtsstätte schien ihn ganz umgewandelt zu haben. Sein höhnender teuflischer Stolz war gebeugt, und aus seinem zerknirschten Innern brachen Geständnisse hervor, die den Richtern das Haar sträubten. Denner klagte sich selbst mit allen Zeichen tiefer Reue des Bündnisses mit dem Satan an, das er von seiner frühen Jugendzeit unterhalten, und so wurde vorzüglich hierauf die fernere Untersuchung mit dem Zutritt dazu verordneter Geistlichkeit gerichtet. Über seine früheren Lebensverhältnisse erzählte Denner so viel Sonderbares, dass man es für das Erzeugnis wahnsinniger Überspannung hätte halten müssen, wenn nicht durch die Erkundigungen, die man in Neapel, seinem angeblichen Geburtsort, einziehen ließ, alles bestätigt worden wäre. Ein Auszug aus den von dem geistlichen Gericht in Neapel verhandelten Akten ergab über Denners Herkunft folgende merkwürdige Umstände.

Vor langen Jahren lebte in Neapel ein alter wunderlicher Doktor, Trabacchio mit Namen, den man seiner geheimnisvollen, stets glücklichen Kuren wegen insgemein den Wunderdoktor zu nennen pflegte. Es schien, als wenn das Alter nichts über ihn vermöge; denn er schritt rasch und jugendlich daher, unerachtet mehrere Eingeborne ihm nachrechnen konnten, dass er an die achtzig Jahre alt sein müsste. Sein Gesicht war auf eine seltsame grausige Weise verzerrt und verschrumpft, und seinen Blick konnte man kaum ohne innern Schauer ertragen, wiewohl er oft den Kranken wohltat, sodass man sagte, bloß durch den scharf auf den Kranken gehefteten Blick heile er oftmals schwere hartnäckige Übel. Über seinen schwarzen Anzug warf er gewöhnlich einen weiten roten Mantel mit goldnen Tressen und Troddeln, unter dessen bauschichten

Falten der lange Stoßdegen hervorragte. So lief er mit einer Kiste seiner Arzneien, die er selbst bereitete, durch die Straßen von Neapel zu seinen Kranken, und jeder wich ihm scheu aus. Nur in der höchsten Not wandte man sich an ihn, aber niemals schlug er es aus, einen Kranken zu besuchen, hatte er dabei auch nicht sonderlichen Gewinn zu hoffen. Mehrere Weiber starben ihm schnell; immer waren sie ausnehmend schön und insgemein Landdirnen gewesen. Er sperrte sie ein und erlaubte ihnen, nur unter Begleitung einer alten, ekelhaft hässlichen Frau die Messe zu hören. Diese Alte war unbestechlich; jeder noch so listig angelegte Versuch junger Lüstlinge, den schönen Frauen des Trabacchio näherzukommen, blieb fruchtlos. Unerachtet Doktor Trabacchio von Reichen sich gut bezahlen ließ, so stand doch seine Einnahme mit dem Reichtum an Geld und Kleinodien, den er in seinem Hause aufgehäuft hatte und den er niemanden verhehlte, in keinem Verhältnis. Dabei war er zu Zeiten freigebig bis zur Verschwendung und hatte die Gewohnheit, jedes Mal, wenn ihm eine Frau gestorben, ein Gastmahl zu geben, dessen Aufwand wohl doppelt so viel betrug als die reichste Einnahme, die ihm seine Praxis ein ganzes Jahr hindurch verschaffte. Mit seiner letzten Frau hatte er einen Sohn erzeugt, den er ebenso einsperrte wie seine Weiber; niemand bekam ihn zu sehen. Nur bei dem Gastmahl, das er nach dem Tode dieser Frau gab, saß der kleine dreijährige Knabe an seiner Seite, und alle Gäste waren über die Schönheit und die Klugheit des Kindes erstaunt, das man, verriet sein körperliches Ansehen nicht sein Alter, seinem Benehmen nach wenigstens für zwölfjährig hätte halten können. Eben bei diesem Gastmahl äußerte der Doktor Trabacchio, dass, da nunmehr sein Wunsch, einen Sohn zu haben, erreicht sei, er nicht mehr heiraten werde. Sein übermäßiger Reichtum, aber noch mehr sein geheimnisvolles Wesen, seine wunderbaren Kuren, die bis ins Unglaubliche gingen, da bloß einigen von ihm bereiteten und eingeflößten Tropfen, ja oft bloß seiner Betastung, seinem Blick, die hartnäckigsten Krankheiten wichen, gaben endlich Anlass zu allerlei seltsamen Gerüchten, die sich in Neapel verbreiteten. Man hielt den Doktor Trabacchio für einen Alchimisten, für einen Teufelsbeschwörer, ja man gab ihm endlich schuld, dass er mit dem Satan im Bündnis stehe. Die letzte Sage entstand aus einer seltsamen Begebenheit, die sich mit einigen Edelleuten in Neapel zutrug. Diese kehrten einst spät in der Nacht von einem Gastmahl zurück und gerieten, da sie im Weinrausch den Weg verfehlt, in eine einsame verdächtige Gegend. Da rauschte und raschelte es vor ihnen, und sie wurden mit Entsetzen gewahr, dass ein großer leuchtendroter Hahn, ein zackicht Hirschgeweihe auf dem Kopfe tragend, mit ausgebreiteten Flügeln daherschritt und sie mit menschlichen funkelnden Augen anstarrte. Sie drängten sich in eine Ecke, der Hahn schritt vorüber, und ihm folgte eine große Figur im glänzenden goldverbrämten Mantel. Sowie die Gestalten vorüber waren, sagte einer von den Edelleuten leise: »Das war der Wunderdoktor Trabacchio.« Alle, nüchtern geworden durch den entsetzlichen Spuk, ermutigten sich und folgten dem angeblichen Doktor mit dem Hahn, dessen Leuchten den genommenen Weg zeigte. Sie sahen, wie die Gestalten wirklich auf das Haus des Doktors, das auf einem fernen leeren, öden Platze stand, zuschritten. Vor dem Hause angekommen, rauschte der Hahn in die Höhe und schlug mit den Flügeln an das große Fenster über dem Balkon, das sich klirrend öffnete;

die Stimme eines alten Weibes meckerte: »Kommt – kommt nach Haus – kommt nach Haus – warm ist das Bett, und Liebchen wartet lange schon – lange schon!« Da war es, als stiege der Doktor auf einer unsichtbaren Leiter empor und rausche nach dem Hahn durch das Fenster, welches zugeschlagen wurde, dass es die einsame Straße entlang klirrte und dröhnte. Alles war im schwarzen Dunkel der Nacht verschwunden, und die Edelleute standen stumm und starr vor Grausen und Entsetzen. Dieser Spuk, die Überzeugung der Edelleute, dass die Gestalt, der der teuflische Hahn vorleuchtete, niemand anders als der verrufene Doktor Trabacchio gewesen, war für das geistliche Gericht, dem alles zu Ohren kam, genug, dem satanischen Wundermann sorglich in aller Stille nachzuspüren. Man brachte in der Tat heraus, dass in den Zimmern des Doktors sich oft ein roter Hahn befand, mit dem er auf wunderliche Weise zu sprechen und zu disputieren schien, als sprächen Gelehrte über zweifelhafte Gegenstände ihres Wissens. Das geistliche Gericht war im Begriff, den Doktor Trabacchio einzuziehen als einen verruchten Hexenmeister; aber das weltliche Gericht kam dem geistlichen zuvor und ließ den Doktor durch die Sbirren aufheben und ins Gefängnis schleppen, da er eben von dem Besuch eines Kranken heimkehrte. Die Alte war schon früher aus dem Hause geholt worden, den Knaben hatte man nicht finden können. Die Türen der Zimmer wurden verschlossen und versiegelt, Wachen rings um das Haus gestellt. – Folgendes war der Grund dieses gerichtlichen Verfahrens. Seit einiger Zeit starben mehrere angesehene Personen in Neapel und in der umliegenden Gegend, und zwar nach der Ärzte einstimmigem Urteil an Gift. Dies hatte viele Untersuchungen veranlasst, die fruchtlos blieben, bis endlich ein junger Mensch in Neapel, ein bekannter Lüstling und Verschwender, dessen Oheim vergiftet worden, die grässliche Tat mit dem Zusatz eingestand, dass er das Gift von dem alten Weibe, der Haushälterin Trabacchios, gekauft habe. Man spürte der Alten nach und ertappte sie, als sie eben ein festverschlossenes kleines Kistchen forttragen wollte, in dem man kleine Phiolen fand, die mit den Namen von allerlei Arzneimitteln versehen waren, unerachtet sie flüssiges Gift enthielten. Die Alte wollte nichts eingestehen; als man ihr indessen mit der Tortur drohte, da bekannte sie, dass der Doktor Trabacchio schon seit vielen Jahren jenes künstliche Gift, das unter dem Namen Aqua Toffana bekannt sei, bereite, und dass der geheime Verkauf dieses Gifts, der durch sie bewirkt worden, beständig seine reichste Erwerbsquelle gewesen. Ferner sei es nur zu gewiss, dass er mit dem Satan im Bündnis stehe, der in verschiedenen Gestalten bei ihm einkehre. Jedes seiner Weiber habe ihm ein Kind geboren, ohne dass es jemand außer dem Hause geahnet. Das Kind habe er denn allemal, nachdem es neun Wochen oder neun Monate alt worden, unter besonderen Zurüstungen und Feierlichkeiten auf unmenschliche Weise geschlachtet, indem er ihm die Brust aufgeschnitten und das Herz herausgenommen. Jedes Mal sei der Satan bei dieser Operation, bald in dieser, bald in jener Gestalt, meistens aber als Fledermaus mit menschlicher Larve, erschienen und habe mit breiten Flügeln das Kohlfeuer angefacht, bei dem Trabacchio aus des Kindes Herzblut köstliche Tropfen bereitet, die jeder Siechheit kräftig widerständen. Die Weiber hätte Trabacchio bald nachher auf diese oder jene heimliche Weise getötet, sodass der schärfste Blick des Arztes wohl nie auch die kleinste Spur der Ermordung habe auffinden können.

Nur Trabacchios letztes Weib, die ihm einen Sohn geboren, der noch lebe, sei des natürlichen Todes gestorben. –

Der Doktor Trabacchio gestand alles unverhohlen ein und schien eine Freude daran zu finden, das Gericht mit den schauerlichen Erzählungen seiner Untaten und vorzüglich der nähern Umstände seines entsetzlichen Bündnisses mit dem Satan in Verwirrung zu setzen. Die Geistlichen, welche dem Gericht beiwohnten, gaben sich alle nur ersinnliche Mühe, den Doktor zur Reue und zur Erkenntnis seiner Sünden zu bringen; aber es blieb vergebens, da Trabacchio sie nur verhöhnte und verlachte. Beide, die Alte und Trabacchio, wurden zum Scheiterhaufen verurteilt. – Man hatte unterdessen das Haus des Doktors untersucht und alle seine Reichtümer hervorgeholt, die nach Abzug der Gerichtskosten an die Hospitäler verteilt werden sollten. In Trabacchios Bibliothek fand man nicht ein einziges verdächtiges Buch, und noch viel weniger gab es Gerätschaften, die auf die satanische Kunst, die der Doktor getrieben, hätten hindeuten sollen. Nur ein verschlossenes Gewölbe, dessen viele durch die Mauer herausragende Röhren das Laboratorium verrieten, widerstand, als man es öffnen wollte, aller Kunst und aller Gewalt. Ja, wenn Schlosser und Maurer unter der Aufsicht des Gerichts sich eifrig bemühten, endlich durchzubrechen, sodass wohl der Zweck erreicht worden wäre, da kreischten im Innern des Gewölbes entsetzliche Stimmen, es rauschte auf und nieder, wie mit eiskalten Flügeln schlug es an die Gesichter der Arbeiter, und ein schneidender Zugwind pfiff in gellenden grässlichen Tönen durch den Gang, sodass, von Grausen und Entsetzen ergriffen, alle flohen, und am Ende niemand mehr sich an die Tür des Gewölbes wagen wollte, aus Furcht, wahnsinnig zu werden vor Angst und Schrecken. Den Geistlichen, die sich der Tür nahten, ging es nicht besser, und es blieb nichts übrig, als die Ankunft eines alten Dominikaners aus Palermo zu erwarten, dessen Standhaftigkeit und Frömmigkeit bisher alle Künste des Satans weichen mussten. Als dieser Mönch sich nun in Neapel befand, war er bereit, den teuflischen Spuk in Trabacchios Gewölbe zu bekämpfen, und verfügte sich hin, ausgerüstet mit Kreuz und Weihwasser, begleitet von mehreren Geistlichen und Gerichtspersonen, die aber weit von der Tür entfernt blieben. Der alte Dominikaner ging betend auf die Tür los; aber da erhob sich heftiger das Rauschen und Brausen, und die entsetzlichen Stimmen verworfener Geister lachten gellend heraus. Der Geistliche ließ sich jedoch nicht irremachen; er betete kräftiger, das Kruzifix emporhaltend und die Tür mit Weihwasser besprengend. »Man gebe mir ein Brecheisen!«, rief er laut; zitternd reichte es ihm ein Maurerbursche hin, aber kaum setzte es der alte Mönch an die Türe, als sie mit furchtbar erschütterndem Knall aufsprang. Blaue Flammen leckten überall an den Wänden des Gewölbes herauf, und eine betäubende erstickende Hitze strömte aus dem Innern. Demunerachtet wollte der Dominikaner hineintreten; da stürzte der Boden des Gewölbes ein, dass das ganze Haus erdröhnte, und Flammen prasselten aus dem Abgrunde hervor, die wütend um sich griffen und alles ringsumher erfassten. Schnell musste der Dominikaner mit seiner Begleitung fliehen, um nicht zu verbrennen oder verschüttet zu werden. Kaum waren sie auf der Straße, als das ganze Haus des Doktor Trabacchio in Flammen stand. Das Volk lief zusammen und jauchzte und jubelte, als es des verruchten Hexenmeisters Wohnung brennen sah, ohne auch nur das Mindeste zur Rettung zu tun. Schon war das Dach eingestürzt, das inwendige Holzwerk flammte zu den Wänden heraus, und nur die starken Balken des obern Stocks widerstanden noch der Gewalt des Feuers. Aber vor Entsetzen schrie das Volk auf, als es Trabacchios zwölfjährigen Sohn mit einem Kistchen unter dem Arm einen dieser glimmenden Balken entlangschreiten sah. Nur einen Moment dauerte diese Erscheinung, sie verschwand plötzlich in den hochaufschlagenden Flammen. – Der Doktor Trabacchio schien sich herzinniglich zu freuen, als er diese Begebenheit erfuhr, und ging mit verwegener Frechheit zum Tode. Als man ihn an den Pfahl band, lachte er hell auf und sagte zu dem Henker, der ihn mordlustig recht fest anschnürte: »Sieh dich vor, Geselle, dass diese Stricke nicht an deinen Fäusten brennen.« Dem Mönch, der sich ihm zuletzt noch nahen wollte, rief er mit fürchterlicher Stimme zu: »Fort! – zurück von mir! Glaubst du denn, dass ich so dumm sein werde, euch zu Gefallen einen schmerzlichen Tod zu leiden? – noch ist meine Stunde nicht gekommen.« – Nun fing das angezündete Holz an zu prasseln; kaum erreichte aber die Flamme den Trabacchio, als es hell aufloderte wie Strohfeuer und von einer fernen Anhöhe ein gellendes Hohngelächter sich hören ließ. Alles schaute hin, und Grausen ergriff das Volk, als es den Doktor Trabacchio leibhaftig in dem schwarzen Kleide, dem goldverbrämten Mantel, den Stoßdegen an der Seite, den niedergekrempten spanischen Hut mit der roten Feder auf dem Kopfe, das Kistchen unter dem Arm, ganz wie er sonst durch die Straßen von Neapel zu laufen pflegte, erblickte. Reiter, Sbirren, hundert andere aus dem Volk stürzten hin nach dem Hügel, aber Trabacchio war und blieb verschwunden. Die Alte gab ihren Geist auf unter den entsetzlichsten Qualen, unter den grässlichsten Verwünschungen ihres verruchten Herrn, mit dem sie unzählige Verbrechen geteilt. –

Der sogenannte Ignaz Denner war nun kein anderer, als ebender Sohn des Doktors, der sich damals durch die höllischen Künste seines Vaters mit einem Kistchen der seltensten und geheimnisvollsten Kostbarkeiten aus den Flammen rettete. Schon seit der frühesten Jugend unterrichtete ihn der Vater in den geheimen Wissenschaften, und seine Seele war dem Teufel verschrieben, noch ehe er sein volles Bewusstsein erlangt. Als man den Doktor Trabacchio ins Gefängnis warf, blieb der Knabe in dem geheimnisvollen verschlossenen Gewölbe unter den verworfenen Geistern, die des Vaters höllischer Zauber hineingebannt; da aber endlich dieser Zauber der Macht des Dominikaners weichen musste, ließ der Knabe die verborgenen mechanischen Kräfte wirken, und Flammen entzündeten sich, die in wenigen Minuten das ganze Haus in Brand steckten, während der Knabe selbst unversehrt durch das Feuer fort zum Tore hinaus in den Wald eilte, den ihm der Vater bezeichnet hatte. Nicht lange dauerte es, so erschien auch Doktor Trabacchio und floh schnell mit dem Sohne, bis sie wohl an drei Tagereisen von Neapel in die Ruinen eines alten römischen Gebäudes kamen, wo der Eingang zu einer weiten geräumigen Höhle versteckt lag. Hier wurde der Doktor Trabacchio von einer zahlreichen Räuberbande, mit der er längst in Verbindung gestanden und der er durch seine geheime Wissenschaft die wesentlichsten Dienste geleistet, mit lautem Jubel empfangen. Die Räuber wollten ihn mit nichts Geringerem lohnen, als mit der Krönung zum Räuberkönige, wodurch er sich zum Oberhaupt aller Banden, die in Italien und dem südlichen Deutschland verbreitet waren, aufgeschwungen hätte.

Der Doktor Trabacchio erklärte, diese Würde nicht annehmen zu können, da er der besondern Konstellation wegen, die über ihn walte, nunmehr ein ganz unstetes Leben führen müsse und von keinem Verhältnis gebunden werden könne; doch werde er noch immer den Räubern mit seiner Kunst und Wissenschaft beistehn und sich dann und wann sehen lassen. Da beschlossen die Räuber, den zwölfjährigen Trabacchio zum Räuberkönige zu wählen, und damit war der Doktor höchlich zufrieden, sodass der Knabe von Stund' an unter den Räubern blieb, und, als er fünfzehn Jahr alt worden, schon als wirkliches Oberhaupt mit ihnen auszog. Sein ganzes Leben war von nun an ein Gewebe von Gräueltaten und Teufelskünsten, in welche ihn der Vater, der sich oftmals blicken ließ und zuweilen wochenlang einsam mit seinem Sohne in der Höhle blieb, immer mehr einweihte. Die kräftigen Maßregeln des Königs von Neapel gegen die Räuberbanden, die immer kecker und verwegener wurden, noch mehr aber die entstandenen Zwistigkeiten der Räuber hoben endlich das gefährliche Bündnis unter *einem* Oberhaupt auf, und den Trabacchio selbst, der sich durch seinen Stolz und durch seine Grausamkeit verhasst gemacht hatte, konnten seine vom Vater erlernte Teufelskünste nicht vor den Dolchen seiner Untergebenen schützen. Er floh nach der Schweiz, gab sich den Namen Ignaz Denner und besuchte als reisender Kaufmann die Messen und Jahrmärkte in Deutschland, bis sich aus den zerstreuten Gliedern jener großen Bande eine kleinere bildete, die den vormaligen Räuberkönig zu ihrem Oberhaupt wählte. Trabacchio versicherte, wie sein Vater noch zur Stunde lebe, ihn noch im Gefängnis besucht und Rettung von der Gerichtsstätte versprochen habe. Nur dadurch, dass, wie er nun wohl einsehe, göttliche

Schickung den Andres vom Tode errettet, sei die Macht seines Vaters entkräftet worden, und er wolle nun als reuiger Sünder allen Teufelskünsten abschwören und geduldig die gerechte Todesstrafe erleiden. –

Andres, der alles dieses aus dem Munde des Grafen von Vach erfuhr, zweifelte keinen Augenblick, dass es wohl eben Trabacchios Bande gewesen, die ehemals im Neapolitanischen seinen Herrn anfiel, so wie er überzeugt war, dass der alte Doktor Trabacchio selbst im Gefängnis ihm wie der leibhaftige Satan erschien und verlocken wollte zum bösen Beginnen. Nun sah er erst recht ein, in welch großer Gefahr er geschwebt hatte seit der Zeit, als Trabacchio in sein Haus getreten; wiewohl er noch immer nicht begreifen konnte, warum es denn der Verruchte so ganz und gar auf ihn und sein Weib gemünzt hatte, da der Vorteil, den er aus seinem Aufenthalt in dem Jägerhause zog, nicht so bedeutend sein konnte.

Andres befand sich nach den entsetzlichen Stürmen nun in ruhiger glücklicher Lage, allein zu erschütternd hatten jene Stürme getobt, um nicht in seinem ganzen Leben dumpf nachzuhallen. Außer dem, dass Andres, sonst ein starker kräftiger Mann, durch den Gram, durch das lange Gefängnis, ja durch den unsäglichen Schmerz der Tortur körperlich zugrunde gerichtet, siech und krank daherschwankte und kaum noch die Jagd treiben konnte, so welkte auch Giorgina, deren südliche Natur von dem Grame, von der Angst, von dem Entsetzen, wie von brennender Glut aufgezehrt wurde, zusehends hin. Keine Hilfe war für sie mehr vorhanden, sie starb wenige Monate nach ihres Mannes Rückkehr. Andres wollte verzweifeln, und nur der wunderschöne kluge Knabe, der Mutter getreues Ebenbild, vermochte ihn zu trösten. Um dieses willen tat er alles, sein Leben zu erhalten und sich so viel als möglich zu kräftigen, sodass er nach Verlauf von beinahe zwei Jahren wohl an Gesundheit zugenommen und manchen lustigen Jägergang in den Forst unternehmen konnte. – Der Prozess wider den Trabacchio hatte endlich sein Ende erreicht, und er war, so wie vor alter Zeit sein Vater, zum Tode durchs Feuer verdammt worden, den er in weniger Zeit erleiden sollte. –

Andres kam eines Tages, als die Abenddämmerung schon eingebrochen, mit seinem Knaben aus dem Forst zurück; schon war er dem Schlosse nahe, als er ein klägliches Gewimmer vernahm, das aus dem ihm nahen ausgetrockneten Feldgraben zu kommen schien. Er eilte näher und erblickte einen Menschen, der, in elende schmutzige Lumpen gehüllt, im Graben lag und unter großen Schmerzen den Geist aufgeben zu wollen schien. Andres warf Flinte und Büchsensack ab und zog mit Mühe den Unglücklichen heraus; aber als er nun dem Menschen ins Gesicht blickte, erkannte er mit Entsetzen den Trabacchio. Zurückschaudernd ließ er von ihm ab; aber da wimmerte Trabacchio dumpf: »Andres, Andres, bist du es? Um der Barmherzigkeit Gottes willen, der ich meine Seele empfohlen, habe Mitleid mit mir! Wenn du mich rettest, rettest du eine Seele von ewiger Verdammnis; denn bald ereilt mich ja der Tod, und noch nicht vollendet ist meine Buße!« »Verdammter Heuchler«, schrie Andres auf; »Mörder meines Kindes, meines Weibes, hat dich nicht der Satan wieder hergeführt, damit du mich vielleicht noch verderbest? Ich habe mit dir nichts zu schaffen. Stirb und vermodere wie ein Aas, Verruchter!« Andres wollte ihn zurückstoßen in den Graben; da heulte Trabacchio in wildem Jammer: »Andres! du rettest den Vater deines Weibes, deiner Giorgina, die für mich betet am Throne des Höchsten!« Andres schauderte zusammen; mit Giorginas Namen fühlte er sich von schmerzlicher Wehmut ergriffen. Mitleid mit dem Mörder seiner Ruhe, seines Glücks durchdrang ihn, er erfasste den Trabacchio, lud ihn mit Mühe auf und trug ihn nach seiner Wohnung, wo er ihn mit stärkenden Mitteln erquickte. Bald erwachte Trabacchio aus der Ohnmacht, in die er versunken. –

In der Nacht vor der Hinrichtung ergriff den Trabacchio die entsetzlichste Todesangst; er war überzeugt, dass ihn nichts mehr von der namenlosen Marter des Feuertodes retten würde. Da fasste und rüttelte er in wahnsinniger Verzweiflung die Eisenstäbe des Gitterfensters, und zerbröckelt blieben sie in seinen Händen. Ein Strahl der Hoffnung fiel in seine Seele. Man hatte ihn in einen Turm dicht neben dem trocknen Stadtgraben gesperrt; er schaute in die Tiefe, und der Entschluss, sich hinabzustürzen und so sich zu retten oder zu sterben, war auf der Stelle gefasst. Der Ketten hatte er sich bald mit geringer Anstrengung entledigt. Als er sich hinauswarf, vergingen ihm die Sinne, er erwachte, als die Sonne hell strahlte. Da sah er, wie er zwischen Strauchwerk in hohes Gras gefallen, aber an allen Gliedern verstaucht und verrenkt, vermochte er sich nicht zu regen und zu rühren. Schmeißfliegen und anderes Ungeziefer setzten sich auf seinen halbnackten Körper und stachen und leckten sein Blut, ohne dass er sie abwehren konnte. So brachte er einen martervollen Tag hin. Erst des Nachts gelang es ihm weiterzukriechen, und er war glücklich genug, an eine Stelle zu kommen, wo sich etwas Regenwasser gesammelt hatte, welches er begierig einschlürfte. Er fühlte sich gestärkt und vermochte mühsam hinanzuklimmen und sich fortzuschleichen, bis er den Forst erreichte, der unfern von Fulda anhob und sich beinahe bis an das Vachsche Schloss erstreckte. So war er bis in die Gegend gekommen, wo ihn Andres mit dem Tode ringend fand. Die entsetzliche Anstrengung der letzten Kraft hatte ihn ganz erschöpft, und wenige Minuten später hätte ihn Andres sicherlich tot gefunden. Ohne daran zu denken, was künftig mit dem Trabacchio, der der Obrigkeit entflohen, werden sollte, brachte ihn Andres in ein einsames Zimmer und pflegte ihn auf alle nur mögliche Weise, aber so behutsam ging er dabei zu Werke, dass niemand die Anwesenheit des Fremden ahnte; denn selbst der Knabe, gewohnt dem Vater blindlings zu gehorchen, verschwieg getreulich das Geheimnis. Andres frug nun den Trabacchio, ob er denn gewiss und wahrhaftig Giorginas Vater sei. »Allerdings bin ich das«, erwiderte Trabacchio. »In der Gegend von Neapel entführte ich einst ein bildschönes Mädchen, die mir eine Tochter gebar. Nun weißt du schon, Andres, dass eines der größten Kunststücke meines Vaters die Bereitung jenes köstlichen wundersamen Liquors war, wozu das Hauptingredienz das Herzblut von Kindern ist, die neun Wochen, neun Monate oder neun Jahre alt und von den Eltern dem Laboranten freiwillig anvertraut sein müssen. Je näher die Kinder mit dem Laboranten in Beziehung stehen, desto wirkungsvoller entsteht aus ihrem Herzblut Lebenskraft, stete Verjüngung, ja selbst die Bereitung des künstlichen Goldes. Deshalb schlachtete mein Vater seine Kinder, und ich war froh, das Töchterlein, das mir mein Weib geboren, auf solche verruchte Weise höheren Zwecken opfern zu können. Noch kann ich nicht begreifen, auf welche Weise mein Weib die böse Absicht ahnte; aber sie war vor Ablauf der neunten Woche verschwunden, und erst nach mehreren Jahren erfuhr ich, dass sie in Neapel gestorben sei und ihre Tochter Giorgina bei einem grämlichen geizhalsigen Gastwirt erzogen würde. Ebenso wurde mir ihre Verheiratung mit dir und dein Aufenthalt bekannt. Nun kannst du dir erklären, Andres, warum ich deinem Weibe gewogen war und warum ich, ganz erfüllt von meinen verruchten Teufelskünsten, deinen Kindern so nachstellte. – Aber dir, Andres, dir allein und deiner wunderbaren Rettung durch Gottes Allmacht verdanke ich meine tiefe Reue, meine innere Zerknirschung. Übrigens ist das Kistchen mit Kleinodien, das ich deinem Weibe gab, dasjenige, welches ich auf des Vaters Geheiß aus den Flammen rettete, du kannst es getrost aufbewahren für deinen Knaben.« »Das Kistchen«, fiel Andres ein, »hat Euch ja Giorgina wiedergegeben an jenem schrecklichen Tage, da Ihr den grässlichen Mord verübtet?«

»Allerdings«, erwiderte Trabacchio; »allein ohne dass es Giorgina wusste, kam es wieder in Euern Besitz. Seht nur nach in der großen schwarzen Truhe, die in Euerm Hausflur steht, da werdet Ihr das Kistchen auf dem Boden finden.« Andres suchte in der Truhe und fand das Kistchen wirklich ganz in dem Zustande wieder, wie er es damals zum ersten Mal von Trabacchio in Verwahrung erhalten. –

Andres fühlte in sich unheimlichen Unmut, ja er konnte sich des Wunsches nicht erwehren, dass Trabacchio tot gewesen sein möge, als er ihn im Graben fand. Freilich schien Trabacchios Reue und Buße wahrhaft zu sein; denn ohne seine Klause zu verlassen, brachte er seine Zeit nur damit hin, in andächtigen Büchern zu lesen, und seine einzige Ergötzlichkeit war die Unterhaltung mit dem kleinen Georg, den er über alles zu lieben schien. Andres beschloss indessen doch auf seiner Hut zu sein und eröffnete bei erster Gelegenheit das ganze Geheimnis dem Grafen von Vach, der über das seltene Spiel des Schicksals nicht wenig verwundert war. So vergingen einige Monate, der Spätherbst war eingetreten und Andres mehr auf der Jagd als sonst. Der Kleine blieb gewöhnlich bei dem Großvater und einem alten Jäger, der um das Geheimnis wusste. Eines Abends war Andres von der Jagd zurückgekehrt, als der alte Jäger hineintrat und nach seiner treuherzigen Weise anfing: »Herr, Ihr habt einen bösen Kumpan im Hause. Zu dem kommt der Gottseibeiuns! durchs Fenster und geht wieder ab in Rauch und Dampf.« Dem Andres wurde es bei dieser Rede zumut', als hätt' ihn ein Blitzstrahl getroffen. Er wusste nur zu genau, was das zu bedeuten hatte, als ihm der alte Jäger weiter erzählte, wie er schon mehrere Tage hintereinander in später Abenddämmerung in Trabacchios Zimmer seltsame Stimmen gehört, die wie im Zank durcheinandergeplappert, und heute zum zweiten Mal habe es ihm, indem er Trabacchios Türe schnell geöffnet, geschienen, als rausche eine Gestalt im roten goldverbrämten Mantel zum Fenster hinaus. In vollem Zorn eilte Andres herauf zum Trabacchio, hielt ihm vor, was sein Jäger ausgesagt, und kündigte ihm an, dass er sich's gefallen lassen müsse, ins Schlossgefängnis gesperrt zu werden, wenn er nicht allem bösen Treiben entsage. Trabacchio blieb ruhig und erwiderte im wehmütigen Ton: »Ach, lieber Andres! nur zu wahr ist es, dass mein Vater, dessen Stündlein noch immer nicht gekommen, mich auf unerhörte Weise peinigt und quält. Er will, dass ich mich ihm wieder zuwende und der Frömmigkeit, dem Heil meiner Seele entsage, allein ich bin standhaft geblieben und glaube nicht, dass er wiederkehren wird, da er gesehen, dass er nicht mehr über mich Macht hat. Bleibe ruhig, lieber Sohn Andres, und lass mich bei dir als ein frommer Christ, versöhnt mit Gott, sterben!« In der Tat schien auch die feindliche Gestalt auszubleiben, indessen war es, als würden Trabacchios Augen wieder glühender, er lächelte zuweilen so seltsam höhnisch, wie sonst. Während der Betstunde, die Andres jeden Abend mit ihm zu halten pflegte, schien er oft krampfhaft zu erzittern; zuweilen strich eine seltsam pfeifende Zugluft durch das Zimmer, welche die Blätter der Gebetbücher raschelnd umschlug, ja die Bücher selbst dem Andres aus den Händen warf. »Gottloser Trabacchio, verruchter Satan! Du bist es, der hier höllischen Spuk treibt! Was willst du von mir? Hebe dich weg, denn du hast keine Macht über mich! – hebe dich weg!« – So rief Andres mit starker Stimme! Da lachte es höhnisch durch das Zimmer hin und schlug wie mit schwarzen Fittichen an das Fenster. Und doch war es nur der Regen, der an das Fenster geschlagen, und der Herbstwind, der durch das Zimmer geheult, wie Trabacchio meinte, als das Unwesen wieder einmal recht arg war und Georg vor Angst weinte.

»Nein«, rief Andres, »Euer gottloser Vater könnte hier nicht so herumspuken, wenn Ihr aller und jeder Gemeinschaft mit ihm entsagt hättet. Ihr müsst fort von mir. Eure Wohnung ist Euch längst bereitet. Ihr müsst fort ins Schlossgefängnis; dort möget Ihr Euern Spuk treiben, wie Ihr wollt.« Trabacchio weinte heftig, er bat um aller Heiligen willen, ihn im Hause zu dulden, und Georg, ohne zu begreifen, was das alles wohl bedeute, stimmte in seine Bitten ein. »So bleibt denn noch morgen hier«, sagte Andres, »ich will sehen, wie es mit der Betstunde gehen wird, wenn ich heimkomme von der Jagd.« Am andern Tage gab es herrliches Herbstwetter, und Andres versprach sich eine reiche Beute. Als er von dem Anstand zurückkehrte, war es ganz finster geworden. Er fühlte sich im innersten Gemüt besonders bewegt; seine merkwürdigen Schicksale, Giorginas Bild, sein ermordeter Knabe traten ihm so lebendig vor Augen, dass er, tief in sich gekehrt, immer langsamer und langsamer den Jägern nachschlenderte, bis er sich endlich unversehens auf einem Nebenwege allein im Forst befand. Im Begriff zurückzukehren in den breiten Waldweg, wurde er ein blendendes Licht gewahr, welches durch das dickste Gebüsch flackerte. Da ergriff ihn eine wunderbare verworrene Ahnung großer Gräueltat, die verübt werde; er drang durch das Dickicht, er war dem Feuer nahe, da stand des alten Trabacchio Gestalt im goldverbrämten Mantel, den Stoßdegen an der Seite, den niedergekrempten Hut mit roter Feder auf dem Kopfe, das Arzneikistchen unterm Arm. Mit glühenden Augen blickte die Gestalt in das Feuer, das wie in rot und blau flammenden Schlangen unter einer Retorte hervorloderte. Vor dem Feuer lag Georg nackt ausgebreitet auf einer Art Rost, und der verruchte Sohn des satanischen Doktors hatte hoch das funkelnde Messer erhoben zum Todesstoß. Andres schrie auf vor Entsetzen; aber sowie der Mörder sich umblickte, sauste schon die Kugel aus Andres' Büchse, und Trabacchio stürzte mit zerschmettertem Gehirn über das Feuer hin, das im Augenblick erlosch. Die Gestalt des Doktors war verschwunden. Andres sprang hinzu, stieß den Leichnam beiseite, band den armen Georg los und trug ihn schnell fort bis ins Haus. Dem Knaben fehlte nichts; nur die Todesangst hatte ihn ohnmächtig gemacht. Den Andres trieb es heraus in den Wald, er wollte sich von Trabacchios Tode überzeugen und den Leichnam gleich verscharren; er weckte daher den alten Jäger, der in tiefen, wahrscheinlich von Trabacchio bewirkten Schlaf gesunken, und beide gingen mit Laterne, Hacke und Spaten an die nicht weit entlegene Stelle. Da lag der blutige Trabacchio; aber sowie Andres sich näherte, richtete er sich mit halbem Leibe auf, starrte ihn grässlich an und röchelte dumpf: »Mörder! Mörder des Vaters deines Weibes, aber meine Teufel sollen dich quälen!« – »Fahre zur Hölle, du satanischer Bösewicht!«, schrie Andres, der dem Entsetzen, das ihn übermannen wollte, widerstand; »fahre hin zur Hölle, du, der du den Tod hundertfältig verdient hast, dem ich den Tod gab, weil er verruchten Mord an meinem Kinde, an dem Kinde seiner Tochter verüben wollte! Du hast nur Buße und Frömmigkeit geheuchelt um schändlichen Verrats willen, aber nun bereitet der Satan manche Qual deiner Seele, die du ihm verkauft!« Da sank Trabacchio heulend zurück, und immer dumpfer und dumpfer wimmernd, gab er seinen Geist auf. Nun gruben die beiden Männer ein tiefes Loch, in das sie Trabacchios Körper warfen. »Sein Blut komme nicht über mich!«, sprach Andres, »aber ich konnte nicht anders, ich war dazu ausersehen von Gott, meinen Georg zu retten und hundertfältige Frevel zu rächen. Doch will ich für seine Seele beten und ein kleines Kreuz auf sein Grab stellen.« Als andern Tages Andres dieses Vorhaben ausführen wollte, fand er die Erde aufgewühlt, der Leichnam war verschwunden. Ob das nun von wilden Tieren oder wie sonst bewirkt, blieb in Zweifel. Andres ging mit seinem Knaben und dem alten Jäger zum Grafen von Vach und berichtete treulich die ganze Begebenheit. Der Graf von Vach billigte die Tat des Andres, der zur Rettung seines Sohnes einen Räuber und Mörder niedergestreckt hatte, und ließ den ganzen Verlauf der Sache niederschreiben und im Archiv des Schlosses aufbewahren. –

Die schreckliche Begebenheit hatte den Andres tief im Innersten erschüttert, und wohl mochte er sich deshalb, wenn die Nacht eingebrochen, schlaflos auf dem Lager wälzen. Aber wenn er so zwischen Wachen und Träumen hinbrütete, da hörte er es im Zimmer knistern und rauschen, und ein roter Schein fuhr hindurch und verschwand wieder. Sowie er anfing zu horchen und zu schauen, da murmelte es dumpf: »Nun bist du Meister – du hast den Schatz – du hast den Schatz – gebeut über die Kraft, sie ist dein!« – Dem Andres war es, als wollte ein unbekanntes Gefühl ganz eigner Wohlbehaglichkeit und Lebenslust in ihm aufgehen; aber sowie die Morgenröte durch die Fenster brach, da ermannte sich Andres und betete, wie er es zu tun gewohnt, kräftig und inbrünstig zu dem Herrn, der seine Seele erleuchtete. »Ich weiß, was nun noch meines Amts und Berufs ist, um den Versucher zu bannen und die Sünde abzuwenden von meinem Hause!« – So sprach Andres, nahm Trabacchios Kistchen und warf es, ohne es zu öffnen, in eine tiefe Bergschlucht. Nun genoss Andres eines ruhigen heitern Alters, das keine feindliche Macht zu zerstören vermochte.

DER SANDMANN

Nathanael an Lothar

Gewiss seid Ihr alle voll Unruhe, dass ich so lange – lange nicht geschrieben. Mutter zürnt wohl, und Klara mag glauben, ich lebe hier in Saus und Braus und vergesse mein holdes Engelsbild, so tief mir in Herz und Sinn eingeprägt, ganz und gar. – Dem ist aber nicht so; täglich und stündlich gedenke ich Eurer aller, und in süßen Träumen geht meines holden Klärchens freundliche Gestalt vorüber und lächelt mich mit ihren hellen Augen so anmutig an, wie sie wohl pflegte, wenn ich zu Euch hineintrat. – Ach, wie vermochte ich denn Euch zu schreiben in der zerrissenen Stimmung des Geistes, die mir bisher alle Gedanken verstörte! – Etwas Entsetzliches ist in mein Leben getreten! – Dunkle Ahnungen eines grässlichen mir drohenden Geschicks breiten sich wie schwarze Wolkenschatten über mich aus, undurchdringlich jedem freundlichen Sonnenstrahl. – Nun soll ich Dir sagen, was mir widerfuhr. Ich muss es, das sehe ich ein, aber nur es denkend, lacht es wie toll aus mir heraus. – Ach, mein herzlieber Lothar, wie fange ich es denn an, Dich nur einigermaßen empfinden zu lassen, dass das, was mir vor einigen Tagen geschah, denn wirklich mein Leben so feindlich zerstören konnte! Wärst Du nur hier, so könntest Du selbst schauen; aber jetzt hältst Du mich gewiss für einen aberwitzigen Geisterseher. – Kurz und gut, das Entsetzliche, was mir geschah, dessen tödlichen Eindruck zu vermeiden ich mich vergebens bemühe, besteht in nichts anderm, als dass vor einigen Tagen, nämlich am 30. Oktober, mittags um 12 Uhr, ein Wetterglashändler in meine Stube trat und mir seine Ware anbot. Ich kaufte nichts und drohte, ihn die Treppe herabzuwerfen, worauf er aber von selbst fortging. –

Du ahnest, dass nur ganz eigne, tief in mein Leben eingreifende Beziehungen diesem Vorfall Bedeutung geben können, ja, dass wohl die Person jenes unglückseligen Krämers gar feindlich auf mich wirken muss. So ist es in der Tat. Mit aller Kraft fasse ich mich zusammen, um ruhig und geduldig Dir aus meiner frühern Jugendzeit so viel zu erzählen, dass Deinem regen Sinn alles klar und deutlich in leuchtenden Bildern aufgehen wird. Indem ich anfangen will, höre ich Dich lachen und Klara sagen: »Das sind ja rechte Kindereien!« – Lacht, ich bitte Euch, lacht mich recht herzlich aus! – ich bitt' Euch sehr! – Aber Gott im Himmel! die Haare sträuben sich mir, und es ist, als flehe ich Euch an, mich auszulachen, in wahnsinniger Verzweiflung, wie Franz Moor den Daniel. – Nun fort zur Sache! –

Außer dem Mittagsessen sahen wir, ich und mein Geschwister, tagüber den Vater wenig. Er mochte mit seinem Dienst viel beschäftigt sein. Nach dem Abendessen, das alter Sitte gemäß schon um sieben Uhr aufgetragen wurde, gingen wir alle, die Mutter mit uns, in des Vaters Arbeitszimmer und setzten uns um einen runden Tisch. Der Vater rauchte Tabak und trank ein großes Glas Bier dazu. Oft erzählte er uns viele wunderbare Geschichten und geriet darüber so in Eifer, dass ihm die Pfeife immer ausging, die ich, ihm brennend Papier hinhaltend, wieder anzünden musste, welches mir denn ein Hauptspaß war.

Oft gab er uns aber Bilderbücher in die Hände, saß stumm und starr in seinem Lehnstuhl und blies starke Dampfwolken von sich, dass wir alle wie im Nebel schwammen. An solchen Abenden war die Mutter sehr traurig, und kaum schlug die Uhr neun, so sprach sie: »Nun Kinder! – zu Bette! zu Bette! der Sandmann kommt, ich merk' es schon.«

Wirklich hörte ich dann jedes Mal etwas schweren, langsamen Tritts die Treppe heraufpoltern; das musste der Sandmann sein. Einmal war mir jenes dumpfe Treten und Poltern besonders graulich; ich frug die Mutter, indem sie uns fortführte: »Ei, Mama! wer ist denn der böse Sandmann, der uns immer von Papa forttreibt? – wie sieht er denn aus?« »Es gibt keinen Sandmann, mein liebes Kind«, erwiderte die Mutter, »wenn ich sage, der Sandmann kommt, so will das nur heißen, ihr seid schläfrig und könnt die Augen nicht offen behalten, als hätte man euch Sand hineingestreut.« – Der Mutter Antwort befriedigte mich nicht, ja in meinem kindischen Gemüt entfaltete sich deutlich der Gedanke, dass die Mutter den Sandmann nur verleugne, damit wir uns vor ihm nicht fürchten sollten, ich hörte ihn ja immer die Treppe heraufkommen. Voll Neugierde, Näheres von diesem Sandmann und seiner Beziehung auf uns Kinder zu erfahren, frug ich endlich die alte Frau, die meine jüngste Schwester wartete, was denn das für ein Mann sei, der Sandmann. »Ei Thanelchen«, erwiderte diese, »weißt du das noch nicht? Das ist ein böser Mann, der kommt zu den Kindern, wenn sie nicht zu Bett gehen wollen, und wirft ihnen Hände voll Sand in die Augen, dass sie blutig zum Kopf herausspringen, die wirft er dann in den Sack und trägt sie in den Halbmond zur Atzung für seine Kinderchen; die sitzen dort im Nest und haben krumme Schnäbel, wie die Eulen, damit picken sie der unartigen Menschenkindlein Augen auf.« – Grässlich malte sich nun im Innern mir das Bild des grausamen Sandmanns aus; sowie es abends die Treppe heraufpolterte, zitterte ich vor Angst und Entsetzen. Nichts als den unter Tränen hergestotterten Ruf: »Der Sandmann! der Sandmann!«, konnte die Mutter aus mir herausbringen. Ich lief darauf in das Schlafzimmer, und wohl die ganze Nacht über quälte mich die fürchterliche Erscheinung des Sandmanns. – Schon alt genug war ich geworden, um einzusehen, dass das mit dem Sandmann und seinem Kindernest im Halbmonde, so wie es mir die Wartefrau erzählt hatte, wohl nicht ganz seine Richtigkeit haben könne; indessen blieb mir der Sandmann ein fürchterliches Gespenst, und Grauen – Entsetzen ergriff mich, wenn ich ihn nicht allein die Treppe heraufkommen, sondern auch meines Vaters Stubentür heftig aufreißen und hineintreten hörte. Manchmal blieb er lange weg, dann kam er öfter hintereinander. Jahrelang dauerte das, und nicht gewöhnen konnte ich mich an den unheimlichen Spuk, nicht bleicher wurde in mir das Bild des grausigen Sandmanns. Sein Umgang mit dem Vater fing an, meine Fantasie immer mehr und mehr zu beschäftigen; den Vater darum zu befragen hielt mich eine unüberwindliche Scheu zurück, aber selbst – selbst das Geheimnis zu erforschen, den fabelhaften Sandmann zu sehen, dazu keimte mit den Jahren immer mehr die Lust in mir empor. Der Sandmann hatte mich auf die Bahn des Wunderbaren, Abenteuerlichen gebracht, das so schon leicht im kindlichen Gemüt sich einnistet. Nichts war mir lieber, als schauerliche Geschichten von Kobolden, Hexen, Däumlingen usw. zu hören oder zu lesen; aber obenan stand immer der Sandmann, den ich in den seltsamsten, abscheulichsten Gestalten überall auf Tische, Schränke und Wände mit Kreide, Kohle hinzeichnete. Als ich zehn Jahre alt geworden, wies mich die Mutter aus der Kinderstube in ein Kämmerchen, das auf dem Korridor unfern von meines Vaters Zimmer lag. Noch immer mussten wir uns, wenn auf den Schlag neun Uhr sich jener Unbekannte im Hause hören ließ, schnell entfernen. In meinem Kämmerchen vernahm ich, wie er bei dem Vater hineintrat, und bald darauf war es mir dann, als verbreite sich im Hause ein feiner, seltsam riechender Dampf. Immer höher mit der Neugierde wuchs der Mut, auf irgendeine Weise des Sandmanns Bekanntschaft zu machen. Oft schlich ich schnell aus dem Kämmerchen auf den Korridor, wenn die Mutter vorübergegangen, aber nichts konnte ich erlauschen, denn immer war der Sandmann schon zur Türe hinein, wenn ich den Platz erreicht hatte, wo er mir sichtbar werden musste. Endlich von unwiderstehlichem Drange getrieben, beschloss ich, im Zimmer des Vaters selbst mich zu verbergen und den Sandmann zu erwarten.

An des Vaters Schweigen, an der Mutter Traurigkeit merkte ich eines Abends, dass der Sandmann kommen werde; ich schützte daher große Müdigkeit vor, verließ schon vor neun Uhr das Zimmer und verbarg mich dicht neben der Türe in einen Schlupfwinkel. Die Haustür knarrte, durch den Flur ging es, langsamen, schweren, dröhnenden Schrittes nach der Treppe. Die Mutter eilte mit dem Geschwister mir vorüber. Leise – leise öffnete ich des Vaters Stubentür. Er saß, wie gewöhnlich, stumm und starr den Rücken der Türe zugekehrt, er bemerkte mich nicht, schnell war ich hinein und hinter der Gardine, die einem gleich neben der Türe stehenden offnen Schrank, worin meines Vaters Kleider hingen, vorgezogen war. – Näher – immer näher dröhnten die Tritte – es hustete und scharrte und brummte seltsam draußen. Das Herz bebte mir vor Angst und Erwartung. – Dicht, dicht vor der Türe ein scharfer Tritt – ein heftiger Schlag auf die Klinke, die Tür springt rasselnd auf! – Mit Gewalt mich ermannend, gucke ich behutsam hervor. Der Sandmann steht mitten in der Stube vor meinem Vater, der helle Schein der Lichter brennt ihm ins Gesicht! – Der Sandmann, der fürchterliche Sandmann ist der alte Advokat Coppelius, der manchmal bei uns zu Mittage isst! –

Aber die grässlichste Gestalt hätte mir nicht tieferes Entsetzen erregen können als eben dieser Coppelius. – Denke Dir einen großen breitschultrigen Mann mit einem unförmlich dicken Kopf, erdgelbem Gesicht, buschichten grauen Augenbrauen, unter denen ein Paar grünliche Katzenaugen stechend hervorfunkeln, großer, starker über die Oberlippe gezogener Nase. Das schiefe Maul verzieht sich oft zum hämischen Lachen; dann werden auf den Backen ein paar dunkelrote Flecke sichtbar, und ein seltsam zischender Ton fährt durch die zusammengekniffenen Zähne. Coppelius erschien immer in einem altmodisch zugeschnittenen aschgrauen Rocke, ebensolcher Weste und gleichen Beinkleidern, aber dazu schwarze Strümpfe und Schuhe mit kleinen Steinschnallen. Die kleine Perücke reichte kaum bis über den Kopfwirbel heraus, die Kleblocken standen hoch über den großen roten Ohren, und ein breiter verschlossener Haarbeutel starrte von dem Nacken weg, sodass man die silberne Schnalle sah, die die gefältelte Halsbinde schloss. Die ganze Figur war überhaupt widrig und abscheulich; aber vor allem waren uns Kindern seine großen knotichten, haarichten Fäuste zuwider, sodass wir, was er damit berührte, nicht mehr mochten. Das hatte er bemerkt, und nun war es seine Freude, irgendein Stückchen Kuchen oder eine süße Frucht, die uns die gute Mutter heimlich auf den Teller gelegt, unter diesem oder jenem Vorwande zu berühren, dass wir, helle Tränen in den Augen, die Näscherei, der wir uns erfreuen sollten, nicht mehr genießen mochten vor Ekel und Abscheu. Ebenso machte er es, wenn uns an Feiertagen der Vater ein klein Gläschen süßen Weins eingeschenkt hatte. Dann fuhr er schnell mit der Faust herüber oder brachte wohl gar das Glas an die blauen Lippen und lachte recht teuflisch, wenn wir unsern Ärger nur leise schluchzend äußern durften. Er pflegte uns nur immer die kleinen Bestien zu nennen; wir durften, war er zugegen, keinen Laut von uns geben und verwünschten den hässlichen, feindlichen Mann, der uns recht mit Bedacht und Absicht auch die kleinste Freude verdarb. Die Mutter schien ebenso wie wir den widerwärtigen Coppelius zu hassen; denn sowie er sich zeigte, war ihr Frohsinn, ihr heiteres unbefangenes Wesen umgewandelt in traurigen, düstern Ernst. Der Vater betrug sich gegen ihn, als sei er ein höheres Wesen, dessen Unarten man dulden und das man auf jede Weise bei guter Laune erhalten müsse. Er durfte nur leise andeuten, und Lieblingsgerichte wurden gekocht und seltene Weine kredenzt.

Als ich nun diesen Coppelius sah, ging es grausig und entsetzlich in meiner Seele auf, dass ja niemand anders als er der Sandmann sein könne, aber der Sandmann war mir nicht mehr jener Popanz aus dem Ammenmärchen, der dem Eulennest im Halbmonde Kinderaugen zur Atzung holt, – nein! – ein hässlicher gespenstischer Unhold, der überall, wo er einschreitet, Jammer – Not – zeitliches, ewiges Verderben bringt.

Ich war festgezaubert. Auf die Gefahr entdeckt und, wie ich deutlich dachte, hart gestraft zu werden, blieb ich stehen, den Kopf lauschend durch die Gardine hervorgestreckt. Mein Vater empfing den Coppelius feierlich. »Auf! – zum Werk«, rief dieser mit heiserer, schnarrender Stimme und warf den Rock ab. Der Vater zog still und finster seinen Schlafrock aus, und beide kleideten sich in lange schwarze Kittel. Wo sie *die* hernahmen, hatte ich übersehen. Der Vater öffnete die Flügeltür eines Wandschranks; aber ich sah, dass das, was ich so lange dafür gehalten, kein Wandschrank, sondern vielmehr eine schwarze Höhlung war, in der ein kleiner Herd stand. Coppelius trat hinzu, und eine blaue Flamme knisterte auf dem Herde empor. Allerlei seltsames Geräte stand umher. Ach Gott! – wie sich nun mein alter Vater zum Feuer herabbückte, da sah er ganz anders aus. Ein grässlicher krampfhafter Schmerz schien seine sanften ehrlichen Züge zum hässlichen widerwärtigen Teufelsbilde verzogen zu haben. Er sah dem Coppelius ähnlich. Dieser schwang die glutrote Zange und holte damit hellblinkende Massen aus dem dicken Qualm, die er dann emsig hämmerte. Mir war es, als würden Menschengesichter ringsumher sichtbar, aber ohne Augen – scheußliche, tiefe schwarze Höhlen statt ihrer. »Augen her, Augen her!«, rief Coppelius mit dumpfer dröhnender Stimme. Ich kreischte auf, von wildem Entsetzen gewaltig erfasst, und stürzte aus meinem Versteck heraus auf den Boden. Da ergriff mich Coppelius. »Kleine Bestie! – kleine Bestie!«, meckerte er zähnfletschend – riss mich auf und warf mich auf den Herd, dass die Flamme mein Haar zu sengen begann: »Nun haben wir Augen – Augen – ein schön Paar Kinderaugen.« So flüsterte Coppelius und griff mit den Fäusten glutrote Körner aus der

Flamme, die er mir in die Augen streuen wollte. Da hob mein Vater flehend die Hände empor und rief: »Meister! Meister! lass meinem Nathanael die Augen – lass sie ihm!« Coppelius lachte gellend auf und rief: »Mag denn der Junge die Augen behalten und sein Pensum flennen in der Welt; aber nun wollen wir doch den Mechanismus der Hände und der Füße recht observieren.« Und damit fasste er mich gewaltig, dass die Gelenke knackten, und schrob mir die Hände ab und die Füße und setzte sie bald hier, bald dort wieder ein. »'s steht doch überall nicht recht! 's gut, so wie es war! – Der Alte hat's verstanden!« So zischte und lispelte Coppelius; aber alles um mich her wurde schwarz und finster, ein jäher Krampf durchzuckte Nerv und Gebein – ich fühlte nichts mehr. Ein sanfter warmer Hauch glitt über mein Gesicht, ich erwachte wie aus dem Todesschlaf, die Mutter hatte sich über mich hingebeugt. »Ist der Sandmann noch da?«, stammelte ich. »Nein, mein liebes Kind, der ist lange, lange fort, der tut dir keinen Schaden!« – So sprach die Mutter und küsste und herzte den wiedergewonnenen Liebling.

Was soll ich Dich ermüden, mein herzlieber Lothar! was soll ich so weitläuftig Einzelnes hererzählen, da noch so vieles zu sagen übrig bleibt? Genug! – ich war bei der Lauscherei entdeckt und von Coppelius gemisshandelt worden. Angst und Schrecken hatten mir ein hitziges Fieber zugezogen, an dem ich mehrere Wochen krank lag. »Ist der Sandmann noch da?« – Das war mein erstes gesundes Wort und das Zeichen meiner Genesung, meiner Rettung. – Nur noch den schrecklichsten Moment meiner Jugendjahre darf ich Dir erzählen; dann wirst Du überzeugt sein, dass es nicht meiner Augen Blödigkeit ist, wenn mir nun alles farblos erscheint, sondern dass ein dunkles Verhängnis wirklich einen trüben Wolkenschleier über mein Leben gehängt hat, den ich vielleicht nur sterbend zerreiße. –

Coppelius ließ sich nicht mehr sehen, es hieß, er habe die Stadt verlassen.

Ein Jahr mochte vergangen sein, als wir der alten unveränderten Sitte gemäß abends an dem runden Tische saßen. Der Vater war sehr heiter und erzählte viel Ergötzliches von den Reisen, die er in seiner Jugend gemacht. Da hörten wir, als es neune schlug, plötzlich die Haustür in den Angeln knarren, und langsame eisenschwere Schritte dröhnten durch den Hausflur die Treppe herauf. »Das ist Coppelius«, sagte meine Mutter erblassend. »Ja! – es ist Coppelius«, wiederholte der Vater mit matter, gebrochener Stimme. Die Tränen stürzten der Mutter aus den Augen. »Aber Vater, Vater!«, rief sie, »muss es denn so sein?« – »Zum letzten Male!«, erwiderte dieser, »zum letzten Male kommt er zu mir, ich verspreche es dir. Geh nur, geh mit den Kindern! – Geht – geht zu Bette! Gute Nacht!«

Mir war es, als sei ich in schweren kalten Stein eingepresst – mein Atem stockte! – Die Mutter ergriff mich beim Arm, als ich unbeweglich stehen blieb: »Komm, Nathanael, komme nur!« – Ich ließ mich fortführen, ich trat in meine Kammer. »Sei ruhig, sei ruhig, lege dich ins Bette! – schlafe – schlafe«, rief mir die Mutter nach; aber von unbeschreiblicher innerer Angst und Unruhe gequält, konnte ich kein Auge zutun. Der verhasste abscheuliche Coppelius stand vor mir mit funkelnden Augen und lachte mich hämisch an, vergebens trachtete ich sein Bild loszuwerden. Es mochte wohl schon Mitternacht sein, als ein entsetzlicher Schlag geschah, wie wenn ein Geschütz losgefeuert würde. Das ganze Haus erdröhnte, es rasselte und rauschte bei meiner Türe vorüber, die Haustüre wurde klirrend zugeworfen. »Das ist Coppelius!«, rief ich entsetzt und sprang aus dem Bette. Da kreischte es auf in schneidendem trostlosem Jammer, fort stürzte ich nach des Vaters Zimmer, die Türe stand offen, erstickender Dampf quoll mir entgegen, das Dienstmädchen schrie: »Ach, der Herr! – der Herr!« – Vor dem dampfenden Herde auf dem Boden lag mein Vater tot mit schwarz verbranntem, grässlich verzerrtem Gesicht, um ihn herum heulten und winselten die Schwestern – die Mutter ohnmächtig daneben! – »Coppelius, verruchter Satan, du hast den Vater erschlagen!« – So schrie ich auf; mir vergingen die Sinne. Als man zwei Tage darauf meinen Vater in den Sarg legte, waren seine Gesichtszüge wieder mild und sanft geworden, wie sie im Leben waren. Tröstend ging es in meiner Seele auf, dass sein Bund mit dem teuflischen Coppelius ihn nicht ins ewige Verderben gestürzt haben könne. –

Die Explosion hatte die Nachbarn geweckt, der Vorfall wurde ruchbar und kam vor die Obrigkeit, welche den Coppelius zur Verantwortung vorfordern wollte. Der war aber spurlos vom Orte verschwunden.

Wenn ich Dir nun sage, mein herzlieber Freund, dass jener Wetterglashändler eben der verruchte Coppelius war, so wirst Du mir es nicht verargen, dass ich die feindliche Erscheinung als schweres Unheil bringend deute. Er war anders gekleidet, aber Coppelius' Figur und Gesichtszüge sind zu tief in mein Innerstes eingeprägt, als dass hier ein Irrtum möglich sein sollte. Zudem hat Coppelius nicht einmal seinen Namen geändert. Er gibt sich hier, wie ich höre, für einen piemontesischen Mechanikus aus und nennt sich Giuseppe Coppola.

Ich bin entschlossen, es mit ihm aufzunehmen und des Vaters Tod zu rächen, mag es denn nun gehen, wie es will.

Der Mutter erzähle nichts von dem Erscheinen des grässlichen Unholds. Grüße meine liebe holde Klara, ich schreibe ihr in ruhigerer Gemütsstimmung. Lebe wohl etc. etc.

Klara an Nathanael

Wahr ist es, dass Du recht lange mir nicht geschrieben hast, aber dennoch glaube ich, dass Du mich in Sinn und Gedanken trägst. Denn meiner gedachtest Du wohl recht lebhaft, als Du Deinen letzten Brief an Bruder Lothar absenden wolltest und die Aufschrift statt an ihn an mich richtetest. Freudig erbrach ich den Brief und wurde den Irrtum erst bei den Worten inne: »Ach, mein herzlieber Lothar!« – Nun hätte ich nicht weiterlesen, sondern den Brief dem Bruder geben sollen. Aber hast Du mir auch sonst manchmal in kindischer Neckerei vorgeworfen, ich hätte solch ruhiges, weiblich besonnenes Gemüt, dass ich wie jene Frau, drohe das Haus den Einsturz, noch vor schneller Flucht ganz geschwinde einen falschen Kniff in der Fenstergardine glattstreichen würde, so darf ich doch wohl kaum versichern, dass Deines Briefes Anfang mich tief erschütterte. Ich konnte kaum atmen, es flimmerte mir vor den Augen. – Ach, mein herzgeliebter Nathanael, was konnte so Entsetzliches in Dein Leben getreten sein! Trennung von Dir, Dich niemals wiedersehen, der Gedanke durchfuhr meine Brust wie ein glühender Dolchstich. – Ich las und las! – Deine Schilderung des widerwärtigen Coppelius ist grässlich. Erst jetzt vernahm ich, wie Dein guter alter Vater solch entsetzlichen, gewaltsamen Todes starb. Bruder Lothar, dem ich sein Eigentum zustellte, suchte mich zu beruhigen, aber es gelang ihm schlecht. Der fatale Wetterglashändler Giuseppe Coppola verfolgte mich auf Schritt und Tritt, und beinahe schäme ich mich, es zu gestehen, dass er selbst meinen gesunden, sonst so ruhigen Schlaf in allerlei wunderlichen Traumgebilden zerstören konnte. Doch bald, schon den andern Tag, hatte sich alles anders in mir gestaltet. Sei mir nur nicht böse, mein Inniggeliebter, wenn Lothar Dir etwa sagen möchte, dass ich trotz Deiner seltsamen Ahnung, Coppelius werde Dir etwas Böses antun, ganz heitern, unbefangenen Sinnes bin wie immer.

Geradeheraus will ich es Dir nur gestehen, dass, wie ich meine, alles Entsetzliche und Schreckliche, wovon Du sprichst, nur in Deinem Innern vorging, die wahre wirkliche Außenwelt aber daran wohl wenig teilhatte. Widerwärtig genug mag der alte Coppelius gewesen sein, aber dass er Kinder hasste, das brachte in Euch Kindern wahren Abscheu gegen ihn hervor.

Natürlich verknüpfte sich nun in Deinem kindischen Gemüt der schreckliche Sandmann aus dem Ammenmärchen mit dem alten Coppelius, der Dir, glaubtest Du auch nicht an den Sandmann, ein gespenstischer, Kindern vorzüglich gefährlicher Unhold blieb. Das unheimliche Treiben mit Deinem Vater zur Nachtzeit war wohl nichts anders, als dass beide insgeheim alchimistische Versuche machten, womit die Mutter nicht zufrieden sein konnte, da gewiss viel Geld unnütz verschleudert und obendrein, wie es immer mit solchen Laboranten der Fall sein soll, des Vaters Gemüt, ganz von dem trügerischen Drange nach hoher Weisheit erfüllt, der Familie abwendig gemacht wurde. Der Vater hat wohl gewiss durch eigne Unvorsichtigkeit seinen Tod herbeigeführt, und Coppelius ist nicht schuld daran. Glaubst Du, dass ich den erfahrnen Nachbar Apotheker gestern frug, ob wohl bei chemischen Versuchen eine solche augenblicklich tötende Explosion möglich sei. Der sagte: »Ei allerdings« und beschrieb mir nach seiner Art gar weitläuftig und umständlich, wie das zugehen könne, und nannte dabei so viel sonderbar klingende Namen, die ich gar nicht zu behalten vermochte. – Nun wirst Du wohl unwillig werden über Deine Klara, Du wirst sagen: »In dies kalte Gemüt dringt kein Strahl des Geheimnisvollen, das den Menschen oft mit unsichtbaren Armen umfasst; sie erschaut nur die bunte Oberfläche der Welt und freut sich wie das kindische Kind über die goldgleißende Frucht, in deren Innerm tödliches Gift verborgen.«

Ach, mein herzgeliebter Nathanael, glaubst Du denn nicht, dass auch in heitern – unbefangenen – sorglosen Gemütern die Ahnung wohnen könne von einer dunklen Macht, die feindlich uns in unserm eignen Selbst zu verderben strebt? – Aber verzeih' es mir, wenn ich einfältig Mädchen mich unterfange, auf irgendeine Weise anzudeuten, was ich eigentlich von solchem Kampfe im Innern glaube. – Ich finde wohl gar am Ende nicht die rechten Worte, und Du lachst mich aus, nicht, weil ich was Dummes meine, sondern weil ich mich so ungeschickt anstelle, es zu sagen. –

Gibt es eine dunkle Macht, die so recht feindlich und verräterisch einen Faden in unser Inneres legt, woran sie uns dann festpackt und fortzieht auf einem gefahrvollen, verderblichen Wege, den wir sonst nicht betreten haben würden – gibt es eine solche Macht, so muss sie in uns sich wie wir selbst gestalten, ja unser Selbst werden; denn nur so glauben wir an sie und räumen ihr den Platz ein, dessen sie bedarf, um jenes geheime Werk zu vollbringen. Haben wir festen, durch das heitre Leben gestärkten Sinn genug, um fremdes feindliches Einwirken als solches stets zu erkennen und den Weg, in den uns Neigung und Beruf geschoben, ruhigen Schrittes zu verfolgen, so geht wohl jene unheimliche Macht unter in dem vergeblichen Ringen nach der Gestaltung, die unser eignes Spiegelbild sein sollte. »Es ist auch gewiss«, fügt Lothar hinzu, »dass die dunkle physische Macht, haben wir uns durch uns selbst ihr hingegeben, oft fremde Gestalten, die die Außenwelt uns in den Weg wirft, in unser Inneres hineinzieht, so, dass wir selbst nur den Geist entzünden, der, wie wir in wunderlicher Täuschung glauben, aus jener Gestalt spricht. Es ist das Phantom unseres eigenen Ichs, dessen innige Verwandtschaft und dessen tiefe Einwirkung auf unser Gemüt uns in die Hölle wirft oder in den Himmel verzückt.« – Du merkst, mein herzlieber Nathanael, dass wir, ich und Bruder Lothar, uns recht über die Materie von dunklen Mächten und Gewalten ausgesprochen haben, die mir nun, nachdem ich nicht ohne Mühe das Hauptsächlichste aufgeschrieben, ordentlich tiefsinnig vorkommt. Lothars letzte Worte verstehe ich nicht ganz, ich ahne nur, was er meint, und doch ist es mir, als sei alles sehr wahr. Ich bitte Dich, schlage Dir den hässlichen Advokaten Coppelius und den Wetterglasmann Giuseppe Coppola ganz aus dem Sinn. Sei überzeugt, dass diese fremden Gestalten nichts über Dich vermögen; nur der Glaube an ihre feindliche Gewalt kann sie Dir in der Tat feindlich machen. Spräche nicht aus jeder Zeile Deines Briefes die tiefste Aufregung Deines Gemüts, schmerzte mich nicht Dein Zustand recht in innerster Seele, wahrhaftig, ich könnte über den Advokaten Sandmann und den Wetterglashändler Coppelius scherzen. Sei heiter – heiter! – Ich habe mir vorgenommen, bei Dir zu erscheinen wie Dein Schutzgeist und den hässlichen Coppola, sollte er es sich etwa beikommen lassen, Dir im Traum beschwerlich zu fallen, mit lautem Lachen fortzubannen. Ganz und gar nicht fürchte ich mich vor ihm und vor seinen garstigen Fäusten, er soll mir weder als Advokat eine Näscherei noch als Sandmann die Augen verderben.

Ewig, mein herzinnigstgeliebter Nathanael etc. etc. etc.

Nathanael an Lothar

Sehr unlieb ist es mir, dass Klara neulich den Brief an Dich aus, freilich durch meine Zerstreutheit veranlasstem, Irrtum erbrach und las. Sie hat mir einen sehr tiefsinnigen philosophischen Brief geschrieben, worin sie ausführlich beweiset, dass Coppelius und Coppola nur in meinem Innern existieren und Phantome meines Ichs sind, die augenblicklich zerstäuben, wenn ich sie als solche erkenne. In der Tat, man sollte gar nicht glauben, dass der Geist, der aus solch hellen holdlächelnden Kindesaugen oft wie ein lieblicher süßer Traum hervorleuchtet, so gar verständig, so magistermäßig distinguieren könne. Sie beruft sich auf Dich. Ihr habt über mich gesprochen. Du liesest ihr wohl logische Kollegia, damit sie alles fein sichten und sondern lerne. – Lass das bleiben! – Übrigens ist es wohl gewiss, dass der Wetterglashändler Giuseppe Coppola keinesweges der alte Advokat Coppelius ist. Ich höre bei dem erst neuerdings angekommenen Professor der Physik, der wie jener berühmte Naturforscher Spalanzani heißt und italienischer Abkunft ist, Kollegia. Der kennt den Coppola schon seit vielen Jahren, und überdem hört man es auch seiner Aussprache an, dass er wirklich Piemonteser ist. Coppelius war ein Deutscher, aber wie mich dünkt, kein ehrlicher. Ganz beruhigt bin ich nicht. Haltet Ihr, Du und Klara, mich immerhin für einen düstern Träumer, aber nicht los kann ich den Eindruck werden, den Coppelius' verfluchtes Gesicht auf mich macht. Ich bin froh, dass er fort ist aus der Stadt, wie mir Spalanzani sagt. Dieser Professor ist ein wunderlicher Kauz. Ein kleiner rundlicher Mann, das Gesicht mit starken Backenknochen, feiner Nase, aufgeworfenen Lippen, kleinen stechenden Augen. Doch besser als in jeder Beschreibung siehst Du ihn, wenn Du den Cagliostro, wie er von Chodowiecki in irgendeinem berlinischen Taschenkalender steht, anschauest. – So sieht Spalanzani aus. – Neulich steige ich die Treppe herauf und nehme wahr, dass die sonst einer Glastüre dicht vorgezogene Gardine zur Seite einen kleinen Spalt lässt. Selbst weiß ich nicht, wie ich dazu kam, neugierig durchzublicken. Ein hohes, sehr schlank im reinsten Ebenmaß gewachsenes, herrlich gekleidetes Frauenzimmer saß im Zimmer vor einem kleinen Tisch, auf den sie beide Arme, die Hände zusammengefaltet, gelegt hatte. Sie saß der Türe gegenüber, sodass ich ihr engelschönes Gesicht ganz erblickte. Sie schien mich nicht zu bemerken, und überhaupt hatten ihre Augen etwas Starres, beinahe möcht' ich sagen, keine Sehkraft, es war mir so, als schliefe sie mit offnen Augen. Mir wurde ganz unheimlich, und deshalb schlich ich leise fort ins Auditorium, das daneben gelegen. Nachher erfuhr ich, dass die Gestalt, die ich gesehen, Spalanzanis Tochter Olimpia war, die er sonderbarer-

und schlechterweise einsperrt, so, dass durchaus kein Mensch in ihre Nähe kommen darf. – Am Ende hat es eine Bewandtnis mit ihr, sie ist vielleicht blödsinnig oder sonst. – Weshalb schreibe ich Dir aber das alles? Besser und ausführlicher hätte ich Dir das mündlich erzählen können. Wisse nämlich, dass ich über vierzehn Tage bei Euch bin. Ich muss mein süßes liebes Engelsbild, meine Klara, wiedersehen. Weggehaucht wird dann die Verstimmung sein, die sich (ich muss das gestehen) nach dem fatalen verständigen Briefe meiner bemeistern wollte. Deshalb schreibe ich auch heute nicht an sie.

Tausend Grüße etc. etc. etc.

Seltsamer und wunderlicher kann nichts erfunden werden, als dasjenige ist, was sich mit meinem armen Freunde, dem jungen Studenten Nathanael, zugetragen, und was ich dir, günstiger Leser, zu erzählen unternommen. Hast du, Geneigtester, wohl jemals etwas erlebt, das deine Brust, Sinn und Gedanken ganz und gar erfüllte, alles andere daraus verdrängend? Es gärte und kochte in dir, zur siedenden Glut entzündet, sprang das Blut durch die Adern und färbte höher deine Wangen. Dein Blick war so seltsam, als wolle er Gestalten, keinem andern Auge sichtbar, im leeren Raum erfassen, und die Rede zerfloss in dunkle Seufzer. Da frugen dich die Freunde: »Wie ist Ihnen, Verehrter? – Was haben Sie, Teurer?« Und nun wolltest du das innere Gebilde mit allen glühenden Farben und Schatten und Lichtern aussprechen und mühtest dich ab, Worte zu finden, um nur anzufangen. Aber es war dir, als müsstest du nun gleich im ersten Wort alles Wunderbare, Herrliche, Entsetzliche, Lustige, Grauenhafte, das sich zugetragen, recht zusammengreifen, sodass es wie ein elektrischer Schlag alle treffe. Doch jedes Wort, alles, was Rede vermag, schien dir farblos und frostig und tot. Du suchst und suchst und stotterst und stammelst, und die nüchternen Fragen der Freunde schlagen wie eisige Windeshauche hinein in deine innere Glut, bis sie verlöschen will. Hattest du aber wie ein kecker Maler erst mit einigen verwegenen Strichen den Umriss deines innern Bildes hingeworfen, so trugst du mit leichter Mühe immer glühender und glühender die Farben auf, und das lebendige Gewühl mannigfacher Gestalten riss die Freunde fort, und sie sahen, wie du, sich selbst mitten im Bilde, das aus deinem Gemüt hervorgegangen! – Mich hat, wie ich es dir, geneigter Leser, gestehen muss, eigentlich niemand nach der Geschichte des jungen Nathanael gefragt; du weißt ja aber wohl, dass ich zu dem wunderlichen Geschlechte der Autoren gehöre, denen, tragen sie etwas so in sich, wie ich es vorhin beschrieben, so zumute wird, als frage jeder, der in ihre Nähe kommt, und nebenher auch wohl noch die ganze Welt: »Was ist es denn? Erzählen Sie, Liebster!« – So trieb es mich denn gar gewaltig, von Nathanaels verhängnisvollem Leben zu dir zu sprechen. Das Wunderbare, Seltsame davon erfüllte meine ganze Seele, aber ebendeshalb und weil ich dich, o mein Leser! gleich geneigt machen musste, Wunderliches zu ertragen, welches nichts Geringes ist, quälte ich mich ab, Nathanaels Geschichte, bedeutend – originell, ergreifend, anzufangen: »Es war einmal« – der schönste Anfang jeder Erzählung, zu nüchtern! – »In der kleinen Provinzialstadt S. lebte« – etwas besser, wenigstens ausholend zum Klimax. – Oder gleich medias in res: »›Scher' er sich zum Teufel‹, rief, Wut und Entsetzen im wilden Blick, der Student Nathanael, als der Wetterglashändler Giuseppe Coppola« –

Das hatte ich in der Tat schon aufgeschrieben, als ich in dem wilden Blick des Studenten Nathanael etwas Possierliches zu verspüren glaubte; die Geschichte ist aber gar nicht spaßhaft. Mir kam keine Rede in den Sinn, die nur im mindesten etwas von dem Farbenglanz des innern Bildes abzuspiegeln schien. Ich beschloss gar nicht anzufangen. Nimm, geneigter Leser, die drei Briefe, welche Freund Lothar mir gütigst mitteilte, für den Umriss des Gebildes, in das ich nun erzählend immer mehr und mehr Farbe hineinzutragen mich bemühen werde. Vielleicht gelingt es mir, manche Gestalt wie ein guter Porträtmaler so aufzufassen, dass du sie ähnlich findest, ohne das Original zu kennen, ja dass es dir ist, als hättest du die Person recht oft schon mit leibhaftigen Augen gesehen. Vielleicht wirst du, o mein Leser! dann glauben, dass nichts wunderlicher und toller sei als das wirkliche Leben, und dass dieses der Dichter doch nur, wie in eines matt geschliffnen Spiegels dunklem Widerschein, auffassen könne.

Damit klarer werde, was gleich anfangs zu wissen nötig, ist jenen Briefen noch hinzuzufügen, dass bald darauf, als Nathanaels Vater gestorben, Klara und Lothar, Kinder eines weitläuftigen Verwandten, der ebenfalls gestorben und sie verwaist nachgelassen, von Nathanaels Mutter ins Haus genommen wurden. Klara und Nathanael fassten eine heftige Zuneigung zueinander, wogegen kein Mensch auf Erden etwas einzuwenden hatte; sie waren daher Verlobte, als Nathanael den Ort verließ, um seine Studien in G. fortzusetzen. Da ist er nun in seinem letzten Briefe und hört Kollegia bei dem berühmten Professor Physices, Spalanzani.

Nun könnte ich getrost in der Erzählung fortfahren; aber in dem Augenblick steht Klaras Bild so lebendig mir vor Augen, dass ich nicht wegschauen kann, so wie es immer geschah, wenn sie mich holdlächelnd anblickte. – Für schön konnte Klara keinesweges gelten; das meinten alle, die sich von Amts wegen auf Schönheit verstehen. Doch lobten die Architekten die reinen Verhältnisse ihres Wuchses, die Maler fanden Nacken, Schultern und Brust beinahe zu keusch geformt, verliebten sich dagegen sämtlich in das wunderbare Magdalenenhaar und faselten überhaupt viel von Battonischem Kolorit. Einer von ihnen, ein wirklicher Phantast, verglich aber höchst seltsamerweise Klaras Augen mit einem See von Ruisdael, in dem sich des wolkenlosen Himmels reines Azur, Wald- und Blumenflur, der reichen Landschaft ganzes buntes, heitres Leben spiegelt. Dichter und Meister gingen aber weiter und sprachen: »Was See – was Spiegel! – Können wir denn das Mädchen anschauen, ohne dass uns aus ihrem Blick wunderbare himmlische Gesänge und Klänge entgegenstrahlen, die in unser Innerstes dringen, dass da alles wach und rege wird? Singen wir selbst dann nichts wahrhaft Gescheites, so ist überhaupt nicht viel an uns, und das lesen wir denn auch deutlich in dem um Klaras Lippen schwebenden feinen Lächeln, wenn wir uns unterfangen, ihr etwas vorzuquinkelieren, das so tun will, als sei es Gesang, unerachtet nur einzelne Töne verworren durcheinanderspringen.« Es war dem so. Klara hatte die lebenskräftige Fantasie des heitern unbefangenen, kindischen Kindes, ein tiefes weiblich-zartes Gemüt, einen gar hellen, scharf sichtenden Verstand. Die Nebler und Schwebler hatten bei ihr böses Spiel; denn ohne zu viel zu reden, was überhaupt in Klaras schweigsamer Natur nicht lag, sagte ihnen der helle Blick und jenes feine ironische Lächeln: »Lieben Freunde! wie möget ihr mir denn zumuten, dass ich eure verfließende Schattengebilde für wahre Gestalten ansehen soll mit Leben und Regung?« – Klara wurde deshalb von vielen kalt, gefühllos, prosaisch gescholten; aber andere, die das Leben in klarer Tiefe aufgefasst, liebten ungemein das gemütvolle, verständige, kindliche Mädchen, doch keiner so sehr als Nathanael, der sich in Wissenschaft und Kunst kräftig und heiter bewegte. Klara hing an dem Geliebten mit ganzer Seele; die ersten Wolkenschatten zogen durch ihr Leben, als er sich von ihr trennte. Mit welchem Entzücken flog sie in seine Arme, als er nun, wie er im letzten Briefe an Lothar es verheißen, wirklich in seiner Vaterstadt ins Zimmer der Mutter eintrat. Es geschah so, wie Nathanael geglaubt; denn in dem Augenblick, als er Klara wiedersah, dachte er weder an den Advokaten Coppelius noch an Klaras verständigen Brief, jede Verstimmung war verschwunden.

Recht hatte aber Nathanael doch, als er seinem Freunde Lothar schrieb, dass des widerwärtigen Wetterglashändlers Coppola Gestalt recht feindlich in sein Leben getreten sei. Alle fühlten das, da Nathanael gleich in den ersten Tagen in seinem ganzen Wesen durchaus verändert sich zeigte. Er versank in düstre Träumereien und trieb es bald so seltsam, wie man es niemals von ihm gewohnt gewesen. Alles, das ganze Leben war ihm Traum und Ahnung geworden; immer sprach er davon, wie jeder Mensch, sich frei wähnend, nur dunklen Mächten zum grausamen Spiel diene, vergeblich lehne man sich dagegen auf, demütig müsse man sich dem fügen, was das Schicksal verhängt habe. Er ging so weit, zu behaupten, dass es töricht sei, wenn man glaube, in Kunst und Wissenschaft nach selbsttätiger Willkür zu schaffen; denn die Begeisterung, in der man nur zu schaffen fähig sei, komme nicht aus dem eignen Innern, sondern sei das Einwirken irgendeines außer uns selbst liegenden höheren Prinzips.

Der verständigen Klara war diese mystische Schwärmerei im höchsten Grade zuwider, doch schien es vergebens, sich auf Widerlegung einzulassen. Nur dann, wenn Nathanael bewies, dass Coppelius das böse Prinzip sei, was ihn in dem Augenblick erfasst habe, als er hinter dem Vorhange lauschte, und dass dieser widerwärtige Dämon auf entsetzliche Weise ihr Liebesglück stören werde, da wurde Klara sehr ernst und sprach: »Ja, Nathanael! du hast recht, Coppelius ist ein böses, feindliches Prinzip, er kann Entsetzliches wirken wie eine teuflische Macht, die sichtbarlich in das Leben trat, aber nur dann, wenn du ihn nicht aus Sinn und Gedanken verbannst. Solange du an ihn glaubst, *ist* er auch und wirkt, nur dein Glaube ist seine Macht.« – Nathanael, ganz erzürnt, dass Klara die Existenz des Dämons nur in seinem eignen Innern statuiere, wollte dann hervorrücken mit der ganzen mystischen Lehre von Teufeln und grausen Mächten, Klara brach aber verdrießlich ab, indem sie irgendetwas Gleichgültiges dazwischenschob, zu Nathanaels nicht geringem Ärger. *Der* dachte, kalten unempfänglichen Gemütern verschließen sich solche tiefe Geheimnisse, ohne sich deutlich bewusst zu sein, dass er Klara eben zu solchen untergeordneten Naturen zähle, weshalb er nicht abließ mit Versuchen, sie in jene Geheimnisse einzuweihen. Am frühen Morgen, wenn Klara das Frühstück bereiten half, stand er bei ihr und las ihr aus allerlei mystischen Büchern vor, dass Klara bat: »Aber, lieber Nathanael, wenn ich *dich* nun das böse Prinzip schelten wollte, das feindlich auf meinen Kaffee wirkt? – Denn wenn ich, wie du es willst, alles stehen und liegen lassen und dir, indem du liesest, in die Augen schauen soll, so läuft mir der Kaffee ins Feuer, und ihr bekommt alle kein Frühstück!« – Nathanael klappte das Buch heftig zu und rannte voll Unmut fort in sein Zimmer. Sonst hatte er eine besondere Stärke in anmutigen, lebendigen Erzählungen, die er aufschrieb, und die Klara mit dem innigsten Vergnügen anhörte; jetzt waren seine Dichtungen düster, unverständlich, gestaltlos, sodass, wenn Klara schonend es auch nicht sagte, er doch wohl fühlte, wie wenig sie davon angesprochen wurde. Nichts war für Klara tötender als das Langweilige; in Blick und Rede sprach sich dann ihre nicht zu besiegende geistige Schläfrigkeit aus. Nathanaels Dichtungen waren in der Tat sehr langweilig. Sein Verdruss über Klaras kaltes prosaisches Gemüt stieg höher, Klara konnte ihren Unmut über Nathanaels dunkle, düstere, langweilige Mystik nicht überwinden, und so entfernten beide im Innern sich immer mehr voneinander, ohne es selbst zu bemerken. Die Gestalt des hässlichen Coppelius war, wie Nathanael selbst es sich gestehen musste, in seiner Fantasie erbleicht, und es kostete ihm oft Mühe, ihn in seinen Dichtungen, wo er als grauser Schicksalspopanz auftrat, recht lebendig zu kolorieren. Es kam ihm endlich ein, jene düstre Ahnung, dass Coppelius sein Liebesglück stören werde, zum Gegenstande eines Gedichts zu machen. Er stellte sich und Klara dar, in treuer Liebe verbunden, aber dann und wann war es, als griffe eine schwarze Faust in ihr Leben und risse irgendeine Freude heraus, die ihnen aufgegangen. Endlich, als sie schon am Traualtar stehen, erscheint der entsetzliche Coppelius und berührt Klaras holde Augen; *die* springen in Nathanaels Brust, wie blutige Funken sengend und brennend, Coppelius fasst ihn und wirft ihn in einen flammenden Feuerkreis, der sich dreht mit der Schnelligkeit des Sturmes und ihn sausend und brausend fortreißt. Es ist ein Tosen, als wenn der Orkan grimmig hineinpeitscht in die schäumenden Meereswellen, die sich wie schwarze, weißhauptige Riesen emporbäumen in wütendem Kampfe. Aber durch dies wilde Tosen hört er Klaras Stimme: »Kannst du mich denn nicht erschauen? Coppelius hat dich getäuscht, das waren ja nicht meine Augen, die so in deiner Brust brannten, das waren ja glühende Tropfen deines eignen Herzbluts – ich habe ja meine Augen, sieh mich doch nur an!« – Nathanael denkt: »Das ist Klara, und ich bin ihr eigen ewiglich.« – Da ist es, als fasst der Gedanke gewaltig in den Feuerkreis hinein, dass er stehen bleibt, und im schwarzen Abgrund verrauscht dumpf das Getöse. Nathanael blickt in Klaras Augen; aber es ist der Tod, der mit Klaras Augen ihn freundlich anschaut.

Während Nathanael dies dichtete, war er sehr ruhig und besonnen, er feilte und besserte an jeder Zeile, und da er sich dem metrischen Zwange unterworfen, ruhte er nicht, bis alles rein und wohlklingend sich fügte. Als er jedoch nun endlich fertig worden und das Gedicht für sich laut las, da fasste ihn Grausen und wildes Entsetzen, und er schrie auf: »Wessen grauenvolle Stimme ist das?« Bald schien ihm jedoch das Ganze wieder nur eine sehr gelungene Dichtung, und es war ihm, als müsse Klaras kaltes Gemüt dadurch entzündet werden, wiewohl er nicht deutlich dachte, wozu denn Klara entzündet und wozu es denn nun eigentlich führen solle, sie mit den grauenvollen Bildern zu ängstigen, die ein entsetzliches, ihre Liebe zerstörendes Geschick weissagten. – Sie, Nathanael und Klara, saßen in der Mutter kleinem Garten, Klara war sehr heiter, weil Nathanael sie seit drei Tagen, in denen er an jener Dichtung schrieb, nicht mit seinen Träumen und Ahnungen geplagt hatte. Auch Nathanael sprach lebhaft und froh von lustigen Dingen wie sonst, sodass Klara sagte: »Nun erst habe ich dich ganz wieder, siehst du es wohl, wie wir den hässlichen Coppelius vertrieben haben?« Da fiel dem Nathanael erst ein, dass er ja die Dichtung in der Tasche trage, die er habe vorlesen wollen. Er zog auch sogleich die Blätter hervor und fing an zu lesen; Klara, etwas Langweiliges wie gewöhnlich vermutend und sich darein ergebend, fing an, ruhig zu stricken. Aber so wie immer schwärzer und schwärzer das düstre Gewölk aufstieg, ließ sie den Strickstrumpf sinken und blickte starr dem Nathanael ins Auge. *Den* riss seine Dichtung unaufhaltsam fort, hochrot färbte seine Wangen die innere Glut, Tränen quollen ihm aus den Augen. – Endlich hatte er geschlossen, er stöhnte in tiefer Ermattung – er fasste Klaras Hand und seufzte, wie aufgelöst in trostlosem Jammer: »Ach! – Klara – Klara!« – Klara drückte ihn sanft an ihren Busen und sagte leise, aber sehr langsam und ernst: »Nathanael – mein herzlieber Nathanael! – wirf das tolle – unsinnige – wahnsinnige Märchen ins Feuer.« Da sprang Nathanael entrüstet auf und rief, Klara von sich stoßend: »Du lebloses, verdammtes Automat!« Er rannte fort, bittre Tränen vergoss die tief verletzte Klara. »Ach er hat mich niemals geliebt, denn er versteht mich nicht«, schluchzte sie laut. – Lothar trat in die Laube; Klara musste ihm erzählen, was vorgefallen; er liebte seine Schwester mit ganzer Seele, jedes Wort ihrer Anklage fiel wie ein Funke in sein Inneres, sodass der Unmut, den er wider den träumerischen Nathanael lange im Herzen getragen, sich entzündete zum wilden Zorn. Er lief zu Nathanael, er warf ihm das unsinnige Betragen gegen die geliebte Schwester in harten Worten vor, die der aufbrausende Nathanael ebenso erwiderte. Ein phantastischer, wahnsinniger Geck wurde mit einem miserablen, gemeinen Alltagsmenschen erwidert. Der Zweikampf war unvermeidlich. Sie beschlossen, sich am folgenden Morgen hinter dem Garten nach dortiger akademischer Sitte mit scharfgeschliffenen Stoßrapieren zu schlagen. Stumm und finster schlichen sie umher, Klara hatte den heftigen Streit gehört und gesehen, dass der Fechtmeister in der Dämmerung die Rapiere brachte. Sie ahnte, was geschehen sollte. Auf dem Kampfplatz angekommen, hatten Lothar und Nathanael soeben düster schweigend die Röcke abgeworfen, blutdürstige Kampflust im brennenden Auge, wollten sie gegeneinander ausfallen, als Klara durch die Gartentür herbeistürzte. Schluchzend rief sie laut: »Ihr wilden entsetzlichen Menschen! – stoßt mich nur gleich nieder, ehe ihr euch anfallt; denn wie soll ich denn länger leben auf der Welt, wenn der Geliebte den Bruder, oder wenn der Bruder den Geliebten ermordet hat!« – Lothar ließ die Waffe sinken und sah schweigend zur Erde nieder, aber in Nathanaels Innerm ging in herzzerreißender Wehmut alle Liebe wieder auf, wie er sie jemals in der herrlichen Jugendzeit schönsten Tagen für die holde Klara empfunden. Das Mordgewehr entfiel seiner Hand, er stürzte zu Klaras Füßen. »Kannst du mir denn jemals verzeihen, du meine einzige, meine herzgeliebte Klara! – Kannst du mir verzeihen, mein herzlieber Bruder Lothar!« – Lothar wurde gerührt von des Freundes tiefem Schmerz; unter tausend Tränen umarmten sich die drei versöhnten Menschen und schwuren, nicht voneinander zu lassen in steter Liebe und Treue.

Dem Nathanael war es zumute, als sei eine schwere Last, die ihn zu Boden gedrückt, von ihm abgewälzt, ja als habe er, Widerstand leistend der finstern Macht, die ihn befangen, sein ganzes Sein, dem Vernichtung drohte, gerettet. Noch drei selige Tage verlebte er bei den Lieben, dann kehrte er zurück nach G., wo er noch ein Jahr zu bleiben, dann aber auf immer nach seiner Vaterstadt zurückzukehren gedachte.

Der Mutter war alles, was sich auf Coppelius bezog, verschwiegen worden; denn man wusste, dass sie nicht ohne Entsetzen an ihn denken konnte, weil sie, wie Nathanael, ihm den Tod ihres Mannes schuld gab.

Wie erstaunte Nathanael, als er in seine Wohnung wollte und sah, dass das ganze Haus niedergebrannt war, sodass aus dem Schutthaufen nur die nackten Feuermauern hervorragten. Unerachtet das Feuer in dem Laboratorium des Apothekers, der im untern Stocke wohnte, ausgebrochen war, das Haus daher von unten herauf gebrannt hatte, so war es doch den kühnen, rüstigen Freunden gelungen, noch zu rechter Zeit in Nathanaels im obern Stock gelegenes Zimmer zu dringen und Bücher, Manuskripte, Instrumente zu retten. Alles hatten sie unversehrt in ein anderes Haus getragen und dort ein Zimmer in Beschlag genommen, welches Nathanael nun sogleich bezog. Nicht sonderlich achtete er darauf, dass er dem Professor Spalanzani gegenüber wohnte, und ebenso wenig schien es ihm etwas Besonderes, als er bemerkte, dass er aus seinem Fenster gerade hinein in das Zimmer blickte, wo oft Olimpia einsam saß, sodass er ihre Figur deutlich erkennen konnte, wiewohl die Züge des Gesichts undeutlich und verworren blieben. Wohl fiel es ihm endlich auf, dass Olimpia oft stundenlang in derselben Stellung, wie er sie einst durch die Glastüre entdeckte, ohne irgendeine Beschäftigung an einem kleinen Tische saß und dass sie offenbar unverwandten Blickes nach ihm herüberschaute; er musste sich auch selbst gestehen, dass er nie einen schöneren Wuchs gesehen; indessen, Klara im Herzen, blieb ihm die steife, starre Olimpia höchst gleichgültig, und nur zuweilen sah er flüchtig über sein Kompendium herüber nach der schönen Bildsäule, das war alles. – Eben schrieb er an Klara, als es leise an die Türe klopfte; sie öffnete sich auf seinen Zuruf, und Coppolas widerwärtiges Gesicht sah hinein. Nathanael fühlte sich im Innersten erbeben; eingedenk dessen, was ihm Spalanzani über den Landsmann Coppola gesagt und was er auch rücksichts des Sandmanns Coppelius der Geliebten so heilig versprochen, schämte er sich aber selbst seiner kindischen Gespensterfurcht, nahm sich mit aller Gewalt zusammen und sprach so sanft und gelassen, als möglich: »Ich kaufe kein Wetterglas, mein lieber Freund, gehen Sie nur!« Da trat aber Coppola vollends in die Stube und sprach mit heiserem Ton, indem sich das weite Maul zum hässlichen Lachen verzog und die kleinen Augen unter den grauen langen Wimpern stechend hervorfunkelten: »Ei, nix Wetterglas, nix Wetterglas! – hab auch sköne Oke – sköne Oke!« – Entsetzt rief Nathanael: »Toller Mensch, wie kannst du Augen haben? – Augen – Augen? –« Aber in dem Augenblick hatte Coppola seine Wettergläser beiseitegesetzt, griff in die weiten Rocktaschen und holte Lorgnetten und Brillen heraus, die er auf den Tisch legte. – »Nu – Nu – Brill' – Brill' auf der Nas' su setze, das sein meine Oke – sköne Oke!« – Und damit holte er immer mehr und mehr Brillen heraus, sodass es auf dem ganzen Tisch seltsam zu flimmern und zu funkeln begann. Tausend Augen blickten und zuckten krampfhaft und starrten auf zum Nathanael; aber er konnte nicht wegschauen von dem Tisch, und immer mehr Brillen legte Coppola hin, und immer wilder und wilder sprangen flammende Blicke durcheinander und schossen ihre blutrote Strahlen in Nathanaels Brust. Übermannt von tollem Entsetzen, schrie er auf: »Halt ein! halt ein, fürchterlicher Mensch!« – Er hatte Coppola, der eben in die Tasche griff, um noch mehr Brillen herauszubringen, unerachtet schon der ganze Tisch überdeckt war, beim Arm festgepackt. Coppola machte sich mit heiserem widrigem Lachen sanft los und mit den Worten: »Ah! – nix für Sie – aber hier sköne Glas« – hatte er alle Brillen zusammengerafft, eingesteckt und aus der Seitentasche des Rocks eine Menge großer und kleiner Perspektive hervorgeholt. Sowie die Brillen nur fort waren, wurde Nathanael ganz ruhig und, an Klara denkend, sah er wohl ein, dass der entsetzliche Spuk nur aus seinem Innern hervorgegangen, sowie dass Coppola ein höchst ehrlicher Mechanikus und Optikus, keinesweges aber Coppelii verfluchter Doppelgänger und Revenant sein könne. Zudem hatten alle Gläser, die Coppola nun auf den Tisch gelegt, gar nichts Besonderes, am wenigsten so etwas Gespenstisches wie die Brillen und, um alles wiedergutzumachen, beschloss Nathanael dem Coppola jetzt wirklich etwas abzukaufen. Er ergriff ein kleines, sehr sauber gearbeitetes Taschenperspektiv und sah, um es zu prüfen, durch das Fenster. Noch im Leben war ihm kein Glas vorgekommen, das die Gegenstände so rein, scharf und deutlich dicht vor die Augen rückte. Unwillkürlich sah er hinein in Spalanzanis Zimmer; Olimpia saß, wie gewöhnlich, vor dem kleinen Tisch, die Arme daraufgelegt, die Hände gefaltet. – Nun erschaute Nathanael erst Olimpias wunderschön geformtes Gesicht. Nur die Augen schienen ihm gar seltsam starr und tot. Doch wie er immer schärfer und schärfer durch das Glas hinschaute, war es, als gingen in Olimpias Augen feuchte Mondesstrahlen auf. Es schien, als wenn nun erst die Sehkraft entzündet würde; immer lebendiger und lebendiger flammten die Blicke. Nathanael lag wie festgezaubert im Fenster, immer fort und fort die himmlisch-schöne Olimpia betrachtend. Ein Räuspern und Scharren weckte ihn wie aus tiefem Traum. Coppola stand hinter ihm: »Tre Zechini – drei Dukat« – Nathanael hatte den Optikus rein vergessen, rasch zahlte er das Verlangte. »Nick so? – sköne Glas – sköne Glas!«, frug Coppola mit seiner widerwärtigen heisern Stimme und dem hämischen Lächeln. »Ja, ja, ja!«, erwiderte Nathanael verdrießlich. »Adieu, lieber Freund!« – Coppola verließ, nicht ohne viele seltsame Seitenblicke auf Nathanael, das Zimmer. Er hörte ihn auf der Treppe laut lachen. »Nun ja«, meinte Nathanael, »er lacht mich aus, weil ich ihm das kleine Perspektiv gewiss viel zu teuer bezahlt habe – zu teuer bezahlt!« – Indem er diese Worte leise sprach, war es, als halle ein tiefer Todesseufzer grauenvoll durch das Zimmer, Nathanaels Atem stockte vor innerer Angst. – Er hatte ja aber selbst so aufgeseufzt, das merkte er wohl. »Klara«, sprach er zu sich selber, »hat wohl recht, dass sie mich für einen abgeschmackten Geisterseher hält; aber närrisch ist es doch – ach, wohl mehr als närrisch, dass mich der dumme Gedanke, ich hätte das Glas dem Coppola zu teuer bezahlt, noch jetzt so sonderbar ängstigt; den Grund davon sehe ich gar nicht ein.« – Jetzt setzte er sich hin, um den Brief an Klara zu enden, aber ein Blick durchs Fenster überzeugte ihn, dass Olimpia noch dasäße, und im Augenblick, wie von unwiderstehlicher Gewalt getrieben, sprang er auf, ergriff Coppolas Perspektiv und konnte nicht los von Olimpias verführerischem Anblick, bis ihn Freund und Bruder Siegmund abrief ins Kollegium bei dem Professor Spalanzani. Die Gardine vor dem verhängnisvollen Zimmer war dicht zugezogen, er konnte Olimpia ebenso wenig hier als die beiden folgenden Tage hindurch in ihrem Zimmer entdecken, unerachtet er kaum das Fenster verließ und fortwährend durch Coppolas Perspektiv hinüberschaute. Am dritten Tage wurden sogar die Fenster verhängt. Ganz verzweifelt und getrieben von Sehnsucht und glühendem Verlangen, lief er hinaus vors Tor. Olimpias Gestalt schwebte vor ihm her in den Lüften und trat aus dem Gebüsch und guckte ihn an mit großen strahlenden Augen aus dem hellen Bach. Klaras Bild war ganz aus seinem Innern gewichen, er dachte nichts als Olimpia und klagte ganz laut und weinerlich: »Ach, du mein hoher herrlicher Liebesstern, bist du mir denn nur aufgegangen, um gleich wieder zu verschwinden und mich zu lassen in finstrer hoffnungsloser Nacht?«

Als er zurückkehren wollte in seine Wohnung, wurde er in Spalanzanis Hause ein geräuschvolles Treiben gewahr. Die Türen standen offen, man trug allerlei Geräte hinein, die Fenster des ersten Stocks waren ausgehoben, geschäftige Mägde kehrten und stäubten, mit großen Haarbesen hin und her fahrend, inwendig klopften und hämmerten Tischler und Tapezierer. Nathanael blieb in vollem Erstaunen auf der Straße stehen; da trat Siegmund lachend zu ihm und sprach: »Nun, was sagst du zu unserem alten Spalanzani?« Nathanael versicherte, dass er gar nichts sagen könne, da er durchaus nichts vom Professor wisse, vielmehr mit großer Verwunderung wahrnehme, wie in dem stillen düstern Hause ein tolles Treiben und Wirtschaften losgegangen; da erfuhr er denn von Siegmund, dass Spalanzani morgen ein großes Fest geben wolle, Konzert und Ball, und dass die halbe Universität eingeladen sei. Allgemein verbreite man, dass Spalanzani seine Tochter Olimpia, die er so lange jedem menschlichen Auge recht ängstlich entzogen, zum ersten Mal erscheinen lassen werde.

Nathanael fand eine Einladungskarte und ging mit hochklopfendem Herzen zur bestimmten Stunde, als schon die Wagen rollten und die Lichter in den geschmückten Sälen schimmerten, zum Professor. Die Gesellschaft war zahlreich und glänzend. Olimpia erschien sehr reich und geschmackvoll gekleidet. Man musste ihr schöngeformtes Gesicht, ihren Wuchs bewundern. Der etwas seltsam eingebogene Rücken, die wespenartige Dünne des Leibes schien von zu starkem Einschnüren bewirkt zu sein. In Schritt und Stellung hatte sie etwas Abgemessenes und Steifes, das manchem unangenehm auffiel; man schrieb es dem Zwange zu, den ihr die Gesellschaft auflegte. Das Konzert begann. Olimpia spielte den Flügel mit großer Fertigkeit und trug ebenso eine Bravour-Arie mit heller, beinahe schneidender Glasglockenstimme vor. Nathanael war ganz entzückt; er stand in der hintersten Reihe und konnte im blendenden Kerzenlicht Olimpias Züge nicht ganz erkennen. Ganz unvermerkt nahm er deshalb Coppolas Glas hervor und schaute hin nach der schönen Olimpia. Ach! – da wurde er gewahr, wie sie voll Sehnsucht nach ihm herübersah, wie jeder Ton erst deutlich aufging in dem Liebesblick, der zündend sein Inneres durchdrang. Die künstlichen Rouladen schienen dem Nathanael das Himmelsjauchzen des in Liebe verklärten Gemüts, und als nun endlich nach der Kadenz der lange Trillo recht schmetternd durch den Saal gellte, konnte er, wie von glühenden Armen plötzlich erfasst, sich nicht mehr halten, er musste vor Schmerz und Entzücken laut aufschreien: »Olimpia!« – Alle sahen sich um nach ihm, manche lachten. Der Domorganist schnitt aber noch ein finstreres Gesicht als vorher und sagte bloß: »Nun nun!« – Das Konzert war zu Ende, der Ball fing an. »Mit ihr zu tanzen! – mit ihr!«, das war nun dem Nathanael das Ziel aller Wünsche, alles Strebens; aber wie sich erheben zu dem Mut, sie, die Königin des Festes, aufzufordern? Doch! – er selbst wusste nicht, wie es geschah, dass er, als schon der Tanz angefangen, dicht neben Olimpia stand, die noch nicht aufgefordert worden, und dass er, kaum vermögend einige Worte zu stammeln, ihre Hand ergriff. Eiskalt war Olimpias Hand, er fühlte sich durchbebt von grausigem Todesfrost, er starrte Olimpia ins Auge, das strahlte ihm voll Liebe und Sehnsucht entgegen, und in dem Augenblick war es auch, als fingen an in der kalten Hand Pulse zu schlagen und des Lebensblutes Ströme zu glühen. Und auch in Nathanaels Innerm glühte höher auf die Liebeslust, er umschlang die schöne Olimpia und durchflog mit ihr die Reihen. – Er glaubte sonst recht taktmäßig getanzt zu haben, aber an der ganz eignen rhythmischen Festigkeit, womit Olimpia tanzte und die ihn oft ordentlich aus der Haltung brachte, merkte er bald, wie sehr ihm der Takt gemangelt. Er wollte jedoch mit keinem andern Frauenzimmer mehr tanzen und hätte jeden, der sich Olimpia näherte, um sie aufzufordern, nur gleich ermorden mögen. Doch nur zweimal geschah dies, zu seinem Erstaunen blieb darauf Olimpia bei jedem Tanze sitzen, und er ermangelte nicht, immer wieder sie aufzuziehen. Hätte Nathanael außer der schönen Olimpia noch etwas anders zu sehen vermocht, so wäre allerlei fataler Zank und Streit unvermeidlich gewesen; denn offenbar ging das halbleise, mühsam unterdrückte Gelächter, was sich in diesem und jenem Winkel unter den jungen Leuten erhob, auf die schöne Olimpia, die sie mit ganz kuriosen Blicken verfolgten, man konnte gar nicht wissen, warum. Durch den Tanz und durch den reichlich genossenen Wein erhitzt, hatte Nathanael alle ihm sonst eigne Scheu abgelegt. Er saß neben Olimpia, ihre Hand in der seinigen, und sprach hochentflammt und begeistert von seiner Liebe in Worten, die keiner verstand, weder er noch Olimpia. Doch diese vielleicht; denn sie sah ihm unverrückt ins Auge und seufzte ein Mal übers andere: »Ach – ach – ach!« – worauf denn Nathanael also sprach: »O du herrliche, himmlische Frau! – du Strahl aus dem verheißenen Jenseits der Liebe – du tiefes Gemüt, in dem sich mein ganzes Sein spiegelt« und noch mehr dergleichen, aber Olimpia seufzte bloß immer wieder: »Ach, ach!« – Der Professor Spalanzani ging einige Mal bei den Glücklichen vorüber und lächelte sie ganz seltsam zufrieden an. Dem Nathanael schien es, unerachtet er sich in einer ganz andern Welt befand, mit einem Mal, als würd' es hienieden beim Professor Spalanzani merklich finster; er schaute um sich und wurde zu seinem nicht geringen Schreck gewahr, dass eben die zwei letzten Lichter in dem leeren Saal herniederbrennen und ausgehen wollten. Längst hatten Musik und Tanz aufgehört. »Trennung, Trennung«, schrie er ganz wild und verzweifelt, er küsste Olimpias Hand, er neigte sich zu ihrem Munde, eiskalte Lippen begegneten seinen gluhenden! – So wie, als er Olimpias kalte Hand berührte, fühlte er sich von innerem Grausen erfasst, die Legende von der toten Braut ging ihm plötzlich durch den Sinn; aber fest hatte ihn Olimpia an sich gedrückt, und in dem Kuss schienen die Lippen zum Leben zu erwarmen. – Der Professor Spalanzani schritt langsam durch den leeren Saal, seine Schritte klangen hohl wieder, und seine Figur, von flackernden Schlagschatten umspielt, hatte ein grauliches gespenstisches Ansehen. »Liebst du mich – liebst du mich, Olimpia? – Nur dies Wort! – Liebst du mich?« So flüsterte Nathanael, aber Olimpia seufzte, indem sie aufstand, nur: »Ach – ach!« – »Ja du mein holder, herrlicher Liebesstern«, sprach Nathanael, »bist mir aufgegangen und wirst leuchten, wirst verklären mein Inneres immerdar!« – »Ach, ach!«, replizierte Olimpia fortschreitend. Nathanael folgte ihr, sie standen vor dem Professor. »Sie haben sich außerordentlich lebhaft mit meiner Tochter unterhalten«, sprach dieser lächelnd, »nun, nun, lieber Herr Nathanael, finden Sie Geschmack daran, mit dem blöden Mädchen zu konversieren, so sollen mir Ihre Besuche willkommen sein.« – Einen ganzen hellen strahlenden Himmel in der Brust, schied Nathanael von dannen. Spalanzanis Fest war der Gegenstand des Gesprächs in den folgenden Tagen. Unerachtet der Professor alles getan hatte, recht splendid zu erscheinen, so wussten doch die lustigen Köpfe von allerlei Unschicklichem und Sonderbarem zu erzählen, das sich begeben, und vorzüglich fiel man über die todstarre, stumme Olimpia her, der man, ihres schönen Äußern unerachtet, totalen Stumpfsinn andichten und darin die Ursache finden wollte, warum Spalanzani sie so lange verborgen gehalten. Nathanael vernahm das nicht ohne innern Grimm, indessen schwieg er; »denn«, dachte er, »würde es wohl verlohnen, diesen Burschen zu beweisen, dass eben ihr eigner Stumpfsinn es ist, der sie Olimpias tiefes herrliches Gemüt zu erkennen hindert?« »Tu mir den Gefallen, Bruder«, sprach eines Tages Siegmund, »tu mir den Gefallen und sage, wie es dir gescheiten Kerl möglich war, dich in das Wachsgesicht, in die Holzpuppe da drüben zu vergaffen?« Nathanael wollte zornig auffahren, doch schnell besann er sich und erwiderte: »Sage *du* mir, Siegmund, wie deinem sonst alles Schöne klar auffassenden Blick, deinem regen Sinn Olimpias himmlischer Liebreiz entgehen konnte? Doch eben deshalb habe ich, Dank sei es dem Geschick, dich nicht zum Nebenbuhler; denn sonst müsste einer von uns blutend fallen.« Siegmund merkte wohl, wie es mit dem Freunde stand, lenkte geschickt ein und fügte, nachdem er geäußert, dass in der Liebe niemals über den Gegenstand zu rechten sei, hinzu: »Wunderlich ist es doch, dass viele von uns über Olimpia ziemlich gleich urteilen. Sie ist uns – nimm es nicht übel, Bruder! – auf seltsame Weise starr und seelenlos erschienen. Ihr Wuchs ist regelmäßig so wie ihr Gesicht, das ist wahr! – Sie könnte für schön gelten, wenn ihr Blick nicht so ganz ohne Lebensstrahl, ich möchte sagen, ohne Sehkraft wäre. Ihr Schritt ist sonderbar abgemessen, jede Bewegung scheint durch den Gang eines aufgezogenen Räderwerks bedingt. Ihr Spiel, ihr Singen hat den unangenehm richtigen geistlosen Takt der singenden Maschine, und ebenso ist ihr Tanz. Uns ist diese Olimpia ganz unheimlich geworden, wir mochten nichts mit ihr zu schaffen haben, es war uns, als tue sie nur so wie ein lebendiges Wesen und doch habe es mit ihr eine eigne Bewandtnis.« – Nathanael gab sich dem bittern Gefühl, das ihn bei diesen Worten Siegmunds ergreifen wollte, durchaus nicht hin, er wurde Herr seines Unmuts und sagte bloß sehr ernst: »Wohl mag euch, ihr kalten prosaischen Menschen, Olimpia unheimlich sein. Nur dem poetischen Gemüt entfaltet sich das gleich organisierte! – Nur *mir* ging ihr Liebesblick auf und durchstrahlte Sinn und Gedanken, nur in Olimpias Liebe finde ich mein Selbst wieder. Euch mag es nicht recht sein, dass sie nicht in platter Konversation faselt wie die andern flachen Gemüter. Sie spricht wenig Worte, das ist wahr; aber diese wenigen Worte erscheinen als echte Hieroglyphe der innern Welt voll Liebe und hoher Erkenntnis des geistigen Lebens in der Anschauung des ewigen Jenseits. Doch für alles das habt ihr keinen Sinn, und alles sind verlorne Worte.« »Behüte dich Gott, Herr Bruder«, sagte Siegmund sehr sanft, beinahe wehmütig, »aber mir scheint es, du seist auf bösem Wege. Auf mich kannst du rechnen, wenn alles – Nein, ich mag nichts weiter sagen! –« Dem Nathanael war es plötzlich, als meine der kalte prosaische Siegmund es sehr treu mit ihm, er schüttelte daher die ihm dargebotene Hand recht herzlich. –

Nathanael hatte rein vergessen, dass es eine Klara in der Welt gebe, die er sonst geliebt; – die Mutter – Lothar – alle waren aus seinem Gedächtnis entschwunden, er lebte nur für Olimpia, bei der er täglich stundenlang saß und von seiner Liebe, von zum Leben erglühter Sympathie, von psychischer Wahlverwandtschaft phantasierte, welches alles Olimpia mit großer Andacht anhörte. Aus dem tiefsten Grunde des Schreibpults holte Nathanael alles hervor, was er jemals geschrieben. Gedichte, Phantasien, Visionen, Romane, Erzählungen, das wurde täglich vermehrt mit allerlei ins Blaue fliegenden Sonetten, Stanzen, Kanzonen, und das alles las er der Olimpia stundenlang hintereinander vor, ohne zu ermüden. Aber auch noch nie hatte er eine solche herrliche Zuhörerin gehabt. Sie stickte und strickte nicht, sie sah nicht durchs Fenster, sie fütterte keinen Vogel, sie spielte mit keinem Schoßhündchen, mit keiner Lieblingskatze, sie drehte keine Papierschnitzchen oder sonst etwas in der Hand, sie durfte kein Gähnen durch einen leisen erzwungenen Husten bezwingen – kurz! – stundenlang sah sie mit starrem Blick unverwandt dem Geliebten ins Auge, ohne sich zu rücken und zu bewegen, und immer glühender, immer lebendiger wurde dieser Blick. Nur wenn Nathanael endlich aufstand und ihr die Hand, auch wohl den Mund küsste, sagte sie: »Ach, ach!« – dann aber: »Gute Nacht, mein Lieber!« – »O du herrliches, du tiefes Gemüt«, rief Nathanael auf seiner Stube, »nur von dir, von dir allein werd' ich ganz verstanden.« Er erbebte vor innerm Entzücken, wenn er bedachte, welch wunderbarer Zusammenklang sich in seinem und Olimpias Gemüt täglich mehr offenbare; denn es schien ihm, als habe Olimpia über seine Werke, über seine Dichtergabe überhaupt recht tief aus seinem Innern gesprochen, ja als habe die Stimme aus seinem Innern selbst herausgetönt. Das musste denn wohl auch sein; denn mehr Worte als vorhin erwähnt sprach Olimpia niemals. Erinnerte sich aber auch Nathanael in hellen nüchternen Augenblicken, z. B. morgens gleich nach dem Erwachen, wirklich an Olimpias gänzliche Passivität und Wortkargheit, so sprach er doch: »Was sind Worte – Worte! – Der Blick ihres himmlischen Auges sagt mehr als jede Sprache hienieden. Vermag denn überhaupt ein Kind des Himmels sich einzuschichten in den engen Kreis, den ein klägliches irdisches Bedürfnis gezogen?« – Professor Spalanzani schien hocherfreut über das Verhältnis seiner Tochter mit Nathanael; er gab diesem allerlei unzweideutige Zeichen seines Wohlwollens, und als es Nathanael endlich wagte, von ferne auf eine Verbindung mit Olimpia anzuspielen, lächelte dieser mit dem ganzen Gesicht und meinte, er werde seiner Tochter völlig freie Wahl lassen. – Ermutigt durch diese Worte, brennendes Verlangen im Herzen, beschloss Nathanael, gleich am folgenden Tage Olimpia anzuflehen, dass sie das unumwunden in deutlichen Worten ausspreche, was längst ihr holder Liebesblick ihm gesagt, dass sie sein Eigen immerdar sein wolle. Er suchte nach dem Ringe, den ihm beim Abschiede die Mutter geschenkt, um ihn Olimpia als Symbol seiner Hingebung, seines mit ihr aufkeimenden, blühenden Lebens darzureichen. Klaras, Lothars Briefe fielen ihm dabei in die Hände; gleichgültig warf er sie beiseite, fand den Ring, steckte ihn ein und rannte herüber zu Olimpia. Schon auf der Treppe, auf dem Flur vernahm er ein wunderliches Getöse; es schien aus Spalanzanis Studierzimmer herauszuschallen. – Ein Stampfen – ein Klirren – ein Stoßen – Schlagen gegen die Tür, dazwischen Flüche und Verwünschungen. »Lass los – lass los – Infamer – Verruchter! – Darum Leib und Leben daran gesetzt? – ha ha ha ha! – so haben wir nicht gewettet – ich, ich hab' die Augen gemacht – ich das Räderwerk – dummer Teufel mit deinem Räderwerk – verfluchter Hund von einfältigem Uhrmacher – fort mit dir – Satan – halt – Peipendreher – teuflische Bestie! – halt – fort – lass los!« – Es waren Spalanzanis und des grässlichen Coppelius Stimmen, die so durcheinander schwirrten und tobten. Hinein stürzte Nathanael, von namenloser Angst ergriffen. Der Professor hatte eine weibliche Figur bei den Schultern gepackt, der Italiener Coppola bei den Füßen, die zerrten und zogen sie hin und her, streitend in voller Wut um den Besitz. Voll tiefen Entsetzens prallte Nathanael zurück, als er die Figur für Olimpia erkannte; aufflammend in wildem Zorn wollte er den Wütenden die Geliebte entreißen, aber in dem Augenblick wand Coppola, sich mit Riesenkraft drehend, die Figur dem Professor aus den Händen und versetzte ihm mit der Figur selbst einen fürchterlichen Schlag, dass er rücklings über den Tisch, auf dem Phiolen, Retorten, Flaschen, gläserne Zylinder standen, taumelte und hinstürzte; alles Gerät klirrte in tausend Scherben zusammen. Nun warf Coppola die Figur über die Schulter und rannte mit fürchterlich gellendem Gelächter rasch fort die Treppe herab, sodass die hässlich herunterhängenden Füße der Figur auf den Stufen hölzern klapperten und dröhnten. – Erstarrt stand Nathanael – nur zu deutlich hatte er gesehen, Olimpias toderbleichtes Wachsgesicht hatte keine Augen, statt ihrer schwarze Höhlen; sie war eine leblose Puppe. Spalanzani wälzte sich auf der Erde, Glasscherben hatten ihm Kopf, Brust und Arm zerschnitten, wie aus Springquellen strömte das Blut empor. Aber er raffte seine Kräfte zusammen. – »Ihm nach – ihm nach, was zauderst du? – Coppelius – Coppelius, mein bestes Automat hat er mir geraubt – Zwanzig Jahre daran gearbeitet – Leib und Leben daran gesetzt – das Räderwerk – Sprache – Gang – mein – die Augen – die Augen dir gestohlen. – Verdammter – Verfluchter – ihm nach – hol' mir Olimpia – da hast du die Augen! –« Nun sah Nathanael, wie ein Paar blutige Augen, auf dem Boden liegend, ihn anstarrten, die ergriff Spalanzani mit der unverletzten Hand und warf sie nach ihm, dass sie seine Brust trafen. – Da packte ihn der Wahnsinn mit glühenden Krallen und fuhr in sein Inneres hinein, Sinn und Gedanken zerreißend. »Hui – hui – hui! – *Feuerkreis* – *Feuerkreis*! dreh' dich *Feuerkreis* – lustig – lustig! – Holzpüppchen, hui, schön' Holzpüppchen, dreh' dich –« damit warf er sich auf den Professor und drückte ihm die Kehle zu. Er hätte ihn erwürgt, aber das Getöse hatte viele Menschen herbeigelockt, die drangen ein, rissen den wütenden Nathanael auf und retteten so den Professor, der gleich verbunden wurde. Siegmund, so stark er war, vermochte nicht den Rasenden zu bändigen; der schrie mit fürchterlicher Stimme immerfort: »Holzpüppchen, dreh' dich« und schlug um sich mit geballten Fäusten. Endlich gelang es der vereinten Kraft mehrerer, ihn zu überwältigen, indem sie ihn zu Boden warfen und banden. Seine Worte gingen unter in entsetzlichem tierischem Gebrüll. So in grässlicher Raserei tobend, wurde er nach dem Tollhause gebracht. –

Ehe ich, günstiger Leser, dir zu erzählen fortfahre, was sich weiter mit dem unglücklichen Nathanael zugetragen, kann ich dir, solltest du einigen Anteil an dem geschickten Mechanikus und Automatfabrikanten Spalanzani nehmen, versichern, dass er von seinen Wunden völlig geheilt wurde. Er musste indes die Universität verlassen, weil Nathanaels Geschichte Aufsehen erregt hatte und es allgemein für gänzlich unerlaubten Betrug gehalten wurde, vernünftigen Teezirkeln (Olimpia hatte sie mit Glück besucht) statt der lebendigen Person eine Holzpuppe einzuschwärzen. Juristen nannten es sogar einen feinen und umso härter zu bestrafenden Betrug, als er gegen das Publikum gerichtet und so schlau angelegt worden, dass kein Mensch (ganz kluge Studenten ausgenommen) es gemerkt habe, unerachtet jetzt alle weise tun und sich auf allerlei Tatsachen berufen wollten, die ihnen verdächtig vorgekommen. Diese letzteren brachten aber eigentlich nichts Gescheites zutage. Denn konnte z. B. wohl irgend jemanden verdächtig vorgekommen sein, dass nach der Aussage eines eleganten Teeisten Olimpia gegen alle Sitte öfter genießet als gegähnt hatte? Ersteres, meinte der Elegant, sei das Selbstaufziehen des verborgenen Triebwerks gewesen, merklich habe es dabei geknarrt, usw. Der Professor der Poesie und Beredsamkeit nahm eine Prise, klappte die Dose zu, räusperte sich und sprach feierlich: »Hochzuverehrende Herren und Damen!

merken Sie denn nicht, wo der Hase im Pfeffer liegt? Das Ganze ist eine Allegorie – eine fortgeführte Metapher! – Sie verstehen mich! – Sapienti sat!« Aber viele hochzuverehrende Herren beruhigten sich nicht dabei; die Geschichte mit dem Automat hatte tief in ihrer Seele Wurzel gefasst, und es schlich sich in der Tat abscheuliches Misstrauen gegen menschliche Figuren ein. Um nun ganz überzeugt zu werden, dass man keine Holzpuppe liebe, wurde von mehrern Liebhabern verlangt, dass die Geliebte etwas taktlos singe und tanze, dass sie beim Vorlesen sticke, stricke, mit dem Möpschen spiele usw., vor allen Dingen aber, dass sie nicht bloß höre, sondern auch manchmal in *der* Art spreche, dass dies Sprechen wirklich ein Denken und Empfinden voraussetze. Das Liebesbündnis vieler wurde fester und dabei anmutiger, andere dagegen gingen leise auseinander. »Man kann wahrhaftig nicht dafür stehen«, sagte dieser und jener. In den Tees wurde unglaublich gegähnt und niemals genießet, um jedem Verdacht zu begegnen. – Spalanzani musste, wie gesagt, fort, um der Kriminaluntersuchung wegen des der menschlichen Gesellschaft betrüglicherweise eingeschobenen Automats zu entgehen. Coppola war auch verschwunden. –

Nathanael erwachte wie aus schwerem, fürchterlichem Traum, er schlug die Augen auf und fühlte, wie ein unbeschreibliches Wonnegefühl mit sanfter himmlischer Wärme ihn durchströmte. Er lag in seinem Zimmer in des Vaters Hause auf dem Bette, Klara hatte sich über ihn hingebeugt, und unfern standen die Mutter und Lothar. »Endlich, endlich, o mein herzlieber Nathanael – nun bist du genesen von schwerer Krankheit – nun bist du wieder mein!« – So sprach Klara recht aus tiefer Seele und fasste den Nathanael in ihre

Arme. Aber dem quollen vor lauter Wehmut und Entzücken die hellen glühenden Tränen aus den Augen, und er stöhnte tief auf: »Meine – meine Klara!« – Siegmund, der getreulich ausgeharrt bei dem Freunde in großer Not, trat herein. Nathanael reichte ihm die Hand: »Du treuer Bruder hast mich doch nicht verlassen.« – Jede Spur des Wahnsinns war verschwunden, bald erkräftigte sich Nathanael in der sorglichen Pflege der Mutter, der Geliebten, der Freunde. Das Glück war unterdessen in das Haus eingekehrt; denn ein alter karger Oheim, von dem niemand etwas gehofft, war gestorben und hatte der Mutter nebst einem nicht unbedeutenden Vermögen ein Gütchen in einer angenehmen Gegend unfern der Stadt hinterlassen. Dort wollten sie hinziehen, die Mutter, Nathanael mit seiner Klara, die er nun zu heiraten gedachte, und Lothar. Nathanael war milder, kindlicher geworden, als er je gewesen, und erkannte nun erst recht Klaras himmlisch reines, herrliches Gemüt. Niemand erinnerte ihn auch nur durch den leisesten Anklang an die Vergangenheit. Nur als Siegmund von ihm schied, sprach Nathanael: »Bei Gott, Bruder! ich war auf schlimmem Wege, aber zu rechter Zeit leitete mich ein Engel auf den lichten Pfad! – Ach, es war ja Klara! –« Siegmund ließ ihn nicht weiterreden, aus Besorgnis, tief verletzende Erinnerungen möchten ihm zu hell und flammend aufgehen. – Es war an der Zeit, dass die vier glücklichen Menschen nach dem Gütchen ziehen wollten. Zur Mittagsstunde gingen sie durch die Straßen der Stadt. Sie hatten manches eingekauft, der hohe Ratsturm warf seinen Riesenschatten über den Markt. »Ei!«, sagte Klara, »steigen wir doch noch einmal herauf und schauen in das ferne Gebirge hinein!« Gesagt, getan! Beide, Nathanael und Klara, stiegen herauf, die Mutter ging mit der

Dienstmagd nach Hause, und Lothar, nicht geneigt, die vielen Stufen zu erklettern, wollte unten warten. Da standen die beiden Liebenden Arm in Arm auf der höchsten Galerie des Turmes und schauten hinein in die duftigen Waldungen, hinter denen das blaue Gebirge wie eine Riesenstadt sich erhob.

»Sieh doch den sonderbaren kleinen grauen Busch, der ordentlich auf uns loszuschreiten scheint«, sprach Klara. – Nathanael fasste mechanisch nach der Seitentasche; er fand Coppolas Perspektiv, er schaute seitwärts – Klara stand vor dem Glase! – Da zuckte es krampfhaft in seinen Pulsen und Adern – totenbleich starrte er Klara an, aber bald glühten und sprühten Feuerströme durch die rollenden Augen, grässlich brüllte er auf wie ein gehetztes Tier; dann sprang er hoch in die Lüfte, und grausig dazwischen lachend, schrie er in schneidendem Ton: »Holzpüppchen dreh' dich – Holzpüppchen dreh' dich« – und mit gewaltiger Kraft fasste er Klara und wollte sie herabschleudern, aber Klara krallte sich in verzweifelnder Todesangst fest an das Geländer. Lothar hörte den Rasenden toben, er hörte Klaras Angstgeschrei, grässliche Ahnung durchflog ihn, er rannte herauf, die Tür der zweiten Treppe war verschlossen – stärker hallte Klaras Jammergeschrei. Unsinnig vor Wut und Angst stieß er gegen die Tür, die endlich aufsprang – Matter und matter wurden nun Klaras Laute: »Hilfe – rettet – rettet –«, so erstarb die Stimme in den Lüften. »Sie ist hin – ermordet von dem Rasenden«, so schrie Lothar. Auch die Tür zur Galerie war zugeschlagen. – Die Verzweiflung gab ihm Riesenkraft, er sprengte die Tür aus den Angeln. Gott im Himmel – Klara schwebte, von dem rasenden Nathanael erfasst, über der Galerie in den Lüften – nur mit einer Hand hatte sie noch die Eisenstäbe umklammert. Rasch wie der Blitz erfasste Lothar die Schwester, zog sie hinein und schlug in demselben Augenblick mit geballter Faust dem Wütenden ins Gesicht, dass er zurückprallte und die Todesbeute fahren ließ.

Lothar rannte herab, die ohnmächtige Schwester in den Armen. – Sie war gerettet. – Nun raste Nathanael herum auf der Galerie und sprang hoch in die Lüfte und schrie: »*Feuerkreis*, dreh' dich – *Feuerkreis*, dreh' dich« – Die Menschen liefen auf das wilde Geschrei zusammen; unter ihnen ragte riesengroß der Advokat Coppelius hervor, der eben in die Stadt gekommen und gerades Weges nach dem Markt geschritten war. Man wollte herauf, um sich des Rasenden zu bemächtigen, da lachte Coppelius, sprechend: »Ha ha – wartet nur, der kommt schon herunter von selbst«, und schaute wie die übrigen hinauf. Nathanael blieb plötzlich wie erstarrt stehen, er bückte sich herab, wurde den Coppelius gewahr, und mit dem gellenden Schrei: »Ha! Sköne Oke – Sköne Oke« sprang er über das Geländer. –

Als Nathanael mit zerschmettertem Kopf auf dem Steinpflaster lag, war Coppelius im Gewühl verschwunden. –

Nach mehreren Jahren will man in einer entfernten Gegend Klara gesehen haben, wie sie mit einem freundlichen Mann Hand in Hand vor der Türe eines schönen Landhauses saß und vor ihr zwei muntre Knaben spielten. Es wäre daraus zu schließen, dass Klara das ruhige häusliche Glück noch fand, das ihrem heitern lebenslustigen Sinn zusagte und das ihr der im Innern zerrissene Nathanael niemals hätte gewähren können.

DAS ÖDE HAUS

Man war darüber einig, dass die wirklichen Erscheinungen im Leben oft viel wunderbarer sich gestalteten, als alles, was die regste Fantasie zu erfinden trachte. »Ich meine«, sprach Lelio, »dass die Geschichte davon hinlänglichen Beweis gibt und dass ebendeshalb die sogenannten historischen Romane, worin der Verfasser in seinem müßigen Gehirn bei ärmlichem Feuer ausgebrütete Kindereien den Taten der ewigen, im Universum waltenden Macht beizugesellen sich unterfängt, so abgeschmackt und widerlich sind.« »Es ist«, nahm Franz das Wort, »die tiefe Wahrheit der unerforschlichen Geheimnisse, von denen wir umgeben, welche uns mit einer Gewalt ergreift, an der wir den über uns herrschenden, uns selbst bedingenden Geist erkennen.« »Ach!«, fuhr Lelio fort, »die Erkenntnis, von der du sprichst – ach, das ist ja eben die entsetzlichste Folge unserer Entartung nach dem Sündenfall, dass diese Erkenntnis uns fehlt!« »Viele«, unterbrach Franz den Freund, »viele sind berufen und wenige auserwählt! Glaubst du denn nicht, dass das Erkennen, das beinahe noch schönere Ahnen der Wunder unseres Lebens manchem verliehen ist wie ein besonderer Sinn? Um nur gleich aus der dunklen Region, in die wir uns verlieren könnten, heraufzuspringen in den heitren Augenblick, werf' ich euch das skurrile Gleichnis hin, dass Menschen, denen die Sehergabe eigen, das Wunderbare zu schauen, mir wohl wie die Fledermäuse bedünken wollen, an denen der gelehrte Anatom Spalanzani einen vortrefflichen sechsten Sinn entdeckte, der als schalkhafter Stellvertreter nicht allein alles, sondern viel mehr ausrichtet, als alle übrige Sinne zusammengenommen.« »Ho, ho«, rief Franz lächelnd, »so wären denn die Fledermäuse eigentlich recht die gebornen natürlichen Somnambulen! Doch in dem heitern Augenblick, dessen du gedachtest, will ich Posto fassen und bemerken, dass jener sechste bewundrungswürdige Sinn vermag an jeder Erscheinung, sei es Person, Tat oder Begebenheit, sogleich dasjenige Exzentrische zu schauen, zu dem wir in unserm gewöhnlichen Leben keine Gleichung finden und es daher wunderbar nennen. Was ist denn aber gewöhnliches Leben? – Ach, das Drehen in dem engen Kreise, an den unsere Nase überall stößt, und doch will man wohl Courbetten versuchen im taktmäßigen Passgang des Alltagsgeschäfts. Ich kenne jemanden, dem jene Sehergabe, von der wir sprechen, ganz vorzüglich eigen scheint. Daher kommt es, dass er oft unbekannten Menschen, die irgendetwas Verwunderliches in Gang, Kleidung, Ton, Blick haben, tagelang nachläuft, dass er über eine Begebenheit, über eine Tat, leichthin erzählt, keiner Beachtung wert und von niemandem beachtet, tiefsinnig wird, dass er antipodische Dinge zusammenstellt und Beziehungen herausphantasiert, an die niemand denkt.« Lelio rief laut: »Halt, halt, das ist ja unser Theodor, der ganz was Besonderes im Kopfe zu haben scheint, da er mit solch seltsamen Blicken in das Blaue herausschaut.« »In der Tat«, fing Theodor an, der so lange geschwiegen, »in der Tat waren meine Blicke seltsam, solang darin der Reflex des wahrhaft Seltsamen, das ich im Geiste schaute. Die Erinnerung eines unlängst erlebten Abenteuers –« – »O erzähle, erzähle«, unterbrachen ihn die

Freunde. »Erzählen«, fuhr Theodor fort, »möcht' ich wohl, doch muss ich zuvörderst dir, lieber Lelio, sagen, dass du die Beispiele, die meine Sehergabe dartun sollten, ziemlich schlecht wähltest. Aus Eberhards ›Synonymik‹ musst du wissen, dass *wunderlich* alle Äußerungen der Erkenntnis und des Begehrens genannt werden, die sich durch keinen vernünftigen Grund rechtfertigen lassen, *wunderbar* aber dasjenige heißt, was man für unmöglich, für unbegreiflich hält, was die bekannten Kräfte der Natur zu übersteigen, oder, wie ich hinzufüge, ihrem gewöhnlichen Gange entgegen zu sein scheint. Daraus wirst du entnehmen, dass du vorhin rücksichts meiner angeblichen Sehergabe das Wunderliche mit dem Wunderbaren verwechseltest. Aber gewiss ist es, dass das anscheinend Wunderliche aus dem Wunderbaren sprosst, und dass wir nur oft den wunderbaren Stamm nicht sehen, aus dem die wunderlichen Zweige mit Blättern und Blüten hervorsprossen. In dem Abenteuer, das ich euch mitteilen will, mischt sich beides, das Wunderliche und das Wunderbare, auf, wie mich dünkt, recht schauerliche Weise.« Mit diesen Worten zog Theodor sein Taschenbuch hervor, worin er, wie die Freunde wussten, allerlei Notizen von seiner Reise her eingetragen hatte, und erzählte, dann und wann in dies Buch hineinblickend, folgende Begebenheit, die der weiteren Mitteilung nicht unwert scheint.

»Ihr wisst«, so fing Theodor an, »dass ich den ganzen vorigen Sommer in ***n zubrachte. Die Menge alter Freunde und Bekannten, die ich vorfand, das freie gemütliche Leben, die mannigfachen Anregungen der Kunst und der Wissenschaft, das alles hielt mich fest. Nie war ich heitrer, und meiner alten Neigung, oft allein durch die Straßen zu wandeln und mich an jedem ausgehängten Kupferstich, an jedem Anschlagzettel zu ergötzen oder die mir begegnenden Gestalten zu betrachten, ja wohl manchem in Gedanken das Horoskop zu stellen, hing ich hier mit Leidenschaft nach, da nicht allein der Reichtum der ausgestellten Werke der Kunst und des Luxus, sondern der Anblick der vielen herrlichen Prachtgebäude unwiderstehlich mich dazu antrieb. Die mit Gebäuden jener Art eingeschlossene Allee, welche nach dem ***ger Tore führt, ist der Sammelplatz des höheren durch Stand oder Reichtum zum üppigeren Lebensgenuss berechtigten Publikums. In dem Erdgeschoss der hohen breiten Paläste werden meistenteils Waren des Luxus feilgeboten, indes in den obern Stockwerken Leute der beschriebenen Klasse hausen. Die vornehmsten Gasthäuser liegen in dieser Straße, die fremden Gesandten wohnen meistens darin, und so könnt ihr denken, dass hier ein besonderes Leben und Regen, mehr als in irgendeinem andern Teile der Residenz stattfinden muss, die sich eben auch hier volkreicher zeigt, als sie es wirklich ist. Das Zudrängen nach diesem Orte macht es, dass mancher sich mit einer kleineren Wohnung, als sein Bedürfnis eigentlich erfordert, begnügt, und so kommt es, dass manches von mehreren Familien bewohnte Haus einem Bienenkorbe gleicht. Schon oft war ich die Allee durchwandelt, als mir eines Tages plötzlich ein Haus ins Auge fiel, das auf ganz wunderliche seltsame Weise von allen übrigen abstach. Denkt euch ein niedriges, vier Fenster breites, von zwei hohen schönen Gebäuden eingeklemmtes Haus, dessen Stock über dem Erdgeschoss nur wenig über die Fenster im Erdgeschoss des nachbarlichen Hauses hervorragt, dessen schlecht verwahrtes Dach, dessen zum Teil mit Papier verklebte Fenster, dessen farblose Mauern von gänzlicher Verwahrlosung des Eigentümers zeugen. Denkt euch, wie solch ein Haus zwischen mit geschmackvollem Luxus ausstaffierten Prachtgebäuden sich ausnehmen muss. Ich blieb stehen und bemerkte bei näherer Betrachtung, dass alle Fenster dicht verzogen waren, ja dass vor die Fenster des Erdgeschosses eine Mauer aufgeführt schien, dass die gewöhnliche Glocke an dem Torwege, der, an der Seite angebracht, zugleich zur Haustüre diente, fehlte, und dass an dem Torwege selbst nirgends ein Schloss, ein Drücker zu entdecken war. Ich wurde überzeugt, dass dieses Haus ganz unbewohnt sein müsse, da ich niemals, niemals, so oft und zu welcher Tageszeit ich auch vorübergehen mochte, auch nur die Spur eines menschlichen Wesens darin wahrnahm. Ein unbewohntes Haus in dieser Gegend der Stadt! Eine wunderliche Erscheinung, und doch findet das Ding vielleicht darin seinen natürlichen einfachen Grund, dass der Besitzer auf einer lange dauernden Reise begriffen oder, auf fernen Gütern hausend, dies Grundstück weder vermieten noch veräußern mag, um, nach ***n zurückkehrend, augenblicklich seine Wohnung dort aufschlagen zu können. – So dacht' ich, und doch weiß ich selbst nicht, wie es kam, dass, bei dem öden Hause vorüberschreitend, ich jedes Mal wie festgebannt stehen bleiben und mich in ganz verwunderliche Gedanken nicht sowohl vertiefen, als verstricken musste. – Ihr wisst es ja alle, ihr wackern Kumpane meines fröhlichen Jugendlebens, ihr wisst es ja alle, wie ich mich von jeher als Geisterseher gebärdete und wie *mir* nur einer wunderbaren Welt seltsame Erscheinungen ins Leben treten wollten, die ihr mit derbem Verstande wegzuleugnen wusstet! – Nun! zieht nur eure schlauen spitzfindigen Gesichter, wie ihr wollt, gern zugestehen darf ich ja, dass ich oft mich selbst recht arg mystifiziert habe, und dass mit dem öden Hause sich dasselbe ereignen zu wollen schien, aber – am Ende kommt die Moral, die euch zu Boden schlägt, horcht nur auf! – Zur Sache! – Eines Tages, und zwar in der Stunde, wenn der gute Ton gebietet, in der Allee auf und ab zu gehen, stehe ich, wie gewöhnlich in tiefen Gedanken hinstarrend, vor dem öden Hause. Plötzlich bemerke ich, ohne gerade hinzusehen, dass jemand neben mir sich hingestellt und den Blick auf mich gerichtet hatte. Es ist Graf P., der sich schon in vieler Hinsicht als mir geistesverwandt kundgetan hat, und sogleich ist mir nichts gewisser, als dass auch ihm das Geheimnisvolle des Hauses aufgegangen war. Umso mehr fiel es mir auf, dass, als ich von dem seltsamen Eindruck sprach, den dies verödete Gebäude hier in der belebtesten Gegend der Residenz auf mich gemacht hatte, er sehr ironisch lächelte, bald war aber alles erklärt. Graf P. war viel weiter gegangen als ich, aus manchen Bemerkungen, Kombinationen etc. hatte er die Bewandtnis herausgefunden, die es mit dem Hause hatte, und eben diese Bewandtnis lief auf eine solche ganz seltsame Geschichte heraus, die nur die lebendigste Fantasie des Dichters ins Leben treten lassen konnte. Es wäre wohl recht, dass ich euch die Geschichte des Grafen, die ich noch klar und deutlich im Sinn habe, mitteilte, doch schon jetzt fühle ich mich durch das, was sich wirklich mit mir zutrug, so gespannt, dass ich unaufhaltsam fortfahren muss. Wie war aber dem guten Grafen zumute, als er, mit der Geschichte fertig, erfuhr, dass das verödete Haus nichts anders enthalte, als die Zuckerbäckerei des Konditors, dessen prachtvoll eingerichteter Laden dicht anstieß. Daher waren die Fenster des Erdgeschosses, wo die Öfen eingerichtet, vermauert und die zum Aufbewahren des Gebacknen im obern Stock bestimmten Zimmer mit dicken Vorhängen gegen Sonne und

Ungeziefer verwahrt. Ich erfuhr, als der Graf mir dies mitteilte, so wie er, die Wirkung des Sturzbades, oder es zupfte wenigstens der allem Poetischen feindliche Dämon den Süßträumenden empfindlich und schmerzhaft bei der Nase. – Unerachtet der prosaischen Aufklärung musste ich doch noch immer, vorübergehend, nach dem öden Hause hinschauen, und noch immer gingen im leisen Frösteln, das mir durch die Glieder bebte, allerlei seltsame Gebilde von dem auf, was dort verschlossen. Durchaus konnte ich mich nicht an den Gedanken der Zuckerbäckerei, des Marzipans, der Bonbons, der Torten, der eingemachten Früchte usw. gewöhnen. Eine seltsame Ideenkombination ließ mir das alles erschcinen wie süßes beschwichtigendes Zureden. Ungefähr: ›Erschrecken Sie nicht, Bester! wir alle sind liebe süße Kinderchen, aber der Donner wird gleich ein bisschen einschlagen.‹ Dann dachte ich wieder: ›Bist du nicht ein recht wahnsinniger Tor, dass du das Gewöhnlichste in das Wunderbare zu ziehen trachtest, schelten deine Freunde dich nicht mit Recht einen überspannten Geisterseher?‹ – Das Haus blieb, wie es bei der angeblichen Bestimmung auch nicht anders sein konnte, immer unverändert, und so geschah es, dass mein Blick sich daran gewöhnte, und die tollen Gebilde, die sonst ordentlich aus den Mauern hervorzuschweben schienen, allmählich verschwanden. Ein Zufall weckte alles, was eingeschlummert, wieder auf. – Dass, unerachtet ich mich, so gut es gehen wollte, ins Alltägliche gefügt hatte, ich doch nicht unterließ, das fabelhafte Haus im Auge zu behalten, das könnt ihr euch bei meiner Sinnesart, die nun einmal mit frommer ritterlicher Treue am Wunderbaren festhält, wohl denken. So geschah es, dass ich eines Tages, als ich wie gewöhnlich zur Mittagsstunde in der Allee lustwandelte, meinen Blick auf die verhängten Fenster des öden Hauses richtete. Da bemerkte ich, dass die Gardine an dem letzten Fenster dicht neben dem Konditorladen sich zu bewegen begann. Eine Hand, ein Arm kam zum Vorschein. Ich riss meinen Operngucker heraus und gewahrte nun deutlich die blendend weiße, schön geformte Hand eines Frauenzimmers, an deren kleinem Finger ein Brillant mit ungewöhnlichem Feuer funkelte, ein reiches Band blitzte an dem in üppiger Schönheit geründeten Arm. Die Hand setzte eine hohe, seltsam geformte Kristallflasche hin auf die Fensterbank und verschwand hinter dem Vorhange. Erstarrt blieb ich stehen, ein sonderbar bänglich wonniges Gefühl durchströmte mit elektrischer Wärme mein Inneres, unverwandt blickte ich herauf nach dem verhängnisvollen Fenster, und wohl mag ein sehnsuchtsvoller Seufzer meiner Brust entflohen sein. Ich wurde endlich wach und fand mich umringt von vielen Menschen allerlei Standes, die so wie ich mit neugierigen Gesichtern heraufguckten. Das verdross mich, aber gleich fiel mir ein, dass jedes Hauptstadtvolk jenem gleiche, das, zahllos vor dem Hause versammelt, nicht zu gaffen und sich darüber zu verwundern aufhören konnte, dass eine Schlafmütze aus dem sechsten Stock herabgestürzt, ohne eine Masche zu zerreißen. – Ich schlich mich leise fort, und der prosaische Dämon flüsterte mir sehr vernehmlich in die Ohren, dass soeben die reiche, sonntäglich geschmückte Konditorsfrau eine geleerte Flasche feinen Rosenwassers oder sonst auf die Fensterbank gestellt. – Seltner Fall! – mir kam urplötzlich ein sehr gescheiter Gedanke. – Ich kehrte um und geradezu ein in den leuchtenden Spiegelladen des dem öden Hause nachbarlichen Konditors. – Mit kühlendem Atem den heißen Schaum von der Schokolade wegblasend, fing ich leicht hingeworfen an: ›In der Tat, Sie haben da nebenbei Ihre Anstalt sehr schön erweitert‹. – Der Konditor warf noch schnell ein paar bunte Bonbons in die Vierteltüte, und diese dem lieblichen Mädchen, das darnach verlangt, hinreichend, lehnte er sich mit aufgestemmtem Arm weit über den Ladentisch herüber und schaute mich mit solch lächelnd fragendem Blick an, als habe er mich gar nicht verstanden. Ich wiederholte, dass er sehr zweckmäßig in dem benachbarten Hause seine Bäckerei angelegt, wiewohl das dadurch verödete Gebäude in der lebendigen Reihe der übrigen düster und traurig absteche. ›Ei mein Herr!‹, fing nun der Konditor an, ›wer hat Ihnen denn gesagt, dass das Haus nebenan uns gehört? – Leider blieb jeder Versuch, es zu akquirieren, vergebens, und am Ende mag es auch gut sein, denn mit dem Hause nebenan hat es eine eigne Bewandtnis.‹ – Ihr, meine treuen Freunde, könnt wohl denken, wie mich des Konditors Antwort spannte, und wie sehr ich ihn bat, mir mehr von dem Hause zu sagen. ›Ja, mein Herr!‹, sprach er, ›recht Sonderliches weiß ich selbst nicht davon, so viel ist aber gewiss, dass das Haus der Gräfin von S. gehört, die auf ihren Gütern lebt und seit vielen Jahren nicht in ***n gewesen ist. Als noch keins der Prachtgebäude existierte, die jetzt unsere Straße zieren, stand dies Haus, wie man mir erzählt hat, schon in seiner jetzigen Gestalt da, und seit der Zeit wurde es nur gerade vor dem gänzlichen Verfall gesichert. Nur zwei lebendige Wesen hausen darin, ein steinalter menschenfeindlicher Hausverwalter und ein grämlicher lebenssatter Hund, der zuweilen auf dem Hinterhofe den Mond anheult. Nach der allgemeinen Sage soll es in dem öden Gebäude hässlich spuken, und in der Tat, mein Bruder (der Besitzer des Ladens) und ich, wir beide haben in der Stille der

Nacht, vorzüglich zur Weihnachtszeit, wenn uns unser Geschäft hier im Laden wach erhielt, oft seltsame Klagelaute vernommen, die offenbar sich hier hinter der Mauer im Nebenhause erhoben. Und dann fing es an so hässlich zu scharren und zu rumoren, dass uns beiden ganz graulich zumute wurde. Auch ist es nicht lange her, dass sich zur Nachtzeit ein solch sonderbarer Gesang hören ließ, den ich Ihnen nun gar nicht beschreiben kann. Es war offenbar die Stimme eines alten Weibes, die wir vernahmen, aber die Töne waren so gellend klar und liefen in bunten Kadenzen und langen schneidenden Trillern so hoch hinauf, wie ich es, unerachtet ich doch in Italien, Frankreich und Deutschland so viel Sängerinnen gekannt, noch nie gehört habe. Mir war so, als würden französische Worte gesungen, doch konnt' ich das nicht genau unterscheiden und überhaupt das tolle gespenstige Singen nicht lange anhören, denn mir standen die Haare zu Berge. Zuweilen, wenn das Geräusch auf der Straße nachlässt, hören wir auch in der hintern Stube tiefe Seufzer und dann ein dumpfes Lachen, das aus dem Boden hervor zu dröhnen scheint, aber das Ohr an die Wand gelegt, vernimmt man bald, dass es eben auch im Hause nebenan so seufzt und lacht. – Bemerken Sie – (er führte mich in das hintere Zimmer und zeigte durchs Fenster) bemerken Sie jene eiserne Röhre, die aus der Mauer hervorragt, die raucht zuweilen so stark, selbst im Sommer, wenn doch gar nicht geheizt wird, dass mein Bruder schon oft wegen Feuersgefahr mit dem alten Hausverwalter gezankt hat, der sich aber damit entschuldigt, dass er sein Essen koche, was *der* aber essen mag, das weiß der Himmel, denn oft verbreitet sich, eben wenn jene Röhre recht stark raucht, ein sonderbarer, ganz eigentümlicher Geruch.' – Die

Glastüre des Ladens knarrte, der Konditor eilte hinein und warf mir, nach der hineingetretenen Figur hinnickend, einen bedeutenden Blick zu. – Ich verstand ihn vollkommen. Konnte denn die sonderbare Gestalt jemand anders sein als der Verwalter des geheimnisvollen Hauses? – Denkt euch einen kleinen dürren Mann mit einem mumienfarbnen Gesichte, spitzer Nase, zusammengekniffenen Lippen, grünfunkelnden Katzenaugen, stetem wahnsinnigem Lächeln, altmodig mit aufgetürmtem Toupet und Klebelöckchen frisiertem, stark gepudertem Haar, großem Haarbeutel, Postillon d'Amour, kaffeebraunem altem, verbleichtem, doch wohlgeschontem, gebürstetem Kleide, grauen Strümpfen, großen abgestumpften Schuhen mit Steinschnällchen. Denkt euch, dass diese kleine dürre Figur doch, vorzüglich was die übergroßen Fäuste mit langen starken Fingern betrifft, robust geformt ist und kräftig nach dem Ladentisch hinschreitet, dann aber, stets lächelnd und starr hinschauend nach den in Kristallgläsern aufbewahrten Süßigkeiten, mit ohnmächtiger klagender Stimme herausweint: ›Ein paar eingemachte Pomeranzen – ein paar Makronen – ein paar Zuckerkastanien‹ etc. Denkt euch das und urteilt selbst, ob hier Grund war, Seltsames zu ahnen oder nicht. Der Konditor suchte alles, was der Alte gefordert, zusammen. ›Wiegen Sie, wiegen Sie, verehrter Herr Nachbar‹, jammerte der seltsame Mann, holte achzend und keuchend einen kleinen ledernen Beutel aus der Tasche und suchte mühsam Geld hervor. Ich bemerkte, dass das Geld, als er es auf den Ladentisch aufzählte, aus verschiedenen alten, zum Teil schon ganz aus dem gewöhnlichen Kurs gekommenen Münzsorten bestand. Er tat dabei sehr kläglich und murmelte: ›Süß – süß – süß soll nun alles sein – süß meinethalben; der Satan schmiert seiner Braut Honig ums Maul – puren Honig.‹ Der Konditor schaute mich lachend an und sprach dann zu dem Alten: ›Sie scheinen nicht recht wohl zu sein, ja, ja, das Alter, das Alter, die Kräfte nehmen ab immer mehr und mehr.‹ Ohne die Miene zu ändern, rief der Alte mit erhöhter Stimme: ›Alter? – Alter? – Kräfte abnehmen? – Schwach – matt werden! Ho ho – ho ho – ho ho!‹ Und damit schlug er die Fäuste zusammen, dass die Gelenke knackten, und sprang, in der Luft ebenso gewaltig die Füße zusammenklappend, hoch auf, dass der ganze Laden dröhnte und alle Gläser zitternd erklangen. Aber in dem Augenblick erhob sich auch ein grässliches Geschrei, der Alte hatte den schwarzen Hund getreten, der, hinter ihm hergeschlichen, dicht an seine Füße geschmiegt, auf dem Boden lag. ›Verruchte Bestie! satanischer Höllenhund‹, stöhnte leise im vorigen Ton der Alte, öffnete die Tüte und reichte dem Hunde eine große Makrone hin. Der Hund, der in ein menschliches Weinen ausgebrochen, war sogleich still, setzte sich auf die Hinterpfoten und knapperte an der Makrone wie ein Eichhörnchen. Beide waren zu gleicher Zeit fertig, der Hund mit seiner Makrone, der Alte mit dem Verschließen und Einstecken seiner Tüte. ›Gute Nacht, verehrter Herr Nachbar‹, sprach er jetzt, reichte dem Konditor die Hand und drückte die des Konditors so, dass er laut aufschrie vor Schmerz. ›Der alte, schwächliche Greis wünscht Ihnen eine gute Nacht, bester Herr Nachbar Konditor‹, wiederholte er dann und schritt zum Laden heraus, hinter ihm der schwarze Hund, mit der Zunge die Makronenreste vom Maule weglecken. Mich schien der Alte gar nicht bemerkt zu haben, ich stand da, ganz erstarrt vor Erstaunen. ›Sehn Sie‹, fing der Konditor an, ›sehen Sie, so treibt es der wunderliche Alte hier zuweilen, wenigstens in vier Wochen zwei-, dreimal, aber nichts ist aus ihm herauszubringen, als dass er ehemals Kammerdiener des Grafen von S. war, dass er jetzt hier das Haus verwaltet und jeden Tag (schon seit vielen Jahren) die Gräflich S-sche Familie erwartet, weshalb auch nichts vermietet werden kann. Mein Bruder ging ihm einmal zu Leibe wegen des wunderlichen Getöns zur Nachtzeit, da sprach er aber sehr gelassen: ›Ja! – die Leute sagen alle, es spuke im Hause, glauben Sie es aber nicht, es tut nicht wahr sein.‹ – Die Stunde war gekommen, in der der gute Ton gebot, diesen Laden zu besuchen, die Tür öffnete sich, elegante Welt strömte hinein, und ich konnte nicht weiter fragen.‹ –

So viel stand nun fest, dass die Nachrichten des Grafen P. über das Eigentum und die Benutzung des Hauses falsch waren, dass der alte Verwalter dasselbe seines Leugnens unerachtet nicht allein bewohnte, und dass ganz gewiss irgendein Geheimnis vor der Welt dort verhüllt werden sollte. Musste ich denn nicht die Erzählung von dem seltsamen, schauerlichen Gesange mit dem Erscheinen des schönen Arms am Fenster in Verbindung setzen? Der Arm saß nicht, konnte nicht sitzen an dem Leibe eines alten verschrumpften Weibes, der Gesang nach des Konditors Beschreibung nicht aus der Kehle des jungen blühenden Mädchens kommen. Doch für das Merkzeichen des Arms entschieden, konnt' ich leicht mich selbst überreden, dass vielleicht nur eine akustische Täuschung die Stimme alt und gellend klingen lassen, und dass ebenso vielleicht nur des vom Graulichen befangenen Konditors trügliches Ohr die Töne so vernommen. – Nun dacht' ich an den Rauch, den seltsamen Geruch, an die wunderlich geformte Kristallflasche, die ich sah, und bald stand das Bild eines herrlichen, aber in verderblichen Zauberdingen befangenen Geschöpfs mir lebendig vor Augen. Der Alte wurde mir zum fatalen Hexenmeister, zum verdammten Zauberkerl, der vielleicht ganz unabhängig von der Gräflich S-schen Familie geworden, nun auf seine eigne Hand in dem verödeten Hause Unheil bringendes Wesen trieb.

Meine Fantasie war im Arbeiten, und noch in selbiger Nacht, nicht sowohl im Traum, als im Delirieren des Einschlafens, sah ich deutlich die Hand mit dem funkelnden Diamant am Finger, den Arm mit der glänzenden Spange. Wie aus dünnen grauen Nebeln trat nach und nach ein holdes Antlitz mit wehmütig flehenden blauen Himmelsaugen, dann die ganze wunderherrliche Gestalt eines Mädchens in voller anmutiger Jugendblüte hervor. Bald bemerkte ich, dass das, was ich für Nebel hielt, der feine Dampf war, der aus der Kristallflasche, die die Gestalt in den Händen hielt, in sich kreiselndem Gewirbel emporstieg. ›O, du holdes Zauberbild‹, rief ich voll Entzücken, ›o, du holdes Zauberbild, tu es mir kund, wo du weilst, was dich gefangen hält? – O, wie du mich so voll Wehmut und Liebe anblickst! – Ich weiß es, die schwarze Kunst ist es, die dich befangen, du bist die unglückselige Sklavin des boshaften Teufels, der herumwandelt kaffeebraun und behaarbeutelt in Zuckerladen und in gewaltigen Sprüngen alles zerschmeißen will und Höllenhunde tritt, die er mit Makronen füttert, nachdem sie den satanischen Murki im Fünfachteltakt abgeheult. – O, ich weiß ja alles, du holdes, anmutiges Wesen! – Der Diamant ist der Reflex innerer Glut! – ach hättst du ihn nicht mit deinem Herzblut getränkt, wie könnt' er so funkeln, so tausendfarbig strahlen in den allerherrlichsten Liebestönen, die je ein Sterblicher vernommen. – Aber ich weiß es wohl, das Band, was deinen Arm umschlingt, ist das Glied einer Kette, von der der Kaffeebraune spricht, sie sei magnetisch – Glaub' es nicht, Herrliche! – ich sehe ja, wie sie herabhängt in die von blauem Feuer glühende Retorte. – Die werf' ich um, und du bist befreit! – Weiß ich denn nicht alles – weiß ich denn nicht alles, du Liebliche? Aber nun, Jungfrau! – nun öffne den Rosenmund, o sage –‹ – In dem Augenblick griff eine knotige Faust über meine Schulter weg nach der Kristallflasche, die, in tausend Stücke zersplittert, in der Luft verstäubte. Mit einem leisen Ton dumpfer Wehklage war die anmutige Gestalt verschwunden in finstrer Nacht. – Ha! – ich merk' es an euerm Lächeln, dass ihr schon wieder in mir den träumerischen Geisterseher findet, aber versichern kann ich euch, dass der ganze Traum, wollt ihr nun einmal nicht abgehen von dieser Benennung, den vollendeten Charakter der Vision hatte. Doch da ihr fortfahrt, mich so im prosaischen Unglauben anzulächeln, so will ich lieber gar nichts mehr davon sagen, sondern nur rasch weitergehen. – Kaum war der Morgen angebrochen, als ich voll Unruhe und Sehnsucht nach der Allee lief und mich hinstellte vor das öde Haus! – Außer den innern Vorhängen waren noch dichte Jalousien vorgezogen. Die Straße war noch völlig menschenleer, ich trat dicht an die Fenster des Erdgeschosses und horchte und horchte, aber kein Laut ließ sich hören, still blieb es wie im tiefen Grabe. Der Tag kam herauf, das Gewerbe rührte sich, ich musste fort. Was soll ich euch damit ermüden, wie ich viele Tage hindurch das Haus zu jeder Zeit umschlich, ohne auch nur das mindeste zu entdecken, wie alle Erkundigung, alles Forschen zu keiner bestimmten Notiz führte, und wie endlich das schöne Bild meiner Vision zu verblassen begann. – Endlich, als ich einst am späten Abend, von einem Spaziergange heimkehrend, bei dem öden Hause herangekommen, bemerkte ich, dass das Tor halb geöffnet war; ich schritt heran, der Kaffeebraune guckte heraus. Mein Entschluss war gefasst. ›Wohnt nicht der Geheime Finanzrat Binder hier in diesem Hause?‹ So frug ich den Alten, indem ich, ihn beinahe zurückdrängend, in den von einer Lampe matt erleuchteten Vorsaal trat. Der Alte blickte mich an mit seinem stehenden Lächeln und sprach leise und gezogen: ›Nein, *der* wohnt nicht hier, hat niemals hier gewohnt, wird niemals hier wohnen, wohnt auch in der ganzen Allee nicht. – Aber die Leute sagen, es spuke hier in diesem Hause, jedoch kann ich versichern, dass es nicht wahr ist, es ist ein ruhiges, hübsches Haus, und morgen zieht die gnädige Gräfin von S. ein und –. Gute Nacht, mein lieber Herr!‹ – Damit manövrierte mich der Alte zum Hause hinaus und verschloss hinter mir das Tor. Ich vernahm, wie er keuchend und hustend mit dem klirrenden Schlüsselbunde über den Flur wegscharrte und dann Stufen, wie mir vorkam, *herab*stieg. Ich hatte in der kurzen Zeit so viel bemerkt, dass der Flur mit alten bunten Tapeten behängt und wie ein Saal mit großen, mit rotem Damast beschlagenen Lehnsesseln möbliert war, welches denn doch ganz verwunderlich aussah.

Nun gingen, wie geweckt durch mein Eindringen in das geheimnisvolle Haus, die Abenteuer auf! – Denkt euch, denkt euch, sowie ich den andern Tag in der Mittagsstunde die Allee durchwandere und mein Blick schon in der Ferne sich unwillkürlich nach dem öden Hause richtet, sehe ich an dem letzten Fenster des obern Stocks etwas schimmern. – Näher getreten, bemerke ich, dass die äußere Jalousie ganz, der innere Vorhang halb aufgezogen ist. Der Diamant funkelt mir entgegen. – O

Himmel! gestützt auf den Arm, blickt mich wehmütig flehend jenes Antlitz meiner Vision an. – War es möglich in der auf und ab wogenden Masse stehenzubleiben? – In dem Augenblick fiel mir die Bank ins Auge, die für die Lustwandler in der Allee in der Richtung des öden Hauses, wiewohl man, sich darauf niederlassend, dem Hause den Rücken kehrte, angebracht war. Schnell sprang ich in die Allee, und, mich über die Lehne der Bank wegbeugend, konnt' ich nun ungestört nach dem verhängnisvollen Fenster schauen. Ja! Sie war es, das anmutige, holdselige Mädchen, Zug für Zug! – Nur schien ihr Blick ungewiss. – Nicht nach mir, wie es vorhin schien, blickte sie, vielmehr hatten die Augen etwas Todstarres, und die Täuschung eines lebhaft gemalten Bildes wäre möglich gewesen, hätten sich nicht Arm und Hand zuweilen bewegt. Ganz versunken in den Anblick des verwunderlichen Wesens am Fenster, das mein Innerstes so seltsam aufregte, hatte ich nicht die quäkende Stimme des italienischen Tabulettkrämers gehört, der mir vielleicht schon lange unaufhörlich seine Waren anbot. Er zupfte mich endlich am Arm; schnell mich umdrehend, wies ich ihn ziemlich hart und zornig ab. Er ließ aber nicht nach mit Bitten und Quälen. Noch gar nichts habe er heute verdient, nur ein paar Bleifedern, ein Bündelchen Zahnstocher möge ich ihm abkaufen. Voller Ungeduld, den Überlästigen nur geschwind loszuwerden, griff ich in die Tasche nach dem Geldbeutel. Mit den Worten: ›Auch hier hab' ich noch schöne Sachen!‹, zog er den untern Schub seines Kastens heraus und hielt mir einen kleinen runden Taschenspiegel, der in dem Schub unter andern Gläsern lag, in kleiner Entfernung seitwärts vor. – Ich erblickte das öde Haus hinter mir, das Fenster und in den schärfsten deutlichsten Zügen die holde Engelsgestalt meiner Vision. – Schnell kauft' ich den kleinen Spiegel, der mir es nun möglich machte, in bequemer Stellung, ohne den Nachbarn aufzufallen, nach dem Fenster hinzuschauen. – Doch, indem ich nun länger und länger das Gesicht im Fenster anblickte, wurd' ich von einem seltsamen, ganz unbeschreiblichen Gefühl, das ich beinahe waches Träumen nennen möchte, befangen. Mir war es, als lähme eine Art Starrsucht nicht sowohl mein ganzes Regen und Bewegen als vielmehr nur meinen Blick, den ich nun niemals mehr würde abwenden können von dem Spiegel. Mit Beschämung muss ich euch bekennen, dass mir jenes Ammenmärchen einfiel, womit mich in früher Kindheit meine Wartfrau augenblicklich zu Bette trieb, wenn ich mich etwa gelüsten ließ, abends vor dem großen Spiegel in meines Vaters Zimmer stehenzubleiben und hineinzugucken. Sie sagte nämlich, wenn Kinder nachts in den Spiegel blickten, gucke ein fremdes, garstiges Gesicht heraus, und der Kinder Augen blieben dann erstarrt stehen. Mir war das ganz entsetzlich graulich, aber in vollem Grausen konnt' ich doch oft nicht unterlassen, wenigstens nach dem Spiegel hinzublinzeln, weil ich neugierig war auf das fremde Gesicht. Einmal glaubt' ich ein Paar grässliche glühende Augen aus dem Spiegel fürchterlich herausfunkeln zu sehen, ich schrie auf und stürzte dann ohnmächtig nieder. In diesem Zufall brach eine langwierige Krankheit aus, aber noch jetzt ist es mir, als hätten jene Augen mich wirklich angefunkelt. – Kurz, alles dieses tolle Zeug aus meiner frühen Kindheit fiel mir ein, Eiskälte bebte durch meine Adern – ich wollte den Spiegel von mir schleudern – ich vermocht' es nicht – nun blickten mich die Himmelsaugen der holden Gestalt an – ja ihr Blick war auf mich gerichtet und strahlte bis ins Herz hinein. –

Jenes Grausen, das mich plötzlich ergriffen, ließ von mir ab und gab Raum dem wonnigen Schmerz süßer Sehnsucht, die mich mit elektrischer Wärme durchglüht. ›Sie haben da einen niedlichen Spiegel‹, sprach eine Stimme neben mir. Ich erwachte aus dem Traum und war nicht wenig betroffen, als ich neben mir von beiden Seiten mich zweideutig anlächelnde Gesichter erblickte. Mehrere Personen hatten auf derselben Bank Platz genommen, und nichts war gewisser, als dass ich ihnen mit dem starren Hineinblicken in den Spiegel und vielleicht auch mit einigen seltsamen Gesichtern, die ich in meinem exaltierten Zustande schnitt, auf meine Kosten ein ergötzliches Schauspiel gegeben. ›Sie haben da einen niedlichen Spiegel‹, wiederholte der Mann, als ich nicht antwortete, mit einem Blick, der jener Frage noch hinzufügte: ›Aber sagen Sie mir, was soll das wahnsinnige Hineinstarren, erscheinen Ihnen Geister‹ etc. Der Mann, schon ziemlich hoch in Jahren, sehr sauber gekleidet, hatte im Ton der Rede, im Blick etwas ungemein Gutmütiges und Zutrauen Erweckendes. Ich nahm gar keinen Anstand, ihm geradehin zu sagen, dass ich im Spiegel ein wundervolles Mädchen erblickt, das hinter mir im Fenster des öden Hauses gelegen. – Noch weiter ging ich, ich fragte den Alten, ob er nicht auch das holde Antlitz gesehen. ›Dort drüben? – in dem alten Hause – in dem letzten Fenster?‹, so fragte mich nun wieder ganz verwundert der Alte. ›Allerdings, allerdings‹, sprach ich; da lächelte der Alte sehr und fing an: ›Nun das ist doch eine wunderliche Täuschung – nun meine alten Augen – Gott ehre mir meine alten Augen. Ei ei, mein Herr, wohl habe ich mit unbewaffnetem Auge das hübsche Gesicht dort im Fenster gesehen, aber es war ja ein, wie es mir schien, recht gut und lebendig in Öl gemaltes Porträt.‹ Schnell drehte ich mich um nach dem Fenster, alles war verschwunden, die Jalousie heruntergelassen. ›Ja!‹, fuhr der Alte fort, ›ja, mein Herr, nun ist's zu spät, sich davon zu überzeugen, denn eben nahm der Bediente, der dort, wie ich weiß, als Kastellan das Absteigequartier der Gräfin von S. ganz allein bewohnt, das Bild, nachdem er es abgestäubt, vom Fenster fort und ließ die Jalousie herunter.‹ ›War es denn gewiss ein Bild?‹, fragte ich nochmals ganz bestürzt. ›Trauen Sie meinen Augen‹, erwiderte der Alte. ›Dass Sie nur den Reflex des Bildes im Spiegel sahen, vermehrte gewiss sehr die optische Täuschung und – wie ich noch in Ihren Jahren war, hätt' ich nicht auch das Bild eines schönen Mädchens, kraft meiner Fantasie, ins Leben gerufen?‹ ›Aber Hand und Arm bewegten sich doch‹, fiel ich ein. ›Ja, ja, sie regten sich, alles regte sich‹, sprach der Alte, lächelnd und sanft mich auf die Schulter klopfend. Dann stand er auf und verließ mich, höflich sich verbeugend, mit den Worten: ›Nehmen Sie sich doch vor Taschenspiegeln in acht, die so hässlich lügen. – Ganz gehorsamster Diener.‹ – Ihr könnt denken, wie mir zumute war, als ich mich so als einen törichten, blödsichtigen Phantasten behandelt sah. Mir kam die Überzeugung, dass der Alte recht hatte, und dass nur in mir selbst das tolle Gaukelspiel aufgegangen, das mich mit dem öden Hause, zu meiner eignen Beschämung, so garstig mystifizierte.

Ganz voller Unmut und Verdruss lief ich nach Hause, fest entschlossen, mich ganz loszusagen von jedem Gedanken an die Mysterien des öden Hauses und wenigstens einige Tage hindurch die Allee zu vermeiden. Dies hielt ich treulich, und kam noch hinzu, dass mich den Tag über dringend gewordene Geschäfte am Schreibtisch, an den Abenden aber geistreiche fröhliche Freunde in ihrem Kreise festhielten, so musst' es wohl geschehen, dass ich beinahe gar nicht mehr an jene Geheimnisse dachte. Nur begab es sich in dieser Zeit, dass ich zuweilen aus dem Schlaf auffuhr, wie plötzlich durch äußere Berührung geweckt, und dann war es mir doch deutlich, dass nur der Gedanke an das geheimnisvolle Wesen, das ich in meiner Vision und in dem Fenster des öden Hauses erblickt, mich geweckt hatte. Ja selbst während der Arbeit, während der lebhaftesten Unterhaltung mit meinen Freunden durchfuhr mich oft plötzlich, ohne weitern Anlass, jener Gedanke wie ein elektrischer Blitz. Doch waren dies nur schnell vorübergehende Momente. Den kleinen Taschenspiegel, der mir so täuschend das anmutige Bildnis reflektiert, hatte ich zum prosaischen Hausbedarf bestimmt. Ich pflegte mir vor demselben die Halsbinde festzuknüpfen. So geschah es, dass er mir, als ich einst dies wichtige Geschäft abtun wollte, blind schien, und ich ihn nach bekannter Methode anhauchte, um ihn dann hell zu polieren. – Alle meine Pulse stockten, mein Innerstes bebte vor wonnigem Grauen! – ja so muss ich das Gefühl nennen, das mich übermannte, als ich, sowie mein Hauch den Spiegel überlief, im bläulichen Nebel das holde Antlitz sah, das mich mit jenem wehmütigen, das Herz durchbohrenden Blick anschaute! – Ihr lacht? – Ihr seid mit mir fertig, ihr haltet mich für einen unheilbaren Träumer, aber sprecht, denkt, was ihr wollt, genug, die Holde blickte mich an aus dem Spiegel, aber sowie der Hauch zerrann, verschwand das Gesicht in dem Funkeln des Spiegels. – Ich will euch nicht ermüden, ich will euch nicht herzählen alle Momente, die sich, einer aus dem andern, entwickelten. Nur so viel will ich sagen, dass ich unaufhörlich die Versuche mit dem Spiegel erneuerte, dass es mir oft gelang, das geliebte Bild durch meinen Hauch hervorzurufen, dass aber manchmal die angestrengtesten Bemühungen ohne Erfolg blieben. Dann rannte ich wie wahnsinnig auf und ab vor dem öden Hause und starrte in die Fenster, aber kein menschliches Wesen wollte sich zeigen. – Ich lebte nur in dem Gedanken an *sie*, alles Übrige war abgestorben für mich, ich vernachlässigte meine Freunde, meine Studien. – Dieser Zustand, wollte er in mildern Schmerz, in träumerische Sehnsucht übergehen, ja, schien es, als wolle das Bild an Leben und Kraft verlieren, wurde oft bis zur höchsten Spitze gesteigert durch Momente, an die ich noch jetzt mit tiefem Entsetzen denke. – Da ich von einem *Seelen*zustande rede, der mich hätte ins Verderben stürzen können, so ist für euch, ihr Ungläubigen, da nichts zu belächeln und zu bespötteln, hört und fühlt mit mir, was ich ausgestanden. – Wie gesagt, oft, wenn jenes Bild ganz verblasst war, ergriff mich ein körperliches Übelbefinden, die Gestalt trat, wie sonst niemals, mit einer Lebendigkeit, mit einem Glanz hervor, dass ich sie zu erfassen wähnte. Aber dann kam es mir auf grauliche Weise vor, ich sei selbst die Gestalt und von den Nebeln des Spiegels umhüllt und umschlossen. Ein empfindlicher Brustschmerz und dann gänzliche Apathie endigte den peinlichen Zustand, der immer eine das innerste Mark wegzehrende Erschöpfung hinterließ. In diesen Momenten misslang jeder Versuch mit dem Spiegel, hatte ich mich aber erkräftigt, und trat dann das Bild wieder lebendig aus dem Spiegel hervor, so mag ich nicht leugnen, dass sich damit ein besonderer, mir sonst fremder physischer Reiz verband. – Diese ewige Spannung wirkte gar verderblich auf mich ein, blass wie der Tod und zerstört im ganzen Wesen, schwankte ich umher, meine Freunde hielten mich für krank, und ihre ewigen Mahnungen brachten mich endlich dahin, über meinen Zustand, so wie ich es nur vermochte, ernstlich nachzusinnen. War es Absicht oder Zufall, dass einer der Freunde, welcher Arzneikunde studierte, bei einem Besuch Reils Buch über Geisteszerrüttungen zurückließ? Ich fing an zu lesen, das Werk zog mich unwiderstehlich an, aber wie ward mir, als ich in allem, was über fixen Wahnsinn gesagt wird, mich selbst wiederfand! – Das tiefe Entsetzen, das ich, mich selbst auf dem Wege zum Tollhause erblickend, empfand, brachte mich zur Besinnung und zum festen Entschluss, den ich rasch ausführte. Ich steckte meinen Taschenspiegel ein und eilte schnell zu dem Doktor K., berühmt durch seine Behandlung und Heilung der Wahnsinnigen, durch sein tieferes Eingehen in das psychische Prinzip, welches oft sogar körperliche Krankheiten hervorzubringen und wieder zu heilen vermag. Ich erzählte ihm alles, ich verschwieg ihm nicht den kleinsten Umstand und beschwor ihn mich zu retten von dem ungeheuern Schicksal, von dem bedroht ich mich glaubte. Er hörte mich sehr ruhig an, doch bemerkte ich wohl in seinem Blick tiefes Erstaunen. ›Noch‹, fing er an, ›noch ist die Gefahr keinesweges so nahe, als Sie glauben, und ich kann mit Gewissheit behaupten, dass ich sie ganz abzuwenden vermag. Dass Sie auf unerhörte Weise psychisch angegriffen sind, leidet gar keinen Zweifel, aber die völlige klare Erkenntnis dieses Angriffs irgendeines bösen Prinzips gibt Ihnen selbst die Waffen in die Hand, sich dagegen zu wehren. Lassen Sie mir Ihren Taschenspiegel, zwingen Sie sich zu irgendeiner Arbeit, die Ihre Geisteskräfte in Anspruch nimmt, meiden Sie die Allee, arbeiten Sie von der Frühe an, so lange Sie es nur auszuhalten vermögen, dann aber, nach einem tüchtigen Spaziergange, fort in die Gesellschaft Ihrer Freunde, die Sie so lange vermisst.

Essen Sie nahrhafte Speisen, trinken Sie starken kräftigen Wein. Sie sehen, dass ich bloß die fixe Idee, das heißt, die Erscheinung des Sie betörenden Antlitzes im Fenster des öden Hauses und im Spiegel vertilgen, Ihren Geist auf andere Dinge leiten und Ihren Körper stärken will. Stehen Sie selbst meiner Absicht redlich bei.‹ – Es wurde mir schwer, mich von dem Spiegel zu trennen, der Arzt, der ihn schon genommen, schien es zu bemerken, er hauchte ihn an und frug, indem er mir ihn vorhielt: ›Sehen Sie etwas?‹ ›Nicht das mindeste‹, erwiderte ich, wie es sich auch in der Tat verhielt. ›Hauchen *Sie* den Spiegel an‹, sprach dann der Arzt, indem er mir den Spiegel in die Hand gab. Ich tat es, das Wunderbild trat deutlicher als je hervor. ›Da ist sie‹, rief ich laut. Der Arzt schaute hinein und sprach dann: ›Ich sehe nicht das mindeste, aber nicht verhehlen mag ich Ihnen, dass ich in dem Augenblick, als ich in Ihren Spiegel sah, einen unheimlichen Schauer fühlte, der aber gleich vorüberging. Sie bemerken, dass ich ganz aufrichtig bin und ebendeshalb wohl Ihr ganzes Zutrauen verdiene. Wiederholen Sie doch den Versuch.‹ Ich tat es, der Arzt umfasste mich, ich fühlte seine Hand auf dem Rückenwirbel. – Die Gestalt kam wieder, der Arzt, mit mir in den Spiegel schauend, erblasste, dann nahm er mir den Spiegel aus der Hand, schaute nochmals hinein, verschloss ihn in dem Pult und kehrte erst, als er einige Sekunden hindurch, die Hand vor der Stirn, schweigend dagestanden, zu mir zurück. ›Befolgen Sie‹, fing er an, ›befolgen Sie genau meine Vorschriften. Ich darf Ihnen bekennen, dass jene Momente, in denen Sie, außer sich selbst gesetzt, Ihr eignes Ich in physischem Schmerz fühlten, mir noch sehr geheimnisvoll sind, aber ich hoffe, Ihnen recht bald mehr darüber sagen zu können.‹ – Mit festem, unabänderlichem Willen, so schwer es mir auch ankam, lebte ich zur Stunde den Vorschriften des Arztes gemäß, und sosehr ich auch bald den wohltätigen Einfluss anderer Geistesanstrengung und der übrigen verordneten Diät verspürte, so blieb ich doch nicht frei von jenen furchtbaren Anfällen, die mittags um zwölf Uhr, viel stärker aber nachts um zwölf Uhr sich einzustellen pflegten. Selbst in munterer Gesellschaft bei Wein und Gesang war es oft, als durchführen plötzlich mein Inneres spitzige glühende Dolche, und alle Macht des Geistes reichte dann nicht hin zum Widerstande, ich musste mich entfernen und durfte erst wiederkehren, wenn ich aus dem ohnmachtähnlichen Zustande erwacht. – Es begab sich, dass ich mich einst bei einer Abendgesellschaft befand, in der über psychische Einflüsse und Wirkungen, über das dunkle unbekannte Gebiet des Magnetismus gesprochen wurde. Man kam vorzüglich auf die Möglichkeit der Einwirkung eines entfernten psychischen Prinzips, sie wurde aus vielen Beispielen bewiesen, und vorzüglich führte ein junger, dem Magnetismus ergebener Arzt an, dass er, wie mehrere andere oder vielmehr wie *alle* kräftige Magnetiseurs, es vermöge, aus der Ferne bloß durch den festfixierten Gedanken und Willen auf seine Somnambulen zu wirken. Alles, was Kluge, Schubert, Bartels und mehrere darüber gesagt haben, kam nach und nach zum Vorschein. ›Das Wichtigste‹, fing endlich einer der Anwesenden, ein als scharfsinniger Beobachter bekannter Mediziner, an, ›das Wichtigste von allem bleibt mir immer, dass der Magnetismus manches Geheimnis, das wir als gemeine schlichte Lebenserfahrung nun eben für kein Geheimnis erkennen wollen, zu erschließen scheint. Nur müssen wir freilich behutsam zu Werke gehn. – Wie kommt es denn, dass ohne allen äußern oder innern uns bekannten Anlass, ja unsere Ideenkette zerreißend, irgendeine Person oder wohl gar das treue Bild irgendeiner Begebenheit so lebendig, so sich unsers ganzen Ichs begeisternd, in den Sinn kommt, dass wir selbst darüber erstaunen. Am merkwürdigsten ist es, dass wir oft im Traume auffahren. Das ganze Traumbild ist in den schwarzen Abgrund versunken, und im neuen von jenem Bilde ganz unabhängigen Traum tritt uns mit voller Kraft des Lebens ein Bild entgegen, das uns in ferne Gegenden versetzt und plötzlich scheinbar uns ganz fremd gewordene Personen, an die wir seit Jahren nicht mehr dachten, uns entgegenführt. Ja, noch mehr! oft schauen wir auf eben die Weise ganz fremde unbekannte Personen, die wir vielleicht Jahre nachher erst kennenlernen. Das Bekannte: ›Mein Gott, der Mann, die Frau, kommt mir so zum Erstaunen bekannt vor, ich dächt', ich hätt' ihn, sie schon irgendwo gesehen‹, ist vielleicht, da dies oft schlechterdings unmöglich, die dunkle Erinnerung an ein solches Traumbild. Wie, wenn dies plötzliche Hineinspringen fremder Bilder in unsere Ideenreihe, die uns gleich mit besonderer Kraft zu ergreifen pflegen, eben durch ein fremdes psychisches Prinzip veranlasst würde? Wie, wenn es dem fremden Geiste unter gewissen Umständen möglich wäre, den magnetischen Rapport auch ohne Vorbereitung so herbeizuführen, dass wir uns willenlos ihm fügen müssten?‹ ›So kämen wir‹, fiel ein anderer lachend ein, ›mit einem gar nicht zu großen Schritt auf die Lehre von Verhexungen, Zauberbildern, Spiegeln und andern unsinnigen abergläubischen Phantastereien längst verjährter alberner Zeit.‹ ›Ei‹, unterbrach der Mediziner den Ungläubigen, ›keine Zeit kann verjähren, und noch viel weniger hat es jemals eine alberne Zeit gegeben, wenn wir nicht etwa jede Zeit, in der

Menschen zu denken sich unterfangen mögen, mithin auch die unsrige, für albern erkennen wollen. – Es ist ein eignes Ding, etwas geradezu wegleugnen zu wollen, was oft sogar durch streng juristisch geführten Beweis festgestellt ist, und so wenig ich der Meinung bin, dass in dem dunklen geheimnisvollen Reiche, welches unseres Geistes Heimat ist, auch nur ein einziges, unserm blöden Auge recht hell leuchtendes Lämpchen brennt, so ist doch so viel gewiss, dass uns die Natur das Talent und die Neigung der Maulwürfe nicht versagt hat. Wir suchen, verblindet, wie wir sind, uns weiterzuarbeiten auf finstern Wegen. Aber so wie der Blinde auf Erden an dem flüsternden Rauschen der Bäume, an dem Murmeln und Plätschern des Wassers die Nähe des Waldes, der ihn in seinen kühlenden Schatten aufnimmt, des Baches, der den Durstenden labt, erkennt und so das Ziel seiner Sehnsucht erreicht, so ahnen wir an dem tönenden Flügelschlag unbekannter, uns mit Geisteratem berührender Wesen, dass der Pilgergang uns zur Quelle des Lichts führt, vor dem unsere Augen sich auftun!‹ – Ich konnte mich nicht länger halten. ›Sie statuieren also‹, wandte ich mich zu dem Mediziner, ›die Einwirkung eines fremden geistigen Prinzips, dem man sich willenlos fügen muss?‹ ›Ich halte‹, erwiderte der Mediziner, ›ich halte, um nicht zu weit zu gehen, diese Einwirkung nicht allein für möglich, sondern auch andern, durch den magnetischen Zustand deutlicher gewordenen Operationen des psychischen Prinzips für ganz homogen.‹ ›So könnt' es auch‹, fuhr ich fort, ›dämonischen Kräften verstattet sein, feindlich verderbend auf uns zu wirken?‹ ›Schnöde Kunststücke gefallner Geister‹, erwiderte der Mediziner lächelnd. – ›Nein, denen wollen wir nicht erliegen. Und überhaupt bitt' ich, meine Andeutungen für nichts anders zu nehmen, als eben nur für Andeutungen, denen ich noch hinzufüge, dass ich keineswegs an *unbedingte* Herrschaft eines geistigen Prinzips über das andere glauben, sondern vielmehr annehmen will, dass entweder irgendeine Abhängigkeit, Schwäche des innern Willens oder eine Wechselwirkung stattfinden muss, die jener Herrschaft Raum gibt.‹

›Nun erst‹, fing ein ältlicher Mann an, der solange geschwiegen und nur aufmerksam zugehört, ›nun erst kann ich mich mit Ihren seltsamen Gedanken über Geheimnisse, die uns verschlossen bleiben sollen, einigermaßen befreunden. Gibt es geheimnisvolle tätige Kräfte, die mit bedrohlichen Angriffen auf uns zutreten, so kann uns dagegen nur irgendeine Abnormität im geistigen Organism Kraft und Mut zum sieghaften Widerstande rauben. Mit einem Wort, nur geistige Krankheit – die Sünde macht uns untertan dem dämonischen Prinzip. Merkwürdig ist es, dass von den ältesten Zeiten her die den Menschen im Innersten verstörendste Gemütsbewegung es war, an der sich dämonische Kräfte übten. Ich meine nichts anders als die Liebesverzauberungen, von denen alle Chroniken voll sind. In tollen Hexenprozessen kommt immer dergleichen vor, und selbst in dem Gesetzbuch eines sehr aufgeklärten Staats wird von den Liebestrünken gehandelt, die insofern auch rein psychisch zu wirken bestimmt sind, als sie nicht Liebeslust im Allgemeinen erwecken, sondern unwiderstehlich an eine bestimmte Person bannen sollen. Ich werde in diesen Gesprächen an eine tragische Begebenheit erinnert, die sich in meinem eignen Hause vor weniger Zeit zutrug. Als Bonaparte unser Land mit seinen Truppen überschwemmt hatte, wurde ein Obrister von der italienischen Nobelgarde bei mir einquartiert. Er war einer von den wenigen Offizieren der sogenannten großen Armee, die sich durch ein stilles bescheidenes, edles Betragen auszeichneten. Sein todbleiches Gesicht, seine düstern Augen zeugten von Krankheit oder tiefer Schwermut. Nur wenige Tage war er bei mir, als sich auch der besondere Zufall kundtat, von dem er behaftet. Eben befand ich mich auf seinem Zimmer, als er plötzlich mit tiefen Seufzern die Hand auf die Brust oder vielmehr auf die Stelle des Magens legte, als empfinde er tödliche Schmerzen. Er konnte bald nicht mehr sprechen, er war genötigt, sich in den Sofa zu werfen, dann aber verloren plötzlich seine Augen die Sehkraft, und er erstarrte zur bewusstlosen Bildsäule. Mit einem Ruck wie aus dem Traume auffahrend, erwachte er endlich, aber vor Mattigkeit konnte er mehrere Zeit hindurch sich nicht regen und bewegen. Mein Arzt, den ich ihm sandte, behandelte ihn, nachdem andere Mittel fruchtlos geblieben, magnetisch, und dies schien zu wirken; wiewohl der Arzt bald davon ablassen musste, da er selbst beim Magnetisieren des Kranken von einem unerträglichen Gefühl des Übelseins ergriffen wurde. Er hatte übrigens des Obristen Zutrauen gewonnen, und dieser sagte ihm, dass in jenen Momenten sich ihm das Bild eines Frauenzimmers nahe, die er in Pisa gekannt; dann würde es ihm, als wenn ihre glühenden Blicke in sein Inneres führen, und er fühle die unerträglichsten Schmerzen, bis er in völlige Bewusstlosigkeit versinke. Aus diesem Zustande bleibe ihm ein dumpfer Kopfschmerz, und eine Abspannung, als habe er geschwelgt im Liebesgenuss, zurück. Nie ließ er sich über die näheren Verhältnisse aus, in denen er vielleicht mit jenem Frauenzimmer stand. Die Truppen sollten aufbrechen, gepackt stand der Wagen des Obristen vor der Tür, er frühstückte, aber in dem Augenblicke, als er ein Glas Madera zum Munde führen wollte, stürzte er mit einem dumpfen Schrei vom Stuhle herab. Er war tot. Die Ärzte fanden ihn vom Nervenschlag getroffen. Einige Wochen nachher wurde ein an den Obristen adressierter Brief bei mir abgegeben. Ich hatte gar kein Bedenken, ihn zu öffnen, um vielleicht ein Näheres von den Verwandten des Obristen zu erfahren und ihnen die Nachricht von seinem plötzlichen Tode geben zu können. Der Brief kam von Pisa und enthielt ohne Unterschrift die wenigen Worte: ›Unglückseliger! Heute, am 7. – um zwölf Uhr Mittag sank Antonia, dein trügerisches Abbild mit liebenden Armen umschlingend, tot nieder!‹ – Ich sah den Kalender nach, in dem ich des Obristen Tod angemerkt hatte, und fand, dass Antonias Todesstunde auch die seinige gewesen.‹ – Ich hörte nicht mehr, was der Mann noch seiner Geschichte hinzusetzte; denn in dem Entsetzen, das mich ergriffen, als ich in des italienischen Obristen Zustand den meinigen erkannte, ging mit wütendem Schmerz eine solche wahnsinnige Sehnsucht nach dem unbekannten Bilde auf, dass ich, davon überwältigt, aufspringen und hineilen musste nach dem verhängnisvollen Hause. Es war mir in der Ferne, als säh' ich Lichter blitzen durch die festverschlossenen Jalousien, aber der Schein verschwand, als ich näher kam. Rasend vor dürstendem Liebesverlangen, stürzte ich auf die Tür; sie wich meinem Druck, ich stand auf dem matt erleuchteten Hausflur, von einer dumpfen, schwülen Luft umfangen. Das Herz pochte mir vor seltsamer Angst und Ungeduld, da ging ein langer, schneidender, aus weiblicher Kehle strömender Ton durch das Haus, und ich weiß selbst nicht, wie es geschah, dass ich mich plötzlich in einem mit vielen Kerzen hellerleuchteten Saale befand, der in altertümlicher Pracht mit vergoldeten Möbeln und seltsamen japanischen Gefäßen verziert war. Starkduftendes Räucherwerk wallte in blauen Nebelwolken auf mich zu. ›Willkommen – willkommen, süßer Bräutigam – die Stunde ist da, die Hochzeit nah!‹ – So rief laut und lauter die Stimme eines Weibes, und ebenso wenig, als ich weiß, wie ich plötzlich in den Saal kam, ebenso wenig vermag ich zu sagen, wie es sich begab, dass plötzlich aus dem Nebel eine hohe jugendliche Gestalt in reichen Kleidern hervorleuchtete. Mit dem wiederholten gellenden Ruf: ›Willkommen, süßer Bräutigam‹ trat sie mit ausgebreiteten Armen mir entgegen – und ein gelbes, von Alter und Wahnsinn grässlich verzerrtes Antlitz starrte mir in die Augen. Von tiefem Entsetzen durchbebt, wankte ich zurück; wie durch den glühenden, durchbohrenden Blick der Klapperschlange festgezaubert, konnte ich mein Auge nicht abwenden von dem greulichen alten Weibe, konnte ich keinen Schritt weiter mich bewegen. Sie trat näher auf mich zu, da war es mir, als sei das scheußliche Gesicht nur eine Maske von dünnem Flor, durch den die Züge jenes holden Spiegelbildes durchblickten. Schon fühlt' ich mich von den Händen des Weibes berührt, als sie laut aufkreischend vor mir zu Boden sank und hinter mir eine Stimme rief: ›Hu hu! – treibt schon wieder der Teufel sein Bocksspiel mit Ew. Gnaden, zu Bette, zu Bette, meine Gnädigste, sonst setzt es Hiebe, gewaltige Hiebe!‹ – Ich wandte mich rasch um und erblickte den alten Hausverwalter im bloßen Hemde, eine tüchtige Peitsche über dem Haupte schwingend. Er wollte losschlagen auf die Alte, die sich heulend am Boden krümmte. Ich fiel ihm in den Arm, aber, mich von sich schleudernd, rief er: ›Donnerwetter, Herr, der alte Satan hätte Sie ermordet, kam ich nicht dazwischen – fort, fort, fort.‹ – Ich stürzte zum Saal heraus, vergebens sucht' ich in dicker Finsternis die Tür des

Hauses. Nun hört' ich die zischenden Hiebe der Peitsche und das Jammergeschrei der Alten. Laut wollte ich um Hilfe rufen, als der Boden unter meinen Füßen schwand, ich fiel eine Treppe herab und traf auf eine Tür so hart, dass sie aufsprang und ich der Länge nach in ein kleines Zimmer stürzte. An dem Bette, das jemand soeben verlassen zu haben schien, an dem kaffeebraunen, über einen Stuhl gehängten Rocke musste ich augenblicklich die Wohnung des alten Hausverwalters erkennen. Wenige Augenblicke nachher polterte es die Treppe herab, der Hausverwalter stürzte herein und hin zu meinen Füßen. ›Um aller Seligkeit willen‹, flehte er mit aufgehobenen Händen, ›um aller Seligkeit willen, wer Sie auch sein mögen, wie der alte gnädige Hexensatan Sie auch hieher gelockt haben mag, verschweigen Sie, was hier geschehen, sonst komme ich um Amt und Brot! – Die wahnsinnige Exzellenz ist abgestraft und liegt gebunden im Bette. O schlafen Sie doch, geehrtester Herr! recht sanft und süß. – Ja, ja, das tun Sie doch fein – eine schöne warme Juliusnacht, zwar kein Mondschein, aber beglückter Sternenschimmer. – Nun ruhige, glückliche Nacht.‹ – Unter diesen Reden war der Alte aufgesprungen, hatte ein Licht genommen, mich herausgebracht aus dem Souterrain, mich zur Türe hinausgeschoben und diese fest verschlossen. Ganz verstört eilt' ich nach Hause, und ihr könnt wohl denken, dass ich, zu tief von dem grauenvollen Geheimnis ergriffen, auch nicht den mindesten nur wahrscheinlichen Zusammenhang der Sache mir in den ersten Tagen denken konnte. Nur so viel war gewiss, dass, hielt mich so lange ein böser Zauber gefangen, dieser jetzt in der Tat von mir abgelassen hatte. Alle schmerzliche Sehnsucht nach dem Zauberbilde in dem Spiegel war gewichen, und bald gemahnte mich jener Auftritt in dem öden Gebäude wie das unvermutete Hineingeraten in ein Tollhaus. Dass der Hausverwalter zum tyrannischen Wächter einer wahnsinnigen Frau von vornehmer Geburt, deren Zustand vielleicht der Welt verborgen bleiben sollte, bestimmt worden, daran war nicht zu zweifeln, wie aber der Spiegel – das tolle Zauberwesen überhaupt – doch weiter – weiter!

Später begab es sich, dass ich in zahlreicher Gesellschaft den Grafen P. fand, der mich in eine Ecke zog und lachend sprach: ›Wissen Sie wohl, dass sich die Geheimnisse unseres öden Hauses zu enthüllen anfangen?‹ Ich horchte hoch auf, aber indem der Graf weitererzählen wollte, öffneten sich die Flügeltüren des Esssaals, man ging zur Tafel. Ganz vertieft in Gedanken an die Geheimnisse, die mir der Graf entwickeln wollte, hatte ich einer jungen Dame den Arm geboten und war mechanisch der in steifem Zeremoniell sehr langsam daherschreitenden Reihe gefolgt. Ich führe meine Dame zu dem offnen Platz, der sich uns darbietet, schaue sie nun erst recht an und – erblicke mein Spiegelbild in den getreusten Zügen, sodass gar keine Täuschung möglich ist. Dass ich im Innersten erbebte, könnt ihr euch wohl denken, aber ebenso muss ich euch versichern, dass sich auch nicht der leiseste Anklang jener verderblichen wahnsinnigen Liebeswut in mir regte, die mich ganz und gar befing, wenn mein Hauch das wunderbare Frauenbild aus dem Spiegel hervorrief. – Meine Befremdung, noch mehr, mein Erschrecken muss lesbar gewesen sein in meinem Blick, denn das Mädchen sah mich ganz verwundert an, sodass ich für nötig hielt, mich so, wie ich nur konnte, zusammenzunehmen und so gelassen als möglich anzuführen, dass eine lebhafte Erinnerung mich gar nicht zweifeln lasse, sie schon irgendwo gesehen zu haben. Die kurze Abfertigung, dass dies wohl nicht gut der Fall sein könne, da sie gestern erst und zwar das erste Mal in ihrem Leben nach ***n gekommen, machte mich im eigentlichsten Sinne des Worts etwas verblüfft. Ich verstummte. Nur der Engelsblick, den die holdseligen Augen des Mädchens mir zuwarfen, half mir wieder auf. Ihr wisst, wie man bei derlei Gelegenheit die geistigen Fühlhörner ausstrecken und leise, leise tasten muss, bis man die Stelle findet, wo der angegebene Ton widerklingt. So macht' ich es und fand bald, dass ich ein zartes, holdes, aber in irgendeinem psychischen Überreiz verkränkeltes Wesen neben mir hatte. Bei irgendeiner heitern Wendung des Gesprächs, vorzüglich wenn ich zur Würze wie scharfen Cayenne-Pfeffer irgendein keckes bizarres Wort hineinstreute, lächelte sie zwar, aber seltsam schmerzlich, wie zu hart berührt. ›Sie sind nicht heiter, meine Gnädige, vielleicht der Besuch heute Morgen.‹ – So redete ein nicht weit entfernt sitzender Offizier meine Dame an, aber in dem Augenblick fasste ihn sein Nachbar schnell beim Arm und sagte ihm etwas ins Ohr, während eine Frau an der andern Seite des Tisches, Glut auf den Wangen und im Blick, laut der herrlichen Oper erwähnte, deren Darstellung sie in Paris gesehen und mit der heutigen vergleichen werde. – Meiner Nachbarin stürzten die Tränen aus den Augen: ›Bin ich nicht ein albernes Kind‹, wandte sie sich zu mir. Schon erst hatte sie über Migräne geklagt. ›Die gewöhnliche Folge des nervösen Kopfschmerzes‹, erwiderte ich daher mit unbefangenem Ton, ›wofür nichts besser hilft, als der muntre kecke Geist, der in dem Schaum dieses Dichtergetränks sprudelt.‹ Mit diesen Worten schenkte ich Champagner, den sie erst abgelehnt, in ihr Glas ein, und indem sie davon nippte, dankte ihr Blick meiner Deutung der Tränen, die sie nicht zu bergen vermochte. Es schien heller geworden in ihrem Innern, und alles wäre gut gegangen, wenn ich nicht zuletzt unversehens hart an das vor mir stehende englische Glas gestoßen, sodass es in gellender schneidender Höhe ertönte. Da erbleichte meine Nachbarin bis zum Tode, und auch mich ergriff ein plötzliches Grauen, weil der Ton mir die Stimme der wahnsinnigen Alten im öden Hause schien. – Während dass man Kaffee nahm, fand ich Gelegenheit, mich dem Grafen P. zu nähern; er merkte gut, warum. ›Wissen Sie wohl, dass Ihre Nachbarin die Gräfin Edwine von S. war? – Wissen Sie wohl, dass in dem öden Hause die Schwester ihrer Mutter, schon seit Jahren unheilbar wahnsinnig, eingesperrt gehalten wird? – Heute morgen waren beide, Mutter und Tochter, bei der Unglücklichen. Der alte Hausverwalter, der einzige, der den gewaltsamen Ausbrüchen des Wahnsinns der Gräfin zu steuern wusste und dem daher die Aufsicht über sie übertragen wurde, liegt todkrank, und man sagt, dass die Schwester endlich dem Doktor K. das Geheimnis anvertraut, und dass dieser noch die letzten Mittel versuchen wird, die Kranke, wo nicht herzustellen, doch von der entsetzlichen Tobsucht, in die sie zuweilen ausbrechen soll, zu retten. Mehr weiß ich vorderhand nicht.‹ – Andere traten hinzu, das Gespräch brach ab. – Doktor K. war nun gerade derjenige, an den ich mich meines rätselhaften Zustandes halber gewandt, und ihr möget euch wohl vorstellen, dass ich, sobald es sein konnte, zu ihm eilte und alles, was mir seit der Zeit widerfahren, getreulich erzählte. Ich forderte ihn auf, zu meiner Beruhigung, so viel als er von der wahnsinnigen Alten wisse, zu sagen, und er nahm keinen Anstand, mir, nachdem ich ihm strenge Verschwiegenheit gelobt, Folgendes anzuvertrauen.

›Angelika, Gräfin von Z.‹ (so fing der Doktor an), ›unerachtet in die Dreißig vorgerückt, stand noch in der vollsten Blüte wunderbarer Schönheit, als der Graf von S., der viel jünger an Jahren, sie hier in ***n bei Hofe sah und sich in ihren Reizen so verfing, dass er zur Stunde die eifrigsten Bewerbungen begann und selbst, als zur Sommerszeit die Gräfin auf die Güter ihres Vaters zurückkehrte, ihr nachreiste, um seine Wünsche, die nach Angelikas Benehmen durchaus nicht hoffnungslos zu sein schienen, dem alten Grafen zu eröffnen. Kaum war Graf S. aber dort angekommen, kaum sah er Angelikas jüngere Schwester Gabriele, als er wie aus einer Bezauberung erwachte. In verblühter Farblosigkeit stand Angelika neben Gabrielen, deren Schönheit und Anmut den Grafen S. unwiderstehlich hinriss, und so kam es, dass er, ohne Angelika weiter zu beachten, um Gabrielens Hand warb, die ihm der alte Graf Z. umso lieber zusagte, als Gabriele gleich die entschiedenste Neigung für den Grafen S. zeigte. Angelika äußerte nicht den mindesten Verdruss über die Untreue ihres Liebhabers. ›Er glaubt mich verlassen zu haben. Der törichte Knabe! er merkt nicht, dass nicht *ich*, dass *er* mein Spielzeug war, das ich wegwarf!‹ – So sprach sie in stolzem Hohn, und in der Tat, ihr ganzes Wesen zeigte, dass es wohl Ernst sein mochte mit der Verachtung des Ungetreuen. Übrigens sah man, sobald das Bündnis Gabrielens mit dem Grafen von S. ausgesprochen war, Angelika sehr selten. Sie erschien nicht bei der Tafel, und man sagte, sie schweife einsam im nächsten Walde umher, den sie längst zum Ziel ihrer Spaziergänge gewählt hatte. – Ein sonderbarer Vorfall störte die einförmige Ruhe, die im Schlosse herrschte. Es begab sich, dass die Jäger des Grafen von Z., unterstützt von den in großer Anzahl aufgebotenen Bauern, endlich eine Zigeunerbande eingefangen hatten, der man die Mordbrennereien und Räubereien, welche seit kurzer Zeit so häufig in der Gegend vorfielen, schuld gab. An eine lange Kette geschlossen, brachte man die Männer, gebunden auf einen Wagen gepackt, die Weiber und Kinder auf den Schlosshof. Manche trotzige Gestalt, die mit wildem funkelndem Blick wie ein gefesselter Tiger keck umherschaute, schien den entschlossenen Räuber und Mörder zu bezeichnen, vorzüglich fiel aber ein langes, hageres, entsetzliches Weib, in einen blutroten Shawl vom Kopf bis zu Fuß gewickelt, ins Auge, die aufrecht im Wagen stand und mit gebietender Stimme rief, man solle sie herabsteigen lassen, welches auch geschah. Der Graf von Z. kam auf den Schlosshof und befahl eben, wie man die Bande abgesondert in den festen Schlossgefängnissen verteilen solle, als mit fliegenden Haaren, Entsetzen und Angst in bleichem Gesicht, Gräfin Angelika aus der Tür hinausstürzte und, auf die Knie geworfen, mit schneidender Stimme rief: ›Diese Leute los – diese Leute los – sie sind unschuldig, unschuldig – Vater, lass diese Leute los! – ein Tropfen Bluts, vergossen an einem von diesen, und ich stoße mir dieses Messer in die Brust!‹ – Damit schwang die Gräfin ein spiegelblankes Messer in den Lüften und sank ohnmächtig nieder. ›Ei, mein schönes Püppchen, mein trautes Goldkind, das wusst' ich ja wohl, dass du es nicht leiden würdest!‹ – So meckerte die rote Alte. Dann kauerte sie nieder neben der Gräfin und bedeckte Gesicht und Busen mit ekelhaften Küssen, indem sie fortwährend murmelte: ›Blanke Tochter, blanke Tochter – wach' auf, wach' auf, der Bräutigam kommt – hei, hei, blanker Bräutigam kommt.‹ Damit nahm die Alte eine Phiole hervor, in der ein kleiner Goldfisch in silberhellem Spiritus auf und ab zu gaukeln schien. Diese Phiole hielt die Alte der Gräfin an das Herz, augenblicklich erwachte sie, aber kaum erblickte sie das Zigeunerweib, als sie aufsprang, das Weib heftig und brünstig umarmte und dann mit ihr davoneilte in das Schloss hinein. Der Graf von Z., Gabriele, ihr Bräutigam, die unterdessen erschienen, schauten, ganz erstarrt und von seltsamen Grauen ergriffen, das alles an. Die Zigeuner blieben ganz gleichgültig und ruhig, sie wurden nun abgelöst von der Kette und einzeln gefesselt in die Schlossgefängnisse geworfen. Am andern Morgen ließ der Graf von Z. die Gemeinde versammeln, die Zigeuner wurden vorgeführt, der Graf erklärte laut, dass sie ganz unschuldig wären an allen Räubereien, die in der Gegend verübt, und dass er ihnen freien Durchzug durch sein Gebiet verstatte, worauf sie entfesselt und zum Erstaunen aller, mit Pässen wohl versehen, entlassen wurden. Das rote Weib wurde vermisst. Man wollte wissen, dass der Zigeunerhauptmann, kenntlich an den goldnen Ketten um den Hals und dem roten Federbusch an dem spanisch niedergekrempten Hut, nachts auf dem Zimmer des Grafen gewesen. Einige Zeit nachher ward es unbezweifelt dargetan, dass die Zigeuner an dem Rauben und Morden in dem Gebiet umher in der Tat auch nicht den mindesten Anteil hatten. – Gabrieles Hochzeit rückte heran, mit Erstaunen bemerkte sie eines Tages, dass mehrere Rüstwagen mit Möbeln, Kleidungsstücken, Wäsche, kurz, mit einer ganz vollständigen Hauseinrichtung bepackt wurden und abfuhren. Andern Morgens erfuhr sie, dass Angelika, begleitet von dem Kammerdiener des Grafen S. und einer vermummten Frau, die der alten roten Zigeunerin ähnlich gesehen, nachts abgereiset sei. Graf Z. löste das Rätsel, indem er erklärte, dass er sich aus gewissen Ursachen genötiget gesehen, den freilich seltsamen Wünschen Angelikas nachzugeben und ihr nicht allein das in ***n belegne Haus in der Allee als Eigentum zu schenken, sondern auch zu erlauben, dass sie dort einen eignen, ganz unabhängigen Haushalt führe, wobei sie sich bedungen, dass keiner aus der Familie, ihn selbst nicht ausgenommen, ohne ihre ausdrückliche Erlaubnis das Haus betreten solle. Der Graf von S. fügte hinzu, dass auf Angelikas dringenden Wunsch er seinen Kammerdiener ihr überlassen müssen, der mitgereiset sei nach ***n. Die Hochzeit wurde vollzogen, Graf S. ging mit seiner Gemahlin nach D., und ein Jahr verging ihnen in ungetrübter Heiterkeit. Dann fing aber der Graf an auf ganz eigne Weise zu kränkeln. Es war, als wenn ihm ein geheimer Schmerz alle Lebenslust, alle Lebenskraft raube, und vergebens waren alle Bemühungen seiner Gemahlin, das Geheimnis ihm zu entreißen, das sein Innerstes verderblich zu verstören schien. – Als endlich tiefe Ohnmachten seinen Zustand lebensgefährlich machten, gab er den Ärzten nach und ging angeblich nach Pisa. – Gabriele konnte nicht mitreisen, da sie ihrer Niederkunft entgegensah, die indessen erst nach mehrern Wochen erfolgte.‹ – ›Hier‹, sprach der Arzt, ›werden die Mitteilungen der Gräfin Gabriele von S. so rhapsodisch, dass nur ein tieferer Blick den näheren Zusammenhang auffassen kann. – Genug – ihr Kind, ein Mädchen, verschwindet auf unbegreifliche Weise aus der Wiege, alle Nachforschungen bleiben vergebens – ihre Trostlosigkeit geht bis zur Verzweiflung, als zur selbigen Zeit Graf von Z. ihr die entsetzliche Nachricht schreibt, dass er den Schwiegersohn, den er auf dem Wege nach Pisa glaubte, in ***n, und zwar in Angelikas Hause, vom Nervenschlage zum Tode getroffen, gefunden; dass Angelika in furchtbaren Wahnsinn geraten sei, und dass er solchen Jammer wohl nicht lange tragen werde. – Sowie Gabriele von S. nur einige Kräfte gewonnen, eilt sie auf die Güter des Vaters; in schlafloser Nacht das Bild des verlornen Gatten, des verlornen Kindes vor Augen, glaubt sie ein leises Wimmern vor der Türe des Schlafzimmers zu vernehmen; ermutigt, zündet sie die Kerzen des Armleuchters bei der Nachtlampe an und tritt heraus. – Heiliger Gott! niedergekauert zur Erde, in den roten Shawl gewickelt, starrt das Zigeunerweib mit stierem, leblosem Blick ihr in die Augen – in den Armen hält sie ein kleines Kind, das so ängstlich wimmert; das Herz schlägt der Gräfin hoch auf in der Brust! – es ist ihr Kind! – es ist die verlorne Tochter! – Sie reißt das Kind der Zigeunerin aus den Armen, aber in diesem Augenblick kugelt diese um wie eine leblose Puppe. Auf das Angstgeschrei der Gräfin wird alles wach, man eilt hinzu, man findet das Weib tot auf der Erde, kein Belebungsmittel wirkt, und der Graf lässt sie einscharren. – Was bleibt übrig, als nach ***n zur wahnsinnigen Angelika zu eilen und vielleicht dort das Geheimnis mit dem Kinde zu erforschen. Alles hat sich verändert. Angelikas wilde Raserei hat alle weibliche Dienstboten entfernt, nur der Kammerdiener ist geblieben. Angelika ist ruhig und vernünftig geworden. Als der Graf die Geschichte von Gabrielens Kinde erzählt, schlägt sie die Hände zusammen und ruft mit lautem Lachen: ›Ist's Püppchen angekommen? – richtig angekommen? – eingescharrt, eingescharrt? Ojemine, wie prächtig sich der Goldfasan schüttelt! wisst ihr nichts vom grünen Löwen mit den blauen Glutaugen?‹ – Mit Entsetzen bemerkt der Graf die Rückkehr des Wahnsinns, indem plötzlich Angelikas Gesicht die Züge des Zigeunerweibes anzunehmen scheint, und beschließt, die Arme mitzunehmen auf die Güter, welches der alte Kammerdiener widerrät. In der Tat bricht auch der Wahnsinn Angelikas in Wut und Raserei aus, sobald man Anstalten macht, sie aus dem Hause zu entfernen. – In einem lichten Zwischenraum beschwört Angelika mit heißen Tränen den Vater, sie in dem Hause sterben zu lassen, und tiefgerührt bewilligt er dies, wiewohl er das Geständnis, das dabei ihren Lippen entflieht, nur für das Erzeugnis des aufs Neue ausbrechenden Wahnsinns hält. Sie bekennt, dass Graf S. in ihre Arme zurückgekehrt, und dass das Kind, welches die Zigeunerin ins Haus des Grafen von Z. brachte, die Frucht dieses Bündnisses sei. – In der Residenz glaubt man, dass der Graf von Z. die Unglückliche mitgenommen hat auf die Güter, indessen sie hier, tiefverborgen und der Aufsicht des Kammerdieners übergeben, in dem verödeten Hause bleibt. – Graf von Z. ist gestorben vor einiger Zeit, und Gräfin Gabriele von S. kam mit Edmonden her, um Familienangelegenheiten zu berichtigen. Sie durfte es sich nicht versagen, die unglückliche Schwester zu sehen. Bei diesem Besuch muss sich Wunderliches ereignet haben, doch hat mir die Gräfin nichts darüber vertraut, sondern nur im Allgemeinen gesagt, dass es nun nötig geworden, dem alten Kammerdiener die Unglückliche zu entreißen. Einmal habe er, wie es herausgekommen, durch harte grausame Misshandlungen den Ausbrüchen des Wahnsinns zu steuern gesucht, dann aber, durch Angelikas Vorspieglung, dass sie Gold zu machen verstehe, sich verleiten lassen, mit ihr allerlei sonderbare Operationen vorzunehmen und ihr alles Nötige dazu herbeizuschaffen. – Es würde wohl‹ (so schloss der Arzt seine Erzählung) ›ganz überflüssig sein, *Sie*, gerade *Sie* auf den tiefern Zusammenhang aller dieser seltsamen Dinge aufmerksam zu machen. Es ist mir gewiss, dass

Sie die Katastrophe herbeigeführt haben, die der Alten Genesung oder baldigen Tod bringen wird. Übrigens mag ich jetzt nicht verhehlen, dass ich mich nicht wenig entsetzte, als ich, nachdem ich mich mit Ihnen in magnetischen Rapport gesetzt, ebenfalls das Bild im Spiegel sah. Dass dies Bild Edmonde war, wissen wir nun beide.‹ –

Ebenso, wie der Arzt glaubte, für mich nichts hinzufügen zu dürfen, ebenso halte ich es für ganz unnütz, mich nun noch darüber etwa zu verbreiten, in welchem geheimen Verhältnis Angelika, Edmonde, ich und der alte Kammerdiener standen, und wie mystische Wechselwirkungen ein dämonisches Spiel trieben. Nur so viel sage ich noch, dass mich nach diesen Begebenheiten ein drückendes, unheimliches Gefühl aus der Residenz trieb, welches erst nach einiger Zeit mich plötzlich verließ. Ich glaube, dass die Alte in dem Augenblick, als ein ganz besonderes Wohlsein mein Innerstes durchströmte, gestorben ist.« So endete Theodor seine Erzählung. Noch manches sprachen die Freunde über Theodors Abenteuer und gaben ihm recht, dass sich darin das Wunderliche mit dem Wunderbaren auf seltsame grauliche Weise mische. – Als sie schieden, nahm Franz Theodors Hand und sprach, sie leise schüttelnd, mit beinahe wehmütigem Lächeln: »Gute Nacht, du Spalanzanische Fledermaus!«

DER UNHEIMLICHE GAST

Die beiden folgenden Geschichten sind Teil der großen Erzählsammlung »Die Serapionsbrüder«. In ihrer Rahmenhandlung trifft sich ein Freundeskreis dieses Namens, bestehend aus Lothar, Ottmar, Theodor und Cyprian. Die jungen Männer erzählen einander Geschichten und diskutieren dazwischen über allerlei. »Der unheimliche Gast« wird, wie sich nach einigen Seiten zeigt, von Ottmar vorgelesen.

Der Sturm brauste durch die Lüfte, den heranziehenden Winter verkündigend, und trieb die schwarzen Wolken vor sich her, die zischende, prasselnde Ströme von Regen und Hagel hinabschleuderten.

»Wir werden«, sprach, als die Wanduhr sieben schlug, die Obristin von G. zu ihrer Tochter, Angelika geheißen, »wir werden heute allein bleiben, das böse Wetter verscheucht die Freunde. Ich wollte nur, dass mein Mann heimkehrte.« In dem Augenblick trat der Rittmeister Moritz von R. hinein. Ihm folgte der junge Rechtsgelehrte, der durch seinen geistreichen, unerschöpflichen Humor den Zirkel belebte, der sich jeden Donnerstag im Hause des Obristen zu versammeln pflegte, und so war, wie Angelika bemerkte, ein einheimischer Kreis beisammen, der die größere Gesellschaft gern vermissen ließ. – Es war kalt im Saal, die Obristin ließ Feuer im Kamin anschüren und den Teetisch hinanrücken. »Euch beiden Männern«, sprach sie nun, »euch beiden Männern, die ihr mit wahrhaft ritterlichem Heroismus durch Sturm und Braus zu uns gekommen, kann ich wohl gar nicht zumuten, dass ihr vorliebnehmen sollt mit unserm nüchternen, weichlichen Tee, darum soll euch Mademoiselle Marguerite das gute nordische Getränk bereiten, das allem bösen Wetter widersteht.«

Marguerite, Französin, der Sprache, anderer weiblicher Kunstfertigkeiten halber, Gesellschafterin des Fräuleins Angelika, dem sie an Jahren kaum überlegen, erschien und tat, wie ihr geheißen.

Der Punsch dampfte, das Feuer knisterte im Kamin, man setzte sich enge beisammen an den kleinen Tisch. Da fröstelten und schauerten alle, und so munter und laut man erst, im Saal auf und nieder gehend, gesprochen, entstand jetzt eine augenblickliche Stille, in der die wunderlichen Stimmen, die der Sturm in den Rauchfängen aufgestört hatte, recht vernehmbar pfiffen und heulten.

»Es ist«, fing Dagobert, der junge Rechtsgelehrte, endlich an, »es ist nun einmal ausgemacht, dass Herbst, Sturmwind, Kaminfeuer und Punsch ganz eigentlich zusammengehören, um die heimlichsten Schauer in unserm Innern aufzuregen.« – »Die aber gar angenehm sind«, fiel ihm Angelika in die Rede. »Ich meinesteils kenne keine hübschere Empfindung, als das leise Frösteln, das durch alle Glieder fährt, und in dem man, der Himmel weiß wie, mit offenen Augen einen jähen Blick in die seltsamste Traumwelt hineinwirft.« »Ganz recht«, fuhr Dagobert fort, »ganz recht. Dieses angenehme Frösteln überfiel uns eben jetzt alle, und bei dem Blick, den wir dabei unwillkürlich in die Traumwelt werfen mussten, wurden wir ein wenig stille. Wohl uns, dass das vorüber ist, und dass wir so bald aus der Traumwelt zurückgekehrt sind in die schöne Wirklichkeit, die uns dies herrliche Getränk darbietet!« Damit stand er auf und leerte, sich anmutig gegen die Obristin verneigend, das vor ihm stehende Glas. »Ei«, sprach nun Moritz, »ei, wenn du, so wie das Fräulein, so wie ich selbst, alle Süßigkeit jener Schauer, jenes träumerischen Zustandes empfindest, warum nicht gerne darin verweilen?« – »Erlaube«, nahm Dagobert das Wort, »erlaube, mein Freund, zu bemerken, dass hier von jener Träumerei, in welcher der Geist sich in wunderlichem wirrem Spiel selbst erlustigt, gar nicht die Rede ist. Die echten Sturmwind-, Kamin- und Punschschauer sind nichts anders, als der erste Anfall jenes unbegreiflichen geheimnisvollen Zustandes, der tief in der menschlichen Natur begründet ist, gegen den der Geist sich vergebens auflehnt, und vor dem man sich wohl hüten muss. Ich meine das Grauen – die Gespensterfurcht. Wir wissen alle, dass das unheimliche Volk der Spukgeister nur des Nachts, vorzüglich gern aber bei bösem Unwetter der dunklen Heimat entsteigt und seine irre Wanderung beginnt; billig ist's daher, dass wir zu solcher Zeit irgendeines grauenhaften Besuchs gewärtig sind.« »Sie scherzen«, sprach die Obristin, »Sie scherzen, Dagobert, und auch das darf ich Ihnen nicht einräumen, dass das kindische Grauen, von dem wir manchmal befallen, ganz unbedingt in unserer Natur begründet sein sollte, vielmehr rechne ich es den Ammenmärchen und tollen Spukgeschichten zu, mit denen uns in der frühesten Jugend unsere Wärterinnen überschütteten.«

»Nein«, rief Dagobert lebhaft, »nein, gnädige Frau! Nie würden jene Geschichten, die uns als Kinder doch die allerliebsten waren, so tief und ewig in unserer Seele widerhallen, wenn nicht die widertönenden Saiten in unserm eignen Innern lägen. Nicht wegzuleugnen ist die geheimnisvolle Geisterwelt, die uns umgibt und die oft in seltsamen Klängen, ja in wunderbaren Visionen sich uns offenbart. Die Schauer der Furcht, des Entsetzens mögen nur herrühren von dem Drange des irdischen Organismus. Es ist das Weh des eingekerkerten Geistes, das sich darin ausspricht.« »Sie sind«, sprach die Obristin, »ein Geisterseher wie alle Menschen von reger Fantasie. Gehe ich aber auch wirklich ein in Ihre Ideen, glaube ich wirklich, dass es einer unbekannten Geisterwelt erlaubt sei, in vernehmbaren Tönen, ja in Visionen sich uns zu offenbaren, so sehe ich doch nicht ein, warum die Natur die Vasallen jenes geheimnisvollen Reichs so feindselig uns gegenübergestellt haben sollte, dass sie nur Grauen, zerstörendes Entsetzen über uns zu bringen vermögen.« »Vielleicht«, fuhr Dagobert fort, »vielleicht liegt darin die Strafe der Mutter, deren Pflege, deren Zucht wir entartete Kinder entflohen. Ich meine, dass in jener goldnen Zeit, als unser Geschlecht noch im innigsten Einklange mit der ganzen Natur lebte, kein Grauen, kein Entsetzen uns verstörte, eben weil es in dem tiefsten Frieden, in der seligsten Harmonie alles Seins keinen Feind gab, der dergleichen über uns bringen konnte. Ich sprach von seltsamen Geisterstimmen, aber wie kommt es denn, dass alle Naturlaute, deren Ursprung wir genau anzugeben wissen, uns wie der schneidendste Jammer tönen und unsere Brust mit dem tiefsten Entsetzen erfüllen? – Der merkwürdigste jener Naturtöne ist die Luftmusik oder sogenannte Teufelsstimme auf Ceylon und in den benachbarten Ländern, deren Schubert in seinen ›Ansichten von der Nachtseite der Naturwissenschaften‹ gedenkt. Diese Naturstimme lässt sich in stillen heitern

Nächten, den Tönen einer tiefklagenden Menschenstimme ähnlich, bald wie aus weiter – weiter Ferne daherschwebend, bald ganz in der Nähe schallend, vernehmen. Sie äußert eine solche tiefe Wirkung auf das menschliche Gemüt, dass die ruhigsten, verständigsten Beobachter sich eben des tiefsten Entsetzens nicht erwehren können.« »So ist es«, unterbrach hier Moritz den Freund, »so ist es in der Tat. Nie war ich auf Ceylon, noch in den benachbarten Ländern, und doch hörte ich jenen entsetzlichen Naturlaut und nicht ich allein, jeder, der ihn vernahm, fühlte die Wirkung, wie sie Dagobert beschrieben.« »So wirst du«, erwiderte Dagobert, »mich recht erfreuen und am besten die Frau Obristin überzeugen, wenn du erzählst, wie sich alles begeben.«

»Sie wissen«, begann Moritz, »dass ich in Spanien unter Wellington wider die Franzosen focht. Mit einer Abteilung spanischer und englischer Kavallerie biwakierte ich vor der Schlacht bei Viktoria zur Nachtzeit auf offenem Felde. Ich war, von dem Marsch am gestrigen Tage bis zum Tode ermüdet, fest eingeschlafen, da weckte mich ein schneidender Jammerlaut. Ich fuhr auf, ich glaubte nichts anders, als dass sich dicht neben mir ein Verwundeter gelagert, dessen Todesseufzer ich vernommen, doch schnarchten die Kameraden um mich her, und nichts ließ sich weiter hören. Die ersten Strahlen des Frührots brachen durch die dicke Finsternis, ich stand auf und schritt, über die Schläfer wegsteigend, weiter vor, um vielleicht den Verwundeten oder Sterbenden zu finden. Es war eine stille Nacht, nur leise, leise fing sich der Morgenwind an zu regen und das Laub zu schütteln. Da ging zum zweiten Mal ein langer Klagelaut durch die Lüfte und verhallte dumpf in tiefer Ferne. Es war, als schwängen sich die Geister der Erschlagenen von den Schlachtfeldern empor und riefen ihr entsetzliches Weh durch des Himmels weiten Raum. Meine Brust erbebte, mich erfasste ein tiefes namenloses Grauen. – Was war aller Jammer, den ich jemals aus menschlicher Kehle ertönen gehört, gegen diesen herzzerschneidenden Laut! Die Kameraden rappelten sich nun auf aus dem Schlafe. Zum dritten Mal erfüllte stärker und grässlicher der Jammerlaut die Lüfte. Wir erstarrten im tiefsten Entsetzen, selbst die Pferde wurden unruhig und schnaubten und stampften. Mehrere von den Spaniern sanken auf die Knie nieder und beteten laut. Ein englischer Offizier versicherte, dass er dies Phänomen, das sich in der Atmosphäre erzeuge und elektrischen Ursprungs sei, schon öfters in südlichen Gegenden bemerkt habe, und dass wahrscheinlich die Witterung sich ändern werde. Die Spanier, zum Glauben an das Wunderbare geneigt, hörten die gewaltigen Geisterstimmen überirdischer Wesen, die das Ungeheure verkündeten, das sich nun begeben werde. Sie fanden ihren Glauben bestätigt, als folgenden Tages die Schlacht mit all ihren Schrecken daherdonnerte.«

»Dürfen wir«, sprach Dagobert, »dürfen wir denn nach Ceylon gehen oder nach Spanien, um die wunderbaren Klagetöne der Natur zu vernehmen? Kann uns das dumpfe Geheul des Sturmwinds, das Geprassel des herabstürzenden Hagels, das Ächzen und Krächzen der Windfahnen nicht ebenso gut wie jener Ton mit tiefem Grausen erfüllen? – Ei! gönnen wir doch nur ein geneigtes Ohr der tollen Musik, die hundert abscheuliche Stimmen hier im Kamin aborgeln, oder horchen wir doch nur was weniges auf das gespenstische Liedlein, das eben jetzt die Teemaschine zu singen beginnt!«

»O herrlich!«, rief die Obristin, »o überaus herrlich! – Sogar in die Teemaschine bannt unser Dagobert Gespenster, die sich uns in grausigen Klagelauten offenbaren sollen!« »Ganz unrecht«, nahm Angelika das Wort, »ganz unrecht, liebe Mutter, hat unser Freund doch nicht. Das wunderliche Pfeifen und Knattern und Zischen im Kamin könnte mir wirklich Schauer erregen, und das Liedchen, was die Teemaschine so tiefklagend absingt, ist mir so unheimlich, dass ich nur gleich die Lampe auslöschen will, damit es schnell ende.«

Angelika stand auf, ihr entfiel das Tuch, Moritz bückte sich schnell darnach und überreichte es dem Fräulein. Sie ließ den seelenvollen Blick ihrer Himmelsaugen auf ihn ruhen, er ergriff ihre Hand und drückte sie mit Inbrunst an die Lippen.

In demselben Augenblicke zitterte Marguerite, wie berührt von einem elektrischen Schlag, heftig zusammen und ließ das Glas Punsch, das sie soeben eingeschenkt und Dagobert darreichen wollte, auf den Boden fallen, dass es in tausend Stücke zerklirrte. Laut schluchzend warf sie sich der Obristin zu Füßen, nannte sich ein dummes ungeschicktes Ding und bat sie, zu vergönnen, dass sie sich in ihr Zimmer entferne. Alles, was eben jetzt erzählt worden, habe ihr, unerachtet sie es keinesweges ganz verstanden, innerlichen Schauer erregt; ihre Angst hier am Kamin sei unbeschreiblich, sie fühle sich krank, sie wolle sich ins Bett legen. – Und dabei küsste sie der Obristin die Hände und benetzte sie mit den heißen Tränen, die ihr aus den Augen stürzten.

Dagobert fühlte das Peinliche des ganzen Auftritts und die Notwendigkeit, der Sache einen andern Schwung zu geben. Auch er stürzte plötzlich der Obristin zu Füßen und flehte mit der weinerlichsten Stimme, die ihm nur zu Gebote stand, um Gnade für die Verbrecherin, die sich unterfangen, das köstlichste Getränk zu verschütten, das je eines Rechtsgelehrten Zunge genetzt und sein frostiges Herz erwärmt. Was den Punschfleck auf dem gebohnten Fußboden betreffe, so schwöre er morgenden Tages sich Wachsbürsten unter die Füße zu schrauben und in den göttlichsten Touren, die jemals in eines Hoftanzmeisters Kopf und Beine gekommen, eine ganze Stunde hindurch den Saal zu durchrutschen.

Die Obristin, die erst sehr finster Marguerite angeblickt, erheiterte sich bei Dagoberts klugem Beginnen. Sie reichte lachend beiden die Hände und sprach: »Steht auf und trocknet eure Tränen, ihr habt Gnade gefunden vor meinem strengen Richterstuhl! – Du, Marguerite, hast es allein deinem geschickten Anwalt und seiner heroischen Aufopferung rücksichts des Punschflecks zu verdanken, dass ich dein ungeheures Verbrechen nicht schwer ahnde. Aber ganz erlassen kann ich dir die Strafe nicht. Ich befehle daher, dass du, ohne an Kränkelei zu denken, fein im Saal bleibest, unsern Gästen fleißiger als bisher Punsch einschenkest, vor allen Dingen aber deinem Retter zum Zeichen der innigsten Dankbarkeit einen Kuss gibst!«

»So bleibt die Tugend nicht unbelohnt«, rief Dagobert mit komischem Pathos, indem er Margueritens Hand ergriff. »Glauben Sie«, sprach er dann, »glauben Sie nur, Holde, dass es noch auf der Erde heroische Juriskonsulten gibt, die sich rücksichtslos aufopfern für Unschuld und Recht! – Doch! – geben wir nun unserer strengen Richterin nach – vollziehen wir ihr Urteil, von dem keine Appellation möglich.« Damit drückte er einen flüchtigen Kuss auf Margueritens Lippen und führte sie sehr feierlich auf den Platz zurück, den sie vorher eingenommen. Marguerite, über und über rot, lachte laut auf, indem ihr noch die hellen Tränen in den Augen standen.

»Alberne Törin«, rief sie auf Französisch, »alberne Törin, die ich bin! – muss ich denn nicht alles tun, was die Frau Obristin befiehlt? Ich werde ruhig sein, ich werde Punsch einschenken und von Gespenstern sprechen hören, ohne mich zu fürchten.« »Bravo«, nahm Dagobert das Wort, »bravo, englisches Kind, mein Heroismus hat dich begeistert, und mich die Süßigkeit deiner holden Lippen! – Meine Fantasie ist neu beschwingt, und ich fühle mich aufgelegt, das Schauerlichste aus dem regno di pianto aufzutischen zu unserer Ergötzlichkeit.« »Ich dächte«, sprach die Obristin, »ich dächte, wir schwiegen von dem fatalen unheimlichen Zeuge.« »Bitte«, fiel ihr Angelika ins Wort, »bitte, liebe Mutter, lassen Sie unsern Freund Dagobert gewähren. Gestehen will ich's nur, dass ich recht kindisch bin, dass ich nichts lieber hören mag, als hübsche Spukgeschichten, die so recht durch alle Glieder frösteln.« »O, wie mich das freut«, rief Dagobert, »o, wie mich das freut! Nichts ist liebenswürdiger bei jungen Mädchen, als wenn sie recht graulich sind, und ich möchte um alles in der Welt keine Frau heiraten, die sich nicht vor Gespenstern recht tüchtig ängstigt.« »Du behauptetest«, sprach Moritz, »du behauptetest, lieber Freund Dagobert, vorhin, dass man sich vor jedem träumerischen Schauer, als dem ersten Anfall der Gespensterfurcht, wohl hüten müsse, und bist uns die nähere Erklärung, weshalb? noch schuldig.« »Es bleibt«, erwiderte Dagobert, »sind nur die Umstände darnach, niemals bei jenen angenehmen träumerischen Schauern, die der erste Anfall herbeiführt. Ihnen folgt bald Todesangst, haarsträubendes Entsetzen, und so scheint jenes angenehme Gefühl nur die Verlockung zu sein, mit der uns die unheimliche Geisterwelt bestrickt. Wir sprachen erst von uns erklärlichen Naturtönen und ihrer grässlichen Wirkung auf unsere Sinne. Zuweilen vernehmen wir aber seltsamere Laute, deren Ursache uns durchaus unerforschlich ist, und die in uns ein tiefes Grauen erregen. Alle beschwichtigende Gedanken, dass irgendein verstecktes Tier, die Zugluft oder sonst etwas jenen Ton auf ganz natürliche Art hervorbringen könne, hilft durchaus nichts. Jeder hat es wohl erfahren, dass in der Nacht das kleinste Geräusch, was in abgemessenen Pausen wiederkehrt, allen Schlaf verjagt und die innerliche Angst steigert und steigert bis zur Verstörtheit aller Sinne. – Vor einiger Zeit stieg ich auf der Reise in einem Gasthof ab, dessen Wirt mir ein hohes, freundliches Zimmer einräumte. Mitten in der Nacht erwachte ich plötzlich aus dem Schlafe. Der Mond warf seine hellen Strahlen durch die unverhüllten Fenster, sodass ich alle Möbel, auch den kleinsten Gegenstand im Zimmer, deutlich erkennen konnte. Da gab es einen Ton, wie wenn ein Regentropfen hinabfiele in ein metallnes Becken. Ich horchte auf! – In abgemessenen Pausen kehrte der Ton wieder. Mein Hund, der sich unter dem Bette gelagert, kroch hervor und schnupperte winselnd und ächzend im Zimmer umher und kratzte bald an den Wänden, bald an dem Boden. Ich fühlte, wie Eisströme mich durchglitten, wie kalte Schweißtropfen auf meiner Stirne hervortröpfelten. Doch, mich mit Gewalt ermannend, rief ich erst laut, sprang dann aus dem Bette und schritt vor bis in die Mitte des Zimmers. Da fiel der Tropfe dicht vor mir, ja wie durch mein Inneres nieder in das Metall, das in gellendem Laut erdröhnte. Übermannt von dem tiefsten Entsetzen, taumelte ich nach dem Bett und barg mich halb ohnmächtig unter der Decke. Da war es, als wenn der immer noch in gemessenen Pausen zurückkehrende Ton, leiser und immer leiser hallend, in den

Lüften verschwebe. Ich fiel in tiefen Schlaf, aus dem ich erst am hellen Morgen erwachte, der Hund hatte sich dicht an mich geschmiegt und sprang erst, als ich mich aufrichtete, herab vom Bette, lustig blaffend, als sei auch ihm jetzt erst alle Angst entnommen. Mir kam der Gedanke, dass vielleicht *mir* nur die ganz natürliche Ursache jenes wunderbaren Klangs verborgen geblieben sein könne, und ich erzählte dem Wirt mein wichtiges Abenteuer, dessen Grausen ich in allen Gliedern fühlte. Er werde, schloss ich, gewiss mir alles erklären können und habe Unrecht getan, mich nicht darauf vorzubereiten. Der Wirt erblasste und bat mich um des Himmels willen, doch niemanden mitzuteilen, was sich in jenem Zimmer begeben, da er sonst Gefahr laufe, seine Nahrung zu verlieren. Mehrere Reisende, erzählte er, hätten schon vormals über jenen Ton, den sie in mondhellen Nächten vernommen, geklagt. Er habe alles auf das Genaueste untersucht, ja selbst die Dielen in diesem Zimmer und den anstoßenden Zimmern aufreißen lassen, sowie in der Nachbarschaft emsig nachgeforscht, ohne auch im mindesten der Ursache jenes grauenvollen Klangs auf die Spur kommen zu können. Schon seit beinahe Jahresfrist sei es still geblieben, und er habe geglaubt, von dem bösen Spuk befreit zu sein, der nun, wie er zu seinem großen Schrecken vernehmen müsse, sein unheimliches Wesen aufs Neue treibe. Unter keiner Bedingung werde er mehr irgendeinen Gast in jenem verrufenen Zimmer beherbergen!« –

»Ach«, sprach Angelika, indem sie sich wie im Fieberfrost schüttelte, »das ist schauerlich, das ist sehr schauerlich, nein, ich wäre gestorben, wenn mir dergleichen begegnet. Oft ist es mir aber schon geschehen, dass ich, aus dem Schlaf plötzlich erwachend, eine unbeschreibliche innere Angst empfand, als habe ich irgendetwas Entsetzliches erfahren. Und doch hatte ich auch nicht die leiseste Ahnung davon, ja nicht einmal die Erinnerung irgendeines fürchterlichen Traumes, vielmehr war es mir, als erwache ich aus einem völlig bewusstlosen todähnlichen Zustande.«

»Diese Erscheinung kenne ich wohl«, fuhr Dagobert fort. »Vielleicht deutet gerade das auf die Macht fremder psychischer Einflüsse, denen wir uns willkürlos hingeben müssen. So wie die Somnambule sich durchaus nicht ihres somnambulen Zustandes erinnert und dessen, was sich in demselben mit ihr begeben, so kann vielleicht jene grauenhafte Angst, deren Ursache uns verborgen bleibt, der Nachhall irgendeines gewaltigen Zaubers sein, der uns uns selbst entrückte.«

»Ich erinnere mich«, sprach Angelika, »noch sehr lebhaft, wie ich, es mögen wohl vier Jahre her sein, in der Nacht meines vierzehnten Geburtstages in einem solchen Zustande erwachte, dessen Grauen mich einige Tage hindurch lähmte. Vergebens rang ich aber darnach, mich auf den Traum zu besinnen, der mich so entsetzt hatte. Deutlich bin ich mir bewusst, dass ich eben auch im Traum jenen schrecklichen Traum diesem, jenem, vor allen aber meiner guten Mutter öfters erzählt habe, aber nur, dass ich jenen Traum erzählt hatte, ohne mich auf seinen Inhalt besinnen zu können, war mir beim Erwachen erinnerlich.« »Dieses wunderbare psychische Phänomen«, erwiderte Dagobert, »hängt genau mit dem magnetischen Prinzip zusammen.« »Immer ärger«, rief die Obristin, »immer ärger wird es mit unserm Gespräch, wir verlieren uns in Dinge, an die nur zu denken mir unerträglich ist. Ich fordere Sie auf, Moritz, sogleich etwas recht Lustiges, Tolles zu erzählen, damit es nur mit den unheimlichen Spukgeschichten einmal ende.«

»Wie gern«, sprach Moritz, »wie gern will ich mich Ihrem Befehl, Frau Obristin, fügen, wenn es mir erlaubt ist, nur noch einer einzigen schauerlichen Begebenheit zu gedenken, die mir schon lange auf den Lippen schwebt. Sie erfüllt in diesem Augenblick mein Inneres so ganz und gar, dass es ein vergebliches Mühen sein würde, von andern heitern Dingen zu sprechen.«

»So entladen Sie sich denn«, erwiderte die Obristin, »alles Schauerlichen, von dem Sie nun einmal befangen. Mein Mann muss bald heimkehren, und dann will ich in der Tat recht gern irgendein Gefecht noch einmal mit euch durchkämpfen oder mit verliebtem Enthusiasmus von schönen Pferden sprechen hören, um nur aus der Spannung zu kommen, in die mich das spukhafte Zeug versetzt, wie ich nicht leugnen mag.«

»In dem letzten Feldzuge«, begann Moritz, »machte ich die Bekanntschaft eines russischen Obristlieutenants, Livländers von Geburt, kaum dreißig Jahre alt, die, da der Zufall es wollte, dass wir längere Zeit hindurch vereint dem Feinde gegenüberstanden, sehr bald zur engsten Freundschaft wurde. Bogislav, so war der Obristlieutenant mit Vornamen geheißen, hatte alle Eigenschaften, um sich überall die höchste Achtung, die innigste Liebe zu erwerben. Er war von hoher, edler Gestalt, geistreichem, männlich schönem Antlitz, seltner Ausbildung, die Gutmütigkeit selbst und dabei tapfer wie ein Löwe. Er konnte vorzüglich bei der Flasche sehr heiter sein, aber oft übermannte ihn plötzlich der Gedanke an irgendetwas Entsetzliches, das ihm begegnet sein musste und das die Spuren des tiefsten Grams auf seinem Gesicht zurückgelassen hatte. Er wurde dann still, verließ die Gesellschaft und streifte einsam umher. Im Felde pflegte er nachts rastlos von Vorposten zu Vorposten zu reiten, nur nach der erschöpfendsten Anstrengung überließ er sich dem Schlaf. Kam nun noch hinzu, dass er oft ohne dringende Not sich der drohendsten Gefahr aussetzte und den Tod in der Schlacht zu suchen schien, der ihn floh, da im härtsten Handgemenge ihn keine Kugel, kein Schwertstreich traf, so war es wohl gewiss, dass irgendein unersetzlicher Verlust, ja wohl gar eine rasche Tat sein Leben verstört hatte.

Wir nahmen auf französischem Gebiet ein befestigtes Schloss mit Sturm und harrten dort ein paar Tage, um den erschöpften Truppen Erholung zu gönnen. Die Zimmer, in denen sich Bogislav einquartiert hatte, lagen nur ein paar Schritte von dem meinigen entfernt. In der Nacht weckte mich ein leises Pochen an meine Stubentüre. Ich forschte, man rief meinen Namen, ich erkannte Bogislavs Stimme, stand auf und öffnete. Da stand Bogislav vor mir im Nachtgewande, den Leuchter mit der brennenden Kerze in der Hand, entstellt – bleich wie der Tod – bebend an allen Gliedern – keines Wortes mächtig! – ›Um des Himmels willen – was ist geschehen – was ist dir, mein teuerster Bogislav?‹ So rief ich, führte den Ohnmächtigen zum Lehnstuhl, schenkte ihm zwei – drei – Gläser von dem starken Wein ein, der gerade auf dem Tische stand, hielt seine Hand in der meinigen fest, sprach tröstende Worte, wie ich nur konnte, ohne die Ursache seines entsetzlichen Zustandes zu wissen.

Bogislav erholte sich nach und nach, seufzte tief auf und begann mit leiser, hohler Stimme: ›Nein! – Nein! – Ich werde wahnsinnig, fasst mich nicht der Tod, dem ich mich sehnend in die Arme werfe! – Dir, mein treuer Moritz, vertraue ich mein entsetzliches Geheimnis. – Ich sagte dir schon, dass ich mich vor mehreren Jahren in Neapel befand. Dort sah ich die Tochter eines der angesehensten Häuser und kam in glühende Liebe. Das Engelsbild gab sich mir ganz hin, und, von den Eltern begünstigt, wurde der Bund geschlossen, von dem ich alle Seligkeit des Himmels hoffte. Schon war der Hochzeittag bestimmt, da erschien ein sizilianischer Graf und drängte sich zwischen uns mit eifrigen Bewerbungen um meine Braut. Ich stellte ihn zur Rede, er verhöhnte mich. Wir schlugen uns, ich stieß ihm den Degen durch den Leib. Nun eilte ich zu meiner Braut. Ich fand sie in Tränen gebadet, sie nannte mich den verruchten Mörder ihres Geliebten, stieß mich von sich mit allen Zeichen des Abscheus, schrie auf in trostlosem Jammer, sank ohnmächtig nieder, wie vom giftigen Skorpion berührt, als ich ihre Hand fasste! – Wer schildert mein Entsetzen! Den Eltern war die Sinnesänderung ihrer Tochter ganz unerklärlich. Nie hatte sie den Bewerbungen des Grafen Gehör gegeben. Der Vater versteckte mich in seinem Palast und sorgte mit großmütigem Eifer dafür, dass ich unentdeckt Neapel verlassen konnte. Von allen Furien gepeitscht, floh ich in einem Strich fort bis nach Petersburg! – Nicht die Untreue meiner Geliebten, nein! – ein furchtbares Geheimnis ist es, das mein Leben verstört! – Seit jenem unglücklichen Tage in Neapel verfolgt mich das Grauen, das Entsetzen der Hölle! – Oft bei Tage, doch öfter zur Nachtzeit vernehme ich bald aus der Ferne, bald dicht neben mir ein tiefes Todesächzen. Es ist die Stimme des getöteten Grafen, die mein Innerstes mit dem tiefsten Grausen durchbebt. Durch den stärksten Kanonendonner, durch das prasselnde Musketenfeuer der Bataillone vernehme ich dicht vor meinen Ohren den grässlichen Jammerton, und alle Wut, alle Verzweiflung des Wahnsinns erwacht in meinem

Busen! – Eben in dieser Nacht‹ – Bogislav hielt inne, und mich wie ihn fasste das Entsetzen, denn ein lang ausgehaltener herzzerschneidender Jammerton ließ sich, wie vom Gange herkommend, vernehmen. Dann war es, als raffe sich jemand, ächzend und stöhnend, mühsam vom Boden empor und nahe sich schweren, unsichern Trittes. Da erhob sich Bogislav plötzlich, von aller Kraft beseelt, vom Lehnstuhl und rief, wilde Glut in den Augen, mit donnernder Stimme: ›Erscheine mir, Verruchter! wenn du es vermagst – ich nehm' es auf mit dir und mit allen Geistern der Hölle, die dir zu Gebote stehn.‹ – Nun geschah ein gewaltiger Schlag. –

In dem Augenblick sprang die Türe des Saals auf mit dröhnendem Gerassel.«

– Sowie Ottmar diese Worte las, sprang auch die Türe des Gartensaals wirklich dröhnend auf, und die Freunde erblickten eine dunkle verhüllte Gestalt, die sich langsam mit unhörbaren Geisterschritten nahte. Alle starrten etwas entsetzt hin, jedem stockte der Atem.

»Ist es recht«, schrie endlich Lothar, als der volle Schein der Lichter der Gestalt ins Gesicht fiel und den Freund Cyprianus erkennen ließ, »ist es recht, ehrbare Leute foppen zu wollen mit schnöder Geisterspielerei? – Doch ich weiß es, Cyprian, du begnügst dich nicht mit Geistern und allerlei seltsamen Visionen und tollem Spuk zu hantieren, du möchtest selbst gern manchmal ein Spuk, ein Gespenst sein. Aber sage, wo kamst du so plötzlich her, wie hast du uns hier auffinden können?«

»Ja! das sage, das sage!«, wiederholten Ottmar und Lothar.

»Ich komme«, begann Cyprian, »heute von meiner Reise zurück, ich laufe zu Theodor, zu Lothar, zu Ottmar, keinen treffe ich an! In vollem Unmut renne ich heraus ins Freie, und der Zufall will, dass ich, nach der Stadt zurückkehrend, den Weg einschlage, der bei dem Gartenhause dicht vorbeiführt. Es ist mir, als höre ich eine wohlbekannte Stimme, ich gucke durchs Fenster und erblicke meine würdigen Serapionsbrüder und höre meinen Ottmar den ›unheimlichen Gast‹ vorlesen.«

»Wie«, unterbrach Ottmar den Freund, »wie, du kennst schon meine Geschichte?«

»Du vergissest«, fuhr Cyprian fort, »dass du die Ingredienzien zu dieser Erzählung von mir selbst empfingest. Ich bin es, der dich mit der Teufelsstimme, mit der Luftmusik bekannt machte, der dir sogar die Idee der Erscheinung des unheimlichen Gastes gab, und ich bin begierig, wie du mein Thema ausgeführt hast. Übrigens werdet ihr finden, dass, als Ottmar die Türe des Saals aufspringen ließ, ich notwendig ein Gleiches tun und euch erscheinen musste.«

»Doch«, nahm Theodor das Wort, »doch gewiss nicht als unheimlicher Gast, sondern als treuer Serapionsbruder, der, unerachtet er mich, wie ich gern gestehen will, nicht wenig erschreckt hat, mir tausendmal willkommen sein soll.«

»Und wenn«, sprach Lothar, »er durchaus heute ein Geist sein will, so soll er wenigstens nicht zu den unruhigen Geistern gehören, sondern sich niederlassen, Tee trinkend, ohne zu sehr mit der Tasse zu klappern, dem Freunde Ottmar zuhorchen, auf dessen Geschichte ich umso begieriger bin, da er diesmal ein ihm gegebenes fremdes Thema bearbeitet hat.«

Auf Theodor, der von seiner Krankheit her noch sehr reizbar, hatte der Scherz des Freundes in der Tat mehr gewirkt als dienlich. Er war totenbleich, und man gewahrte, dass er sich einige Gewalt antun musste, um heiter zu scheinen.

Cyprian bemerkte dies und war nun über das, was er begonnen, nicht wenig betreten. »In der Tat«, sprach er, »ich dachte nicht daran, dass mein teurer Freund kaum von einer bösen Krankheit erstanden. Ich handelte gegen meinen eignen Grundsatz, welcher total verbietet, dergleichen Scherz zu treiben, da es sich oft schon begeben, dass der fürchterliche Ernst der Geisterwelt eingriff in diesen Scherz und das Entsetzliche gebar. Ich erinnere mich zum Beispiel –«

»Halt, halt«, rief Lothar, »ich leide durchaus keine längere Unterbrechung. Cyprian steht im Begriff, uns nach seiner gewöhnlichen Weise zu entführen in seinen einheimischen schwarzen Zauberwald. Ich bitte dich, Ottmar, fahre fort.«

Ottmar las weiter:

Hinein trat ein Mann, von Kopf bis zu Fuß schwarz gekleidet, bleichen Antlitzes, ernsten, festen Blickes. Er nahte sich mit dem edelsten Anstande der vornehmen Welt der Obristin und bat in gewählten Ausdrücken um Verzeihung, dass er, früher geladen, so spät komme, ein Besuch, den er nicht loswerden können, habe ihn zu seinem Verdruss aufgehalten. – Die Obristin, nicht fähig, sich von dem jähen Schreck zu erholen, stammelte einige unvernehmliche Worte, die ungefähr andeuten sollten, der Fremde möge Platz nehmen. Er rückte einen Stuhl dicht neben der Obristin, Angelika gegenüber, hin, setzte sich, ließ seinen Blick den Kreis durchlaufen. Keiner vermochte, wie gelähmt, ein Wort hervorzubringen. Da begann der Fremde, doppelt müsse er sich entschuldigen, einmal dass er in so später Stunde, und dann, dass er mit so vielem Ungestüm eingetreten sei. Nicht seine Schuld sei aber auch das letzte, da nicht er, sondern der Diener, den er auf dem

Vorsaal getroffen, die Türe so heftig aufgestoßen. Die Obristin, mit Mühe das unheimliche Gefühl, von dem sie ergriffen, bekämpfend, fragte, wen sie bei sich zu sehen das Vergnügen habe. Der Fremde schien die Frage zu überhören, auf Margueriten achtend, die, in ihrem ganzen Wesen plötzlich verändert, laut auflachte, dicht an den Fremden hinantänzelte und, immerfort kichernd, auf Französisch erzählte, dass man sich eben in den schönsten Spukgeschichten erlustigt, und dass nach dem Willen des Herrn Rittmeisters eben ein böses Gespenst erscheinen sollen, als er, der Fremde, hineingetreten. Die Obristin, das Unschickliche fühlend, den Fremden, der sich als eingeladen angekündigt, nach Stand und Namen zu fragen, mehr aber noch von seiner Gegenwart beängstigt, wiederholte nicht ihre Frage, verwies Margueriten nicht ein Betragen, das beinahe den Anstand verletzte. Der Fremde machte Margueritens Geschwätz ein Ende, indem er sich zur Obristin, dann zu den übrigen wendend, von irgendeiner gleichgültigen Begebenheit zu sprechen begann, die sich gerade am Orte zugetragen. Die Obristin antwortete, Dagobert versuchte sich ins Gespräch zu mischen, das endlich in einzelnen abgebrochenen Reden mühsam fortschlich. Und dazwischen trillerte Marguerite einzelne Couplets französischer Chansons und figurierte, als besönne sie sich auf die neuesten Touren einer Gavotte, während die andern sich nicht zu regen vermochten. Jeder fühlte seine Brust beengt, jeden drückte wie eine Gewitterschwüle die Gegenwart des Fremden, jedem erstarb das Wort auf den Lippen, wenn er in das todbleiche Antlitz des unheimlichen Gastes schaute. Und doch hatte dieser in Ton und Gebärde durchaus nichts Ungewöhnliches, vielmehr zeigte sein ganzes Betragen den vielerfahrnen gebildeten Weltmann. Der fremde scharfe Akzent, mit dem er Deutsch und Französisch sprach, ließ mit Recht schließen, dass er weder ein Deutscher, noch ein Franzose sein konnte.

Auf atmete die Obristin, als endlich Reuter vor dem Hause hielten, und die Stimme des Obristen sich vernehmen ließ.

Bald darauf trat der Obrist in den Saal. Sowie er den Fremden erblickte, eilte er auf ihn zu und rief: »Herzlich willkommen in meinem Hause, lieber Graf! – Auf das Herzlichste willkommen.« Dann sich zur Obristin wendend: »Graf S–i, ein teurer, treuer Freund, den ich mir im tiefen Norden erwarb und im Süden wiederfand.«

Die Obristin, der nun erst alle Bangigkeit entnommen, versicherte dem Grafen mit anmutigem Lächeln, nur der Schuld ihres Mannes, der unterlassen, sie auf seinen Besuch vorzubereiten, habe er es beizumessen, wenn er vielleicht etwas seltsam und gar nicht auf die Weise, wie es dem vertrauten Freunde gebühre, empfangen worden. Dann erzählte sie dem Obristen, wie den ganzen Abend über von nichts anderem als von Spukereien und unheimlichem Wesen die Rede gewesen sei, wie Moritz eine schauerliche Geschichte erzählt, die ihm und einem seiner Freunde begegnet, wie eben in dem Augenblick, als Moritz gesprochen: »Nun geschah ein entsetzlicher Schlag« die Türe des Saales aufgesprungen und der Graf eingetreten sei.

»Allerliebst!«, rief der Obrist laut lachend, »allerliebst, man hat Sie, lieber Graf, für ein Gespenst gehalten! In der Tat, mir scheint, als wenn meine Angelika noch einige Spuren des Schrecks im Gesicht trüge, als wenn der Rittmeister sich noch nicht ganz von den Schauern seiner Geschichte erholen könnte, ja, als wenn sogar Dagobert seine Munterkeit verloren.

Sagen Sie, Graf! ist es nicht arg, Sie für einen Spuk, für einen schnöden Revenant zu nehmen?«

»Sollte ich«, erwiderte der Graf mit seltsamem Blick, »sollte ich vielleicht etwas Gespenstisches an mir tragen? – Man spricht ja jetzt viel von Menschen, die auf andere vermöge eines besondern psychischen Zaubers einzuwirken vermögen, dass ihnen ganz unheimlich zumute werden soll. Vielleicht bin ich gar solchen Zaubers mächtig.«

»Sie scherzen, lieber Graf«, nahm die Obristin das Wort, »aber wahr ist es, dass man jetzt wieder Jagd macht auf die wunderlichsten Geheimnisse.«

»So wie«, erwiderte der Graf, »so wie man überhaupt wieder an Ammenmärchen und wunderlichen Einbildungen kränkelt. Ein jeder hüte sich vor dieser sonderbaren Epidemie. – Doch ich unterbrach den Herrn Rittmeister bei dem spannendsten Punkt seiner Erzählung und bitte ihn, da niemand von seinen Zuhörern den Schluss – die Auflösung gern missen würde, fortzufahren.«

Dem Rittmeister war der fremde Graf nicht nur unheimlich, sondern recht im Grunde der Seele zuwider. Er fand in seinen Worten, zumal da er recht fatal dabei lächelte, etwas Verhöhnendes und erwiderte mit flammendem Blick und scharfem Ton, dass er befürchten müsse, durch sein Ammenmärchen die Heiterkeit, die der Graf in den düster gestimmten Zirkel gebracht, zu verstören, er wolle daher lieber schweigen.

Der Graf schien nicht sonderlich des Rittmeisters Worte zu beachten. Mit der goldenen Dose, die er zur Hand genommen, spielend, wandte er sich an den Obristen mit der Frage, ob die aufgeweckte Dame nicht eine geborne Französin sei.

Er meinte Margueriten, die, immerfort trällernd, im Saal

herumhüpfte. Der Obrist trat an sie heran und fragte halblaut, ob sie wahnsinnig geworden. Marguerite schlich erschrocken an den Teetisch und setzte sich still hin.

Der Graf nahm nun das Wort und erzählte auf anziehende Weise von diesem, jenem, was sich in kurzer Zeit begeben. – Dagobert vermochte kaum ein Wort herauszubringen. Moritz stand da, über und über rot, mit blitzenden Augen, wie das Zeichen zum Angriff erwartend. Angelika schien ganz in die weibliche Arbeit vertieft, die sie begonnen, sie schlug kein Auge auf! – Man schied in vollem Missmut auseinander.

»Du bist ein glücklicher Mensch«, rief Dagobert, als er sich mit Moritz allein befand, »zweifle nicht länger, dass Angelika dich innig liebt. Tief habe ich es heute in ihren Blicken erschaut, dass sie ganz und gar in Liebe ist zu dir. Aber der Teufel ist immer geschäftig und säet sein giftiges Unkraut unter den schön blühenden Weizen. Marguerite ist entbrannt in toller Leidenschaft. Sie liebt dich mit allem wütenden Schmerz, wie er nur ein brünstiges Gemüt zerreißen kann. Ihr heutiges wahnsinniges Beginnen war der nicht niederzukämpfende Ausbruch der rasendsten Eifersucht. Als Angelika das Tuch fallen ließ, als du es ihr reichtest, als du ihre Hand küsstest, kamen die Furien der Hölle über die arme Marguerite. Und daran bist du schuld. Du bemühtest dich sonst mit aller möglichen Galanterie um die bildhübsche Französin. Ich weiß, dass du immer nur Angelika meintest, dass alle Huldigungen, die du an Margueriten verschwendetest, nur ihr galten, aber die falsch gerichteten Blitze trafen und zündeten. – Nun ist das Unheil da, und ich weiß in der Tat nicht, wie das Ding enden soll ohne schrecklichen Tumult und grässlichen Wirrwarr!« –

»Geh doch nur«, erwiderte der Rittmeister, »geh doch nur mit Margueriten. Liebt mich Angelika wirklich – ach! woran ich wohl noch zweifle – so bin ich glücklich und selig und frage nichts nach allen Margueriten in der Welt mitsamt ihrer Tollheit! Aber eine andere Furcht ist in mein Gemüt gekommen! Dieser fremde unheimliche Graf, der wie ein dunkles düstres Geheimnis eintrat, der uns alle verstörte, scheint er nicht sich recht feindlich zwischen uns zu stellen? – Es ist mir, als träte aus dem tiefsten Hintergrunde eine Erinnerung – fast möcht' ich sagen – ein Traum hervor, der mir diesen Grafen darstellt unter grauenvollen Umständen! Es ist mir, als müsse da, wo er sich hinwendet, irgendein entsetzliches Unheil, von ihm beschworen, aus dunkler Nacht vernichtend hervorblitzen. – Hast du wohl bemerkt, wie oft sein Blick auf Angelika ruhte, und wie dann ein fahles Rot seine bleichen Wangen färbte und schnell wieder verschwand? Auf meine Liebe hat es der Unhold abgesehen, darum klangen die Worte, die er an mich richtete, so höhnend, aber ich stelle mich ihm entgegen auf den Tod!« –

Dagobert nannte den Grafen einen gespenstischen Patron, dem man aber keck unter die Augen treten müsse, doch vielleicht sei auch, meinte er, viel weniger dahinter, als man glaube, und alles unheimliche Gefühl nur der besondern Spannung zuzuschreiben, in der man sich befand, als der Graf eintrat. »Lass uns«, so schloss Dagobert, »allem verstörenden Wesen mit festem Gemüt, mit unwandelbarem Vertrauen auf das Leben begegnen. Keine finstere Macht wird das Haupt beugen, was sich kräftig und mit heiterm Mut emporhebt!« –

Längere Zeit war vergangen. Der Graf hatte sich, immer öfter und öfter das Haus des Obristen besuchend, beinahe unentbehrlich gemacht. Man war darüber einig, dass der Vorwurf des unheimlichen Wesens auf die zurückfalle, die ihm diesen Vorwurf gemacht. »Konnte«, sprach die Obristin, »konnte der Graf nicht mit Recht uns selbst mit unsern blassen Gesichtern, mit unserm seltsamen Betragen unheimliche Leute nennen?« – Der Graf entwickelte in jedem Gespräch einen Schatz der reichhaltigsten Kenntnisse, und sprach er, Italiener von Geburt, zwar im fremden Akzent, so war er doch des geübtesten Vortrags vollkommen mächtig. Seine Erzählungen rissen in lebendigem Feuer unwiderstehlich hin, sodass selbst Moritz und Dagobert, so feindlich sie gegen den Fremden gesinnt, wenn er sprach und über sein blasses, aber schön geformtes ausdrucksvolles Gesicht ein anmutiges Lächeln flog, allen Groll vergaßen und wie Angelika, wie alle übrige, an seinen Lippen hingen.

Des Obristen Freundschaft mit dem Grafen war auf eine Weise entstanden, die diesen als den edelmütigsten Mann darstellte. Im tiefen Norden führte beide der Zufall zusammen, und hier half der Graf den Obristen auf die uneigennützigste Weise aus einer Verlegenheit, die, was Geld und Gut, ja, was den guten Ruf und die Ehre betrifft, die verdrießlichsten Folgen hätte haben können. Der Obrist, tief fühlend, was er dem Grafen verdankte, hing an ihm mit ganzer Seele.

»Es ist«, sprach der Obrist eines Tages zu der Obristin, als sie sich eben allein befanden, »es ist nun an der Zeit, dass ich dir sage, was es mit dem Hiersein des Grafen für eine tiefere Bewandtnis hat. – Du weißt, dass wir, ich und der Graf in P., wo ich mich vor vier Jahren befand, uns immer enger und enger aneinandergeschlossen, sodass wir zuletzt zusammen in aneinanderstoßenden Zimmern wohnten. Da geschah es, dass der Graf mich einst an einem frühen Morgen besuchte und auf meinem Schreibtisch das kleine Miniaturbild Angelikas gewahrte, das ich mitgenommen. Sowie er es schärfer anblickte, geriet er auf seltsame Weise außer aller Fassung. Nicht vermögend, mir zu antworten, starrte er es an, er konnte den Blick nicht mehr davon abwenden, er rief begeistert aus, nie habe er ein schöneres, herrlicheres Weib gesehen, nie habe er gefühlt, was Liebe sei, die erst jetzt tief in seinem Herzen in lichten Flammen aufgelodert. Ich scherzte über die wunderbare Wirkung des Bildes, ich nannte den Grafen einen neuen Kalaf und wünschte ihm Glück, dass meine gute Angelika wenigstens keine Turandot sei. Endlich gab ich ihm nicht undeutlich zu verstehen, dass in seinen Jahren, da er, wenn auch nicht gerade im Alter vorgerückt, doch kein Jüngling mehr zu nennen, mich diese romantische Art, sich urplötzlich in ein Bild zu verlieben, ein wenig befremde. Nun schwor er aber mit Heftigkeit, ja mit allen Zeichen des leidenschaftlichen Wahnsinns, wie er seiner Nation eigen, dass er Angelika unaussprechlich liebe, und dass ich, solle er nicht in den tiefsten Abgrund der Verzweiflung stürzen, ihm erlauben müsse, sich um Angelikas Liebe, um ihre Hand zu bewerben. Deshalb ist nun der Graf hieher und in unser Haus gekommen. Er glaubt der Zuneigung Angelikas gewiss zu sein und hat gestern seine Bewerbung förmlich bei mir angebracht. Was hältst du von der Sache?«

Die Obristin wusste selbst nicht, warum des Obristen letzte Worte sie wie ein jäher Schreck durchbebten. »Um des Himmels willen«, rief sie, »der fremde Graf unsere Angelika?«

»Fremd«, erwiderte der Obriste mit verdüsterter Stirn, »der Graf *fremd*, dem ich Ehre, Freiheit, ja vielleicht das Leben selbst verdanke? – Ich gestehe ein, dass er, im hohen Mannesalter, vielleicht rücksichts der Jahre nicht ganz für unser blutjunges Täubchen passt, aber er ist ein edler Mensch und dabei reich – sehr reich –«

»Und ohne Angelika zu fragen?«, fiel ihm die Obristin ins Wort, »und ohne Angelika zu fragen, die vielleicht gar nicht solche Neigung zu ihm hegt, als er sich in verliebter Torheit einbildet.«

»Habe ich«, rief der Obrist, indem er vom Stuhle aufsprang und sich mit glühenden Augen vor die Obristin hinstellte, »habe ich dir jemals Anlass gegeben, zu glauben, dass ich, ein toller, tyrannischer Vater, mein liebes Kind auf schnöde Weise verkuppeln könnte? – Aber mit euren romanhaften Empfindeleien und euren Zartheiten bleibt mir vom Halse. Es ist gar nichts Überschwängliches, das tausend phantastische Dinge voraussetzt, wenn sich ein Paar heiratet! – Angelika ist ganz Ohr, wenn der Graf spricht, sie blickt ihn an mit der freundlichsten Güte, sie errötet, wenn er die Hand, die sie gern in der seinigen lässt, an die Lippen drückt. So spricht sich bei einem unbefangenen Mädchen die Zuneigung aus, die den Mann wahrhaft beglückt. Es bedarf keiner romanesker Liebe, die manchmal auf recht verstörende Weise in euren Köpfen spukt!«

»Ich glaube«, nahm die Obristin das Wort, »ich glaube, dass Angelikas Herz nicht mehr so frei ist, als sie vielleicht noch selbst wähnen mag.«

»Was?« – rief der Obrist erzürnt und wollte eben heftig losbrechen, in dem Augenblick ging die Türe auf, und Angelika trat ein mit dem holdseligsten Himmelslächeln der unbefangensten Unschuld.

Der Obrist, plötzlich von allem Unmut, von allem Zorn verlassen, ging auf sie zu, küsste sie auf die Stirn, fasste ihre Hand, führte sie in den Sessel, setzte sich traulich hin dicht neben das liebe süße Kind. Nun sprach er von dem Grafen, rühmte seine edle Gestalt, seinen Verstand, seine Sinnesart und fragte dann, ob Angelika ihn wohl leiden möge. Angelika erwiderte, dass der Graf anfangs ihr gar fremd und unheimlich erschienen sei, dass sie dies Gefühl aber ganz überwunden und ihn jetzt recht gern sähe! –

»Nun«, rief der Obrist voller Freude, »nun, dem Himmel sei es gedankt, so musst' es kommen zu meinem Trost, zu meinem Heil! – Graf S–i, der edle Mann, liebt dich, mein holdes Kind, aus dem tiefsten Grunde seiner Seele, er bewirbt sich um deine Hand, du wirst sie ihm nicht verweigern« – kaum sprach aber der Obrist diese Worte, als Angelika mit einem tiefen Seufzer wie ohnmächtig zurücksank. Die Obristin fasste sie in ihre Arme, indem sie einen bedeutenden Blick auf den Obristen warf, der verstummt das arme todbleiche Kind anstarrte. – Angelika erholte sich, ein Tränenstrom stürzte ihr aus den Augen, sie rief mit herzzerschneidender Stimme: »Der Graf – der schreckliche Graf! – Nein, nein – nimmermehr!« –

Mit aller Sanftmut fragte der Obrist ein Mal über das andere, warum in aller Welt der Graf ihr so schrecklich sei. Da gestand Angelika, in dem Augenblick, als der Obrist es ausgesprochen, dass der Graf sie liebe, sei ihr mit vollem Leben der fürchterliche Traum in die Seele gekommen, den sie vor vier Jahren in der Nacht ihres vierzehnten Geburtstages geträumt und aus dem sie in entsetzlicher Todesangst erwacht, ohne sich auf seine Bilder auch nur im mindesten besinnen zu können. »Es war mir«, sprach Angelika,

»als durchwandle ich einen sehr anmutigen Garten, in dem fremdartige Büsche und Blumen standen. Plötzlich stand ich vor einem wunderbaren Baum mit dunklen Blättern und großen, seltsam duftenden Blüten, beinahe dem Holunder ähnlich. Der rauschte mit seinen Zweigen so lieblich und winkte mir zu, wie mich einladend in seine Schatten. Von unsichtbarer Kraft unwiderstehlich hingezogen, sank ich hin auf die Rasen unter dem Baume. Da war es, als gingen seltsame Klagelaute durch die Lüfte und berührten wie Windeshauch den Baum, der in bangen Seufzern aufstöhnte. Mich befing ein unbeschreibliches Weh, ein tiefes Mitleid regte sich in meiner Brust, selbst wusste ich nicht weshalb. Da fuhr plötzlich ein brennender Strahl in mein Herz, wie es zerspaltend! – Der Schrei, den ich ausstoßen wollte, konnte sich nicht der mit namenloser Angst belasteten Brust entwinden, er wurde zum dumpfen Seufzer. Der Strahl, der mein Herz durchbohrt, war aber der Blick eines menschlichen Augenpaars, das mich aus dem dunklen Gebüsch anstarrte. In dem Augenblick standen die Augen dicht vor mir, und eine schneeweiße Hand wurde sichtbar, die Kreise um mich her beschrieb. Und immer enger und enger wurden die Kreise und umspannen mich mit Feuerfaden, dass ich zuletzt in dem dichten Gespinst mich nicht regen und bewegen konnte. Und dabei war es, als erfasse nun der furchtbare Blick der entsetzlichen Augen mein innerstes Wesen und bemächtige sich meines ganzen Seins; der Gedanke, an dem es nur noch, wie an einer schwachen Faser, hing, war mir marternde Todesangst. Der Baum neigte seine Blüten tief zu mir herab, und aus ihnen sprach die liebliche Stimme eines Jünglings: ›Angelika, ich rette dich – ich rette dich!‹ – Aber –«

Angelika wurde unterbrochen; man meldete den Rittmeister von R., der den Obristen in Geschäften sprechen wollte. Sowie Angelika des Rittmeisters Namen nennen hörte, rief sie, indem ihr aufs Neue die Tränen aus den Augen strömten, mit dem Ausdruck des schneidendsten Wehs, mit der Stimme, die nur aus der vom tiefsten Liebesschmerz wunden Brust stöhnt: »Moritz – ach, Moritz!« –

Der Rittmeister hatte eintretend diese Worte gehört. Er erblickte Angelika, in Tränen gebadet, die Arme nach ihm ausstreckend. Wie außer sich, stieß er das Kaskett vom Haupte, dass es klirrend zu Boden fiel, stürzte Angelika zu Füßen, fasste sie, als sie, von Wonne und Schmerz übermannt, niedersank, in seine Arme, drückte sie mit Inbrunst an seine Brust. – Der Obrist betrachtete, sprachlos vor Erstaunen, die Gruppe. »Ich habe geahnet«, lispelte die Obristin leise, »ich habe es geahnet, dass sie sich lieben, aber ich wusste kein Wort davon.«

»Rittmeister von R.«, fuhr nun der Obrist zornig heraus, »was haben Sie mit meiner Tochter?«

Moritz, schnell zu sich selbst kommend, ließ die halbtote Angelika sanft in den Lehnstuhl nieder, dann raffte er das Kaskett vom Boden auf, trat, glutrot im Antlitz, mit niedergesenktem Blick, vor den Obristen hin und versicherte auf Ehre, dass er Angelika unaussprechlich, aus der Tiefe seines Herzens liebe, dass aber auch bis zu diesem Augenblick nicht das leiseste Wort, das einem Geständnisse seines Gefühls gleiche, über seine Lippen gekommen sei. Nur zu sehr habe er gezweifelt, dass Angelika sein Gefühl erwidern könne. Erst dieser Moment, dessen Anlass er nicht zu ahnen vermöge, habe ihm alle Seligkeit des Himmels erschlossen, und er hoffe nicht von dem edelmütigsten Mann, von dem zärtlichsten Vater zurückgestoßen zu werden, wenn er ihn anflehe, einen Bund zu segnen, den die reinste, innigste Liebe geschlossen.

Der Obrist maß den Rittmeister, maß Angelika mit finstern Blicken, dann schritt er, die Arme übereinandergeschlagen, im Zimmer schweigend auf und ab, wie einer, der ringt, irgendeinen Entschluss zu fassen. Er blieb stehen vor der Obristin, die Angelika in die Arme genommen und ihr tröstend zuredete: »Was für einen Bezug«, sprach er dumpf mit zurückgehaltenem Zorn, »was für einen Bezug hat dein alberner Traum auf den Grafen?«

Da warf sich Angelika ihm zu Füßen, küsste seine Hände, benetzte sie mit Tränen, sprach mit halb erstickter Stimme: »Ach, mein Vater! – mein geliebtester Vater, jene entsetzlichen Augen, die mein Innerstes erfassten, es waren die Augen des Grafen, *seine* gespenstische Hand umwob mich mit dem Feuergespinst! – Aber die tröstende Jünglingsstimme, die mir zurief aus den duftenden Blüten des wunderbaren Baums – das war Moritz – mein Moritz!«

»*Dein* Moritz?«, rief der Obrist, indem er sich rasch umwandte, sodass Angelika beinahe zu Boden gestürzt. Dann sprach er dumpf vor sich hin: »Also kindischen Einbildungen, verstohlner Liebe wird der weise Beschluss des Vaters, die Bewerbung eines edlen Mannes geopfert!« – Wie zuvor schritt er nun schweigend im Zimmer auf und ab. Endlich zu Moritz: »Rittmeister von R., Sie wissen, wie hoch ich Sie achte, keinen liebern Eidam, als eben Sie, hätte ich mir gewünscht, aber ich gab mein Wort dem Grafen von S–i, dem ich verpflichtet bin, wie es nur ein Mensch sein kann dem andern. Doch glauben Sie ja nicht, dass ich den eigensinnigen tyrannischen Vater spielen werde. Ich eile hin zum Grafen, ich entdecke ihm alles. Ihre Liebe wird mir eine blutige Fehde, vielleicht das Leben kosten, doch es sei nun einmal so – ich gebe mich! – Erwarten Sie hier meine Zurückkunft!« –

Der Rittmeister versicherte mit Begeisterung, dass er lieber hundertmal in den Tod gehen, als dulden werde, dass der Obrist sich auch nur der mindesten Gefahr aussetze. Ohne ihm zu antworten, eilte der Obrist von dannen.

Kaum hatte der Obrist das Zimmer verlassen, als die Liebenden im Übermaß des Entzückens sich in die Arme fielen und sich ewige unwandelbare Treue schworen. Dann versicherte Angelika, erst in dem Augenblick, als der Obrist sie mit der Bewerbung des Grafen bekannt gemacht, habe sie es in der tiefsten Seele gefühlt, wie unaussprechlich sie Moritz liebe, und dass sie lieber sterben, als eines andern Gattin werden könne. Es sei ihr gewesen, als wisse sie ja längst, dass auch Moritz sie ebenso sehr liebe. Nun erinnerten sich beide jedes Augenblicks, in dem sie ihre Liebe verraten, und waren entzückt, alles Widerspruchs, alles Zorns des Obristen vergessend, und jauchzten wie frohe selige Kinder. Die Obristin, die die aufkeimende Liebe längst bemerkt und mit vollem Herzen Angelikas Neigung billigte, gab tief gerührt ihr Wort, ihrerseits alles aufzubieten, dass der Obrist abstehe von einer Verbindung, die sie, selbst wisse sie nicht warum, verabscheue.

Es mochte eine Stunde vergangen sein, als die Türe aufging, und zum Erstaunen aller der Graf S–i eintrat. Ihm folgte der Obrist mit leuchtenden Blicken. Der Graf näherte sich Angeliken, ergriff ihre Hand, blickte sie mit bitterm schmerzlichem Lächeln an. Angelika bebte zusammen und murmelte kaum hörbar, einer Ohnmacht nahe: »Ach – diese Augen!« –

»Sie verblassen«, begann nun der Graf, »Sie verblassen, mein Fräulein, wie damals, als ich zum ersten Mal in diesen Kreis trat. – Bin ich Ihnen denn wirklich ein grauenhaftes Gespenst? – Nein! – entsetzen Sie sich nicht, Angelika! fürchten Sie nichts von einem harmlosen Mann, der Sie mit allem Feuer, mit aller Inbrunst des Jünglings liebte, der nicht wusste, dass Sie Ihr Herz verschenkt, der töricht genug war, sich um Ihre Hand zu bewerben. – Nein! – selbst das Wort des Vaters gibt mir nicht das kleinste Recht auf eine Seligkeit, die *Sie* nur zu spenden vermögen. Sie sind frei, mein Fräulein! – Selbst mein Anblick soll Sie nicht mehr an die trüben Augenblicke erinnern, die ich Ihnen bereitet. Bald, vielleicht morgen schon kehre ich zurück in mein Vaterland!« – »Moritz – mein Moritz«, rief Angelika im Jubel der höchsten Wonne und warf sich dem Geliebten an die Brust. Durch alle Glieder zuckte es dem Grafen, seine Augen glühten auf in ungewöhnlichem Feuer, seine Lippen bebten, er stieß einen leisen unartikulierten Laut aus. Sich schnell zur Obristin mit einer gleichgültigen Frage wendend, gelang es ihm, sein aufwallendes Gefühl niederzukämpfen.

Aber der Obrist rief ein Mal über das andere: »Welch ein Edelmut! – welch hoher Sinn! wer gleicht diesem herrlichen Mann! – meinem Herzensfreunde immerdar!« – Dann drückte er den Rittmeister, Angelika, die Obristin an sein Herz und versicherte lachend, er wolle nun von dem garstigen Komplott, das sie im Augenblick gegen ihn geschmiedet, nichts weiter wissen und hoffe übrigens, dass Angelika fürder nicht mehr Leid erfahren werde von gespenstischen Augen.

Es war hoher Mittag worden, der Obrist lud den Rittmeister, den Grafen ein, das Mahl bei ihm einzunehmen. Man schickte hin nach Dagobert, der sich bald in voller Freude und Fröhlichkeit einstellte.

Als man sich zu Tische setzen wollte, fehlte Marguerite. Es hieß, dass sie sich in ihr Zimmer eingeschlossen und erklärt habe, sie fühle sich krank und sei unfähig in der Gesellschaft zu erscheinen. »Ich weiß nicht«, sprach die Obristin, »was sich mit Margueriten seit einiger Zeit begibt, sie ist voll der eigensinnigsten Launen, sie weint und lacht ohne Ursache, ja, voller seltsamer Einbildung kann sie es oft bis zum Unerträglichen treiben.« »Dein Glück«, lispelte Dagobert dem Rittmeister leise ins Ohr, »dein Glück ist Marguerítens Tod!« »Geisterseher«, erwiderte der Rittmeister ebenso leise, »Geisterseher, störe mir nicht meinen Frieden.«

Nie war der Obrist froher gewesen, nie hatte auch die Obristin, manchmal wohl um ihr liebes Kind besorgt und nun dieser Sorge entnommen, sich so in tiefer Seele glücklich gefühlt. Kam nun noch hinzu, dass Dagobert in heller Fröhlichkeit schwelgte, dass der Graf, den Schmerz der ihm geschlagenen Wunde vergessend, das vollste Leben seines vielgewandten Geistes herausstrahlen ließ, so konnt' es nicht fehlen, dass alle sich um das selige Paar schlossen, wie ein heitrer, herrlich blühender Kranz.

Die Dämmerung war eingebrochen, der edelste Wein perlte in den Gläsern, man trank jubelnd und jauchzend auf das Wohl des Brautpaars. Da ging die Türe des Vorsaals leise auf, und hinein schwankte Marguerite, im weißen Nachtkleide, mit herabhängenden Haaren, bleich, entstellt wie der Tod. »Marguerite, was für Streiche«, rief der Obrist, doch ohne auf ihn zu achten, schritt Marguerite langsam gerade los auf den Rittmeister, legte ihre eiskalte Hand auf seine Brust, drückte einen leisen Kuss auf seine Stirne, murmelte dumpf und hohl: »Der Kuss der Sterbenden bringt Heil dem frohen Bräutigam!«, und sank hin auf den Boden.

»Da haben wir das Unheil«, sprach Dagobert leise zu dem Grafen, »die Törin ist verliebt in den Rittmeister.« »Ich weiß es«, erwiderte der Graf, »wahrscheinlich hat sie die Narrheit so weit getrieben, Gift zu nehmen.« »Um Gottes willen!«, schrie Dagobert entsetzt, sprang auf und eilte hin zu dem Lehnsessel, in den man die Arme hineingetragen. Angelika und die Obristin waren um sie beschäftigt, sie besprengend, ihr die Stirn reibend mit geistigen Wassern. Als Dagobert hinzutrat, schlug sie gerade die Augen auf. Die Obristin sprach: »Ruhig, mein liebes Kind, du bist krank, es wird vorübergehen!« Da erwiderte Marguerite mit dumpfer hohler Stimme: »Ja! bald ist es vorüber – ich habe Gift!« – Angelika, die Obristin schrien laut auf, der Obrist rief wild: »Tausend Teufel, die Wahnsinnige! – Man renne nach dem Arzt – fort! den ersten besten, der aufzutreiben ist, hergebracht zur Stelle!« – Die Bedienten, Dagobert selbst wollten forteilen. – »Halt!« – rief der Graf, der bisher ruhig geblieben war und mit Behaglichkeit den mit seinem Lieblingswein, dem feurigen Syrakuser, gefüllten Pokal geleert hatte, »halt! – Hat Marguerite Gift genommen, so bedarf es keines Arztes, denn ich bin in diesem Fall der beste, den es geben kann. Man lasse mich gewähren.« Er trat zu Marguerite, die in tiefer Ohnmacht lag und nur zuweilen krampfhaft zuckte. Er bückte sich über sie hin, man bemerkte, dass er ein kleines Futteral aus der Tasche zog, etwas heraus und zwischen die Finger nahm und leise hinstrich über Margueritens Nacken und Herzgrube. Dann sprach der Graf, indem er von ihr abließ, zu den übrigen: »Sie hat Opium genommen, doch ist sie zu retten durch besondere Mittel, die mir zu Gebote stehen.« Marguerite wurde auf des Grafen Geheiß in ihr Zimmer heraufgebracht, er blieb allein bei ihr. – Die Kammerfrau der Obristin hatte indessen in Margueritens Gemach das Fläschchen gefunden, in dem die Opiumtropfen, die der Obristin vor einiger Zeit verschrieben, enthalten waren, und das die Unglückliche ganz geleert hatte.

»Der Graf«, sprach Dagobert mit etwas ironischem Ton, »der Graf ist wahrhaftig ein Wundermann. Er hat alles erraten. Wie er Margueriten nur erschaute, wusste er gleich, dass sie Gift genommen, und dann erkannte er gar, von welcher Sorte und Farbe.«

Nach einer halben Stunde trat der Graf in den Saal und versicherte, dass alle Gefahr für Margueritens Leben vorüber sei. Mit einem Seitenblick auf Moritz setzte er hinzu, dass er auch hoffe, den Grund alles Übels aus ihrem Innern wegzubannen. Er wünsche, dass die Kammerfrau bei Margueriten wache, er selbst werde die Nacht über in dem anstoßenden Zimmer bleiben, um so bei jedem Zufall, der sich noch etwa ereignen sollte, gleich bei der Hand sein zu können. Zu dieser ärztlichen Hilfe wünschte er sich aber noch durch ein paar Gläser edlen Weins zu stärken.

Damit setzte er sich zu den Männern an den Tisch, während Angelika und die Obristin, im Innersten ergriffen von dem Vorgang, sich entfernten.

Der Obrist ärgerte sich über den verfluchten Narrenstreich, wie er Margueritens Beginnen nannte, Moritz, Dagobert fühlten sich auf unheimliche Weise verstört. Je verstimmter aber diese waren, desto mehr ließ der Graf eine Lustigkeit ausströmen, die man sonst gar nicht an ihm bemerkt hatte, und die in der Tat etwas Grauenhaftes in sich trug.

»Dieser Graf«, sprach Dagobert zu seinem Freunde, als sie nach Hause gingen, »bleibt mir unheimlich auf seltsame Weise. Es ist, als wenn es irgendeine geheimnisvolle Bewandtnis mit ihm habe.«

»Ach!«, erwiderte Moritz, »zentnerschwer liegt es mir auf der Brust – die finstre Ahnung irgendeines Unheils, das meiner Liebe droht, erfüllt mein Innres!« –

Noch in derselben Nacht wurde der Obrist durch einen Kurier aus der Residenz geweckt. Andern Morgens trat er etwas bleich zur Obristin: »Wir werden«, sprach er mit erzwungener Ruhe, »wir werden abermals getrennt, mein liebes Kind! – der Krieg beginnt nach kurzer Ruhe von Neuem. In der Nacht erhielt ich die Order. Sobald als es nur möglich ist, vielleicht schon in künftiger Nacht, breche ich auf mit dem Regiment.« Die Obristin erschrak heftig, sie brach in Tränen aus. Der Obrist sprach tröstend, dass er überzeugt sei, wie dieser Feldzug ebenso glorreich enden werde, als der frühere, dass der frohe Mut im Herzen ihn an kein Unheil denken lasse, das ihm widerfahren könne. »Du magst«, setzte er dann hinzu, »du magst indessen, bis wir den Feind aufs Neue gedemütigt und der Friede geschlossen, mit Angelika auf unsere Güter gehen. Ich gebe euch einen Begleiter mit, der euch alle Einsamkeit, alle Abgeschiedenheit eures Aufenthalts vergessen lassen wird. Der Graf S–i geht mit euch!« – »Wie«, rief die Obristin, »um des Himmels willen! Der Graf soll mit uns gehen? Der verschmähte Bräutigam? – der ränkesüchtige Italiener, der tief im Innersten seinen Groll zu verschließen weiß, um ihn bei der besten Gelegenheit mit aller Macht ausströmen zu lassen? Dieser Graf, der mir in seinem ganzen Wesen, selbst weiß ich nicht warum, seit gestern wieder aufs Neue widerwärtiger geworden ist, als jemals!« – »Nein«, fiel der Obrist ihr ins Wort, »nein, es ist nicht auszuhalten mit den Einbildungen, mit den tollen Träumen der Weiber! – Sie begreifen nicht die Seelengröße eines Mannes von festem Sinn! – Der Graf ist die ganze Nacht, so wie er sich vorgesetzt, in dem Nebenzimmer bei Margueriten geblieben. Er war der erste, dem ich die Nachricht brachte vom neuen Feldzuge. Seine Rückkehr ins Vaterland ist nun kaum möglich. Er war darüber betreten. Ich bot ihm den Aufenthalt auf meinen Gütern an. Nach vieler Weigerung entschloss er sich dazu und gab mir sein Ehrenwort, alles aufzubieten, euch zu beschirmen, euch die Zeit der Trennung zu verkürzen, wie es nur in seiner Macht stehe. Du weißt, was ich dem Grafen schuldig, meine Güter sind ihm jetzt eine Freistatt, darf ich *die* versagen?« – Die Obristin konnte – durfte hierauf nichts mehr erwidern. – Der Obrist hielt Wort. Schon in der folgenden Nacht wurde zum Aufbruch geblasen, und aller namenlose Schmerz und herzzerschneidende Jammer der Trennung kam über die Liebenden.

Wenige Tage darauf, als Marguerite völlig genesen, reiste die Obristin mit ihr und Angelika nach den Gütern. Der Graf folgte mit mehrerer Dienerschaft.

Mit der schonendsten Zartheit ließ sich der Graf in der ersten Zeit nur bei den Frauen sehen, wenn sie es ausdrücklich wünschten, sonst blieb er in seinem Zimmer oder machte einsame Spaziergänge.

Der Feldzug schien erst dem Feinde günstig zu sein, bald wurden aber glorreiche Siege erfochten. Da war nun der Graf immer der erste, der die Siegesbotschaften erhielt, ja, der die genauesten Nachrichten über die Schicksale des Regiments hatte, das der Obrist führte. In den blutigsten Kämpfen hatte weder den Obristen, noch den Rittmeister eine Kugel, ein Schwertstreich getroffen; die sichersten Briefe aus dem Hauptquartier bestätigten das.

So erschien der Graf bei den Frauen immer wie ein Himmelsbote des Sieges und des Glücks. Dazu kam, dass sein ganzes Betragen die innigste, reinste Zuneigung aussprach, die er für Angelika hegte, dass er sich wie der zärtlichste, um ihr Glück besorgteste Vater zeigte. Beide, die Obristin und Angelika, mussten sich gestehen, dass der Obrist wohl den bewährten Freund richtig beurteilt hatte, und dass jenes Vorurteil gegen ihn die lächerlichste Einbildung gewesen. Auch Marguerite schien von ihrer törichten Leidenschaft geheilt, sie war wieder ganz die muntere gesprächige Französin.

Ein Brief des Obristen an die Obristin, dem ein Brief vom Rittmeister an Angelika beilag, verscheuchte den letzten Rest der Besorgnis. Die Hauptstadt des Feindes war genommen, der Waffenstillstand geschlossen.

Angelika schwamm in Wonne und Seligkeit, und immer war es der Graf, der mit hinreißender Lebendigkeit von den kühnen Waffentaten des braven Moritz, von dem Glück sprach, das der holden Braut entgegenblühe. Dann ergriff er Angelikas Hand, und drückte sie an seine Brust und fragte, ob er ihr denn noch so verhasst sei, als ehemals. Vor Scham hoch errötend, Tränen im Auge, versicherte Angelika, sie armes Kind habe ja niemals gehasst, aber zu innig, zu sehr mit ganzer Seele ihren Moritz geliebt, um sich nicht vor jeder andern Bewerbung zu entsetzen. Sehr ernst und feierlich sprach dann der Graf: »Sieh mich an, Angelika, für deinen treuen väterlichen Freund«, und hauchte einen leisen Kuss auf ihre Stirne, welches sie, ein frommes Kind, gern litt, da es ihr war, als sei es ihr Vater selbst, der sie auf diese Weise zu küssen pflegte.

Man konnte beinahe hoffen, der Obrist werde wenigstens auf kurze Zeit in das Vaterland zurückkehren, als ein Brief von ihm anlangte, der das Grässlichste enthielt. Der Rittmeister war, als er mit seinem Reitknecht ein Dorf passierte, von bewaffneten Bauern angefallen worden, die ihn an der Seite des braven Reuters, dem es gelang, sich durchzuschlagen, niederschossen und fortschleppten. – So wurde die Freude, die das ganze Haus beseelte, plötzlich in Entsetzen, in tiefes Leid, in trostlosen Jammer verkehrt.

Das ganze Haus des Obristen war in geräuschvoller Bewegung. Treppauf, treppab liefen die in reicher Staatsliverei geputzten Diener, rasselnd fuhren die Wagen auf den Schlosshof mit den geladenen Gästen, die der Obrist, die neuen Ehrenzeichen auf der Brust, die ihm der letzte Feldzug erworben, feierlich empfing.

Oben im einsamen Zimmer saß Angelika bräutlich geschmückt, in der vollendetsten Schönheit üppiger Jugendblüte prangend, neben ihr die Obristin.

»Du hast«, sprach die Obristin, »du hast, mein liebes Kind, in voller Freiheit den Grafen S–i zu deinem Gatten gewählt. So sehr ehemals dein Vater diese Verbindung wünschte, so wenig hat er jetzt nach dem Tode des unglücklichen Moritz darauf bestanden. Ja, es ist mir jetzt, als teile er mit mir dasselbe schmerzliche Gefühl, das ich dir nicht verhehlen darf. – Es bleibt mir unbegreiflich, dass du so bald deinen Moritz vergessen konntest. – Die entscheidendste Stunde naht – du gibst deine Hand dem Grafen – prüfe wohl dein Herz – noch ist es Zeit! – Möge nie das Andenken an den Vergessenen wie ein finstrer Schatten dein heitres Leben vertrüben!«

»Niemals!«, rief Angelika, indem Tränen wie Tautropfen in ihren Augen perlten, »niemals werde ich meinen Moritz vergessen, ach, niemals mehr lieben, wie ich ihn geliebt. Das Gefühl, was ich für den Grafen hege, mag wohl ein ganz anderes sein! – Ich weiß nicht, wie der Graf meine innigste Zuneigung so ganz und gar gewonnen! Nein! – ich liebe ihn nicht, ich kann ihn nicht lieben, wie ich Moritz liebte, aber es ist mir, als könne ich ohne ihn gar nicht leben, ja nur durch ihn denken – empfinden! Eine Geisterstimme sagt es mir unaufhörlich, dass ich mich ihm als Gattin anschließen muss, dass sonst es kein Leben mehr hienieden für mich gibt. – Ich folge dieser Stimme, die ich für die geheimnisvolle Sprache der Vorsehung halte.« –

Die Kammerfrau trat herein mit der Nachricht, dass man Margueriten, die seit dem frühen Morgen vermisst worden, noch immer nicht gefunden, doch habe der Gärtner soeben ein kleines Briefchen an die Obristin gebracht, das er von Margueriten erhalten mit der Anweisung, es abzugeben, wenn er seine Geschäfte verrichtet und die letzten Blumen nach dem Schlosse getragen.

In dem Billett, das die Obristin öffnete, stand:

Sie werden mich nie wiedersehen. – Ein düstres Verhängnis treibt mich fort aus Ihrem Hause. Ich flehe Sie an, Sie, die mir sonst eine teure Mutter waren, lassen Sie mich nicht verfolgen, mich nicht zurückbringen mit Gewalt. Der zweite Versuch, mir den Tod zu geben, würde besser gelingen als der erste. – Möge Angelika das Glück genießen in vollen Zügen, das mir das Herz durchbohrt. Leben Sie wohl auf ewig – Vergessen Sie die unglückliche

Marguerite.

»Was ist das«, rief die Obristin heftig, »was ist das? Hat es die Wahnsinnige darauf abgesehen, unsere Ruhe zu verstören? – Tritt sie immer feindselig dazwischen, wenn du die Hand reichen willst dem geliebten Gatten? – Möge sie hinziehen, die undankbare Törin, die ich wie meine Tochter gehegt und gepflegt, möge sie hinziehen, nie werd' ich mich um sie kümmern.«

Angelika brach in laute Klagen aus um die verlorne Schwester, die Obristin bat sie um des Himmels willen, nicht Raum zu geben dem Andenken an eine Wahnsinnige in diesen wichtigen entscheidenden Stunden. – Die Gesellschaft war im Saal versammelt, um, da eben die bestimmte Stunde schlug, nach der kleinen Kapelle zu ziehen, wo ein katholischer Geistlicher das Paar trauen sollte. Der Obrist führte die Braut herein, alles erstaunte über ihre Schönheit, die noch erhöht wurde durch die einfache Pracht des Anzuges. Man erwartete den Grafen. Eine Viertelstunde verging nach der andern, er ließ sich nicht blicken. Der Obrist begab sich nach seinem Zimmer. Er traf auf den Kammerdiener, welcher berichtete, der Graf habe sich, nachdem er völlig angekleidet, plötzlich unwohl gefühlt und einen Gang nach dem Park gemacht, um sich in freier Luft zu erholen, ihm, dem Kammerdiener, aber zu folgen verboten.

Selbst wusste er nicht, warum ihm des Grafen Beginnen so schwer aufs Herz fiel, warum ihm der Gedanke kam, irgendetwas Entsetzliches könne dem Grafen begegnen.

Er ließ hinein sagen, der Graf würde in weniger Zeit erscheinen, und den berühmten Arzt, der sich in der Gesellschaft befand, insgeheim herausrufen. Mit diesem und dem Kammerdiener ging er nun in den Park, um den Grafen aufzusuchen. Aus der Hauptallee ausbiegend, gingen sie nach einem von dichtem Gebüsch umgebenen Platz, der, wie sich der Obrist erinnerte, der Lieblingsaufenthalt des Grafen war. Da saß der Graf, ganz schwarz gekleidet, den funkelnden Ordensstern auf der Brust, mit gefalteten Händen auf einer Rasenbank, den Rücken an den Stamm eines blühenden Holunderbaums gelehnt, und starrte sie regungslos an. Sie erbebten vor dem grässlichen Anblick, denn des Grafen hohle, düster funkelnde Augen schienen ohne Sehkraft. »Graf S–i! – was ist geschehen!«, rief der Obrist, aber keine Antwort, keine Bewegung, kein leiser Atemzug! – Da sprang der Arzt hinzu, riss dem Grafen die Weste auf, die Halsbinde, den Rock herab, rieb ihm die Stirne. – Er wandte sich zum Obristen mit den dumpfen Worten: »Hier ist menschliche Hilfe nutzlos – er ist tot – der Nervenschlag hat ihn getroffen in diesem Augenblick« – der Kammerdiener brach in lauten Jammer aus. Der Obrist, mit aller Manneskraft sein tiefes Entsetzen niederkämpfend, gebot ihm Ruhe. »Wir töten Angelika auf der Stelle, wenn wir nicht mit Vorsicht handeln.« So sprach der Obrist, packte die Leiche an, trug sie auf einsamen Nebenwegen zu einem entfernten Pavillon, dessen Schlüssel er bei sich hatte, ließ sie dort unter Acht des Kammerdieners, begab sich mit dem Arzt nach dem Schlosse zurück. Von Entschluss zu Entschluss wankend, wusste er nicht, ob er der armen Angelika das Entsetzliche, was geschehen, verschweigen, ob er es wagen sollte, ihr alles mit ruhiger Fassung zu sagen.

Als er in den Saal trat, fand er alles in größter Angst und

Bestürzung. Mitten im heitern Gespräch hatte Angelika plötzlich die Augen geschlossen und war in tiefer Ohnmacht niedergesunken. Sie lag in einem Nebenzimmer auf dem Sofa. – Nicht bleich – nicht entstellt, nein höher, frischer als je blühten die Rosen ihrer Wangen, eine unbeschreibliche Anmut, ja, die Verklärung des Himmels war auf ihrem ganzen Gesicht verbreitet. Sie schien von der höchsten Wonne durchdrungen. – Der Arzt, nachdem er sie lange mit gespannter Aufmerksamkeit betrachtet, versicherte, es sei hier nicht die mindeste Gefahr vorhanden, das Fräulein befinde sich, freilich auf eine unbegreifliche Weise, in einem magnetischen Zustande. Sie gewaltsam zu erwecken, getraue er sich nicht, sie werde bald von selbst erwachen.

Indessen entstand unter den Gästen ein geheimnisvolles Flüstern. Der jähe Tod des Grafen mochte auf irgendeine Weise bekannt geworden sein. Alle entfernten sich nach und nach still und düster, man hörte die Wagen fortrollen.

Die Obristin, über Angelika hingebeugt, fing jeden ihrer Atemzüge auf. Es war, als lispele sie leise Worte, die niemanden verständlich. Der Arzt litt nicht, dass man Angelika entkleide, ja dass man sie auch nur von den Handschuhen befreie, jede Berührung könne ihr schädlich sein.

Plötzlich schlug Angelika die Augen auf, fuhr in die Höhe, sprang mit dem gellenden Ruf: »Er ist da – er ist da!« – vom Sofa, rannte in voller Furie zur Türe hinaus – durch den Vorsaal – die Stiegen hinab – »Sie ist wahnsinnig«, schrie die Obristin entsetzt, »o Herr des Himmels, sie ist wahnsinnig!« – »Nein, nein«, tröstete der Arzt, »das ist nicht Wahnsinn, aber irgendetwas Unerhörtes mag sich begeben!« Und damit stürzte er dem Fräulein nach! –

Er sah, wie Angelika durch das Tor des Schlosses auf dem breiten Landweg mit hoch emporgestreckten Armen pfeilschnell fortlief, dass das reiche Spitzengewand in den Lüften flatterte und das Haar sich losnestelte, ein Spiel der Winde.

Ein Reuter sprengte ihr entgegen, warf sich herab vom Pferde, als er sie erreicht, schloss sie in seine Arme. Zwei andere Reuter folgten, hielten und stiegen ab.

Der Obrist, der in voller Hast dem Arzte gefolgt, stand in sprachlosem Erstaunen vor der Gruppe, rieb sich die Stirne, als mühe er sich, die Gedanken festzuhalten!

Moritz war es, der Angelika fest gedrückt hielt an seiner Brust; bei ihm standen Dagobert und ein junger schöner Mann in reicher russischer Generalsuniform.

»Nein«, rief Angelika ein Mal über das andere, indem sie den Geliebten umklammerte, »nein! niemals war ich dir untreu, mein geliebter, teurer Moritz!« Und Moritz: »Ach, ich weiß es ja! – ich weiß es ja! Du mein holdes Engelsbild. Er hat dich verlockt durch satanische Künste!« –

Und damit trug mehr, als führte er Angelika nach dem Schlosse, während die andern schweigend folgten. Erst im Tor des Schlosses seufzte der Obrist tief auf, als gewänne er nun erst seine Besinnung wieder und rief, sich mit fragenden Blicken umschauend: »Was für Erscheinungen, was für Wunder!« –

»Alles wird sich aufklären«, sprach Dagobert und stellte dem Obristen den Fremden vor als den russischen General Bogislav von S–en, des Rittmeisters vertrautesten innigsten Freund.

In den Zimmern des Schlosses angekommen, fragte Moritz, ohne der Obristin schreckhaftes Staunen zu beachten, mit wildem Blick: »Wo ist der Graf S–i?« »Bei den Toten!«, erwiderte der Obrist dumpf, »vor einer Stunde traf ihn der Nervenschlag!« – Angelika bebte zusammen. »Ja«, sprach sie, »ich weiß es, in demselben Augenblick, als er starb, war es mir, als bräche in meinem Innern ein Kristall klingend zusammen – ich fiel in einen sonderbaren Zustand – ich mag wohl jenen entsetzlichen Traum fortgeträumt haben, denn als ich mich wieder besann, hatten die furchtbaren Augen keine Macht mehr über mich, das Feuergespinst zerriss – ich fühlte mich frei – Himmelsseligkeit umfing mich – ich sah Moritz – meinen Moritz – er kam – ich flog ihm entgegen!« – Und damit umklammerte sie den Geliebten, als fürchte sie, ihn aufs Neue zu verlieren.

»Gelobt sei Gott«, sprach die Obristin mit zum Himmel gerichtetem Blick, »nun ist mir die Last vom Herzen genommen, die mich beinahe erdrückte, ich bin frei von der unaussprechlichen Angst, die mich überfiel in dem Augenblick, als Angelika ihre Hand dem unseligen Grafen reichen sollte. Immer war es mir, als würde mein Herzenskind mit dem Trauringe unheimlichen Mächten geweiht.«

Der General von S–en verlangte die Leiche zu sehen, man führte ihn hin. Als man die Decke, womit der Leichnam verhüllt, hinabzog und der General das zum Tode erstarrte Antlitz des Grafen schaute, bebte er zurück, indem er laut ausrief: »Er ist es! – Bei Gott im Himmel, er ist es!« – In des Rittmeisters Arme war Angelika in sanften Schlaf gesunken. Man brachte sie zur Ruhe. Der Arzt meinte, dass nichts wohltätiger über sie kommen könne, als dieser Schlaf, der die bis zur Überspannung gereizten Lebensgeister wieder beruhige. So entgehe sie gewiss bedrohlicher Krankheit.

Keiner von den Gästen war mehr im Schlosse. »Nun ist es«,

rief der Obrist, »nun ist es einmal Zeit, die wunderbaren Geheimnisse zu lösen. Sage, Moritz, welch ein Engel des Himmels rief dich wieder ins Leben?«

»Sie wissen«, begann Moritz, »auf welche meuchelmörderische Weise ich, als schon der Waffenstillstand geschlossen, in der Gegend von S. überfallen wurde. Von einem Schuss getroffen, sank ich entseelt vom Pferde. Wie lange ich in tiefer Todesohnmacht gelegen haben mag, weiß ich nicht. Im ersten Erwachen des dunklen Bewusstseins hatte ich die Empfindung des Fahrens. Es war finstre Nacht. Mehrere Stimmen flüsterten leise um mich her. Es war Französisch, was sie sprachen. Also schwer verwundet und in der Gewalt des Feindes! – Der Gedanke fasste mich mit allen Schrecken, und ich versank abermals in tiefe Ohnmacht. Nun folgte ein Zustand, der mir nur einzelne Momente des heftigsten Kopfschmerzes als Erinnerung zurückgelassen hat. Eines Morgens erwachte ich zum hellsten Bewusstsein. Ich befand mich in einem saubern, beinahe prächtigen Bette, mit seidenen Gardinen und großen Quasten und Troddeln verziert. So war auch das hohe Zimmer mit seidenen Tapeten und schwer vergoldeten Tischen und Stühlen auf altfränkische Weise ausstaffiert. Ein fremder Mensch schaute mir, ganz hingebeugt, ins Gesicht und sprang dann an eine Klingelschnur, die er stark anzog. Wenige Minuten hatte es gewährt, als die Türe aufging und zwei Männer hineintraten, von denen der bejahrtere ein altmodisch gesticktes Kleid und das Ludwigskreuz trug. Der jüngere trat auf mich zu, fühlte meinen Puls und sprach zu dem ältern auf Französisch: ›Alle Gefahr ist vorüber – er ist gerettet!‹

Nun kündigte sich mir der Ältere als den Chevalier von T. an, in dessen Schloss ich mich befände. Auf einer Reise begriffen, so erzählte er, kam er durch das Dorf gerade in dem Augenblick, als die meuchelmörderischen Bauern mich niedergestreckt hatten und mich auszuplündern im Begriff standen. Es gelang ihm, mich zu befreien. Er ließ mich auf einen Wagen packen und nach seinem Schloss, das weit entfernt aus aller Kommunikation mit den Militärstraßen lag, bringen. Hier unterzog sich sein geschickter Haus-Chirurgus mit Erfolg der schwierigen Kur meiner bedeutenden Kopfwunde. Er liebe, beschloss er, meine Nation, die ihm einst in der verworrenen bedrohlichen Zeit der Revolution Gutes erzeigt, und freue sich, dass er mir nützlich sein könne. Alles, was zu meiner Bequemlichkeit, zu meinem Trost gereichen könne, stehe mir in seinem Schloss zu Diensten, und dulden werde er unter keiner Bedingung, dass ich ihn früher verlasse, als bis alle Gefahr, die meine Wunde sowohl, als die fortdauernde Unsicherheit der Straßen herbeiführe, vorüber sei. Er bedauerte übrigens die Unmöglichkeit, meinen Freunden zurzeit Nachricht von meinem Aufenthalt zu geben.

Der Chevalier war Witwer, seine Söhne abwesend, sodass nur er allein mit dem Chirurgus und zahlreicher Dienerschaft das Schloss bewohnte. Ermüden könnt' es nur, wenn ich weitläuftig erzählen wollte, wie ich unter den Händen des grundgeschickten Chirurgus immer mehr und mehr gesundete, wie der Chevalier alles aufbot, mir das einsiedlerische Leben angenehm zu machen. Seine Unterhaltung war geistreicher und sein Blick tiefer, als man es sonst bei seiner Nation findet. Er sprach über Kunst und Wissenschaft, vermied aber so wie es nur möglich war, sich über die neuen Ereignisse auszulassen. Darf ich's denn versichern, dass mein einziger Gedanke Angelika war, dass es in meiner Seele brannte, sie in Schmerz versunken zu wissen über meinen Tod! – Ich lag dem Chevalier unaufhörlich an, Briefe von mir zu besorgen nach dem Hauptquartier. Er wies das von der Hand, indem er für die Richtigkeit der Besorgung nicht einstehen könne, zumal der neue Feldzug so gut als gewiss sei. Er vertröstete mich, dass er, sowie ich nur ganz genesen, dafür sorgen werde, mich, geschehe auch was da wolle, wohlbehalten in mein Vaterland zurückzubringen. Aus seinen Äußerungen musst' ich beinahe schließen, dass der Krieg wirklich aufs Neue begonnen und zwar zum Nachteil der Verbündeten, was er mir aus Zartgefühl verschwiege.

Doch nur der Erwähnung einzelner Momente bedarf es, um die seltsamen Vermutungen zu rechtfertigen, die Dagobert in sich trägt.

Beinahe fieberfrei war ich schon, als ich auf einmal zur Nachtzeit in einen unbegreiflichen träumerischen Zustand verfiel, vor dem ich noch erbebe, unerachtet mir nur die dunkle Erinnerung daran blieb. Ich sah Angelika, aber es war, als verginge die Gestalt in zitternden Schimmer, und vergebens ränge ich darnach sie festzuhalten. Ein anderes Wesen drängte sich dazwischen und legte sich an meine Brust und erfasste in meinem Innersten mein Herz, und in der glühendsten Qual untergehend, wurde ich durchdrungen von einem fremden wunderbaren Wonnegefühl. – Andern Morgens fiel mein erster Blick auf ein Bild, das dem Bette gegenüber hing und das ich dort niemals bemerkt. Ich erschrak bis in tiefster Seele, denn es war Marguerite, die mich mit ihren schwarzen, lebendigen Augen anstrahlte. Ich fragte den Bedienten, wo das Bild herkomme und wen es vorstelle. Er versicherte, es sei des Chevaliers Nichte, die Marquise von T., und das Bild habe immer da gehangen, nur sei es von mir bisher nicht bemerkt worden, weil es erst gestern vom Staube gereinigt. Der Chevalier bestätigte dies. So wie ich nun Angelika, wachend, träumend erschauen wollte, stand Marguerite vor mir. Mein eignes Ich schien mir entfremdet, eine fremde Macht gebot über mein Sein, und in dem tiefen Entsetzen, das mich erfasste, war es mir, als könne ich Margueriten nicht lassen. Nie vergesse ich die Qual dieses grauenhaften Zustandes.

Eines Morgens liege ich im Fenster, mich erlabend in den süßen Düften, die der Morgenwind mir zuweht; da erschallen in der Ferne Trompetenklänge. – Ich erkenne den fröhlichen Marsch russischer Reuterei, mein ganzes Herz geht mir auf in heller Lust, es ist, als wenn auf den Tönen freundliche Geister zu mir wallen und zu mir sprechen mit lieblichen tröstenden Stimmen, als wenn das wiedergewonnene Leben mir die Hände reicht, mich aufzurichten aus dem Sarge, in dem mich eine feindliche Macht verschlossen! – Mit Blitzesschnelle sprengen einzelne Reuter daher – auf den Schlosshof! – Ich schaue herab – ›Bogislav! – mein Bogislav!‹, schrie ich auf im Übermaß des höchsten Entzückens! – Der Chevalier tritt ein, bleich – verstört – von unverhoffter Einquartierung – ganz fataler Unruhe stammelnd! – Ohne auf ihn zu achten, stürze ich hinab und liege meinem Bogislav in den Armen! –

Zu meinem Erstaunen erfuhr ich nun, dass der Friede schon längst geschlossen und der größte Teil der Truppen in vollem Rückmarsch begriffen. Alles das hatte mir der Chevalier verschwiegen und mich auf dem Schlosse wie seinen Gefangenen gehalten. Keiner, weder ich noch Bogislav konnten irgendein Motiv dieser Handlungsweise ahnen, aber jeder fühlte dunkel, dass hier irgend Unlauteres im Spiel sein müsse. Der Chevalier war von Stund' an nicht mehr derselbe, bis zur

Unart mürrisch, langweilte er uns mit Eigensinn und Kleinigkeitskrämerei, ja, als ich im reinsten Gefühl der Dankbarkeit mit Enthusiasmus davon sprach, wie er mir das Leben gerettet, lächelte er recht hämisch dazwischen und gebärdete sich wie ein launischer Grillenfänger.

Nach achtundvierzigstündiger Rast brach Bogislav auf, ich schloss mich ihm an. Wir waren froh, als wir die altväterische Burg, die mir nun vorkam wie ein düstres unheimliches Gefängnis, im Rücken hatten. – Aber nun fahre du fort, Dagobert, denn recht eigentlich ist nun an dir die Reihe, die seltsamen Ereignisse, die uns betroffen, fortzuspinnen.«

»Wie mag«, begann Dagobert, »wie mag man doch nur das wunderbare Ahnungsvermögen bezweifeln, das tief in der menschlichen Natur liegt. Nie habe ich an meines Freundes Tod geglaubt. Der Geist, der in Träumen verständlich aus dem Innern zu uns spricht, sagte es mir, dass Moritz lebe, und dass die geheimnisvollsten Bande ihn irgendwo umstrickt hielten. Angelikas Verbindung mit dem Grafen zerschnitt mir das Herz. – Als ich vor einiger Zeit herkam, als ich Angelika in einer Stimmung fand, die mir, ich gestehe es, ein inneres Entsetzen erregte, weil ich, wie in einem magischen Spiegel, ein fürchterliches Geheimnis zu erblicken glaubte – ja! da reifte in mir der Entschluss, das fremde Land so lange zu durchpilgern, bis ich meinen Moritz gefunden. – Kein Wort von der Seligkeit, von dem Entzücken, als ich schon in A. auf deutschem Grund und Boden meinen Moritz wiederfand und mit ihm den General von S–en.

Alle Furien der Hölle erwachten in meines Freundes Brust, als er Angelikas Verbindung mit dem Grafen vernahm. Aber alle Verwünschungen, alle herzzerschneidende Klagen, dass Angelika ihm untreu worden, schwiegen, als ich ihm gewisse

Vermutungen mitteilte, als ich ihm versicherte, dass es in seiner Macht stehe, alles Unwesen auf einmal zu zerstören. Der General S–en bebte zusammen, als ich den Namen des Grafen nannte, und als ich auf sein Geheiß sein Antlitz, seine Figur beschrieben, rief er aus: ›Ja, kein Zweifel mehr, er ist es, er ist es selbst.‹« –

»Vernehmen Sie«, unterbrach hier der General den Redner, »vernehmen Sie mit Erstaunen, dass Graf S–i mir vor mehreren Jahren in Neapel eine teure Geliebte raubte durch satanische Künste, die ihm zu Gebote standen. Ja, in dem Augenblick, als ich ihm den Degen durch den Leib stieß, erfasste sie und mich ein Höllenblendwerk, das uns auf ewig trennte! – Längst wusste ich, dass die Wunde, die ich ihm beigebracht, nicht einmal gefährlich gewesen, dass er sich um meiner Geliebten Hand beworben, ach! – dass sie an demselben Tage, als sie getraut werden sollte, vom Nervenschlag getroffen, niedersank!« –

»Gerechter Gott«, rief die Obristin, »drohte denn nicht wohl gleiches Schicksal meinem Herzenskinde? – Doch wie komme ich denn darauf, dies zu ahnen?«

»Es ist«, sprach Dagobert, »es ist die Stimme des ahnenden Geistes, Frau Obristin, die wahrhaft zu Ihnen spricht.«

»Und die grässliche Erscheinung«, fuhr die Obristin fort, »von der uns Moritz erzählte an jenem Abende, als der Graf so unheimlich bei uns eintrat?«

»Es fiel«, nahm Moritz das Wort, »es fiel, so erzählte ich damals, ein entsetzlicher Schlag, ein eiskalter Todeshauch wehte mich an, und es war, als rausche eine bleiche Gestalt in zitternden, kaum kenntlichen Umrissen durch das Zimmer. Mit aller Kraft des Geistes bezwang ich mein Entsetzen. Ich behielt die

Besinnung, mein Bogislav war erstarrt zum Tode. Als er nach vielem Mühen zu sich selbst gebracht wurde vom herbeigerufenen Arzt, reichte er mir wehmütig die Hand und sprach: ›Bald – morgen schon enden meine Leiden!‹ – Es geschah, wie er vorausgesetzt, aber wie die ewige Macht des Himmels es beschlossen, auf ganz andere Weise, als er es wohl gemeint. Im dicksten wütendsten Gefecht am andern Morgen traf ihn eine matte Kartätschenkugel auf die Brust und warf ihn vom Pferde. Die wohltätige Kugel hatte das Bild der Ungetreuen, das er noch immer auf der Brust trug, in tausend Stücke zersplittert. Leicht war die Kontusion geheilt, und seit der Zeit hat mein Bogislav niemals etwas Unheimliches verspürt, das verstörend in sein Leben getreten sein sollte.«

»So ist es«, sprach der General, »und selbst das Andenken an die verlorne Geliebte erfüllt mich nur mit dem milden Schmerz, der dem innern Geist so wohltut. – Doch mag unser Freund Dagobert nur erzählen, wie es sich weiter mit uns begab.«

»Wir eilten«, nahm Dagobert das Wort, »wir eilten fort von A. Heute in der frühesten Morgendämmerung trafen wir ein in dem kleinen Städtchen P., das sechs Meilen von hier entfernt. Wir gedachten einige Stunden zu rasten und dann weiterzureisen geradesweges hieher. Wie ward uns, meinem Moritz und mir, als aus einem Zimmer des Gasthofes uns Marguerite entgegenstürzte, den Wahnsinn im bleichen Antlitz. Sie fiel dem Rittmeister zu Füßen, umschlang heulend seine Knie, nannte sich die schwärzeste Verbrecherin, die hundertmal den Tod verdient, flehte ihn an, sie auf der Stelle zu ermorden. Moritz stieß sie mit dem tiefsten Abscheu von sich und rannte fort.« – »Ja!«, fiel der Rittmeister dem Freunde ins Wort, »ja, als ich Marguerite zu meinen Füßen erblickte, kamen alle Qualen jenes entsetzlichen Zustandes, den ich im Schlosse des Chevaliers erlitten, über mich und entzündeten eine nie gekannte Wut in mir. Ich war im Begriff, Margueriten den Degen durch die Brust zu stoßen, als ich, mich mit Gewalt bezähmend, davonrannte.«

»Ich hob«, fuhr Dagobert fort, »ich hob Margueriten von der Erde auf, ich trug sie in das Zimmer, es gelang mir, sie zu beruhigen und in abgerissenen Reden von ihr zu erfahren, was ich geahnet. Sie gab mir einen Brief, den sie von dem Grafen gestern um Mitternacht erhalten. Hier ist er!«

Dagobert zog einen Brief hervor, schlug ihn auseinander und las:

»Fliehen Sie, Marguerite! – Alles ist verloren! – Er naht, der Verhasste. Alle meine Wissenschaft reicht nicht hin gegen das dunkle Verhängnis, das mich erfasst am höchsten Ziel meines Seins. – Marguerite! ich habe Sie in Geheimnisse eingeweiht, die das gewöhnliche Weib, das darnach strebte, vernichtet haben würden. Aber mit besonderer geistiger Kraft, mit festem starkem Willen ausgerüstet, waren Sie eine würdige Schülerin des tief erfahrnen Meisters. Sie haben mir beigestanden. Durch Sie herrschte ich über Angelikas Gemüt, über ihr ganzes inneres Wesen. Dafür wollt' ich Ihnen das Glück des Lebens bereiten, wie es in Ihrer Seele lag, und betrat die geheimnisvollsten gefährlichsten Kreise, begann Operationen, vor denen ich oft mich selbst entsetzte. Umsonst! – fliehen Sie, sonst ist Ihr Untergang gewiss. – Bis zum höchsten Moment trete ich kühn der feindlichen Macht entgegen. Aber ich fühl' es, dieser Moment gibt mir den jähen Tod! – Ich werde einsam sterben. Sowie der Augenblick gekommen, wandre ich zu jenem wunderbaren Baum, unter dessen Schatten ich oft von den wunderbaren Geheimnissen zu Ihnen sprach, die mir zu Gebote stehen. Marguerite! – entsagen Sie für immer diesen Geheimnissen. Die Natur, die grausame Mutter, die abhold geworden den entarteten Kindern, wirft den vorwitzigen Spähern, die mit kecker Hand an ihrem Schleier zupfen, ein glänzendes Spielzeug hin, das sie verlockt und seine verderbliche Kraft gegen sie selbst richtet. – Ich erschlug einst ein Weib in dem Augenblick, als ich wähnte, es in der höchsten Inbrunst aller Liebe zu umfangen. Das lähmte meine Kraft, und doch hoffte ich wahnsinniger Tor noch auf irdisches Glück! – Leben Sie wohl, Marguerite! – Gehen Sie in Ihr Vaterland zurück. – Gehen Sie nach S. Der Chevalier von T. wird für Ihr Glück sorgen. – Leben Sie wohl!« –

Als Dagobert den Brief gelesen, fühlten sich alle von innerm Schauer durchbebt.

»So muss ich«, begann endlich die Obristin leise, »so muss ich an Dinge glauben, gegen die sich mein innerstes Gemüt sträubt. Aber gewiss ist es, dass es mir ganz unbegreiflich blieb, wie Angelika so bald ihren Moritz vergessen und sich ganz dem Grafen zuwenden konnte. Nicht entgangen ist mir indessen, dass sie sich fast beständig in einem exaltierten Zustande befand, und eben dies erfüllte mich mit den quälendsten Besorgnissen. Ich erinnere mich, dass sich Angelikas Neigung zum Grafen zuerst äußerte auf besondere Weise. Sie vertraute mir nämlich, wie sie beinahe in jeder Nacht von dem Grafen sehr lebhaft und angenehm träume.«

»Ganz recht«, nahm Dagobert das Wort, »Marguerite gestand mir ein, dass sie auf des Grafen Geheiß Nächte über bei Angelika zugebracht und leise, leise, mit lieblicher Stimme ihr des Grafen Namen ins Ohr gehaucht. Ja, der Graf selbst sei manchmal um Mitternacht in die Türe getreten, habe minutenlang den starren Blick auf die schlafende Angelika gerichtet und sich dann wieder entfernt. – Doch bedarf es jetzt, da ich des Grafen bedeutungsvollen Brief vorgelesen, wohl noch eines Kommentars? – Gewiss ist es, dass er darauf ausging, durch allerlei geheime Künste auf das innere Gemüt psychisch zu wirken, und dass ihm dies vermöge besonderer Naturkraft gelang. Er stand mit dem Chevalier von T. in Verbindung und gehörte zu jener unsichtbaren Schule, die in Frankreich und Italien einzelne Glieder zählt und aus der alten P–schen Schule entstanden sein soll. – Auf seinen Anlass hielt der Chevalier den Rittmeister fest in seinem Schlosse und übte an ihm allerlei bösen Liebeszauber. – Ich könnte weiter eingehen in die geheimnisvollen Mittel, vermöge der der Graf wusste, sich des fremden psychischen Prinzips zu bemeistern, wie sie Marguerite mir entdeckte, ich könnte manches erklären aus einer Wissenschaft, die mir nicht unbekannt, deren Namen ich aber nicht nennen mag, aus Furcht missverstanden zu werden – doch man erlasse mir dieses wenigstens für heute.« – »O, für immer«, rief die Obristin mit Begeisterung, »nichts mehr von dem finstern unbekannten Reich, wo das Grauen wohnt und das Entsetzen! – Dank der ewigen Macht des Himmels, die mein liebes Herzenskind gerettet, die uns befreit hat von dem unheimlichen Gast, der so verstörend in unser Haus trat.« – Man beschloss, andern Tages nach der Stadt zurückzukehren. Nur der Obrist und Dagobert blieben, um die Beerdigung des Grafen zu besorgen.

Längst war Angelika des Rittmeisters glückliche Gattin. Da geschah es, dass an einem stürmischen Novemberabend die Familie mit Dagobert in demselben Saal am lodernden Kaminfeuer saß wie damals, als Graf S–i so gespenstisch durch die Türe hineinschritt. Wie damals heulten und pfiffen wunderliche Stimmen durcheinander, die der Sturmwind in den Rauchfängen aus dem Schlafe aufgestört. »Wisst ihr wohl noch«, fragte die Obristin mit leuchtenden Blicken – »erinnert ihr euch noch?« – »Nur keine Gespenstergeschichten!«, rief der Obrist, aber Angelika und Moritz sprachen davon, was sie an jenem Abende empfunden, und wie sie schon damals sich über alle Maßen geliebt, und konnten nicht aufhören, des kleinsten Umstandes zu erwähnen, der sich damals begeben, wie in allem nur der reine Strahl ihrer Liebe sich abgespiegelt, und wie selbst die süßen Schauer des Grauens sich nur aus liebender sehnsüchtiger Brust erhoben, und wie nur der unheimliche Gast, von den gespenstischen Unkenstimmen verkündigt, alles Entsetzen über sie gebracht. »Ist es«, sprach Angelika, »ist es, mein Herzens-Moritz, denn nicht so, als wenn die seltsamen Töne des Sturmwindes, die sich eben jetzt hören lassen, gar freundlich zu uns von unserer Liebe sprächen?« »Ganz recht«, nahm Dagobert das Wort, »ganz recht, und selbst das Pfeifen und Zirpen und Zischen der Teemaschine klingt gar nicht im mindesten mehr graulich, sondern, wie mich dünkt, ungefähr so, als besänne sich das darin verschlossene artige Hausgeistlein auf ein hübsches Wiegenlied.«

Da barg Angelika das in hellen Rosenflammen aufglühende Antlitz im Busen des überglücklichen Moritz. *Der* schlang aber den Arm um die holde Gattin und lispelte leise: »Gibt es denn noch hienieden eine höhere Seligkeit als diese?«

VAMPIRISMUS

Graf Hyppolit«, so begann Cyprian, »war zurückgekehrt von langen weiten Reisen, um das reiche Erbe seines Vaters, der unlängst gestorben, in Besitz zu nehmen. Das Stammschloss lag in der schönsten, anmutigsten Gegend, und die Einkünfte der Güter reichten hin zu den kostspieligsten Verschönerungen. Alles, was der Art dem Grafen auf seinen Reisen, vorzüglich in England, als reizend, geschmackvoll, prächtig aufgefallen, sollte nun vor seinen Augen noch einmal entstehen. Handwerker und Künstler, wie sie gerade nötig, fanden sich auf seinen Ruf bei ihm ein, und es begann alsbald der Umbau des Schlosses, die Anlage eines weitläuftigen Parks in dem größten Stil, sodass selbst Kirche, Totenacker und Pfarrhaus eingegrenzt wurden und als Partie des künstlichen Waldes erschienen. Alle Arbeiten leitete der Graf, der die dazu nötigen Kenntnisse besaß, selbst, er widmete sich diesen Beschäftigungen mit Leib und Seele, und so war ein Jahr vergangen, ohne dass es ihm eingefallen, dem Rat eines alten Oheims gemäß in der Residenz sein Licht leuchten zu lassen vor den Augen der Jungfrauen, damit ihm die schönste, beste, edelste zufalle als Gattin. Eben saß er eines Morgens am Zeichentisch, um den Grundriss eines neuen Gebäudes zu entwerfen, als eine alte Baronesse, weitläuftige Verwandte seines Vaters, sich anmelden ließ. Hyppolit erinnerte sich, als er den Namen der Baronesse hörte, sogleich, dass sein Vater von dieser Alten immer mit der tiefsten Indignation, ja mit Abscheu gesprochen und manchmal Personen, die sich ihr nähern wollen, gewarnt, sich von ihr fernzuhalten, ohne jemals eine Ursache der Gefahr anzugeben. Befragte man den Grafen näher, so pflegte er zu sagen, es gäbe gewisse Dinge, über die es besser sei zu schweigen als zu reden. So viel war gewiss, dass in der Residenz dunkle Gerüchte von einem ganz seltsamen und unerhörten Kriminalprozess gingen, in dem die Baronesse befangen, der sie von ihrem Gemahl getrennt, aus ihrem entfernten Wohnort vertrieben, und dessen Unterdrückung sie nur der Gnade des Fürsten zu verdanken habe. Sehr unangenehm berührt fühlte sich Hyppolit durch die Annäherung einer Person, die sein Vater verabscheut, waren ihm auch die Gründe dieses Abscheus unbekannt geblieben. Das Recht der Gastfreundschaft, das vorzüglich auf dem Lande gelten mag, gebot ihm indessen, den lästigen Besuch anzunehmen. Niemals hatte eine Person, ohne im mindesten hässlich zu sein, in ihrer äußern Erscheinung solch einen widerwärtigen Eindruck auf den Grafen gemacht, als eben die Baronesse. Bei dem Eintritt durchbohrte sie den Grafen mit einem glühenden Blick, dann schlug sie die Augen nieder und entschuldigte ihren Besuch in beinahe demütigen Ausdrücken. Sie klagte, dass der Vater des Grafen, von den seltsamsten Vorurteilen befangen, die ihm gegen sie feindlich Gesinnte auf hämische Weise beizubringen gewusst, sie bis in den Tod gehasst und ihr, unerachtet sie in der bittersten Armut beinahe verschmachtet und sich ihres Standes schämen müssen, niemals auch nur die mindeste Unterstützung zufließen lassen. Endlich, ganz unerwartet in den Besitz einer kleinen Geldsumme gekommen, sei es ihr möglich geworden, die Residenz zu verlassen und in ein entferntes

Landstädtchen zu fliehen. Auf dieser Reise habe sie dem Drange nicht widerstehen können, den Sohn eines Mannes zu sehen, den sie seines ungerechten unversöhnlichen Hasses unerachtet stets hochverehrt. – Es war der rührende Ton der Wahrheit, mit dem die Baronesse sprach, und der Graf fühlte sich um so mehr bewegt, als er, weggewandt von dem widrigen Antlitz der Alten, versunken war in den Anblick des wunderbar lieblichen anmutigen Wesens, das mit der Baronesse gekommen. Die Baronesse schwieg; der Graf schien es nicht zu bemerken, er blieb stumm. Da bat die Baronesse, es ihrer Befangenheit an diesem Orte zu verzeihen, dass sie dem Grafen nicht gleich bei ihrem Eintritt ihre Tochter Aurelie vorgestellt. Nun erst gewann der Graf Worte und beschwor, rot geworden bis an die Augen, in der Verwirrung des liebeentzückten Jünglings die Baronesse, sie möge ihm vergönnen, das gutzumachen, was sein Vater nur aus Missverstand verschulden können, und vorderhand es sich auf seinem Schlosse gefallen lassen. Seinen besten Willen beteuernd, fasste er die Hand der Baronesse, aber das Wort, der Atem stockte ihm, eiskalte Schauer durchbebten sein Innerstes. Er fühlte seine Hand von im Tode erstarrten Fingern umkrallt, und die große knochendürre Gestalt der Baronesse, die ihn anstarrte mit Augen ohne Sehkraft, schien ihm in den hässlich bunten Kleidern eine angeputzte Leiche. ›O mein Gott, welch ein Ungemach gerade in diesem Augenblick!‹ So rief Aurelie und klagte dann mit sanfter herzdurchdringender Stimme, dass ihre arme Mutter zuweilen plötzlich vom Starrkrampf ergriffen werde, dass dieser Zustand aber gewöhnlich ohne Anwendung irgendeines Mittels in ganz kurzer Zeit vorüberzugehen pflege. Mit Mühe machte sich der Graf los von der Baronesse, und alles glühende

Leben süßer Liebeslust kam ihm wieder, als er Aureliens Hand fasste und feurig an die Lippen drückte. Beinahe zum Mannesalter gereift, fühlte der Graf zum ersten Mal die ganze Gewalt der Leidenschaft, umso weniger war es ihm möglich, seine Gefühle zu verbergen, und die Art, wie Aurelie dies aufnahm in hoher kindlicher Liebenswürdigkeit, entzündete in ihm die schönsten Hoffnungen. Wenige Minuten waren vergangen, als die Baronesse aus dem Starrkrampf erwachte und, sich des vorübergegangenen Zustandes völlig unbewusst, den Grafen versicherte, wie sie der Antrag, einige Zeit auf dem Schlosse zu verweilen, hoch ehre und alles Unrecht, das ihr der Vater angetan, mit einem Mal vergessen lasse. So hatte sich nun plötzlich der Hausstand des Grafen verändert, und er musste glauben, dass ihm eine besondere Gunst des Schicksals die Einzige auf dem ganzen Erdenrund zugeführt, die als heißgeliebte angebetete Gattin ihm das höchste Glück des irdischen Seins gewähren könne. Das Betragen der alten Baronesse blieb sich gleich, sie war still, ernst, ja, in sich verschlossen und zeigte, wenn es die Gelegenheit gab, eine milde Gesinnung und ein jeder unschuldigen Lust erschlossenes Herz. Der Graf hatte sich an das in der Tat seltsam gefurchte totenbleiche Antlitz, an die gespenstische Gestalt der Alten gewöhnt, er schrieb alles ihrer Kränklichkeit zu, sowie dem Hange zu düstrer Schwärmerei, da sie, wie er von seinen Leuten erfahren, oft nächtliche Spaziergänge machte durch den Park nach dem Kirchhofe zu. Er schämte sich, dass das Vorurteil des Vaters ihn so habe befangen können, und die eindringlichsten Ermahnungen des alten Oheims, das Gefühl, das ihn ergriffen, zu besiegen und ein Verhältnis aufzugeben, das ihn über kurz oder lang ganz unvermeidlich ins Verderben stürzen werde, verfehlten durchaus ihre Wirkung. Von Aureliens innigster Liebe auf das Lebhafteste überzeugt, bat er um ihre Hand, und man kann denken, mit welcher Freude die Baronesse, die sich, aus tiefer Dürftigkeit gerissen, im Schoße des Glücks sah, diesen Antrag aufnahm. Die Blässe und jener besondere Zug, der auf einen schweren innern unverwindlichen Gram deutet, war verschwunden aus Aureliens Antlitz, und die Seligkeit der Liebe strahlte aus ihren Augen, schimmerte rosicht auf ihren Wangen. Am Morgen des Hochzeitstages vereitelte ein erschütternder Zufall die Wünsche des Grafen. Man hatte die Baronesse im Park unfern des Kirchhofes leblos am Boden auf dem Gesicht liegend gefunden und brachte sie nach dem Schlosse, eben als der Graf aufgestanden und im Wonnegefühl des errungenen Glücks hinausschaute. Er glaubte die Baronesse nur von ihrem gewöhnlichen Übel befallen; alle Mittel, sie wieder zurückzurufen ins Leben, blieben aber vergeblich, sie war tot. Aurelie überließ sich weniger den Ausbrüchen eines heftigen Schmerzes, als dass sie verstummt, tränenlos durch den Schlag, der sie getroffen, in ihrem innersten Wesen gelähmt schien. Dem Grafen bangte für die Geliebte, und nur leise und behutsam wagte er es, sie an ihr Verhältnis als gänzlich verlassenes Kind zu erinnern, welches erfordere, das Schickliche aufzugeben, um das noch Schicklichere zu tun, nämlich des Todes der Mutter unerachtet den Hochzeitstag so viel nur möglich zu beschleunigen: Da fiel aber Aurelie dem Grafen in die Arme und rief, indem ihr ein Tränenstrom aus den Augen stürzte, mit schneidender, das Herz durchbohrender Stimme: ›Ja – Ja! – um aller Heiligen, um meiner Seligkeit willen, ja!‹ – Der Graf schrieb diesen Ausbruch innerer Gemütsbewegung dem bittern Gedanken zu, dass sie verlassen, heimatslos nun nicht wisse wohin, und auf dem Schlosse zu bleiben doch der Anstand verbiete. Er sorgte dafür, dass Aurelie eine alte würdige Matrone zur Gesellschafterin erhielt, bis nach wenigen Wochen aufs Neue der Hochzeitstag herankam, den weiter kein böser Zufall unterbrach, sondern der Hyppolits und Aureliens Glück krönte. Aurelie hatte sich indessen immerwährend in einem gespannten Zustande befunden. Nicht der Schmerz über den Verlust der Mutter, nein, eine innere, namenlose, tötende Angst schien sie rastlos zu verfolgen. Mitten im süßesten Liebesgespräch fuhr sie plötzlich, wie von jähem Schreck erfasst, zum Tode erbleicht, auf, schloss den Grafen, indem ihr Tränen aus den Augen quollen, in ihre Arme, als wolle sie sich festhalten, damit eine unsichtbare feindliche Macht sie nicht fortreiße ins Verderben, und rief: ›Nein – nimmer – nimmer!‹ – Erst jetzt, da sie verheiratet mit dem Grafen, schien der gespannte Zustand aufgehört, jene innere entsetzliche Angst sie verlassen zu haben. Es konnte nicht fehlen, dass der Graf irgendein böses Geheimnis vermutete, von dem Aureliens Inneres verstört, doch hielt er es mit Recht für unzart, Aurelien darnach zu fragen, solange ihre Spannung anhielt und sie selbst darüber schwieg. Jetzt wagte er es, leise darauf hinzudeuten, was wohl die Ursache ihrer seltsamen Gemütsstimmung gewesen sein möge. Da versicherte Aurelie, dass es ihr eine Wohltat sei, ihm, dem geliebten Gemahl, jetzt ihr ganzes Herz zu erschließen. Nicht wenig erstaunte der Graf, als er nun erfuhr, dass nur das heillose Treiben der Mutter allen sinnverstörenden Gram über Aurelien gebracht. ›Gibt es‹, rief Aurelie, ›etwas Entsetzlicheres, als die eigne Mutter hassen, verabscheuen zu müssen?‹ Also war der Vater, der Oheim von keinem falschen

Vorurteil befangen, und die Baronesse hatte mit durchdachter Heuchelei den Grafen getäuscht. Für eine seiner Ruhe günstige Schickung musste es nun der Graf halten, dass die böse Mutter an seinem Hochzeitstage gestorben. Er hatte dessen kein Hehl; Aurelie erklärte aber, dass gerade bei dem Tode der Mutter sie sich von düstern furchtbaren Ahnungen ergriffen gefühlt, dass sie die entsetzliche Angst nicht verwinden können, die Tote werde erstehn aus dem Grabe und sie hinabreißen aus den Armen des Geliebten in den Abgrund. Aurelie erinnerte sich (so erzählte sie) ganz dunkel aus ihrer früheren Jugendzeit, dass eines Morgens, da sie eben aus dem Schlafe erwacht, ein furchtbarer Tumult im Hause entstand. Die Türen wurden auf- und zugeworfen, fremde Stimmen riefen durcheinander. Endlich als es stiller geworden, nahm die Wärterin Aurelien auf den Arm und trug sie in ein großes Zimmer, wo viele Menschen versammelt, in der Mitte auf einem langen Tisch ausgestreckt lag aber der Mann, der oft mit Aurelien gespielt, sie mit Zuckerwerk gefüttert, und den sie Papa genannt. Sie streckte die Händchen nach ihm aus und wollte ihn küssen. Die sonst warmen Lippen waren aber eiskalt, und Aurelie brach, selbst wusste sie nicht warum, aus in heftiges Weinen. Die Wärterin brachte sie in ein fremdes Haus, wo sie lange Zeit verweilte, bis endlich eine Frau erschien und sie in einer Kutsche mitnahm. Das war nun ihre Mutter, die bald darauf mit Aurelien nach der Residenz reiste. Aurelie mochte ungefähr sechzehn Jahre alt sein, als ein Mann bei der Baronesse erschien, den sie mit Freude und Zutraulichkeit empfing wie einen alten geliebten Bekannten. Er kam oft und öfter, und bald veränderte sich der Hausstand der Baronesse auf sehr merkliche Weise. Statt dass sie sonst in einem Dachstübchen gewohnt und sich mit armseligen Kleidern und schlechter Kost beholfen, bezog sie jetzt ein hübsches Quartier in der schönsten Gegend der Stadt, schaffte sich prächtige Kleider an, aß und trank mit dem Fremden, der ihr täglicher Tischgast war, vortrefflich und nahm teil an allen öffentlichen Lustbarkeiten, wie sie die Residenz darbot. Nur auf Aurelien hatte diese Verbesserung der Lage ihrer Mutter, die diese offenbar dem Fremden verdankte, gar keinen Einfluss. Sie blieb eingeschlossen in ihrem Zimmer zurück, wenn die Baronesse mit dem Fremden dem Vergnügen zueilte, und musste so armselig einhergehen als sonst. Der Fremde hatte, unerachtet er wohl beinahe vierzig Jahre alt sein mochte, ein sehr frisches jugendliches Ansehen, war von hoher schöner Gestalt, und auch sein Antlitz mochte männlich schön genannt werden. Demunerachtet war er Aurelien widrig, weil oft sein Benehmen, schien er sich auch zu einem vornehmen Anstande zwingen zu wollen, linkisch, gemein, pöbelhaft wurde. Die Blicke, womit er aber Aurelien zu betrachten begann, erfüllten sie mit unheimlichem Grauen, ja mit einem Abscheu, dessen Ursache sie sich selbst nicht zu erklären wusste. Nie hatte bisher die Baronesse es der Mühe wert geachtet, Aurelien auch nur ein Wort über den Fremden zu sagen. Jetzt nannte sie Aurelien seinen Namen mit dem Zusatz, dass der Baron steinreich und ein entfernter Verwandter sei. Sie rühmte seine Gestalt, seine Vorzüge und schloss mit der Frage, wie er Aurelien gefalle. Aurelie verschwieg nicht den innern Abscheu, den sie gegen den Fremden hegte, da blitzte sie aber die Baronesse an mit einem Blick, der ihr tiefen Schreck einjagte, und schalt sie ein dummes einfältiges Ding. Bald darauf wurde die Baronesse freundlicher gegen Aurelien, als sie es jemals gewesen. Sie erhielt schöne Kleider, reichen modischen Putz jeder Art, man ließ sie teilnehmen an den öffentlichen Vergnügungen. Der Fremde bemühte sich nun um Aureliens Gunst auf eine Weise, die ihn nur immer widerwärtiger ihr erscheinen ließ. Tödlich wurde aber ihr zarter jungfräulicher Sinn berührt, als ein böser Zufall sie geheime Zeugin sein ließ einer empörenden Abscheulichkeit des Fremden und der verderbten Mutter. Als nun einige Tage darauf der Fremde in halbtrunknem Mut sie auf eine Art in seine Arme schloss, dass die verruchte Absicht keinem Zweifel unterworfen, da gab ihr die Verzweiflung Manneskraft, sie stieß den Fremden zurück, dass er rücklings überstürzte, entfloh und schloss sich in ihr Zimmer ein. Die Baronesse erklärte Aurelien ganz kalt und bestimmt, dass, da der Fremde ihren ganzen Haushalt bestritte und sie gar nicht Lust habe, zurückzukommen in die alte Dürftigkeit, hier jede alberne Ziererei verdrießlich und unnütz sein werde; Aurelie müsse sich dem Willen des Fremden hingeben, der sonst gedroht, sie zu verlassen. Statt auf Aureliens wehmütigstes Flehen, statt auf ihre heiße Tränen zu achten, begann die Alte, in frechem Spott laut auflachend, über ein Verhältnis, das ihr alle Lust des Lebens erschließen werde, auf eine Art zu sprechen, deren zügellose Abscheulichkeit jedem sittlichen Gefühl Hohn sprach, sodass Aurelie sich davor entsetzte. Sie sah sich verloren, und das einzige Rettungsmittel schien ihr schleunige Flucht. Aurelie hatte sich den Hausschlüssel zu verschaffen gewusst, die wenigen Habseligkeiten, die dringendste Notwendigkeit erforderte, zusammengepackt und schlich nach Mitternacht, als sie die Mutter in tiefem Schlaf glaubte, über den matt erleuchteten Vorsaal. Schon wollte sie leise, leise hinaustreten, als die Haustüre rasselnd aufsprang und es die Treppe hinaufpolterte. Hinein in den Vorsaal, hin zu Aureliens Füßen stürzte die Baronesse, in einen schlechten schmutzigen Kittel gekleidet, Brust und Arme entblößt, das greise Haar aufgelöst, wild flatternd. Und dicht hinter ihr her der Fremde, der mit dem gellenden Ruf: ›Warte, verruchter Satan, höllische Hexe, ich werd' dir dein Hochzeitmahl eintränken!‹ sie bei den Haaren mitten ins Zimmer schleifte und mit dem dicken Knüttel, den er bei sich trug, auf die grausamste Weise zu misshandeln begann. Die Baronesse stieß ein fürchterliches Angstgeschrei aus, Aurelie, ihrer Sinne kaum mächtig, rief laut durch das geöffnete Fenster nach Hilfe. Es traf sich, dass gerade eine Patrouille bewaffneter Polizei vorüberging. Diese drang sogleich ins Haus. ›Fasst ihn‹, rief die Baronesse, sich vor Wut und Schmerz krümmend, den Polizeisoldaten entgegen, ›fasst ihn – haltet ihn fest! – schaut seinen bloßen Rücken an! – es ist –‹ Sowie die Baronesse den Namen nannte, jauchzte der Polizei-Sergeant, der die Patrouille führte, laut auf: ›Hoho – haben wir dich endlich, Urian!‹ Und damit packten sie den Fremden fest und schleppten ihn, sosehr er sich sträuben mochte, fort. Dem allem, was sich zugetragen, unerachtet, hatte die Baronesse Aureliens Absicht doch sehr wohl bemerkt. Sie begnügte sich damit, Aurelien ziemlich unsanft beim Arm zu fassen, sie in ihr Zimmer zu werfen und dieses dann abzuschließen, ohne weiter etwas zu sagen. Andern Morgens war die Baronesse ausgegangen und kam erst am späten Abend wieder, während Aurelie, in ihr Zimmer wie in ein Gefängnis eingeschlossen, niemanden sah und hörte, sodass sie den ganzen Tag zubringen musste ohne Speise und Trank. Mehrere Tage hintereinander ging das so fort. Oft blickte die Baronesse sie mit zornfunkelnden Augen an, sie schien mit einem Entschluss zu ringen, bis sie an einem

Abend Briefe fand, deren Inhalt ihr Freude zu machen schien. ›Aberwitzige Kreatur, du bist an allem schuld, aber es ist nun gut, und ich wünsche selbst, dass die fürchterliche Strafe dich nicht treffen mag, die der böse Geist über dich verhängt hatte.‹ So sprach die Baronesse zu Aurelien, dann wurde sie wieder freundlicher, und Aurelie, die, da nun der abscheuliche Mensch von ihr gewichen, nicht mehr an die Flucht dachte, erhielt auch wieder mehr Freiheit. – Einige Zeit war vergangen, als eines Tages, da Aurelie gerade einsam in ihrem Zimmer saß, sich auf der Straße ein großes Geräusch erhob. Das Kammermädchen sprang hinein und berichtete, dass man eben den Sohn des Scharfrichters aus – vorbeibringe, der wegen Raubmord dort gebrandmarkt und nach dem Zuchthause gebracht, seinen Wächtern auf dem Transport aber entsprungen sei. Aurelie wankte, ergriffen von banger Ahnung, an das Fenster, sie hatte sich nicht betrogen, es war der Fremde, der, umringt von zahlreichen Wachen, auf dem Leiterwagen fest angeschlossen, vorübergefahren wurde. Man brachte ihn zurück zur Abbüßung seiner Strafe. Der Ohnmacht nahe, sank Aurelie zurück in den Lehnsessel, als der furchtbar wilde Blick des Kerls sie traf, als er mit drohender Gebärde die geballte Faust aufhob gegen das Fenster. – Immer noch war die Baronesse viel außer dem Hause, Aurelien ließ sie aber jedes Mal zurück, und so führte sie von manchen Betrachtungen über ihr Schicksal, über das, was Bedrohliches, ganz unerwartet, plötzlich sie treffen könne, ein trübes trauriges Leben. Von dem Kammermädchen, das übrigens erst nach jenem nächtlichen Ereignis in das Haus gekommen, und der man nun erst wohl erzählt haben mochte, wie jener Spitzbube mit der Frau Baronesse in vertraulichem Verhältnis gelebt, erfuhr Aurelie, dass man in der Residenz die Frau Baronesse gar sehr bedaure, von einem solchen niederträchtigen Verbrecher auf solche verruchte Weise getäuscht worden zu sein. Aurelie wusste nur zu gut, wie ganz anders sich die Sache verhielt, und unmöglich schien es, dass wenigstens die Polizeisoldaten, welche damals den Menschen im Hause der Baronesse ergriffen, nicht, als diese ihn nannte und den gebrandmarkten Rücken angab als gewisses Kennzeichen des Verbrechers, von der guten Bekanntschaft der Baronesse mit dem Scharfrichtersohn überzeugt worden sein sollten. Daher äußerte sich denn auch jenes Kammermädchen bisweilen auf zweideutige Weise darüber, was man so hin und her denke, und dass man auch wissen wolle, wie der Gerichtshof strenge Nachforschung gehalten und sogar die gnädige Frau Baronesse mit Arrest bedroht haben solle, weil der verruchte Scharfrichtersohn gar Seltsames erzählt. – Aufs Neue musste die arme Aurelie der Mutter verworfene Gesinnung darin erkennen, dass es ihr möglich gewesen, nach jenem entsetzlichen Ereignis auch nur noch einen Augenblick in der Residenz zu verweilen. Endlich schien sie gezwungen, den Ort, wo sie sich von schmachvollem, nur zu gegründetem Verdacht verfolgt sah, zu verlassen und in eine entfernte Gegend zu fliehen. Auf dieser Reise kam sie nun in das Schloss des Grafen, und es geschah, was erzählt worden. Aurelie musste sich überglücklich, aller böser Sorge entronnen, fühlen; wie tief entsetzte sie sich aber, als, da sie in diesem seligen Gefühl von der gnadenreichen Schickung des Himmels zur Mutter sprach, diese, Höllenflammen in den Augen, mit gellender Stimme rief: ›Du bist mein Unglück, verworfenes heilloses Geschöpf, aber mitten in deinem geträumten Glück trifft dich die Rache, wenn mich ein schneller Tod dahingerafft. In dem Starrkrampf, den deine Geburt mich kostet, hat die List des Satans‹ – hier stockte Aurelie, sie warf sich an des Grafen Brust und flehte, ihr es zu erlassen, das ganz zu wiederholen, was die Baronesse noch ausgesprochen in wahnsinniger Wut. Sie fühlte sich im Innern zermalmt, gedenke sie der fürchterlichen, jede Ahnung des Entsetzlichsten überbietenden Drohung der von bösen Mächten erfassten Mutter. Der Graf tröstete die Gattin, so gut er es vermochte, unerachtet er selbst sich von kaltem Todesschauer durchbebt fühlte. Gestehen musste er es sich, auch ruhiger geworden, dass die tiefe Abscheulichkeit der Baronesse doch, war sie auch gestorben, einen schwarzen Schatten in sein Leben warf, das ihm sonnenklar gedünkt.

Kurze Zeit war vergangen, als Aurelie sich gar merklich zu ändern begann. Während die Totenblässe des Antlitzes, das ermattete Auge auf Erkrankung zu deuten schien, ließ wieder Aureliens wirres, unstetes, ja scheues Wesen auf irgendein neues Geheimnis schließen, das sie verstörte. Sie floh selbst den Gemahl, schloss sich bald in ihr Zimmer ein, suchte bald die einsamsten Plätze des Parks, und ließ sie sich dann wieder blicken, so zeugten die verweinten Augen, die verzerrten Züge des Antlitzes von irgendeiner entsetzlichen Qual, die sie gelitten. Vergebens mühte sich der Graf, die Ursache von dem Zustande der Gattin zu erforschen, und aus der völligen Trostlosigkeit, in die er endlich verfiel, konnte ihn nur die Vermutung eines berühmten Arztes retten, dass bei der großen Reizbarkeit der Gräfin all die bedrohlichen Erscheinungen eines veränderten Zustandes nur auf eine frohe Hoffnung der beglückten Ehe deuten könnten. Derselbe Arzt erlaubte sich, als er einst mit dem Grafen und der Gräfin bei Tische saß, allerlei Anspielungen auf jenen vermuteten Zustand guter Hoffnung. Die Gräfin schien alles teilnahmlos zu überhören, doch plötzlich war sie ganz aufmerksam, als der Arzt von den seltsamen Gelüsten zu sprechen begann, die zuweilen Frauen in jenem Zustande fühlten, und denen sie ohne Nachteil ihrer Gesundheit, ja, ohne die schädlichste Einwirkung auf das Kind nicht widerstehen dürften. Die Gräfin überhäufte den Arzt mit Fragen, und dieser wurde nicht müde, aus seiner praktischen Erfahrung die ergötzlichsten, drolligsten Fälle mitzuteilen. ›Doch‹, sprach er, ›hat man auch Beispiele von den abnormsten Gelüsten, durch die Frauen verleitet wurden zu der entsetzlichsten Tat. So hatte die Frau eines Schmieds ein solch unwiderstehliches Gelüste nach dem Fleisch ihres Mannes, dass sie nicht eher ruhte, als bis sie ihn einst, da er betrunken nach Hause kam, unvermutet mit einem großen Messer überfiel und so grausam zerfleischte, dass er nach wenigen Stunden den Geist aufgab.‹

Kaum hatte der Arzt diese Worte gesprochen, als die Gräfin ohnmächtig in den Sessel sank und aus den Nervenzufällen, die dann eintraten, nur mit Mühe gerettet werden konnte. Der Arzt sah nun, dass er sehr unvorsichtig gehandelt, im Beisein der nervenschwachen Frau jener fürchterlichen Tat zu erwähnen.

Wohltätig schien indessen jene Krise auf den Zustand der Gräfin gewirkt zu haben, denn sie wurde ruhiger, wiewohl bald darauf ein ganz seltsames starres Wesen, ein düstres Feuer in den Augen und die immer mehr zunehmende Totenfarbe den Grafen in neue gar quälende Zweifel über den Zustand der Gattin stürzte. Das Unerklärlichste dieses Zustandes der Gräfin lag aber darin, dass sie auch nicht das mindeste an Speise zu sich nahm, vielmehr gegen alles, vorzüglich aber gegen

Fleisch, den unüberwindlichsten Abscheu bewies, sodass sie sich jedes Mal mit den lebhaftesten Zeichen dieses Abscheus vom Tische entfernen musste. Die Kunst des Arztes scheiterte, denn nicht das dringendste, liebevollste Flehen des Grafen, nichts in der Welt konnte die Gräfin vermögen, auch nur einen Tropfen Medizin zu nehmen. Da nun Wochen, Monate vergangen, ohne dass die Gräfin auch nur einen Bissen genossen, da es ein unergründliches Geheimnis, wie sie ihr Leben zu fristen vermochte, so meinte der Arzt, dass hier etwas im Spiele sei, was außer dem Bereich jeder getreu menschlichen Wissenschaft liege. Er verließ das Schloss unter irgendeinem Vorwande, der Graf konnte aber wohl merken, dass der Zustand der Gattin dem bewährten Arzt zu rätselhaft, ja zu unheimlich bedünkt, um länger zu harren und Zeuge einer unergründlichen Krankheit zu sein, ohne Macht zu helfen. Man kann es sich denken, in welche Stimmung dies alles den Grafen versetzen musste; aber es war dem noch nicht genug. – Gerade um diese Zeit nahm ein alter treuer Diener die Gelegenheit wahr, dem Grafen, als er ihn gerade allein fand, zu entdecken, dass die Gräfin jede Nacht das Schloss verlasse und erst beim Anbruch des Tages wiederkehre. Eiskalt erfasste es den Grafen. Nun erst dachte er daran, wie ihn seit einiger Zeit jedes Mal zur Mitternacht ein ganz unnatürlicher Schlaf überfallen, den er jetzt irgendeinem narkotischen Mittel zuschrieb, das die Gräfin ihm beibringe, um das Schlafzimmer, das sie, vornehmer Sitte entgegen, mit dem Gemahl teilte, unbemerkt verlassen zu können. Die schwärzesten Ahnungen kamen in seine Seele; er dachte an die teuflische Mutter, deren Sinn vielleicht erst jetzt in der Tochter erwacht, an irgendein abscheuliches ehebrecherisches Verhältnis, an den verruchten Scharfrichterknecht. – Die nächste Nacht sollte ihm das entsetzliche Geheimnis erschließen, das allein die Ursache des unerklärlichen Zustandes der Gattin sein konnte. Die Gräfin pflegte jeden Abend selbst den Tee zu bereiten, den der Graf genoss, und sich dann zu entfernen. Heute nahm er keinen Tropfen, und als er seiner Gewohnheit nach im Bette las, fühlte er keineswegs um Mitternacht die Schlafsucht, die ihn sonst überfallen. Demuneracht sank er zurück in die Kissen und stellte sich bald, als sei er fest eingeschlafen. Leise, leise verließ nun die Gräfin ihr Lager, trat an das Bett des Grafen, leuchtete ihm ins Gesicht und schlüpfte hinaus aus dem Schlafzimmer. Das Herz bebte dem Grafen, er stand auf, warf einen Mantel um und schlich der Gattin nach. Es war eine ganz mondhelle Nacht, sodass der Graf Aureliens in ein weißes Schlafgewand gehüllte Gestalt, unerachtet sie einen beträchtlichen Vorsprung gewonnen, auf das Deutlichste wahrnehmen konnte. Durch den Park nach dem Kirchhofe zu nahm die Gräfin ihren Weg, dort verschwand sie an der Mauer. Schnell rannte der Graf hinter ihr her, durch die Pforte der Kirchhofsmauer, die er offen fand. Da gewahrte er im hellsten Mondesschimmer dicht vor sich einen Kreis furchtbar gespenstischer Gestalten. Alte halbnackte Weiber mit fliegendem Haar hatten sich niedergekauert auf den Boden, und mitten in dem Kreise lag der Leichnam eines Menschen, an dem sie zehrten mit Wolfesgier. – Aurelie war unter ihnen! – Fort stürzte der Graf in wildem Grausen und rannte besinnungslos, gehetzt von der Todesangst, von dem Entsetzen der Hölle, durch die Gänge des Parks, bis er sich am hellen Morgen, im Schweiß gebadet, vor dem Tor des Schlosses wiederfand. Unwillkürlich, ohne einen deutlichen Gedanken fassen zu können, sprang er die Treppe herauf, stürzte durch die

, hinein in das Schlafgemach. Da lag die Gräfin, wie …en, in sanftem, süßem Schlummer, und der Graf wollte … überzeugen, dass nur ein abscheuliches Traumbild, oder, …a er sich der nächtlichen Wanderung bewusst, für die auch der von dem Morgentau durchnässte Mantel zeugte, vielmehr eine sinnetäuschende Erscheinung ihn zum Tode geängstigt. Ohne der Gräfin Erwachen abzuwarten, verließ er das Zimmer, kleidete sich an und warf sich aufs Pferd. Der Spazierritt an dem schönen Morgen durch duftendes Gesträuch, aus dem heraus muntrer Gesang der erwachten Vögel ihn begrüßte, verscheuchte die furchtbaren Bilder der Nacht; getröstet und erheitert kehrte er zurück nach dem Schlosse. Als nun aber beide, der Graf und die Gräfin, sich allein zu Tische gesetzt, und diese, da das gekochte Fleisch aufgetragen, mit den Zeichen des tiefsten Abscheus aus dem Zimmer wollte, da trat die Wahrheit dessen, was er in der Nacht geschaut, grässlich vor die Seele des Grafen. In wildem Grimm sprang er auf und rief mit fürchterlicher Stimme: ›Verfluchte Ausgeburt der Hölle, ich kenne deinen Abscheu vor des Menschen Speise, aus den Gräbern zerrst du deine Ätzung, teuflisches Weib!‹ Doch sowie der Graf diese Worte ausstieß, stürzte die Gräfin laut heulend auf ihn zu und biss ihn mit der Wut der Hyäne in die Brust. Der Graf schleuderte die Rasende von sich zur Erde nieder, und sie gab den Geist auf unter grauenhaften Verzuckungen. – Der Graf verfiel in Wahnsinn.«